2. Auflage 2 8 7 6 5 4 | 17 16 15 14 13

Alle Drucke dieser Auflage sind unverändert und können im Unterricht nebeneinander verwendet werden.
Die letzte Zahl bezeichnet das Jahr des Druckes.

Autoren: Heinz Joachim Ciprina, Stephan Haas, Dr. Klaus Hell, Reinhard Peppmeier, Anke Méndez, Charlotte Willmer-Klumpp
Unter Mitarbeit von: Marion Barmeier, Wolfram Bäurle, Manfred Bergau, Anke Beuren, Irmgard Bohm, Joachim Boldt, Eycke Fröchtenicht, Dr. Günter Ganz, Gerda Hagen, Günter Herzig, Barbara Hoppe, Ute Jung, Claudia Lissé-Thöneböhn, Michael Maiworm, Uwe Pietrzyk, Hildegard Recke, Burkhard Schäfer, Petra Schleusener, Elisabeth Schreiber, Dr. Hans-Jürgen Seitz, Silva Wallaschek

Entstanden in Zusammenarbeit mit dem Projektteam des Verlags.
Herstellung: Horst Andres, Corinna Härtel

Layoutkonzeption und Gestaltung: Matthias Balonier, Infografik, Lützelbach
Unter Mitarbeit von: Elke Kurz, Kernen i. R.
Umschlaggestaltung: KOMA AMOK®, Kunstbüro für Gestaltung, Stuttgart
Illustrationen: Matthias Balonier, Lützelbach; Udo Buffler, Marburg; d. Biografiker, München; Joachim Hormann, Stuttgart; Jeanne Kloepfer, Lindenfels; Angelika Kramer, Stuttgart; Karin Mall, Berlin; Alfred Marzell, Schwäbisch Gmünd; Tom Menzel, Rohlsdorf; Otto Nehren, Achern; normaldesign, Schwäbisch Gmünd; Gerhart Römer, Ihringen; Prof. Jürgen Wirth, Dreieich
Reproduktion: Meyle + Müller, Medien-Management, Pforzheim
Druck: Druckhaus Götz GmbH, Ludwigsburg

Printed in Germany
ISBN: 978-3-12-068905-8

9 783120 689058

PRISMA NATURWISSENSCHAFTEN 5

Rheinland-Pfalz

Heinz Joachim Ciprina
Stephan Haas
Klaus Hell
Anke Méndez
Reinhard Peppmeier
Charlotte Willmer-Klumpp

Ernst Klett Verlag
Stuttgart · Leipzig

Arbeiten wie die Naturwissenschaftler

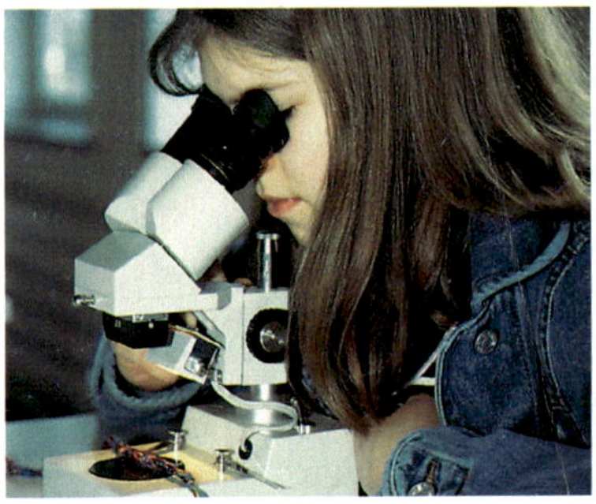

Von den Sinnen zum Messen

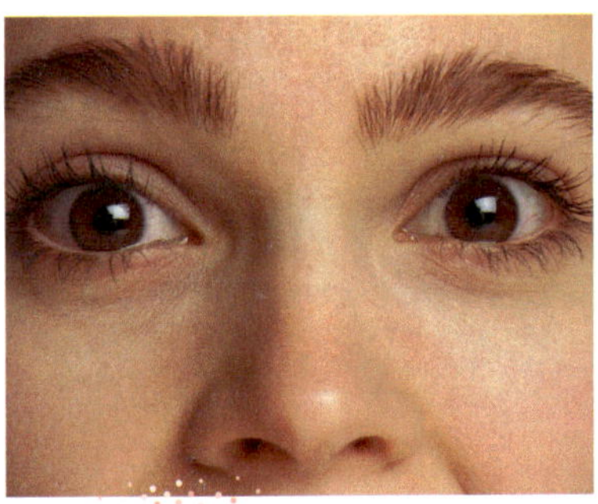

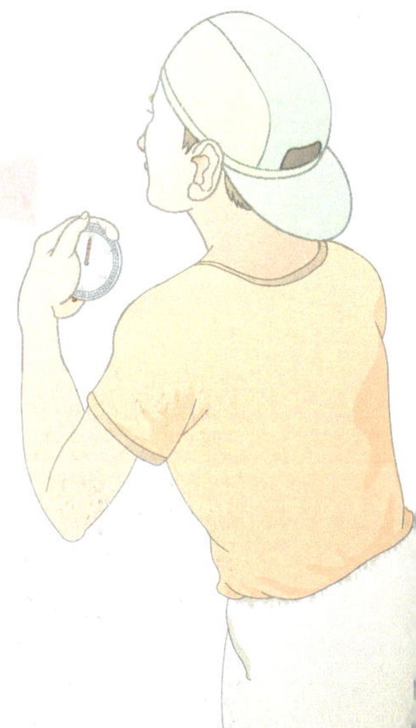

BRUMM
BRUMM ROOAAR
BRUMM

Vom ganz Kleinen und ganz Großen

88 Sonne, Mond und Sterne

Bewegung zu Lande, zu Wasser und in der Luft

110 Bewegung zu Lande, zu Wasser und in der Luft

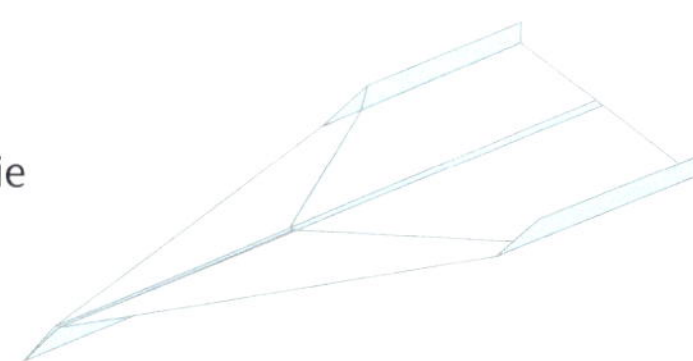

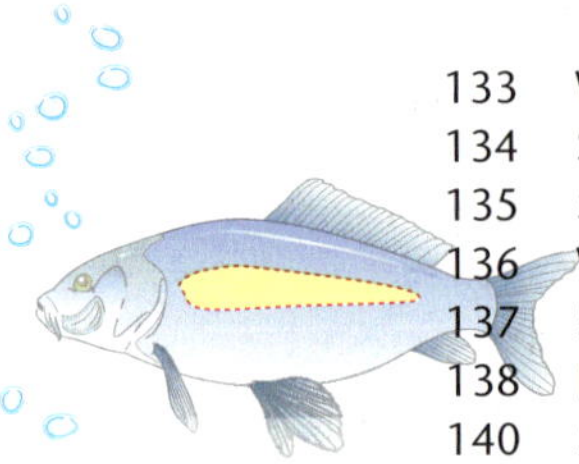

Pflanzen, Tiere, Lebensräume

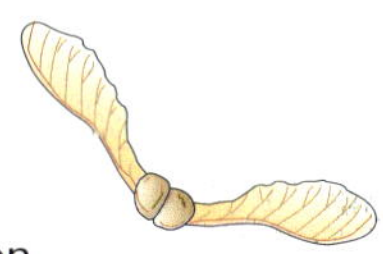

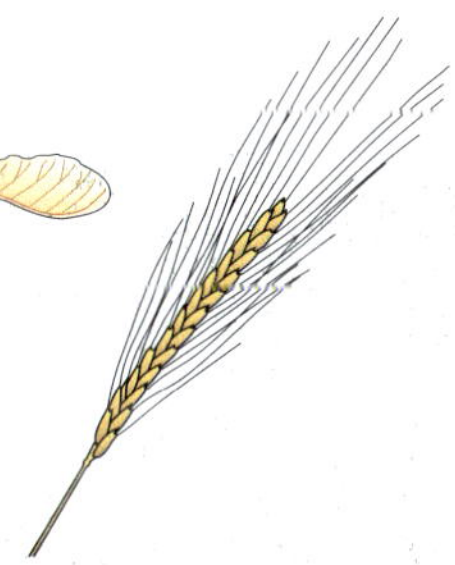

194 Basiskonzepte

202 Anhang

Arbeiten wie die Naturwissenschaftler

Das Fach „Naturwissenschaften“ ist neu für dich. Und dass es anders ist als andere Fächer, siehst du schon daran, dass es in einem Fachraum mit besonderen Einrichtungen wie Gas-, Wasser- und Stromanschlüssen unterrichtet wird.

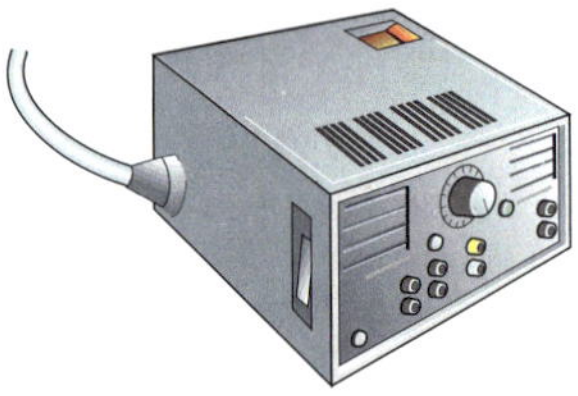

Es gibt Regeln zu beachten, die mit der Sicherheit in deinem neuen Fachraum zu tun haben. Und es gibt auch sonst viel Neues im Fach Naturwissenschaften: Du wirst selbst experimentieren, Gegenstände näher untersuchen, Beobachtungen machen, Ergebnisse finden, Versuchsprotokolle erstellen, Fragen stellen und die Antworten herausfinden und vieles mehr.

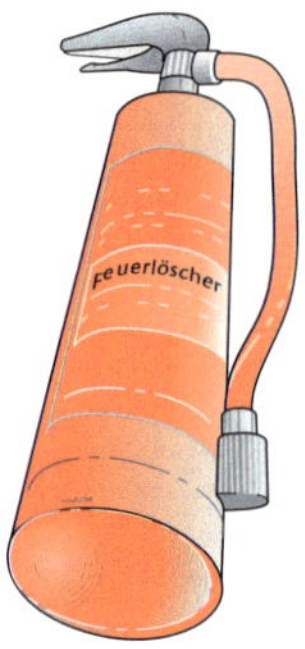

Man nennt dies die Methoden des naturwissenschaftlichen Arbeitens. Das erste Kapitel hilft dir dabei, einen Teil der Methoden kennen zu lernen und darin so fit zu werden, um selbstständig arbeiten zu können.

Die Naturwissenschaft, die das Leben auf der Erde erforscht, ist die Biologie. Die Chemie untersucht die Eigenschaften und die Umwandlung von Stoffen und die Physik erforscht die Erscheinungen in der Natur. Im Fach Naturwissenschaften sind diese drei Bereiche miteinander verknüpft.

FORST
VERWALTUNG

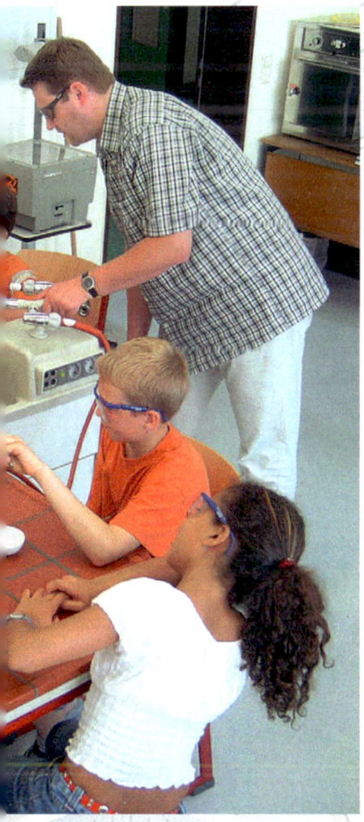

Kurz &
bündig
Der Höckerschwan
Wie zieht
er seine
Jungen auf?
carhartt

Beobachten und Staunen

Wer mit offenen Augen und neugierig seine Umgebung betrachtet, der stolpert jeden Tag über interessante Erscheinungen: Warum sieht man durch eine Lupe vergrößerte Bilder? Wie funktioniert ein Kompass? Warum zieht ein Magnet nicht alle Geldstücke an? Du hast dir bestimmt schon ähnliche Fragen gestellt.
Oft lässt sich die Antwort auf eine Frage oder die Lösung eines Problems mithilfe eines Versuchs finden.

Vor dem Versuch – Planen

Nicht für jedes Problem, das du untersuchen sollst, liegt dir eine Versuchsanleitung vor. In diesem Fall ist Kreativität gefragt – du musst dir selbst überlegen, was zu untersuchen ist, damit du deine Frage beantworten kannst:

- Sammle schon vorab Informationen zum Thema des Versuchs, dann kannst du dein Experiment zielgerichtet planen.
- Stelle Vermutungen auf, wie das Ergebnis deines Versuchs lauten könnte.
- Überlege, welche Größen du messen musst und welche Materialien du benötigst.
- Wenn ihr in der Gruppe arbeitet, sprecht vorher ab, wer welche Aufgabe übernimmt: Wer holt das Material, wer räumt es hinterher wieder auf? Wer führt welche Messung durch? Wer notiert die Ergebnisse?

Während des Versuchs – Beobachten und Messen

Führe den Versuch gewissenhaft durch. Beobachte genau, was geschieht. Manchmal erkennst du das erst, wenn du den Versuch mehrmals wiederholst.
Notiere den Ablauf des Experiments Schritt für Schritt in einem Protokoll. Trage dort alle Beobachtungen und Messwerte ein.

Nach dem Versuch – Auswerten ...

Jetzt musst du deinen Versuch auswerten. Das bedeutet, dass du mithilfe deiner Beobachtungen und Messwerte eine Antwort auf die Frage deines Versuchs finden sollst. Manchmal wird deine Vermutung durch deine Messungen und Beobachtungen widerlegt. Dies ist kein Fehler, sondern kann das Ergebnis deines Versuchs sein.
Schreibe deine Auswertung sauber und übersichtlich in dein Heft. Zum Thema deines Versuchs findest du oft weitere Informationen in Büchern, in Lexika, im Internet usw. Sie können dir bei der Auswertung helfen.

... und Präsentieren

Zum Schluss kannst du die Ergebnisse deines Versuchs präsentieren, sodass auch deine Mitschüler etwas darüber erfahren: Gestalte eine schöne und interessante Seite in deinem Heft, fertige ein Plakat an oder halte einen Vortrag, bei dem du deinen Versuch noch einmal durchführst.

1 Versuchsanleitung

Werkstatt

Welche Münzen zieht der Magnet an?

Material

Magnet, verschiedene Münzen

Versuchsanleitung

Übertrage die Tabelle in dein Heft. Halte den Magnet an die Münzen und überprüfe, ob sie von ihm angezogen werden oder nicht. Trage den Wert der Münze in die Tabelle ein und notiere die entsprechende Antwort (Anziehung? Ja/Nein).

Aufgabe

1. Welche Münzen könnten noch hinter dem Schränkchen liegen? Begründe deine Antwort.
2. Führe de Ver mit anderen Gegenstän-

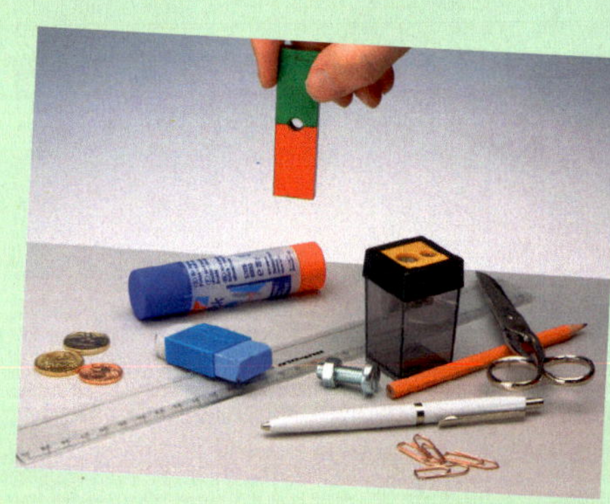

Münze	Anziehung?
1 Cent	
2 Cent	
5 Cent	
10	

Strategie

Ich schreibe ein Versuchsprotokoll

Stell dir vor, du willst einen spannenden Versuch nach einem Jahr wiederholen. Vielleicht weißt du dann nicht mehr, welches Material du benötigt hast und wie du genau vorgegangen bist. Der Ablauf und die Ergebnisse eines Versuchs lassen sich leichter nachvollziehen, wenn man sie in einem Versuchsprotokoll notiert.

Wie sollte ein Protokoll aufgebaut sein?
Ein Versuchsprotokoll sollte übersichtlich angelegt und klar gegliedert sein. Die Auswertung eines Versuchs gelingt nur dann, wenn alle Beobachtungen und Messergebnisse genau festgehalten wurden. Unten siehst du ein Beispiel für ein Versuchsprotokoll. Es zeigt die wichtigsten Elemente und beschreibt sie kurz.

Sicherheit und Entsorgung
Wenn du bei einem Versuch mit bestimmten Chemikalien, offenem Feuer, Glasgeräten oder elektrischem Strom arbeitest, musst du verschiedene Sicherheitsvorschriften beachten. Bei manchen Versuchen bleiben Chemikalienreste übrig oder es geht Glas zu Bruch. Diese Abfälle müssen nach Anweisung der Lehrerin oder des Lehrers entsorgt werden. Wenn bei der Versuchsanleitung eines Versuchs Sicherheitsmaßnahmen zu beachten sind oder Abfälle zur Entsorgung anfallen, dann solltest du dies im Versuchsprotokoll festhalten.

Name und Datum
Auf jedes Protokoll gehören dein Name und das Datum.

Thema des Versuchs
Gib das Thema des Versuchs an, du kannst es auch als Frage formulieren. Beschränke dich möglichst auf einen Satz.

Versuchsaufbau
Zeichne eine einfache Skizze des Versuchsaufbaus und beschrifte sie.

Material
Notiere in einer Materialliste alle benötigten Geräte, sonstige Hilfsmittel und gegebenenfalls die Chemikalien.

Versuchsanleitung
Beschreibe in kurzer, verständlicher Form, wie der Versuch Schritt für Schritt durchgeführt wird.

Beobachtungen
Notiere alle Einzelheiten, die du während des Versuchsablaufs beobachtest, insbesondere die Messergebnisse. Achte darauf, dass du hier nur deine Beobachtungen aufschreibst, sie aber noch nicht erklärst oder deutest.

Auswertung und Ergebnis
Aus den Beobachtungen werden allgemeine Aussagen oder Gesetzmäßigkeiten abgeleitet. Fasse deine Schlussfolgerungen in einem knappen Merksatz zusammen.

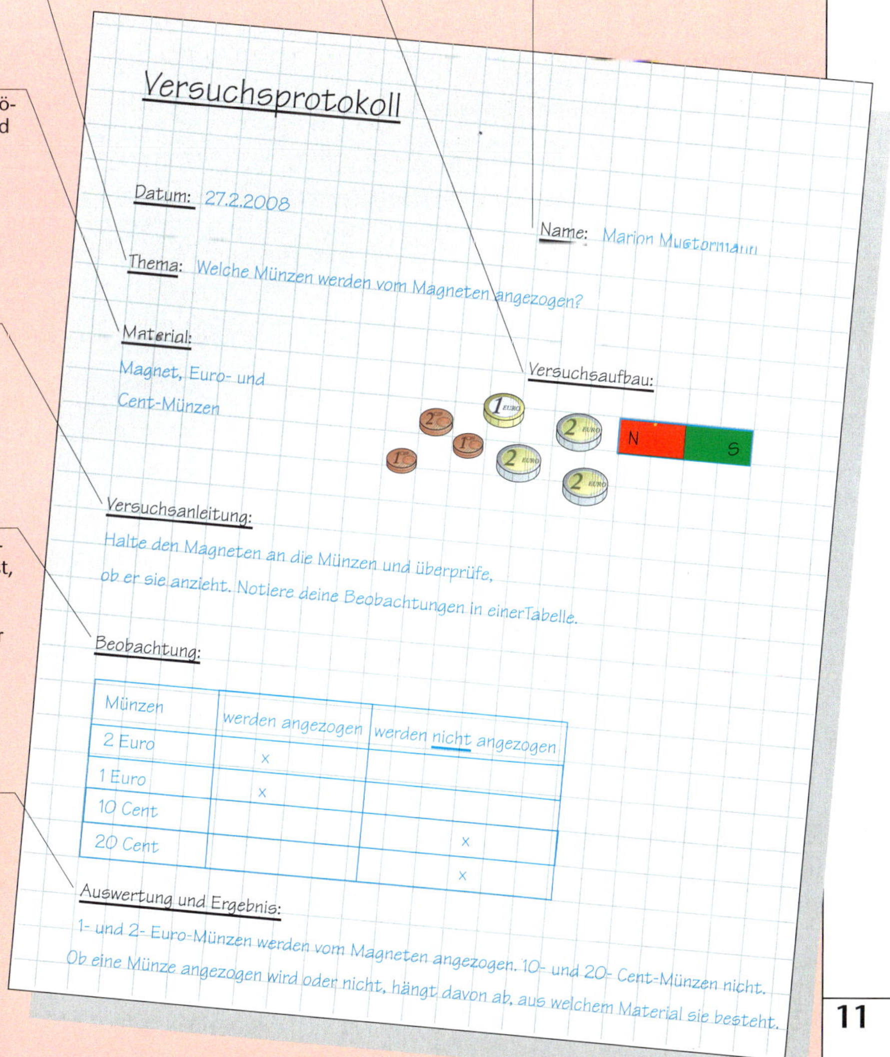
Versuchsprotokoll

Datum: 27.2.2008

Name: Marion Mustermann

Thema: Welche Münzen werden vom Magneten angezogen?

Material:
Magnet, Euro- und Cent-Münzen

Versuchsaufbau:

Versuchsanleitung:
Halte den Magneten an die Münzen und überprüfe, ob er sie anzieht. Notiere deine Beobachtungen in einerTabelle.

Beobachtung:

Münzen	werden angezogen	werden nicht angezogen
2 Euro	x	
1 Euro	x	
10 Cent		x
20 Cent		x

Auswertung und Ergebnis:
1- und 2- Euro-Münzen werden vom Magneten angezogen. 10- und 20- Cent-Münzen nicht.
Ob eine Münze angezogen wird oder nicht, hängt davon ab, aus welchem Material sie besteht.

Im Fach Naturwissenschaften wirst du häufig selbst Versuche durchführen. Für die Vorbereitung, die Durchführung und nach Abschluss des Versuchs gelten einige grundsätzliche Regeln, die du beachten solltest:

1 Experimentieren auf einem aufgeräumten Tisch

Sorge für Ordnung und Übersichtlichkeit
Experimentiere niemals auf einem Tisch, auf dem ein Durcheinander von Büchern, Heften und womöglich Lebensmitteln herrscht. Um sicher experimentieren zu können und den Überblick zu behalten, solltest du erst Ordnung schaffen (▷B 1).

Vorbereitung des Versuchs
Bevor du zu experimentieren beginnst, musst du die Versuchsanleitung genau durchlesen: Was genau soll untersucht werden? Wie soll der Versuch durchgeführt werden? Sind besondere Hinweise gegeben? Welches Material wird benötigt und wo finde ich es?
Sobald du alle Materialien besorgt hast, kann es fast schon losgehen.

Sicherheitsbestimmungen
Damit du dich während eines Versuchs nicht verletzt, musst du gewisse Sicherheitsbestimmungen beachten:
- Beim Umgang mit offenem Feuer (Kerze oder Gasbrenner), heißen Gegenständen oder Flüssigkeiten besteht die Gefahr, sich zu verbrennen. Daher musst du lange Haare zusammenbinden. Stelle sicher, dass der Gasbrenner stabil steht und dass sich keine brennbaren Gegenstände in der Nähe befinden. Trage bei Experimenten mit dem Gasbrenner und auf Anweisung immer eine Schutzbrille (▷B 2).
- Achte darauf, dass die Versuchsanordnung stabil steht und nicht umkippen kann.
- An zerbrochenen Glasgefäßen kannst du dich leicht schneiden. Informiere deine Lehrerin oder deinen Lehrer über den Glasbruch und verwende kaputte Glasgeräte nicht weiter.
- Setze für Versuche mit elektrischem Strom nur Batterien oder Netzgeräte aus der Schule ein (▷B 3). Experimentiere niemals mit Strom aus der Steckdose, das ist lebensgefährlich!

Aufräumen und entsorgen
Räume die Materialien und Geräte der Schulsammlung immer sauber und ordentlich zurück. Falls Chemikalienreste zurückbleiben, entsorge sie nach Anweisung durch die Lehrerin oder den Lehrer.

Geteilte Arbeit macht doppelt Spaß
Viele Versuche lassen sich besser zu zweit oder in der Gruppe durchführen. Damit jeder weiß, was er zu tun hat, und alle mitarbeiten können, solltet ihr vorher folgende Fragen klären:
Welche Aufgaben müssen erledigt werden (z. B. Geräte und Material holen bzw. wegbringen, Ergebnisse festhalten, Versuchsprotokoll erstellen)? Wer übernimmt welche Aufgabe? Wenn ihr erreicht, dass alle Mitglieder der Gruppe gleichermaßen am Versuch beteiligt sind, macht das Experimentieren viel mehr Spaß!

2 Vorsicht bei der Arbeit mit dem Gasbrenner!

3 Verwende für Experimente mit elektrischem Strom nur Batterien oder Netzgerät!

Im Fachraum

Sieh dich einmal in deinem Fachraum um. Es gibt Anschlüsse für **Strom**, **Gas** und **Wasser** und auch einige Einrichtungen, die deiner Sicherheit dienen. Da du in Zukunft viele Experimente selbst durchführen wirst, musst du unbedingt mit den Sicherheitseinrichtungen vertraut sein.

U

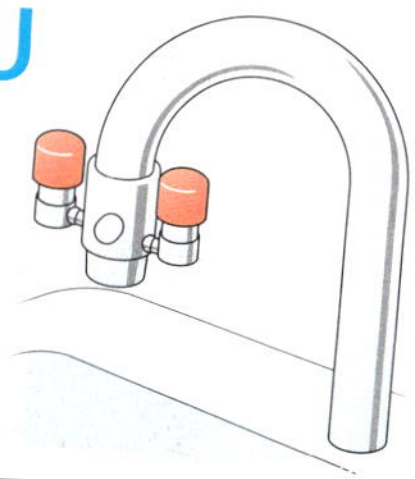

1 Das grüne Schild zeigt dir den **Fluchtweg** ins Freie. Du solltest diesen Weg einmal zusammen mit deiner Lehrerin oder deinem Lehrer gegangen sein. Dann kennst du in einem Notfall diesen Weg bereits und kannst dadurch mehr Ruhe bewahren.

M

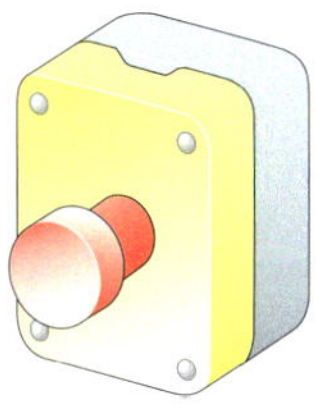

2 Ein **Feuerlöscher** ist zum Löschen von Bränden vorhanden. Informiere dich über die richtige Handhabung dieses Gerätes.

A

3 Der **Erste-Hilfe-Kasten** enthält Verbandsmaterial für den Fall, dass du dich beim Experimentieren verletzen solltest.

N

4 Für den Fall, dass die Kleidung eines Mitschülers oder einer Mitschülerin Feuer fängt, liegt eine **Löschdecke** bereit. Übt einmal, wie man mit der Löschdecke umgeht.

W

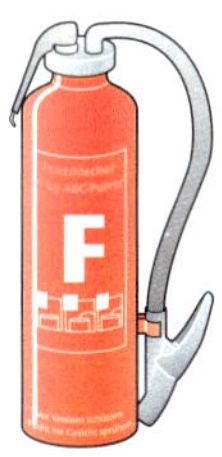

5 Die **Augendusche** dient dazu, Spritzer oder andere kleine Fremdkörper, die dir ins Auge gekommen sind, herauszuwaschen.

6 Neben den Türen und am Lehrerpult findest du den **NOT-AUS-Schalter**. Wenn ein solcher Schalter gedrückt ist, sind alle Strom- und Gaszuleitungen unterbrochen. So können bei einem Unfall alle angeschlossenen Geräte gleichzeitig abgestellt werden.

R

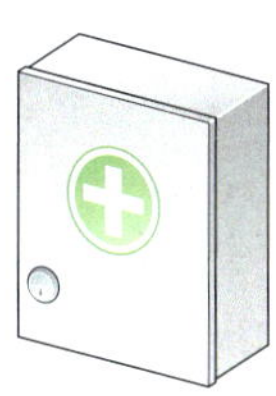

Aufgaben

1 Lies dir auf den Kärtchen die Texte zu den Sicherheitseinrichtungen durch. Suche auf den Bildkarten das entsprechende Symbol. Die Nummern auf den Textkärtchen geben dir die Reihenfolge der Buchstaben an, die du auf den zugehörigen Bildkärtchen findest. Als Lösung ergibt sich der Name eines Fachraums in eurer Schule.

2 Überlege, warum man nicht an Sicherheitseinrichtungen herumspielen sollte.

3 Was gehört deiner Meinung nach in einen Erste-Hilfe-Kasten? Diskutiert eure Vorschläge in der Gruppe, erstellt gemeinsam eine Liste und überprüft diese.

Strategie

Mein Heft wird super!

In deinem **Heft** oder **Ordner** kannst du jederzeit nachschauen, was ihr im Unterricht besprochen habt. Das erleichtert dir das Lernen. Dazu ist es allerdings wichtig, dass dein Heft oder dein Ordner übersichtlich und ansprechend gestaltet ist. Die Leser, also auch du selbst, müssen sich schnell zurechtfinden können und „Blickfänge“ vorfinden. Dann macht das Lesen und Betrachten Spaß.

Du musst den Ordner oder das Heft deutlich mit Fach, Name, Klasse und Schuljahr beschriften. Auch braucht dein Heft einen sauberen Einband.
Arbeitsblätter werden komplett und fehlerfrei ausgefüllt, eventuell zuerst mit Bleistift, und dann in der richtigen Reihenfolge eingeklebt oder eingeheftet.

Achte auf eine ordentliche, lesbare Schrift. Vielleicht schreibst du im Unterricht zuerst vor und trägst deine Notizen später in Ruhe ein.

Teile die Heftseite sinnvoll ein. Halte links und rechts einen Rand von etwa 2–3 cm. Hier kannst du mit Bleistift Lernhilfen oder „Eselsbrücken“ eintragen.

Gliedere den Text in Absätze, wähle Überschriften und schreibe sie groß oder farbig. Merke dir: für jedes Thema eine neue Seite anfangen!

Wer Lust hat, kann selbst Fotos machen oder Bilder einkleben. Eigene Skizzen und Zeichnungen werden groß und mit Bleistift angefertigt.

Vergiss die Beschriftung nicht! Falls du etwas korrigieren musst, radiere ordentlich.

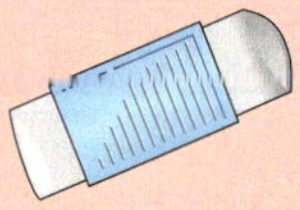

Themenhefte
Ein besonderer Fall ist das **Themenheft** oder der **Sachordner.** Hier widmest du einem Thema ein ganzes Heft. Themen für ein Themenheft könnten sein: Unser Garten, Tiere und Pflanzen auf unserem Balkon, meine Zimmerpflanze, ein Besuch im Zoo.

Strategie

Beobachten und auswerten

Von der Beobachtung bis zum Ergebnis
Wenn du einen Versuch durchführst, solltest du immer ein Protokoll dazu erstellen. Es hilft dir dabei, den Ablauf des Versuchs später noch einmal nachzuvollziehen. Dabei musst du darauf achten, dass du Beobachtungen, Vermutungen, Schlussfolgerungen daraus und Ergebnisse sauber trennst. Vermische diese Punkte nicht, egal, in welcher Form du deine Versuchsergebnisse dokumentierst.

Was du dabei beachten musst, zeigt dir folgendes Beispiel.

Versuchsprotokoll

Fragestellung: Wie heiß wird kochendes Wasser?

Geräte/Materialien: Schutzbrille, Becherglas mit Wasser, Heizplatte, Thermometer, Uhr

Versuchsaufbau

Durch eine einfache **Zeichnung** stellst du den Versuch anschaulich dar.

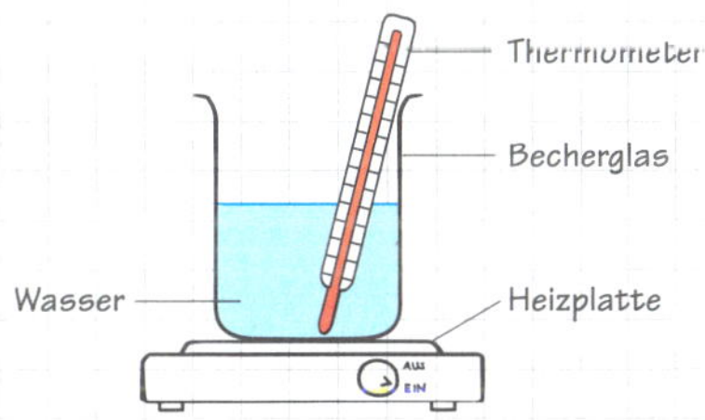

Wenn du bei einem Versuch Messwerte bestimmst, trägst du sie zur besseren Übersichtlichkeit in eine **Tabelle** ein.

Zeit in min	Temp. in °C
1	20
2	28
3	37
4	46
5	54
6	61
7	68
8	74
9	80
10	85
11	89
12	92
13	95
14	97
15	98
16	99
17	100
18	100

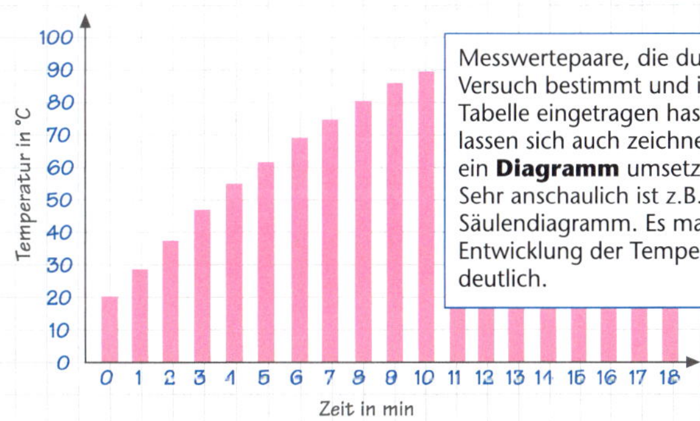

Messwertepaare, die du im Versuch bestimmt und in eine Tabelle eingetragen hast, lassen sich auch zeichnerisch in ein **Diagramm** umsetzen. Sehr anschaulich ist z.B. ein Säulendiagramm. Es macht die Entwicklung der Temperatur deutlich.

Beobachtung

1. Das Wasser hatte zu Beginn des Versuches eine Temperatur von 20 °C. Nach jeder Minute war die Temperatur angestiegen.

2. Nach 17 Minuten hat das Wasser 100 °C erreicht. Obwohl weiter erhitzt wurde, wurde das Wasser nicht wärmer.

Achte darauf, dass du deine **Beobachtung** und die **Ergebnisse** deiner Untersuchung immer voneinander trennst.

Ergebnis: Wasser in einem offenen Gefäß kann nicht heißer werden als 100 °C.

Informationen sammeln und auswerten

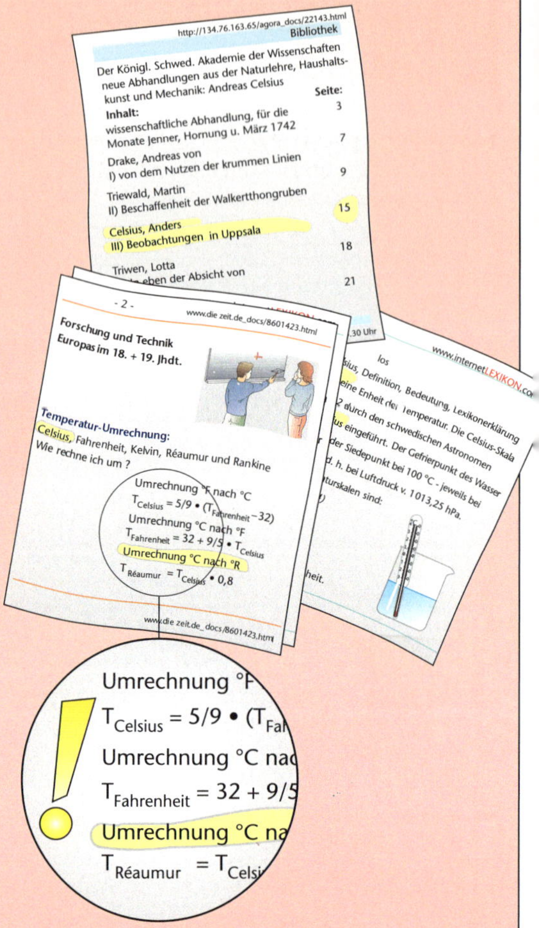

Wenn du dir zu einer Frage oder einer Aufgabe Informationen beschafft hast, wirst du in den meisten Fällen mehr Material bekommen, als du zunächst überblicken kannst. Zum Beispiel wirst du in Schulbüchern, Sachbüchern, Lexika und im Internet sicherlich viele Informationen zu dem Astronomen Anders Celsius finden.

Bei der Auswertung der Informationen solltest du daher immer Schritt für Schritt vorgehen:

A. Informationen sichten
Zuerst musst du dir einen Überblick verschaffen und das Brauchbare vom Unbrauchbaren trennen.

B. Wichtiges kennzeichnen
Mache Kopien von den ausgewählten Seiten. Das hat den Vorteil, dass du wichtige Textstellen und Stichwörter mit dem Textmarker oder Buntstiften markieren kannst. Du kannst auf den Seiten auch Kommentare oder Verweise auf andere Materialien notieren.

C. Bilder sagen mehr ...
Bei der Auswertung von Materialien sind nicht nur Texte wichtig. Sammle Fotos, Zeichnungen, aber auch Tabellen und Diagramme. Sie machen deine Ausarbeitung interessanter und anschaulicher.

D. Ergebnisse zusammenfassen
Anhand der Markierungen auf den kopierten Seiten lassen sich die Ergebnisse deiner Informationssuche nun leichter zusammenfassen. Selbst bei größeren Informationsmengen kannst du das Wesentliche schnell überblicken und bei Bedarf schriftlich zusammenfassen.

Hierbei gilt allerdings der Grundsatz: Schreibe nichts auf, was du nicht selbst verstanden hast. Sachverhalte oder Begriffe, die dir unbekannt sind, solltest du in einem Lexikon nachschlagen oder im Internet suchen.

Wie war das noch mit der „Berufsbezeichnung" des Anders Celsius? „Astronom". Was ist denn ein Astronom? Wenn du diese Frage nicht genau beantworten kannst, weißt du nun, wie du das herausbekommen kannst.

Ergebnisse präsentieren

2 Präsentation an der Tafel

Vorbereitung einer Präsentation

Zur nächsten Unterrichtsstunde haben alle Schülerinnen und Schüler Informationen über ihr Lieblingstier mitgebracht. Nun geht es darum, diese zusammenzutragen und zu ordnen, damit sie den anderen Gruppen vorgestellt werden können. Dabei ist darauf zu achten, dass die Ergebnisse

- klar gegliedert und
- verständlich dargestellt werden.

Im Folgenden lernt ihr verschiedene Möglichkeiten kennen, wie ihr die Ergebnisse eurer Arbeit in Kleingruppen euren Mitschülerinnen und Mitschülern präsentieren könnt.

A. Der Vortrag

Einer oder mehrere aus jeder Gruppe gehen nach vorne und tragen die Ergebnisse vor (▷ B 2).

Beachtet dabei Folgendes:

- Tragt eure Ergebnisse möglichst frei vor. Das geht am besten, wenn ihr wichtige Sätze und Begriffe in euren Unterlagen markiert. Tragt nur das vor, was ihr auch selbst verstanden habt.
- Sprecht laut und deutlich.
- Schaut eure Zuhörer dabei an.
- Benutzt möglichst wenige Fremdwörter.

Ihr könnt euren Vortrag verständlicher und interessanter machen, indem ihr

- Bilder zeigt,
- Ergebnisse, Tabellen oder Zeichnungen, die ihr auf Folie vorbereitet habt, während des Vortrags auf den Overheadprojektor legt,
- wichtige Informationen an die Tafel schreibt.

1 Mit Plakaten kann man eine Ausstellung gestalten.

3 Ein Overhead-Projektor als Hilfsmittel

B. Das Plakat

Eine sehr übersichtliche und anschauliche Möglichkeit, Ergebnisse zu präsentieren, bieten Plakate (▷ B 1). Dabei kann jedes Mitglied der Gruppe seine Ergebnisse sauber auf Blätter notieren. Diese werden dann zusammen mit Fotos oder anderen Informationen aus Broschüren oder Prospekten übersichtlich auf dem Plakat aufgeklebt.

Auch bei dieser Präsentationsmethode gilt: erst die Informationen gliedern und dann aufkleben. Selbstverständlich sollte die Schrift groß und gut lesbar sein.

Falls es in eurer Schule Informationswände gibt, die von Schülerinnen und Schülern gestaltet werden, könnt ihr natürlich auch dort eure Ergebnisse präsentieren.

C. Das Buch

Die Ergebnisse, die von den einzelnen Gruppen auf DIN-A4-Blätter geschrieben und auf Plakate geklebt wurden, könnt ihr auch zu einem „Buch“ binden. Dazu werden sie kopiert und zusammengeheftet – so hat jeder in der Klasse ein Exemplar mit allen Ergebnissen.

D. Auf einen Blick – Ergebnisse auf Folienstreifen

Wenn ihr die Ergebnisse eurer Gruppenarbeit in kurzen Sätzen zusammenfassen könnt, dann schreibt sie auf Folienstreifen. Wenn ihr diese Streifen untereinander auf dem Overheadprojektor anordnet, habt ihr alle Ergebnisse auf einen Blick.

Von den Sinnen zum Messen

Die Sinne sind unser Fenster zur Welt. Ohne sie könnten wir unsere Umwelt nicht wahrnehmen.

Hören, sehen, schmecken, riechen, fühlen – alle Informationen erhalten wir über die Sinne. Es ist wichtig, „seine fünf Sinne beisammen zu haben“. Besitzt der Mensch wirklich nur fünf Sinne oder gibt es noch andere, unbekannte Sinne? Und wie können sich Menschen behelfen, bei denen ein Sinn geschwächt oder ganz ausgefallen ist?

Du weißt, dass du bei Licht sehen, Schall hören und Wärme fühlen kannst. Doch welche Eigenschaften haben Licht, Schall und Wärme? Und wie lassen sich diese Eigenschaften messen?

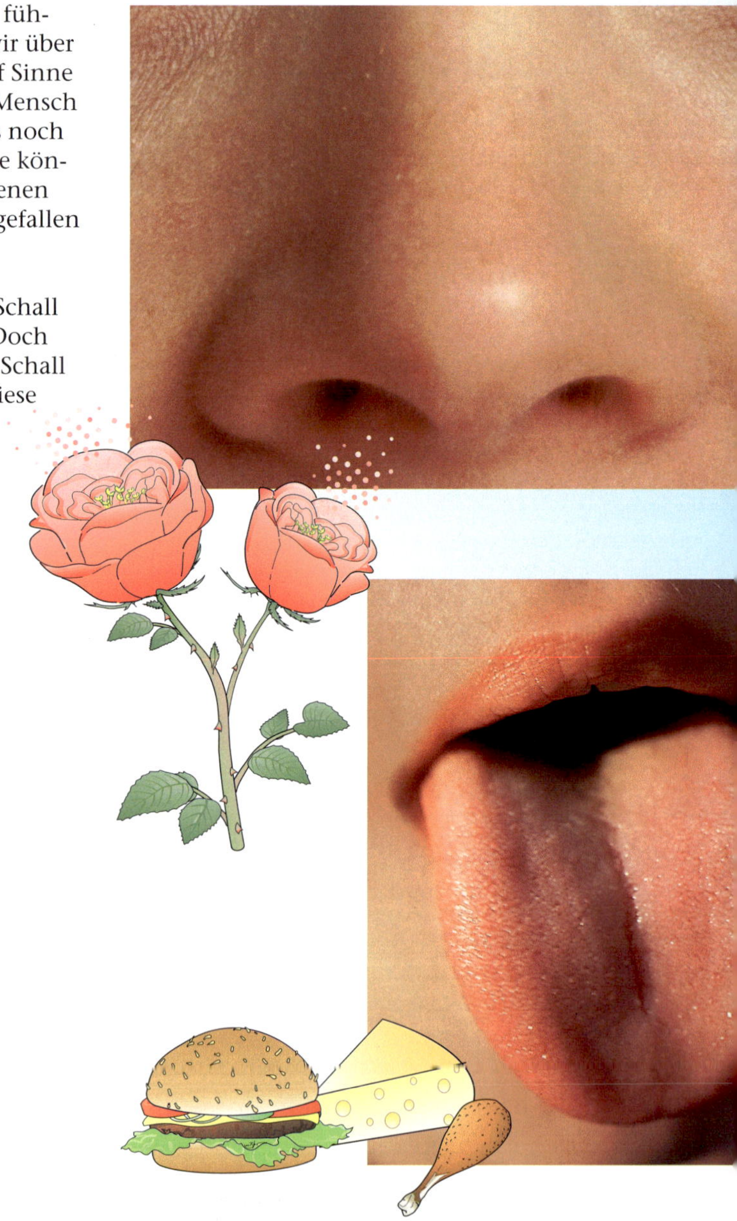

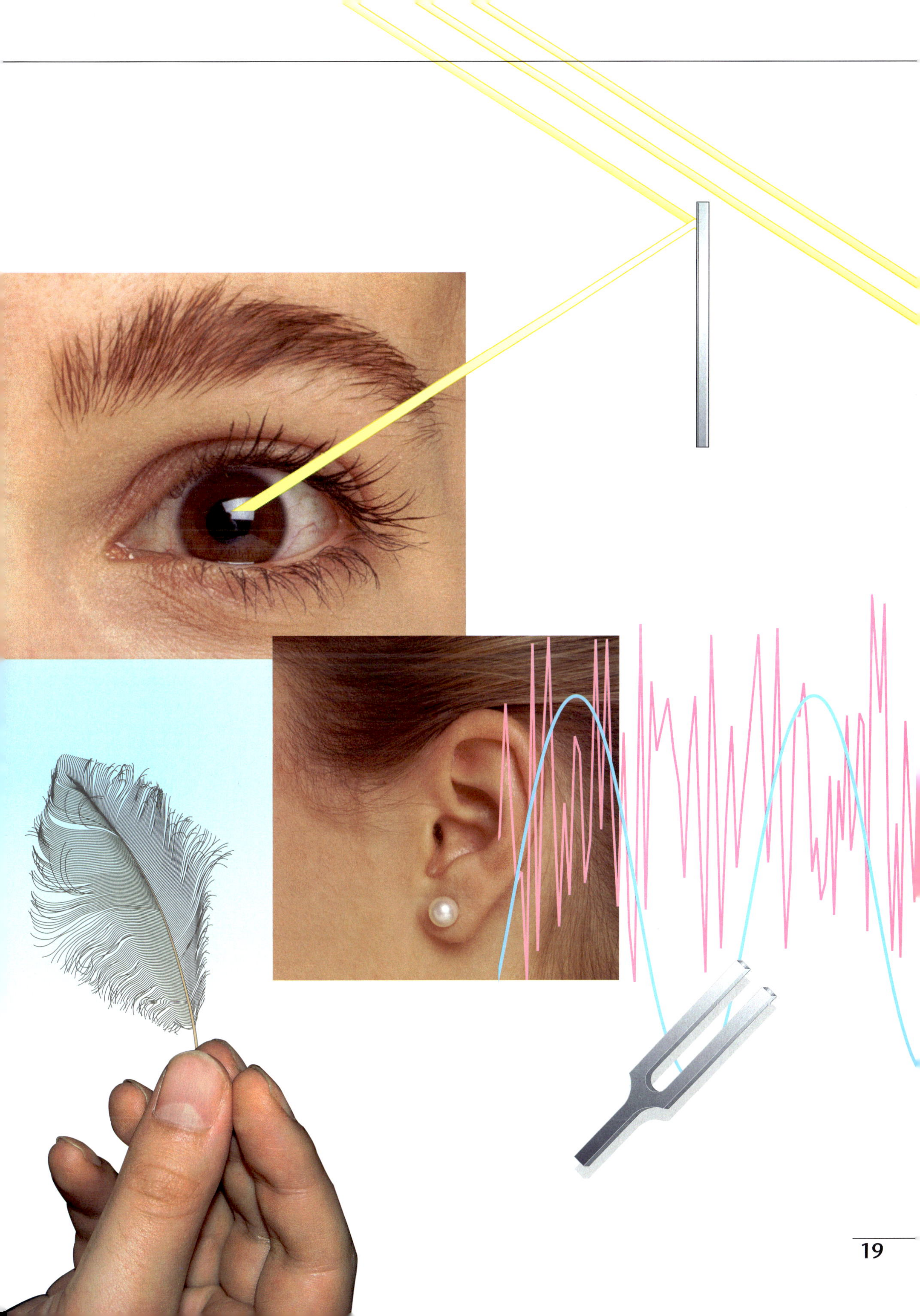

Werkstatt

Die Welt erfahren mit allen Sinnen

Von allen Sinnesorganen des Menschen hat das Auge die größte Bedeutung. Was aber passiert, wenn die Augen nicht richtig funktionieren? Können unsere anderen Sinne diese Schwäche ausgleichen?

1 Was ist das?

Material

Schere, Radiergummi, Bleistiftspitzer, Stifte, Schlüssel, Tuch usw.

Versuchsanleitung

Verbinde einer Versuchsperson die Augen. Verteile die Gegenstände vor ihr auf dem Tisch. Lasse die Versuchsperson die Gegenstände ertasten und beschreiben.

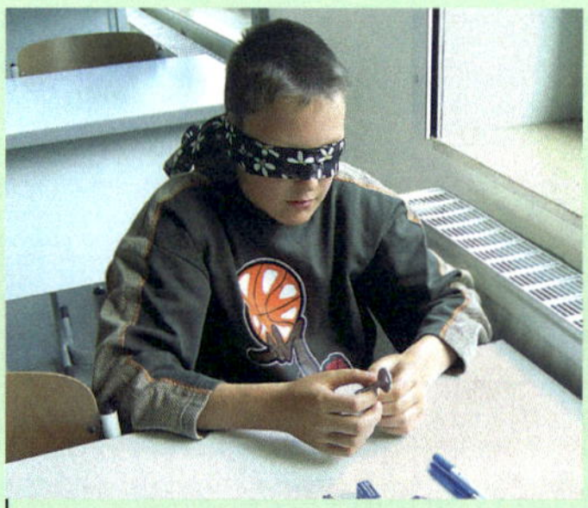

1 Gegenstände ertasten

2 Die Tastorgel

Material

Abflussrohre aus Plastik (ca. 40 cm lang), undurchsichtige Plastiksäckchen, Gummiringe oder Klebeband, Holzspäne, Sand, Kies, Muscheln, Nüsse, Laub, Moos, Fichtennadeln und -zapfen, Eierkartons, Eicheln, Kastanien, Torf, Federn, Gras, Heu, Stroh, Erbsen, Bohnen, Münzen usw.

Versuchsanleitung

Befestige die Säckchen mit Klebeband an den Abflussrohren und befülle sie mit den verschiedenen Materialien. Je mehr unterschiedliche Materialien du verwendest, desto interessanter wird der Versuch. Nummeriere die Rohre und schreibe den Inhalt der Säckchen auf einen Lösungszettel. Lasse die Versuchsperson in die Säckchen greifen und ihren Inhalt ertasten.

Aufgaben

1. Gehe mit einer Versuchsperson an die einzelnen Stationen und notiere ihre Vermutungen. Vergleiche die Angaben mit der Liste.

2. Woran hat die Versuchsperson die Gegenstände erkannt?

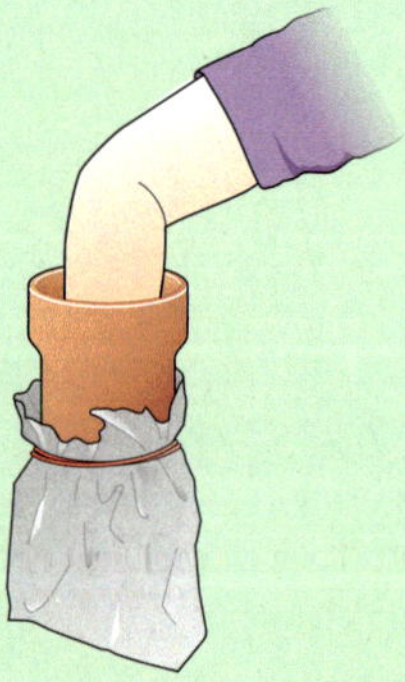

2 Eine Station der Tastorgel

3 Der Barfußparcours

Material

Flache Kartons, Zeitungspapier, Füllmaterialien wie bei der Tastorgel in Versuch 2

Versuchsanleitung

Nimm mehrere gleich große, flache Kartons aus dem Supermarkt. Lege die Kartons mit Zeitungspapier aus und fülle sie mit den unterschiedlichen Materialien. Verbinde deinem Partner die Augen und führe ihn barfuß über den Parcours. Lasse dir nach jeder Kiste die Lösung ansagen.
Wie viele richtige Antworten erhältst du?

3 Der Barfußparcours

4 Wir fühlen mit dem Rücken

Versuchsanleitung

Schreibe deinem Partner mit dem Finger Buchstaben und Worte auf den Rücken oder male dort ein einfaches Bild.
Erkennt dein Partner deine „Botschaft"?

5 Sandbilder

Material

Kleister, Sand, Pinsel, Papier

Versuchsanleitung

Rühre dünnflüssigen Kleister an und male damit ein einfaches Bild auf ein Blatt Papier, z. B. eine Sonne oder einen Apfel.

4 Ein Sandbild entsteht.

Verteile den trockenen Sand über das Blatt. Sobald der Kleister trocken ist, kannst du den überflüssigen Sand abschütten.

Einer Versuchsperson werden nun die Augen verbunden.
Kann sie dein Sandbild ertasten?

Aufgabe

Verwende beim nächsten Bild weniger Sand. Kann die Versuchsperson das Bild dann noch erkennen?

6 Das Rasselmemory

Material

10 bis 12 Filmdöschen, Füllmaterial (ähnlich wie bei der Tastorgel)

5 Material für das Rasselmemory

Versuchsanleitung

Fülle in je 2 Filmdöschen die gleiche Menge desselben Materials. Nummeriere die Döschen und erstelle eine Kontrollliste. Gelingt es dir, zueinander gehörende Döschen am Klang zu erkennen?

7 Wir bauen eine Riechorgel

Material

8 bis 10 Filmdöschen, Watte, verschiedene Stoffe (z. B. Essig, Knoblauch, Eukalyptus, Pfefferminztee, Asche, Gartenkräuter, Gewürze)

Versuchsanleitung

Nummeriere die Döschen. Tropfe die flüssigen Stoffe jeweils auf einen Wattebausch. Fülle nun die Duftproben in die Döschen und erstelle eine Kontrollliste. Je mehr verschiedene Düfte die Riechorgel umfasst, desto interessanter wird die Aufgabe.

Achtung: Eine unbekannter Duftstoff könnte schädliche Dämpfe abgeben! Halte deine Nase deshalb niemals direkt an den Stoff,

6 Zufächeln einer Duftprobe

sondern fächle immer mit der Hand über die Probe.

Aufgaben

1. Teste deine Klassenkameraden: Wer kann die meisten Düfte auseinanderhalten?

2. Vor welchen Gefahren kann dich die Nase warnen?

3. Welchen Sinn hat es, dass der Mensch zwar die Augen, nicht aber die Nase verschließen kann?

8 Wir schmecken Lebensmittel

Material

Apfel, Zwiebel, Möhre, gekochte Kartoffel, Banane, Augenbinde, Taucherbrille mit zugeklebter Sichtscheibe

Versuchsanleitung

Schneide das Obst und das Gemüse in gleich große, mundgerechte Stücke. Probiere erst mit verbundenen Augen. Setze nun die Taucherbrille auf und probiere erneut.

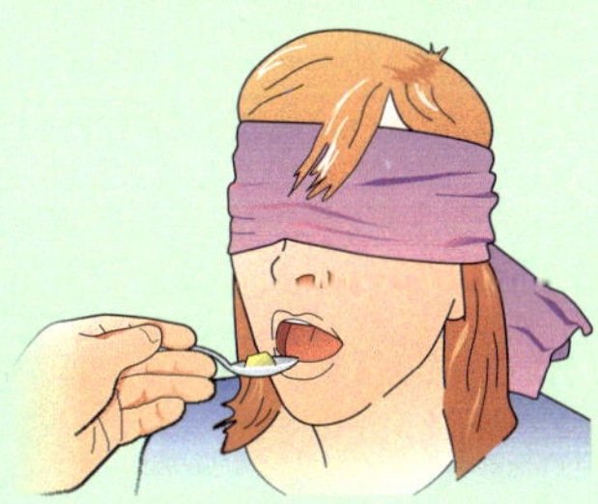

7 Wie gut ist dein Geschmackssinn?

Aufgaben

1. Stellst du eine Veränderung fest, wenn du die Lebensmittel mit aufgesetzter Taucherbrille probierst?

2. Welche Krankheit wirkt sich auf die Wahrnehmung des Geschmacks ähnlich aus, wie das Tragen der Taucherbrille?

9 Die Geschmacksempfindungen der Zunge

Material

Salz, Zucker, Wasser, Grapefruitsaft, Zitronensaft, Wattestäbchen, Augenbinde, 4 Gläser

Versuchsanleitung

Fülle etwas Wasser in zwei Gläser. Löse in einem Glas etwas Salz, im anderen etwas Zucker auf. Fülle die beiden anderen Gläser mit Grapefruit- und mit Zitronensaft. Verbinde deinem Partner die Augen. Tauche die Wattestäbchen in eine der Flüssigkeiten und betupfe dann verschiedene Stellen der Zunge deines Partners.
(Mund zwischen den Proben ausspülen! Wattestäbchen nur für je eine Versuchsperson benutzen!)

Aufgaben

1. Erkennt dein Partner die Geschmacksrichtungen süß, sauer, salzig und bitter?

2. Teste insbesondere die Zungenspitze mit den Flüssigkeiten.

3. Was macht dein Partner, wenn er den Geschmack testet?

10 Aus dem Gleichgewicht

Material

Drehstuhl, Krepp-Klebeband

Versuchsanleitung

Stelle den Drehstuhl in die Mitte des Klassenzimmers. Klebe vom Stuhl aus eine zwei Meter lange gerade Linie auf den Boden.
Eine Versuchsperson setzt sich auf den Drehstuhl, senkt den Kopf und schließt die Augen. Drehe nun den Stuhl im Uhrzeigersinn.

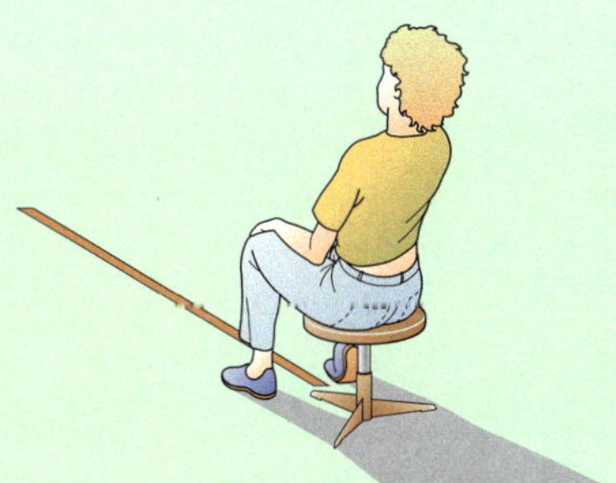

8 Zu Versuch 10

Halte den Stuhl nach etwa sechs Umdrehungen an. Die Versuchsperson soll nun die Augen öffnen und entlang der Linie laufen. Lass sie beschreiben, wie sie sich nach dem Abstoppen fühlt.

1 Mit allen Sinnen unterwegs

Ob du im Zimmer sitzt oder ob du draußen unterwegs bist: Oft ist es nötig, dass du schnell eine Situation erkennst und auf sie reagierst. Wenn du zum Beispiel mit dem Fahrrad fährst, musst du nicht nur das Radfahren beherrschen. Du solltest vor allem auf die anderen Verkehrsteilnehmer und den Weg achten, damit du sicher zum Ziel gelangst. Du musst also stets darüber informiert sein, was in deiner Umgebung passiert. Diese Informationen liefern dir deine **Sinnesorgane**.

Unsere Sinnesorgane Augen, Ohren, Nase, Zunge und Haut melden uns ständig, was in unserer Umgebung geschieht. Wie Empfangsstationen für einen Sender nehmen sie Signale aus der Umwelt auf, die wir als **Reize** bezeichnen. Diese Reize können Licht, Schall, Geruchsstoffe, Druck, Wärme oder auch Geschmacksstoffe sein. Die ankommenden Reize können aber nicht in ihrer ursprünglichen Form weitergeleitet, sondern müssen umgewandelt werden. Dazu besitzt jedes Sinnesorgan ganz spezielle Sinneszellen, die den zu ihm „passenden" Reiz in elektrische Signale umwandeln.

Über **Nerven** gelangen diese elektrischen Signale dann in das **Gehirn**. Dort werden die neu eintreffenden Informationen mit „alten", bereits gespeicherten Informationen verglichen, teilweise gespeichert und beantwortet. Erst im Gehirn entsteht also die eigentliche Wahrnehmung, die wir als sehen, hören, riechen, tasten, fühlen oder schmecken beschreiben.

Die Wahrnehmungen sind aber immer untrennbar mit der Erinnerung an schon bekannte Wahrnehmungen verbunden. Nur durch den Vergleich von bereits gespeicherten mit den neuen Informationen gelingt es uns, die Bedeutung der aufgenommenen Signale zu erkennen und angemessen zu reagieren: Zeigt beispielsweise die Fußgängerampel rot, signalisiert uns das „Gefahr" und wir bleiben stehen. Die Ampelfarbe Grün bedeutet „keine Gefahr" und wir können in der Regel die Straße gefahrlos überqueren.

Für uns nicht wahrnehmbare Signale
Es gibt allerdings auch zahlreiche Signale aus der Umwelt, die unsere Sinnesorgane nicht empfangen und die wir entsprechend nicht wahrnehmen können.

So fehlt uns zum Beispiel ein Sinnesorgan für die Wahrnehmung von magnetischen Erscheinungen, wie z. B. dem Magnetfeld der Erde. Wenn wir die Himmelsrichtung feststellen wollen, brauchen wir dazu einen Kompass. Einen Sonnenbrand bekommen wir durch ultraviolette Strahlung, die wir nicht sehen können. Und den Pfiff einer Hundepfeife hören wir nicht, weil er für unsere Ohren zu hoch ist. Mit unseren Sinnesorganen nehmen wir also nur einen Teil der Umwelt auf.

Aufgaben

1 Schau dir die Abbildung auf der Seite rechts an und lies die kurzen Texte. Beschreibe dann eine Fahrt mit dem Fahrrad von zuhause bis in die Schule
a) an einem Sommertag,
b) früh im Winter.
Überlege, welche Informationen dir welches Sinnesorgan während der Fahrten liefert.

2 Liste in einer Tabelle die Sinnesorgane des Menschen auf. Gib jeweils an, auf welche Reize sie reagieren und mit welchem Begriff wir die Wahrnehmung beschreiben.

3 Begründe, warum man die Sinnesorgane auch als „Antennen" unseres Körpers bezeichnet.

Sehen
Die Empfänger für Lichtreize sitzen in der Netzhaut unseres Auges. Die eintreffenden Informationen gelangen nach Umwandlung in elektrische Signale über den Sehnerv ins Gehirn. Dort erst entsteht das Bild, das du von deiner Umgebung siehst.

Hören
Die Hörsinneszellen im Innenohr reagieren auf Schallwellen. In Abhängigkeit von der Lautstärke und Tonhöhe werden die Hörsinneszellen unterschiedlich gereizt, sodass nach Verarbeitung im Gehirn die einzelnen Töne auch unterschieden werden können.

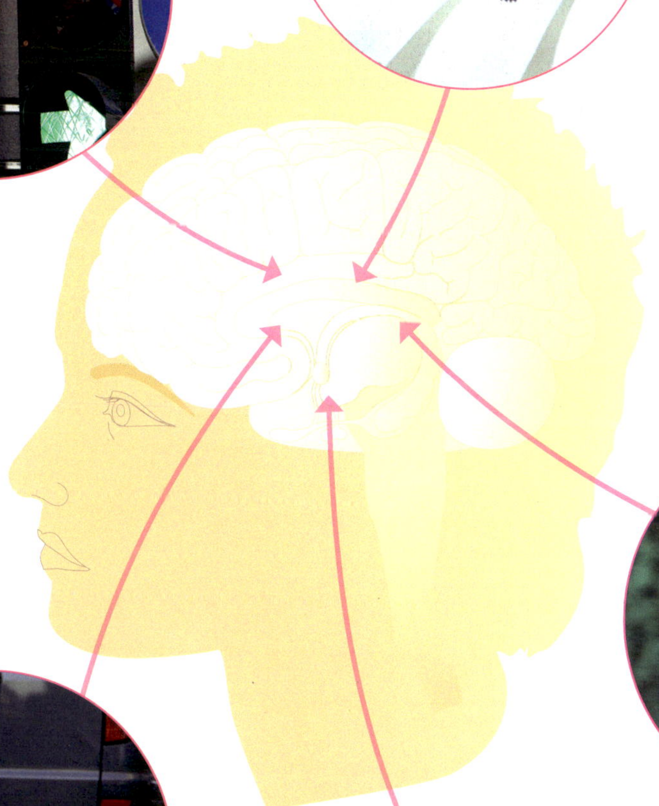

Tasten und Fühlen
Besonders gut ist die Fähigkeit für das Tasten in den Hautleisten der Finger ausgebildet. Dort sitzen in großer Zahl Tastsinneskörperchen. Außerdem gibt es in der Haut Empfänger für Schmerz, Kälte und Wärme.

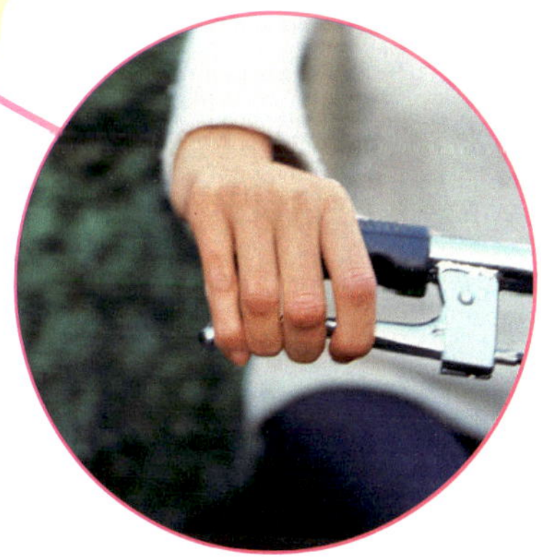

Schmecken
Die zum Teil warzig aussehenden Geschmacksknospen auf der Zunge sind die Empfänger für die in der Nahrung enthaltenen Geschmacksstoffe. Die Kombination der verschiedenen Geschmackssignale erzeugt in unserem Gehirn die Geschmacksempfindung.

Riechen
Die Geruchsstoffe der Autoabgase gelangen über die Luft zu den Riechsinneszellen der Nasenschleimhaut. Diese werden dadurch gereizt, sodass elektrische Erregungen über den Riechnerv ins Gehirn gelangen. Dort wird diese Information zu einer Geruchsempfindung verarbeitet.

Genauer durch Messen
Wie weit ist die nächste Bushaltestelle entfernt? Wie lange brauchst du für deinen Schulweg? Wie schwer ist deine Schultasche? Durch eine Schätzung kannst du diese Fragen mehr oder weniger genau beantworten. Eine Messung liefert dir jedoch den genauen Wert.

Das Messgerät
Wenn du eine Messung durchführen möchtest, dann benötigst du ein Messgerät (▷ B 2). Einige Messgeräte hast du sicher selbst schon benutzt: z. B. ein Lineal zur Längenmessung oder eine Stoppuhr zur Messung der Zeit. Kennst du weitere Beispiele?

▶ Mithilfe eines Messgeräts kann man eine Messung durchführen.

Der Messwert
Deine Zeit beim 60-m-Lauf gibst du mit 9,8 Sekunden an. Dies ist der Messwert. Er besteht aus dem Zahlenwert „9,8“ und der Einheit „Sekunden“. Auch bei jeder anderen Messung muss man zum Zahlenwert eine Einheit angeben. Zur Länge gehört die Einheit Zentimeter oder Meter, zum Volumen eines Körpers gehört die Einheit Kubikzentimeter oder Liter.

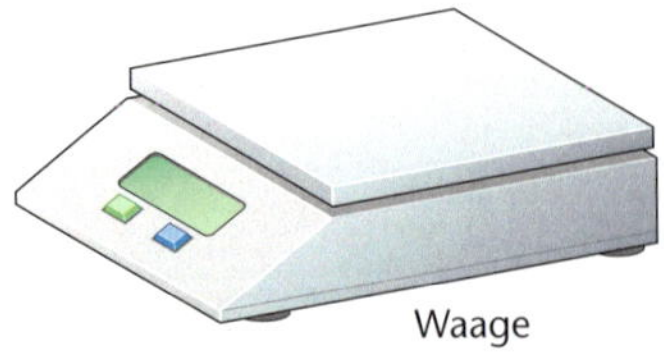

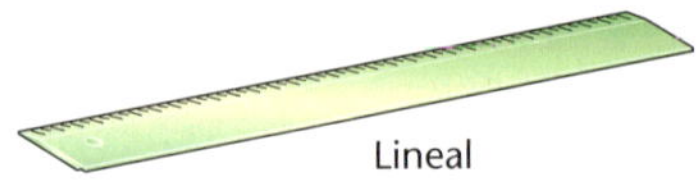

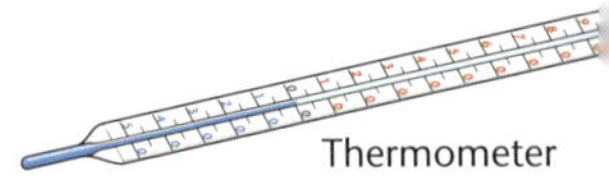

▶ Bei einer Messung erhält man einen Messwert. Er besteht aus einem Zahlenwert und einer Einheit.

Messgröße	Einheiten	Messgeräte
Länge	mm, cm, dm, m, km	Lineal, Maßband, Zollstock
Zeit	s, min, h …	

1 Zu Aufgabe 2

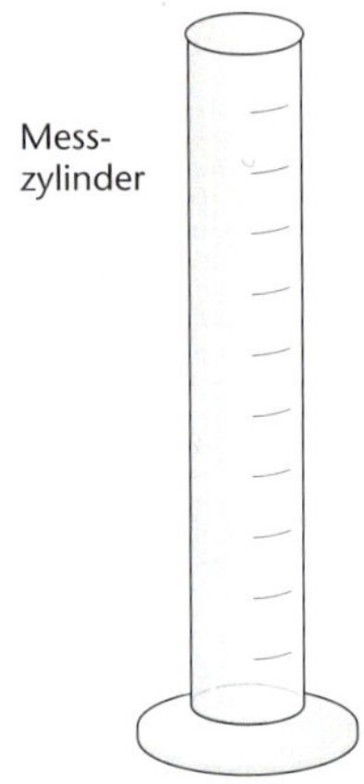

2 Messgeräte

Aufgaben

1 Früher gab es in Europa über 100 unterschiedliche Maße zur Längenmessung. Im 19./20. Jh. wurden dann international einheitliche Maße eingeführt. Nenne Gründe, warum dies sinnvoll war.

2 Ergänze die Tabelle in Bild 1 um weitere Größen, die du kennst. Trage die zugehörigen Messgeräte und Einheiten ein.

Werkstatt

Schätzen und messen

1 Vielerlei Maß
Wie lang sind die Tische in eurem Klassenzimmer? Untersucht diese Fragen in Gruppen zu je vier Schülern. Notiert alle Ergebnisse im Versuchsprotokoll.

Versuchsanleitung
a) Zunächst soll jedes Gruppenmitglied die Länge eines Tisches per Augenmaß schätzen.
b) Nun misst jeder die Tischlänge in Spannen (▷ B 1).
c) Schließlich führt jedes Gruppenmitglied die Messung mit einem Maßband durch.
d) Vergleicht die Ergebnisse eurer Messungen. Welches Messverfahren liefert das genaueste Ergebnis? Begründet!

2 Richtig sortiert
Material
5 gleiche Gefäße, Wasser, Augenbinde

Versuchsanleitung
a) Lass einen Mitschüler die Gefäße unterschiedlich hoch mit Wasser füllen.
b) Versuche mit verbundenen Augen, die Gefäße von leicht nach schwer zu sortieren. Gelingt dir das?
c) Überprüfe dein Ergebnis durch eine Messung. Beschreibe, wie du dazu vorgehst.

Aufgabe
Überlege dir weitere Versuche, in denen du eine Schätzung mit dem Ergebnis einer Messung vergleichst.

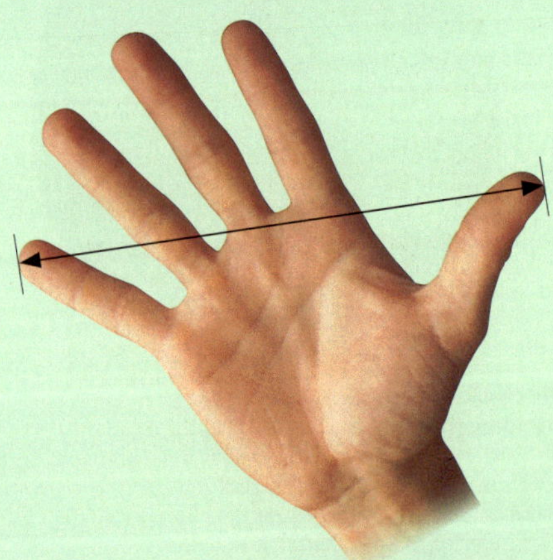

1 Eine Spanne: Die Länge der gespreizten Hand von der Daumenspitze bis zur Spitze des kleinen Fingers

Messungen auswerten

Schätze den Wert der zu messenden Größe ab und wähle das Messgerät mit dem passenden Messbereich aus.

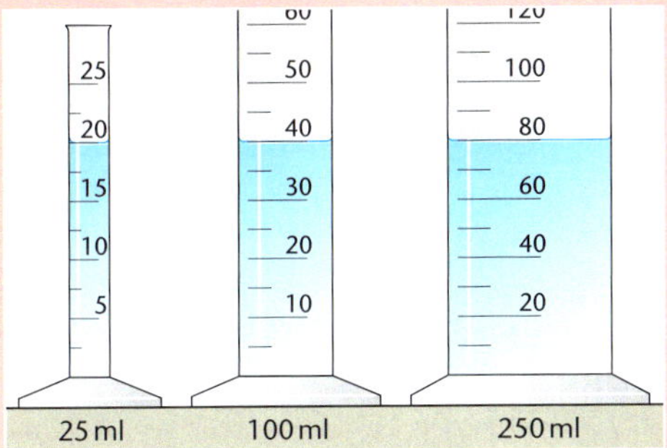

Achte bei der Auswahl des Messgeräts auf die beabsichtigte Genauigkeit des Messwerts.

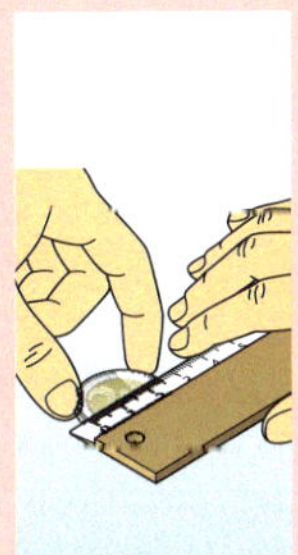

Manche Messgeräte muss man auf eine Messung vorbereiten: So müssen bestimmte Waagen erst justiert, d. h. auf null gestellt werden.

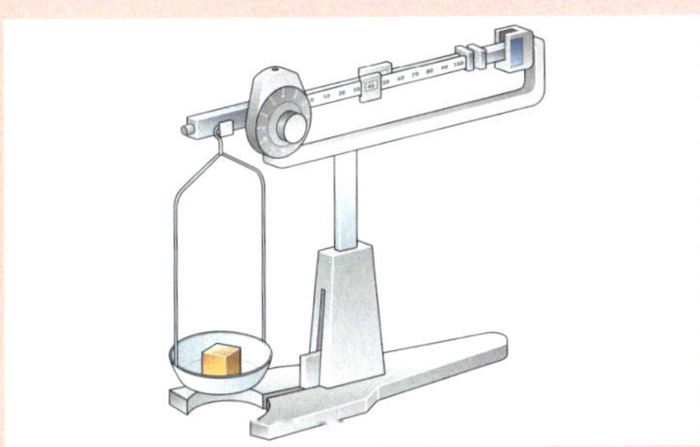

Benutze die Messgeräte richtig:
Stelle z. B. einen Messzylinder oder eine Waage auf eine ebene, waagerechte Unterlage.
Lege ein Lineal exakt an den beiden Messpunkten an.

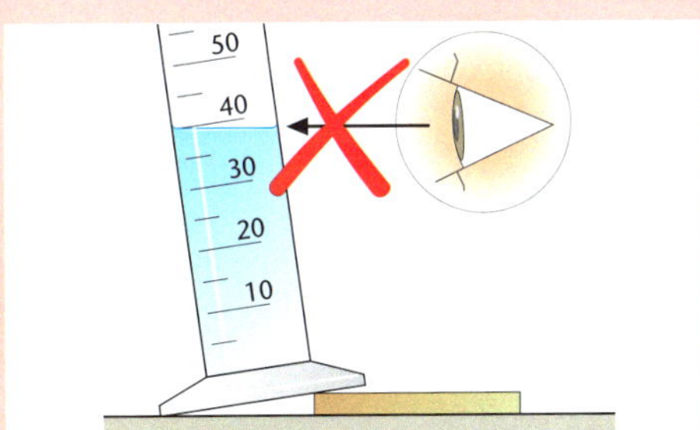

Schaue beim Ablesen des Messwerts immer senkrecht auf die Skala.

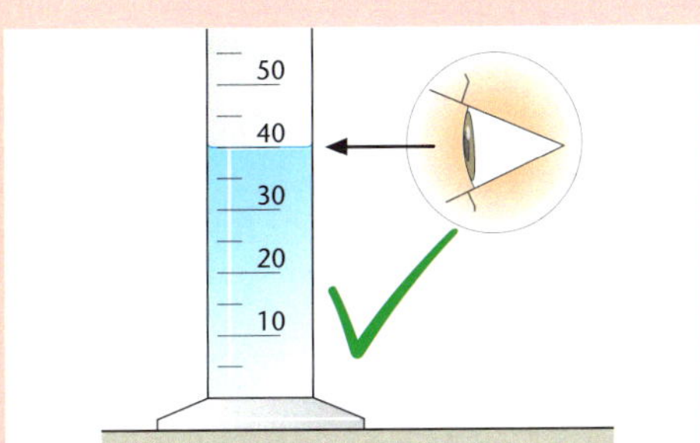

Wenn du Versuche durchführst, musst du oft physikalische Größen messen. Das kann z. B. die Temperatur, die Länge oder die Masse sein. Damit du möglichst genaue Ergebnisse erhältst, solltest du bei der Messung einige Regeln beachten.

Vorbereitung der Messung
Du kannst grobe Fehler bei der Messung vermeiden, indem du auf einen stabilen Versuchsaufbau achtest und in einer ruhigen Umgebung arbeitest.

Überlege außerdem, welche Messgeräte du benötigst. Wähle das Messgerät mit der richtigen Skala und mit dem günstigsten Messbereich aus. Die Genauigkeit deiner Messung hängt von der Teilung der Skala des Messgeräts ab. Zur Längenmessung beim Weitsprung genügt z. B. ein Maßband. Damit kannst du den Messwert auf den Zentimeter genau ablesen. Im Geometrieunterricht benötigst du dagegen ein Lineal, mit dem eine Streckenlänge millimetergenau bestimmt werden kann.

Fehlerrechnung
Auch wenn du sorgfältig arbeitest, können Messfehler auftreten. Wiederholst du eine Messung, liegen die Messwerte meist etwas höher oder etwas niedriger. Sie „streuen" um den genauen Wert.
Diesen Fehler kannst du ausmitteln: Führe eine Messung mehrmals durch und bilde den Mittelwert aus den einzelnen Messwerten. Je mehr Messungen du durchführst, desto näher liegt der Mittelwert beim wahren Wert.

Um den Mittelwert zu erhalten, teilst du die Summe der Messwerte durch die Anzahl der Messungen. Dabei darf das Ergebnis höchstens so viele Dezimalstellen besitzen, wie du mit dem Messgerät messen kannst.

Fehler durch defekte Messgeräte
Manchmal sind auch die Messgeräte ungenau, z. B. kann deine Stoppuhr vor- oder nachgehen. Wenn du einen solchen Fehler feststellst, besorge dir ein funktionierendes Gerät!

Aufgabe

1 Eine Schülergruppe hat die Länge eines Tischs gemessen. Berechne für ihre Messreihe den Mittelwert:
Max $l = 1{,}22\,m$
Marlene $l = 1{,}21\,m$
Lea $l = 1{,}20\,m$
Marius $l = 1{,}22\,m$
Raffael $l = 1{,}21\,m$

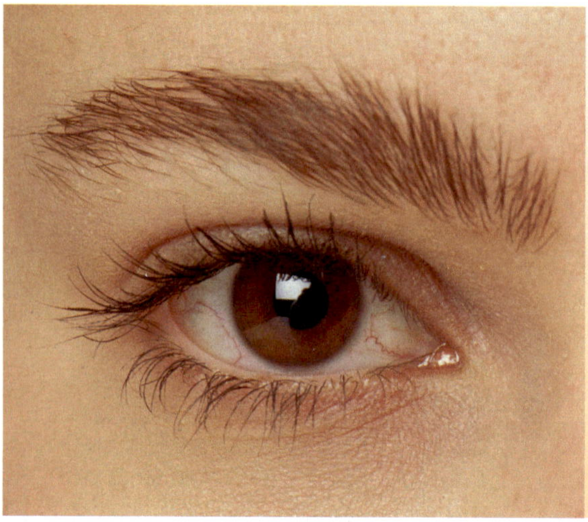

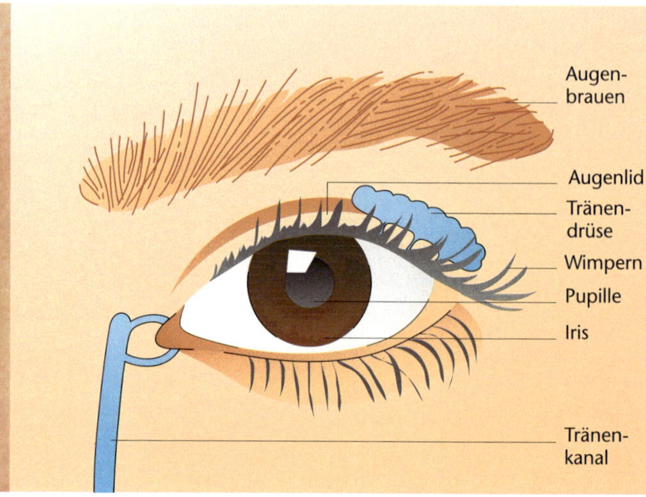

Wichtiges wird gut geschützt
Ein so wichtiges Sinnesorgan wie das Auge ist vielfach geschützt. Die Brauen sorgen dafür, dass herablaufender Schweiß nach außen abläuft. Gelangen kleine Insekten oder Staub an die Wimpern, schließen sich die Augenlider sofort. Bei jedem Lidschluss befeuchten sie die Augen mit Tränenflüssigkeit. So werden die Augen vor dem Austrocknen bewahrt.
Ist doch einmal ein Staubkorn ins Auge gelangt, wird von den Tränendrüsen mehr Tränenflüssigkeit produziert. Sie spült den Fremdkörper aus dem Auge.
Zusätzlich schützen die knöchernen Augenhöhlen, die mit Fettpolstern ausgekleidet sind, die empfindlichen Augen.

Augenbrauen, Wimpern, Augenhöhlen sind Schutzeinrichtungen des Auges. Auch das Blinzeln und die Tränenflüssigkeit schützen das Auge.

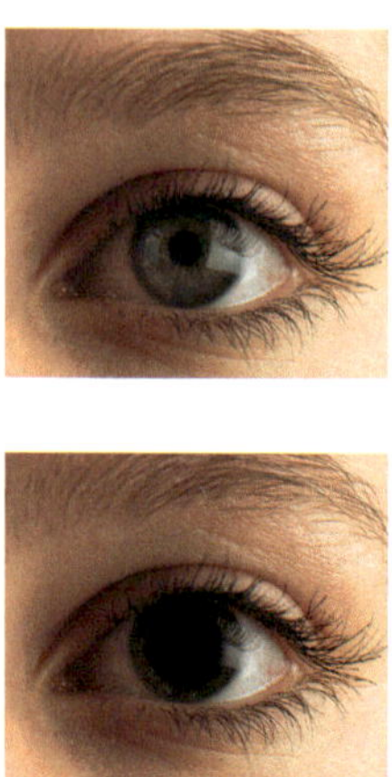
1 Hell- und Dunkeladaptation

Der Aufbau des Auges
Das Auge ist von einer Augenwand umgeben (▷ B 2). Sie besteht aus drei Schichten. Außen befindet sich die schützende harte **Lederhaut**. An ihr setzen sechs Muskeln an. Sie ermöglichen die Bewegung des Auges. Der vordere Bereich der Lederhaut ist durchsichtig. Er wird ständig mit Tränenflüssigkeit befeuchtet und heißt **Hornhaut**.
Unter der Lederhaut liegt die **Aderhaut**. Sie enthält viele Blutgefäße und versorgt die angrenzenden Schichten. Im vorderen Teil des Auges geht die Aderhaut in einen Ringmuskel über. An diesem Muskel ist mithilfe der Linsenbänder die Linse aufgehängt.
Innen auf der Aderhaut liegt eine Schicht, die schwarzen Farbstoff enthält. Sie lässt keine Lichtstrahlen hindurch und reflektiert sie auch nicht. Diese Farbstoffschicht wird auch **Pigmentschicht** genannt.

Die Netzhaut
Die innerste Schicht der Augenwand ist die **Netzhaut**. Dort befinden sich die Lichtsinneszellen. Direkt gegenüber der Pupille liegt eine kleine gelbe Vertiefung in der Netzhaut. Es ist der **Gelbe Fleck**, die Stelle des schärfsten Sehens.
Dort, wo der Sehnerv das Auge verlässt, gibt es keine Lichtsinneszellen. Diese Stelle auf der Netzhaut bezeichnet man daher als **Blinden Fleck**.

Das Auge besteht aus Lederhaut bzw. Hornhaut, Netzhaut mit den Lichtsinneszellen, Aderhaut und Pigmentschicht. Der Gelbe Fleck ist die Stelle des schärfsten Sehens auf der Netzhaut.

Helligkeitsanpassung
Die von außen sichtbare farbige Regenbogenhaut nennt man **Iris**. In der Mitte der Iris befindet sich eine Öffnung, die **Pupille**. Durch die Pupille fällt Licht ins Augeninnere. Die Größe der Pupille verändert sich mithilfe von Muskeln in der Iris: Bei zunehmender Helligkeit wird die Pupille verengt, bei abnehmender Helligkeit wird sie erweitert. Diese Anpassung an die Umgebungshelligkeit heißt **Adaptation** (▷ B 1).

Die Pupille passt sich der Helligkeit an, dies nennt man Adaptation.

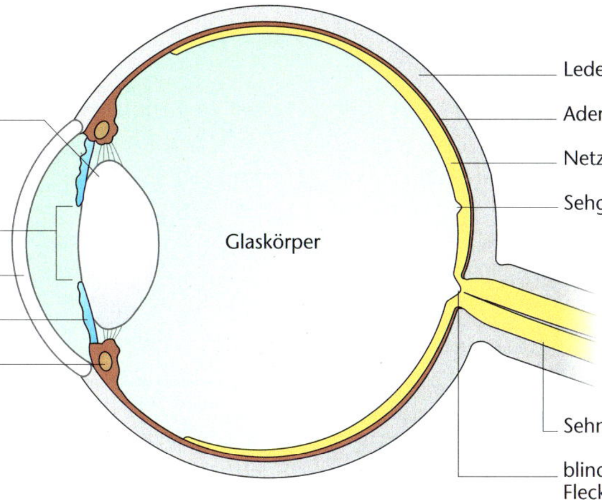

2 Horizontalschnitt durch das Auge

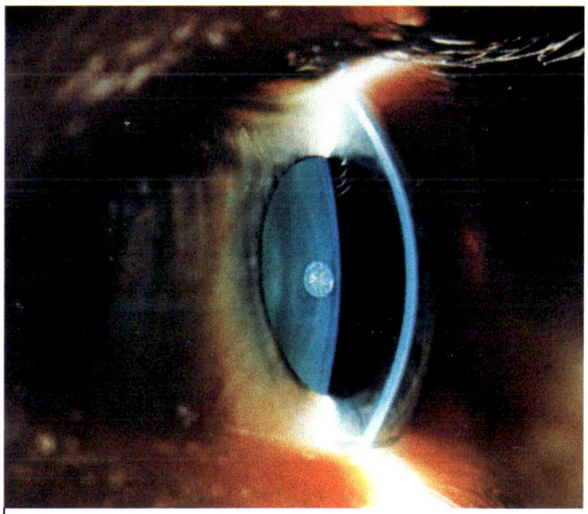

3 Pupille

Lochkamera und menschliches Auge
Das Sehen ist ein äußerst komplizierter Vorgang. Um den Sehvorgang vereinfacht zu erklären, kann die Lochkamera zum Vergleich herangezogen werden (▷ B 4). Auge und Lochkamera haben beide ein **lichtundurchlässiges Gehäuse**, in das die Lichtstrahlen nur von vorne einfallen können. Der Lochblende der Lochkamera entspricht die Pupille des Auges, dem Bildschirm entspricht die Netzhaut.

Der Weg des Lichts durch das Auge
Anders als die Lochkamera besitzt das Auge zusätzlich eine anpassungsfähige **Linse**. Mit ihrer Hilfe können sowohl nahe als auch weit entfernte Gegenstände scharf abgebildet werden. Und das funktioniert folgendermaßen:

Auf seinem Weg durch das Auge durchdringt das Licht die durchsichtige Hornhaut und anschließend die Pupille. Direkt hinter der Pupille fällt es auf die Linse. Ein Muskel kann die Form der Linse ändern. Sie kann so eine stärker gekrümmte oder eine flachere Form annehmen.

Nach der Linse durchläuft das Licht den durchsichtigen **Glaskörper**. Dann erreicht es die lichtempfindlichen Zellen der Netzhaut. Hier endet der Lichtstrahl, denn das Auge ist nach hinten abgedunkelt.
Die Lichtsinneszellen wandeln die Lichtreize in elektrische Signale um. Diese Signale werden über den Sehnerv zum Gehirn geleitet und dort verarbeitet. Nun nehmen wir die Bilder wahr.

Bildentstehung im Auge
Die von der Flamme einer Kerze ausgehenden Lichtstrahlen treffen auf den unteren Netzhautbereich, vom Kerzenboden reflektierte Strahlen werden auf dem oberen Bereich der Netzhaut abgebildet. Von jedem einzelnen Punkt der Kerze entsteht ein Bildpunkt auf der Netzhaut. Aus diesen Bildpunkten setzt sich ein Bild der Kerze auf der Netzhaut zusammen. Es ist verkleinert, seitenverkehrt und steht auf dem Kopf (▷ B 4).

Dass wir die uns umgebende Welt trotzdem nicht kopfüber sehen, ist eine Leistung des Gehirns.

▶ Das auf der Netzhaut entstehende Bild eines Gegenstandes ist verkleinert, seitenverkehrt und steht auf dem Kopf.

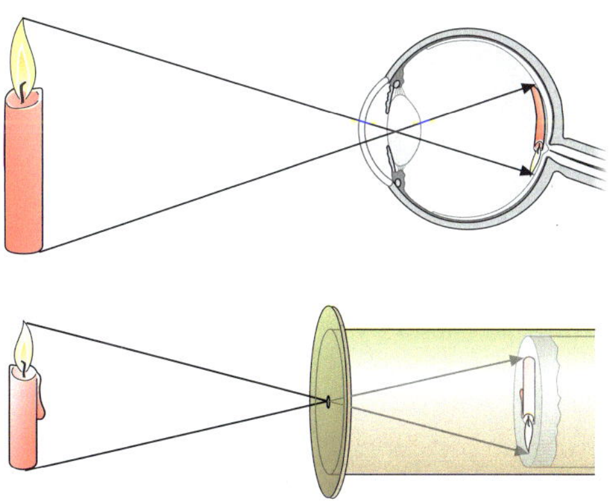

4 Auge und Lochkamera im Vergleich

Versuche zum Sehen

A

C

R

K

S

M

Q

1 Sehtest

1 Sehtest

Versuchsanleitung

Kannst du die nebenstehenden Buchstaben ohne Schwierigkeiten lesen? Betrachte dazu die Buchseite aus 1,5 m Entfernung.

2 So wird das Auge geschützt

Material

Lidschlussbrille oder Schutzbrille, Gummischlauch und Gummiball

Versuchsanleitung

Arbeitet paarweise.

a) Setze die Lidschlussbrille auf. Deine Augen bleiben geöffnet. Dein Nachbar drückt aus dem Gummiball kurz und kräftig Luft heraus und beobachtet dabei deine Augenlider.

b) Führt den Versuch auch mit vertauschten Rollen durch.

c) Beschreibt eure Beobachtungen und erklärt.

3 Wie reagieren die Pupillen?

Versuchsanleitung

Führt diesen Versuch in Partnerarbeit durch.

a) Dein Nachbar schließt beide Augen und hält sie sich zusätzlich mit den Handflächen zu. Nach etwa einer halben Minute werden die Hände weggenommen und die Augen geöffnet. Der Blick wird schnell zur Lampe oder zum hellen Fenster gerichtet.
Beobachte sofort die Pupillen deines Nachbars. Erläutere.

b) Wie a), aber es wird nur ein Auge geschlossen und abgedeckt. Beobachte wieder sofort die Pupillen. Ziehe eine Schlussfolgerung.

4 Wie nah dürfen Gegenstände sein?

Material

Lineal (30 cm lang), Stift

Versuchsanleitung

Führt diesen Versuch zu zweit durch.

a) Dein Partner/in sollte links von dir sitzen. Er/sie hält ein 30 cm-Lineal mit der Nullmarke vorsichtig an deine Nasenwurzel.
Du hältst in der rechten Hand einen Stift an das entfernte Ende des Lineals.
Schließe das linke Auge. Fixiere den Stift und bewege ihn langsam am Lineal auf das rechte Auge zu. Stoppe die Bewegung, wenn du den Stift nicht mehr scharf siehst.
Dein Partner liest die Entfernung des Stifts vom Auge auf dem Lineal ab.

b) Wie a), doch jetzt mit dem linken Auge.

Aufgaben

1. Welcher Wert ist zu erwarten (Tabelle ▷ B 2)?

2. Notiere die Ergebnisse beider Augen und vergleiche.

3. Wie müsste sich der Wert bei einem Weitsichtigen verändern? Begründe.

Alter (Jahre)	Nahpunkt (cm)
10	7
20	9
30	12
40	22
50	40
60	∞

2 Nahpunkttabelle

5 Gibt es Rettung?

Versuchsanleitung

Betrachte das Bild unten. Halte dabei dein Buch mit dem ausgestreckten Arm in Augenhöhe. Decke mit der rechten Hand das rechte Auge ab. Sieh mit dem linken Auge auf die Henne, während du das Buch langsam dem Auge näherst.
Was beobachtest du?

Gefahren durch das Sonnenlicht

Es ist gefährlich, ohne Augenschutz in die Sonne zu sehen. Die Augenlinse bündelt das Licht der Sonne auf der Netzhaut. Auch wenn sich die Pupille bei Helligkeit verkleinert, ist die Wirkung des Sonnenlichts stark genug, um die Netzhaut dauerhaft zu schädigen.
Bei der Ausfahrt aus einem dunklen Tunnel bist du bestimmt schon einmal von der Sonne geblendet worden. In der Dunkelheit des Tunnels weitet sich die Pupille, damit möglichst viel Licht ins Auge fallen kann. Beim plötzlichen Wechsel in die Helligkeit benötigt die Pupille eine kurze Zeit, um sich anzupassen. In dieser Zeit fällt zu viel Licht in das Auge, sodass du geblendet wirst.

2 Schnee reflektiert das Sonnenlicht.

Gefahren durch ultraviolette Strahlung

Das Sonnenlicht enthält auch die für uns unsichtbare **ultraviolette Strahlung** (UV-Strahlung). Diese Strahlung kann gefährlich werden, besonders dann, wenn Sonnenlicht auf stark reflektierende Flächen wie eine Wasseroberfläche oder eine Schneedecke fällt (▷B2). Wenn man nicht durch eine Sonnenbrille geschützt ist, dann kann zu viel UV-Strahlung in das Auge gelangen. Als Folge kann Schneeblindheit auftreten, eine schmerzhafte Verletzung der Hornhaut des Auges.

Setzen wir unsere Haut zu starker UV-Strahlung aus, werden die Hautzellen geschädigt. Ein Sonnenbrand (▷B3) ist die schmerzhafte Folge. Ein Sonnenbrand kann auch viele Jahre später noch Auswirkungen haben. In schlimmen Fällen werden die Hautzellen so stark geschädigt, dass bösartiger Hautkrebs auftritt. Ein Hautarzt berät dich über Veränderungen der Haut, die auf eine solche Erkrankung hindeuten können.
Bei einem längeren Aufenthalt in der Sonne musst du dich daher vor der UV-Strahlung schützen. Das kann durch lichtundurchlässige Kleidung oder durch ein Sonnenschutzmittel geschehen. Achte auf den Lichtschutzfaktor (LSF). Ein Schutzfaktor 6 bedeutet, dass du dich sechsmal länger in der Sonne aufhalten kannst, als du es ohne Schutz darfst. Wie lange du dich ungeschützt in der Sonne aufhalten darfst, gibt die **Eigenschutzzeit** an. Sie hängt vom Hauttyp ab (▷B1).

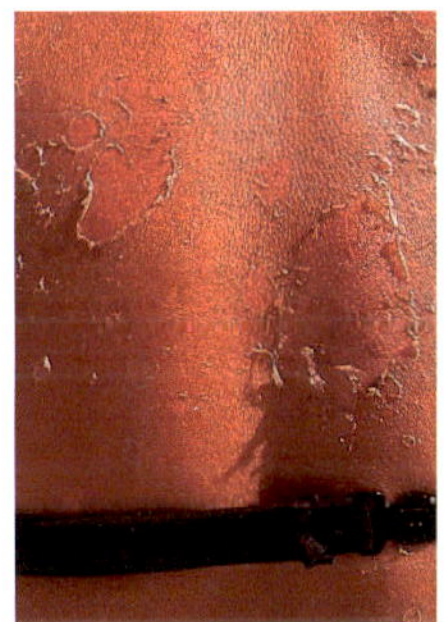

3 Sonnenbrand

Hauttyp 1	Hauttyp 2	Hauttyp 3	Hauttyp 4
Sehr helle Haut, blonde oder rötliche Haare, blaue oder grüne Augen, häufig Sommersprossen. Immer Sonnenbrand, niemals Bräunung. Eigenschutzzeit höchstens 10 Minuten. LSF mindestens 15, und zwar dauernd.	Helle Haut, blonde Haare, blaue oder grüne Augen. Immer Sonnenbrand, schwache Bräunung. Eigenschutzzeit höchstens 20 Minuten. LSF in den ersten Tagen mindestens 15, später LSF 10–15.	Dunkelblonde oder dunkle Haare, braune Augen. Leichter Sonnenbrand, gute Bräunung. Eigenschutzzeit höchstens 30 Minuten. LSF in den ersten Tagen mindestens 10, später LSF 8.	Von Natur aus dunkle Haut, dunkle oder schwarze Haare, braune Augen. Nie Sonnenbrand, immer Bräunung. Eigenschutzzeit höchstens 45 Minuten. LSF in den ersten Tagen mindestens 8, später LSF 4–8.

1 Zu welchem Hauttyp gehörst du?

Leben ohne Licht und Schall

Ständig nimmst du mit den Sinnesorganen Reize aus deiner Umwelt auf. Das ist für dich selbstverständlich, meistens denkst du darüber nicht mehr nach. Stell dir vor, es würde dir ein Sinn fehlen. Wie könntest du dich dann in deiner Umgebung zurechtfinden?

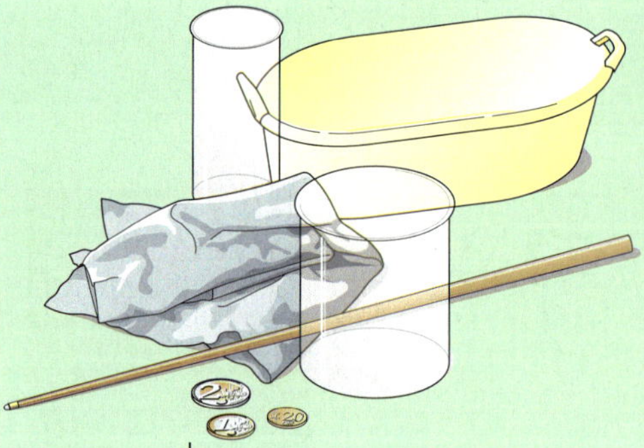

1 Material zu Versuch 1

1 Orientierung ohne Licht

Material

Tuch, Stock, verschiedene Geldstücke, 2 Wassergläser, Wanne

Versuchsanleitung

a) Gehe mit verbundenen Augen den Weg von deinem Fachraum zu deinem Klassenzimmer (▷ B 2). Bitte einen Mitschüler oder eine Mitschülerin dich zu begleiten und die Richtung anzugeben, in die du gehen musst. Vermeide das Treppenhaus! Lasse dich an gefährlichen Stellen von deinem Partner sichern.

2 Blinde benötigen Hilfe

Versuche, den Rückweg alleine zu finden. Benutze zur Orientierung den Stock. Dein Mitschüler oder deine Mitschülerin warnt dich vor gefährlichen Stellen.
Wie kannst du den Stock einsetzen, um den Weg zu finden? An welchen Stellen hast du Schwierigkeiten bei der Orientierung?

3 Stockeinsatz

b) Auf einem Tisch vor dir liegen verschiedene Geldstücke. Versuche, den Wert dieser Geldstücke mit verbundenen Augen zu ertasten. Zähle anschließend einen Betrag von 1,38 Euro mit verbundenen Augen ab. Woran erkennst du die verschiedenen Münzen?
c) Mit geöffneten Augen ist es einfach, Wasser von einem Glas in ein anderes zu gießen. Schaffst du das auch mit verbundenen Augen? Welcher „Trick" kann dir dabei helfen?

4 Umgießen mit verbundenen Augen

d) Ein Mitschüler oder eine Mitschülerin lässt einen Schlüssel zu Boden fallen. Hebe den Schlüssel mit verbundenen Augen auf. Wiederhole den Versuch mit anderen Gegenständen, z. B. mit einer Münze oder einem Blatt Papier. Welche Gegenstände hast du ohne Schwierigkeiten gefunden? Begründe.

2 Orientierung ohne Schall

Material

Watte, zwei Plastikbecher, langer Stoffstreifen

Versuchsanleitung

Verschließe deine Ohren mit Watte. Fülle die Becher mit Watte und setze sie auf deine Ohrmuscheln. Befestige die Becher mit dem Stoffstreifen (▷ B 5).

5 Zu Versuch 2

Wie nimmst du die Geräusche aus deiner Umgebung wahr? Wie klingt es, wenn du selbst sprichst? Versuche, dich mit einem Mitschüler oder einer Mitschülerin ohne Worte zu verständigen. Denkt euch eine Methode aus, mit der eine Verständigung ohne Worte möglich ist.

1 Gebärdensprache

2 Blinder mit Hund

Fehlende Sinne

Viele Menschen nehmen ihre Umwelt nur eingeschränkt wahr. Sie sind z. B. sehbehindert oder hörgeschädigt. Wusstest du, dass in Deutschland mehr als 150 000 Menschen blind sind?
Sinnesgeschädigte Menschen haben gelernt, ihre anderen Sinne besonders gut zu nutzen. Viele blinde Menschen können sehr gut hören und sind in der Lage, auch sehr feine Strukturen zu ertasten. Hörgeschädigte lesen anderen Menschen häufig die Worte „von den Lippen“ ab. Das kann für beide Gesprächspartner anstrengend sein und benötigt viel Zeit. Sinnesgeschädigte Menschen sind deshalb aber nicht schwer von Begriff.

Leben in der Dunkelheit

Für blinde Menschen ist die Orientierung außerhalb der gewohnten Umgebung schwierig. Das wichtigste Hilfsmittel für sie ist der **Langstock**. Er heißt so, weil er vom Erdboden bis zur Brust reicht. Mit dem Langstock tastet ein Blinder den Bereich vor sich ab, wobei die Stockspitze immer am Boden bleibt. So sichert er seine nächsten Schritte.
Auch ein **Blindenhund** hilft seinem Besitzer bei der Orientierung (▷ B 2). Blindenhunde werden sorgfältig ausgebildet und sind verlässliche Partner. Sie suchen selbstständig den Weg, erkennen Zebrastreifen, Ein- und Ausgänge an Häusern und freie Sitzplätze in Bussen. Dabei lassen sie sich auch von anderen Hunden nicht ablenken. Wenn du selbst einen Hund besitzt, weißt du, wie schwierig das ist.

Mit den Fingern lesen

Blinde Menschen können eine Schrift lesen, die aus ertastbaren Punkten besteht. Diese Schrift wurde im Jahr 1822 von dem Franzosen LOUIS BRAILLE (1806–1852) erfunden. Nach ihm wird sie **Braille-Schrift** genannt. Heute benutzt man diese Schrift auf der ganzen Welt. Zum Schreiben verwendet man eine spezielle Schreibmaschine, die die Punkte in das Papier eindrückt. Vielleicht hast du diese Schrift schon mal auf einer Medikamentenpackung gesehen.

Leben in der Stille

Taube Menschen hören auch ihre eigene Stimme nicht. Deshalb können sie ihre Sprache schlecht kontrollieren und ihre Worte klingen manchmal schwer verständlich. Gehörlose Menschen verständigen sich oft durch eine **Gebärdensprache** (▷ B 1). Um sie zu erlernen, bedarf es einiger Übung. Eine andere Möglichkeit bietet das **Fingeralphabet** (▷ B 3).

Aufgabe

1 Worin besteht der Unterschied zwischen Gebärdensprache und Fingeralphabet? Was sind jeweils die Vor- und Nachteile?

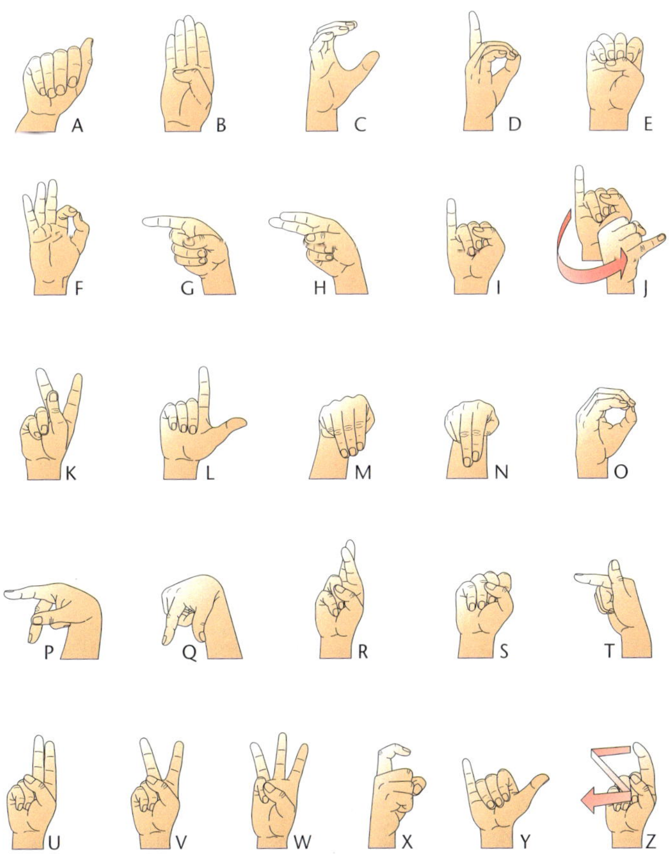

3 Das Fingeralphabet

Sinnesorgane schützen

Damit nichts ins Auge geht

Das Auge ist unser wichtigstes Sinnesorgan. Deshalb müssen wir die Augen besonders schützen. In vielen Berufen sind Schutzbrillen vorgeschrieben. Auch in der Schule müssen bei manchen Experimenten Schutzbrillen getragen werden.

- Stelle ein Informationsblatt für deine Mitschüler zusammen, in dem du einige Experimente aufzählst, bei denen Schutzbrillen getragen werden müssen.

- Braucht der Radfahrer eine Schutzbrille? Diskutiert darüber.

Sonnenschutz für das Auge

Die UV-Strahlung im Sonnenlicht kann das Auge schwer schädigen. Wenn du dir im Winter bei schönem, sonnigem Wetter im Schnee beim Rodeln oder Skifahren die Zeit vertreibst, musst du deshalb eine Sonnenbrille tragen.

- Informiere dich bei einem Optiker über den Unterschied zwischen weniger guten und guten Sonnenbrillen.

- Manche Bergsteiger oder Skifahrer werden schneeblind. Was versteht man darunter?

Sonnenschutz für die Haut

Ein Sonnenbrand ist unangenehm und manchmal sehr schmerzhaft.

- Wie entsteht ein Sonnenbrand und wie kannst du dich davor schützen?

- Was ist wohl mit der Aussage gemeint: „Die Haut vergisst nie“?

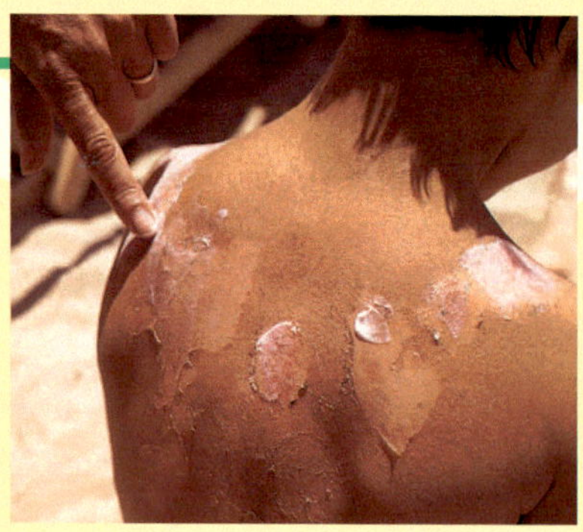

Herstellung von Sonnencreme

- Sonnencreme muss ganz andere Eigenschaften besitzen als eine normale Hautcreme. Welche Bestandteile können dich vor den gefährlichen Strahlen schützen?

- Recherchiere im Internet über die Herstellung von Sonnencremes. Stelle deine eigene Creme her.

In der Ruhe liegt die Kraft
Ständig prasseln Geräusche auf uns ein. Nur ganz selten ist es völlig still. Der Mensch braucht aber Zeiten der Ruhe, wenn er nicht krank werden will.

- An welche Orte kannst du dich zurückziehen, wenn du einmal völlige Ruhe haben willst?

- Unsere Umwelt ist oft sehr laut. In manchen Berufen ist man ständig Lärm ausgesetzt und muss bei der Arbeit einen Gehörschutz tragen. Stelle eine Tabelle der Berufe zusammen, bei denen die Arbeiter einen Gehörschutz tragen müssen.

- Gelegentlich kann man Musiker mit einem Gehörschutz sehen. Vor allem bei den Proben tragen sie diesen. Was meinst du, weshalb sie das tun?

Ein Sinn hilft dem anderen
Blinde müssen sich mit anderen Sinnesorganen in der Umwelt orientieren als sehende Menschen. Blinde setzen vor allem den Tastsinn und den Gehörsinn ein. Diese Sinne müssen besonders geschult werden.

- Blindenvereine und Blindenschulen bieten hierfür spezielle Schulungen an. Informiere dich darüber.

- Überlege Versuche, wie du deinen Tastsinn schärfen könntest.

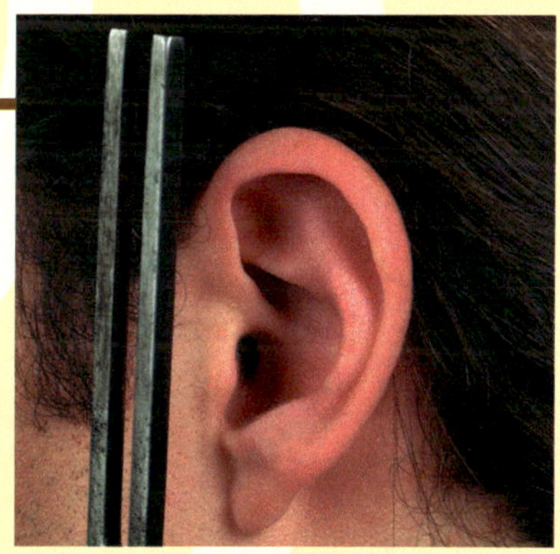

Schall braucht einen Leiter
Der Hörvorgang geschieht durch die Aufnahme von Schallwellen mit dem Ohr. Damit Schall geleitet werden kann, muss ein Schallleiter vorhanden sein.
Der Schädelknochen des Menschen z. B. nimmt Schallwellen auf und leitet sie weiter.

- Verschließe beide Ohren ganz fest und lass dir von einem Mitschüler eine schwingende Stimmgabel auf den Kopf setzen. Berichte!

- Baue ein Schnurtelefon und teste, über welche Entfernung du dich damit mit einem Freund oder einer Freundin unterhalten kannst.

- Ist das Innenohr gesund, aber die Schallleitung im Außen- oder Mittelohr gestört, so kann ein spezielles Hörgerät helfen. Informiere dich bei einem Hörgeräteakustiker darüber.

Schwingungen machen Töne

Das Gehör ist ein wichtiges Sinnesorgan. Wir brauchen es zur Verständigung und Orientierung. Alles, was wir hören können, bezeichnet man als Schall. Wie aber entsteht Schall?

Teilt euch in Gruppen auf. Jede Gruppe führt in einer beliebigen Reihenfolge nacheinander alle Versuche durch.

1 Das s(chw)ingende Lineal

Material

Lineal (möglichst lang und stabil, z. B. aus Metall)

Versuchsanleitung

a) Drückt ein Ende des Lineals fest auf eine Tischkante. Dabei soll ungefähr die Hälfte des Lineals überstehen. Zupft nun am freien Ende des Lineals.
Notiert, was ihr hört und seht.

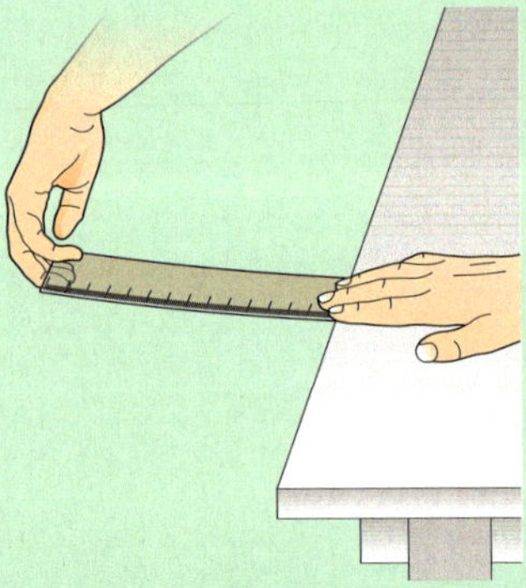

1 Anzupfen des Lineals

b) Ändert die Länge des überstehenden Teils (▷ B1) und zupft erneut am freien Ende des Lineals. Was beobachtet ihr nun? Könnt ihr Unterschiede zum ersten Versuch feststellen?

2 Schall bewegt

Material

Weinglas, Trinkglas, Alufolie, Bindfaden

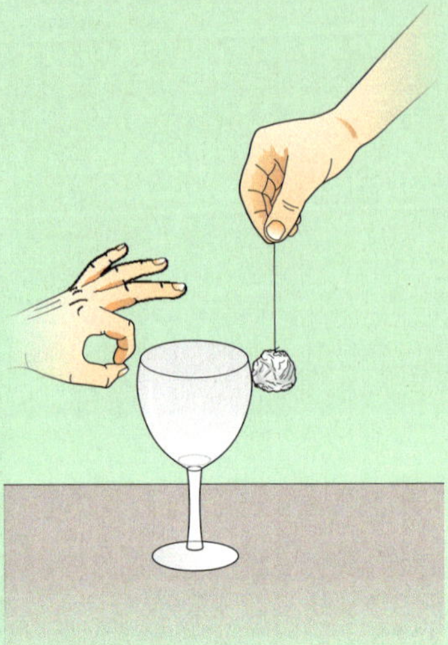

2 Anschlagen des Glases

Versuchsanleitung

Formt aus der Alufolie eine kleine Kugel. Befestigt sie an einem Stück Faden. Haltet die Kugel so am Faden, dass sie den Rand des leeren Glases berührt. Schlagt nun leicht gegen den Rand des Glases (▷ B 2). Beobachtet die Kugel. Was stellt ihr fest?

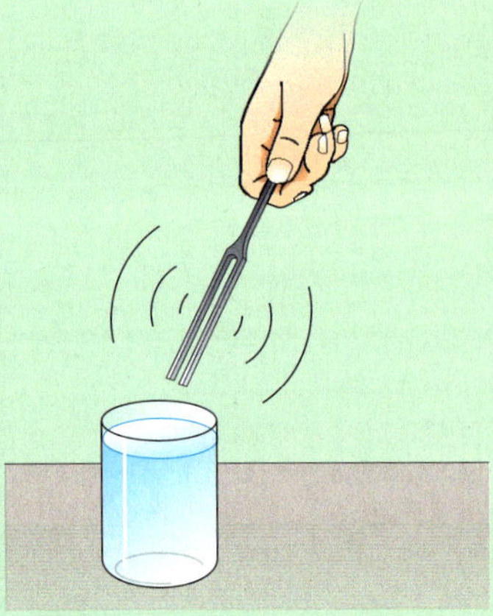

3 Eintauchen der Stimmgabel

3 Schall „sichtbar" gemacht

Material

Becherglas, Stimmgabel

Versuchsanleitung

a) Füllt ein Glas mit Wasser. Schlagt die Stimmgabel an und taucht sie sofort ins Wasser (▷ B 3). Was könnt ihr beobachten?
b) Schlagt die Stimmgabel fester an, sodass sie lauter ertönt, und taucht sie wieder ins Wasser. Was beobachtet ihr nun?

4 Die Stimmgabel schwingt

Material

Glasscheibe, Kerze, Feuerzeug, 2 hölzerne Wäscheklammern, lange Stimmgabel mit Metallspitze, Papier, Schutzbrille

Versuchsanleitung

a) Zündet die Kerze an. Haltet die Glasscheibe mit zwei Wäscheklammern und bewegt sie über der Flamme, bis sie mit einer Rußschicht bedeckt ist.
Achtung: Lasst die Scheibe zwischendurch immer wieder abkühlen, damit sie nicht zerspringt!

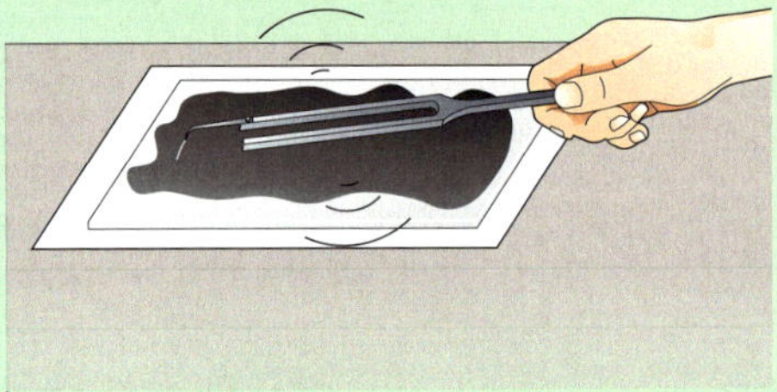

4 Die Stimmgabel erzeugt ein Muster.

b) Legt nun die Scheibe mit der Rußschicht nach oben auf das Papier. Schlagt die Stimmgabel an und zieht die Metallspitze schnell über die berußte Scheibe (▷ B 4).

Beschreibt das Muster, welches die Metallspitze auf der berußten Glasscheibe erzeugt hat. Übertragt das Muster in euer Versuchsprotokoll.

Aufgaben

1. Beantwortet, nach der Durchführung aller Versuche, in euren Gruppen folgende Fragen:
– Wie entsteht Schall?
– Wovon hängen Höhe und Lautstärke eines Tons ab?
Anschließend stellt jede Gruppe ihre Antworten vor.

2. Zählt weitere Schallquellen auf. Gebt jeweils an, wodurch der Ton erzeugt wird und wie Tonhöhe und Lautstärke verändert werden können.

Hoch und tief, laut und leise

1 Schall umgibt uns ständig.

Schall und Schallquellen

Wenn du mit einem dünnwandigen Glas irgendwo anstößt, hörst du einen Ton. Auch beim Anschlagen einer Stimmgabel wird ein Ton erzeugt. Fliegt eine Wespe an dir vorbei, hörst du ein Summen. Weil Glas, Stimmgabel und Wespe Schall erzeugen, nennt man sie **Schallquellen**.
Mit Versuchen kannst du nachweisen, dass sich das Glas und die Stimmgabel sehr schnell hin und her bewegen, wenn sie einen Ton erzeugen. Sie schwingen. Das Summen von Wespen entsteht durch eine Auf-und-ab-Bewegung ihrer Flügel. Diese Bewegungen sind so schnell, dass wir sie kaum sehen können.

> Gegenstände, die einen Ton erzeugen, bezeichnet man als Schallquellen. Eine Schallquelle erzeugt einen Ton, wenn sie schnell schwingt.

Hohe und tiefe Töne

Wenn du ein Lineal an verschiedenen Stellen einspannst und an seinem freien Ende zupfst, kannst du verschiedene Töne erzeugen. Die Höhe des Tons hängt davon ab, wie lang der schwingende Teil des Lineals ist.
Schwingt ein langes Stück des Lineals, kann man diese Bewegung meist sehen (▷ B 2a). Das Lineal schwingt langsam und erzeugt einen tiefen Ton. Schwingt ein kurzes Stück des Lineals, sind die einzelnen Hin- und Herbewegungen kaum noch zu sehen (▷ B 2b). Der hohe Ton ist jedoch gut zu hören.

> Schnelle Schwingungen führen zu einem hohen Ton, langsame Schwingungen zu einem tiefen Ton.

Laute und leise Töne

Will man einen lauten Ton erzeugen, muss man die jeweilige Schallquelle stärker anschlagen. Das bedeutet beim Lineal, dass man das freie Ende stärker biegen muss.

> Je stärker eine Schallquelle schwingt, desto lauter ist der Ton, den wir hören.

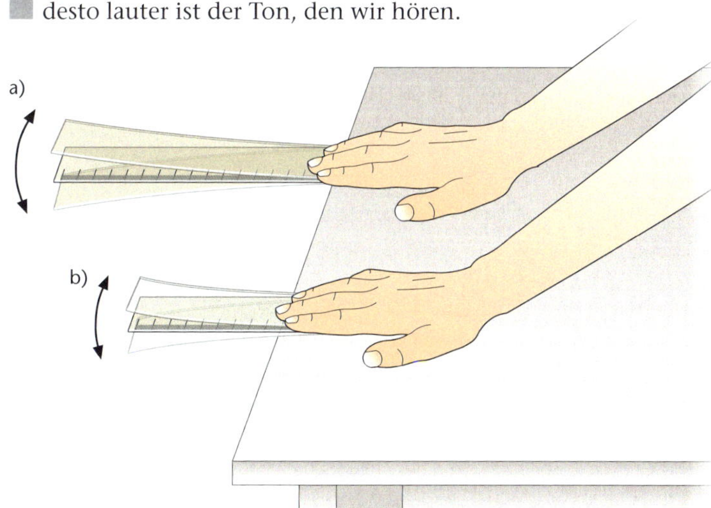

2 Die Länge des schwingenden Teils bestimmt die Tonhöhe.

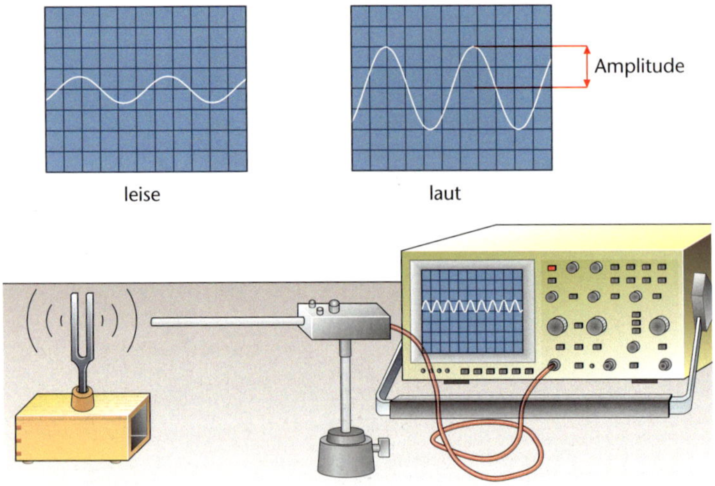

1 Je größer die Amplitude einer Schwingung ist, desto lauter ist der Ton.

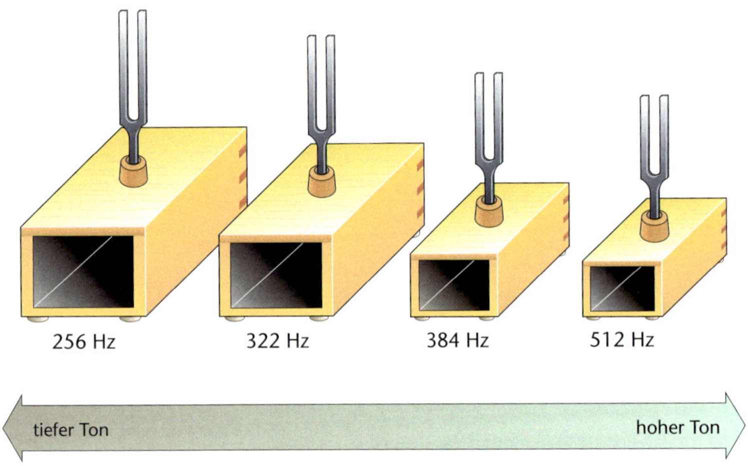

2 Stimmgabeln mit tiefen und hohen Tönen

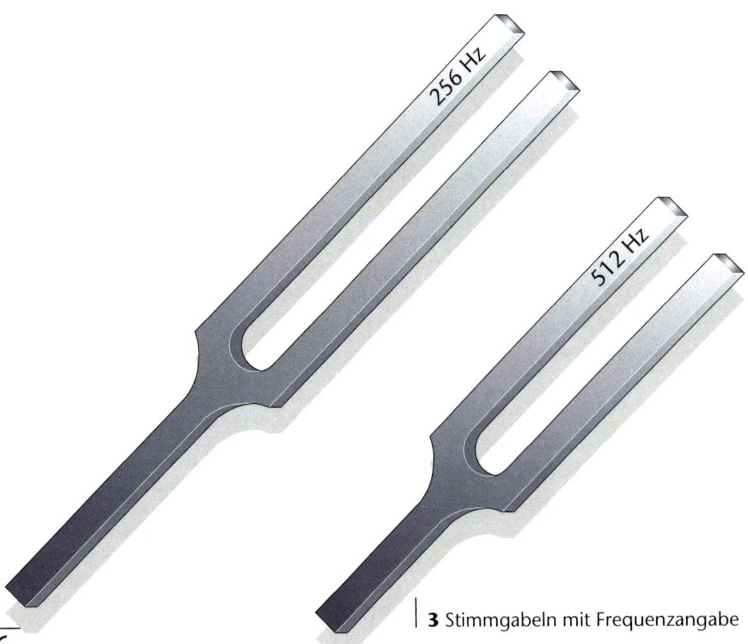

3 Stimmgabeln mit Frequenzangabe

Schall sichtbar gemacht

Naturwissenschaftler benutzen häufig ein Oszilloskop, um Schall sichtbar zu machen (▷ B 1). Der Schall wird mit einem Mikrofon aufgenommen. Die Schallschwingungen erscheinen als Linien auf dem Bildschirm des Oszilloskops.

Die Lautstärke

Schlägst du eine Stimmgabel leicht an, zeigt das Oszilloskop ein Signal wie in Bild 1 (links oben). Schlägst du fest gegen die Stimmgabel, so wird der Ton lauter. Der Ausschlag auf dem Bildschirm des Oszilloskops ist größer. Der größte Ausschlag wird auch als **Amplitude** bezeichnet.

Je größer die Amplitude ist, desto lauter ist der wahrgenommene Ton.

Die Tonhöhe

Wenn du dir unterschiedliche Stimmgabeln ansiehst, findest du sicher ähnliche Angaben wie auf den beiden Stimmgabeln in Bild 3. Um herauszufinden, was diese Angaben bedeuten, kannst du Folgendes ausprobieren: Schlag unterschiedliche Stimmgabeln nacheinander an und ordne sie nach der Höhe ihres Tons. Du wirst feststellen: Je größer die Zahl auf der Stimmgabel, desto höher der Ton (▷ B 2).

Die Frequenz

Die Angabe auf der Stimmgabel wird als **Frequenz** bezeichnet. Die Angabe 256 Hz (256 Hertz) bedeutet zum Beispiel, dass die Stimmgabel in einer Sekunde 256 volle Schwingungen ausführt.

Die Frequenz (in Hertz) gibt an, wie viele Schwingungen ein Körper in einer Sekunde durchführt. Je größer die Frequenz einer Stimmgabel ist, desto höher ist der Ton, den sie erzeugt.

Die Frequenz wird in der Einheit **Hertz** angegeben, benannt nach dem Physiker Heinrich Hertz (1857 – 1894).

Versuch

1 Eine Stimmgabel erzeugt einen Ton. Beim Zerknüllen von Papier hörst du ein Geräusch, beim Zerplatzen eines Luftballons einen Knall. Schließe an ein Oszilloskop ein Mikrofon an und nimm damit die Signale dieser Schallquellen auf. Was zeigt das Oszilloskop jeweils an? Formuliere einen Merksatz.

Das Gehör auf dem Prüfstand
Zwei Klingeln erzeugen doppelt so viel Schall wie eine (▷ B 1). Unser Gehör nimmt zwei Klingeln im Vergleich zu einer aber nicht als doppelt so laut wahr. Deshalb müssen wir zwischen der Schallstärke und dem, was wir hören – nämlich der Lautstärke – unterscheiden.

Erst bei 10 Klingeln nimmt das Gehör die doppelte Lautstärke wahr. Mithilfe eines Schallstärkemessgeräts oder eines Oszilloskops kann man Versuche zum Lautstärkeempfinden durchführen. Sie zeigen, dass wir bei 10-facher Schallstärke nur die doppelte Lautstärke wahrnehmen. Bei 100-facher Schallstärke wird die 4-fache Lautstärke wahrgenommen, bei 1000-facher Schallstärke erst die 8-fache Lautstärke usw. Auf unsere Ohren bzw. unser Gehör wirkt allerdings die tatsächliche Schallstärke. Also: Vorsicht bei lauten Geräuschen oder Tönen!

Die wahrgenommene Lautstärke nimmt viel langsamer zu als die tatsächliche Schallstärke.

1 Zwei Klingeln – doppelte Lautstärke?

Auch von der Frequenz lässt sich das Gehör täuschen: Es nimmt unterschiedlich hohe Töne gleicher Schallstärke unterschiedlich laut wahr.

Werkstatt

Töne, gehört und gemessen

1 Die Lautstärke wird untersucht

Material
Mindestens 2 baugleiche elektrische Klingeln

Versuchsanleitung
Drehe dich mit dem Rücken zur Klingel. Lasse eine Mitschülerin oder einen Mitschüler deiner Klasse eine Klingel einschalten. Nach kurzer Zeit soll die zweite Klingel dazu eingeschaltet werden.
Wie nimmt dein Gehör den Unterschied wahr?

2 Die doppelte Lautstärke

Material
10 baugleiche Klingeln, Oszilloskop

Versuchsanleitung
Lasst in eurem Klassenraum erst eine, dann zwei, drei, ... und schließlich zehn Klingeln gleichzeitig ertönen. Zeichnet die Lautstärke mit dem Oszilloskop auf. Beobachtet die Anzeige und hört aufmerksam hin. Wie viele Klingeln sind erforderlich, bis ihr die doppelte Lautstärke wahrnehmt?

3 Lautstärke und Frequenz

Material
Tongenerator mit Lautsprecher, Oszilloskop mit Mikrofon

Versuchsanleitung
Mit dem Tonfrequenzgenerator werden Töne von 200 Hz bis 2 000 Hz erzeugt. Dabei soll die Amplitude gleich bleiben, d. h. die Schallstärke soll sich nicht ändern. Nehmt die verschiedenen Töne mit dem Mikrofon auf (▷ B 1). Überprüft mithilfe der Anzeige des Oszilloskops jeweils die Amplitude. Könnt ihr bei verschieden hohen Tönen Unterschiede in der Lautstärke feststellen?
Wie nehmt ihr den 200-Hz-Ton im Vergleich zum 2 000-Hz-Ton wahr?

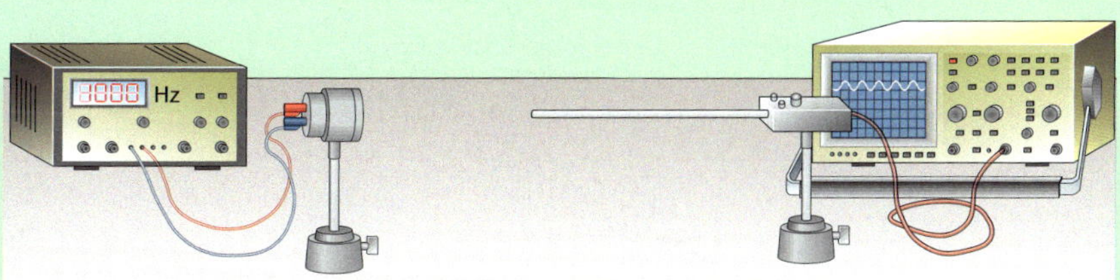

1 Wie laut ein Ton wahrgenommen wird, hängt auch von seiner Frequenz ab.

1 Diskomusik kann doppelt so laut sein wie ein Presslufthammer.

Die Maßeinheit der Lautstärke
Mit dem in Bild 1 gezeigten Schallpegelmessgerät wird die Lautstärke in der Einheit **Dezibel (A)** gemessen. Das A steht dafür, dass die Mess-Skala an die menschliche Hörkurve angepasst wurde.

> Die Lautstärke wird in der Einheit Dezibel angegeben:
> 1 Dezibel (A) = 1 dB(A)

Eine Zunahme der Lautstärke um 10 dB(A) entspricht einer 10-fachen Schallstärke. Sie wird vom Gehör als doppelte Lautstärke wahrgenommen.
Laute Musik von 100 dB(A) ist z. B. „nur" um 10 dB(A) lauter als ein Presslufthammer mit 90 dB(A) (▷ B 1). Wir nehmen die Musik als doppelt so laut wahr. Auf unser Gehör wirkt aber die 10-fache Schallstärke.

Lärm kann schaden
Jede Art von Schall, der uns stört, bezeichnen wir als Lärm – egal, ob es sich z. B. um Musik oder Motorengeräusche handelt. Manchmal kann Lärm mehr als störend sein, er wird dann gefährlich.

Lärm kann das Gehör schädigen. Diese Gefahr besteht z. B. für Jugendliche, die in Diskotheken oder mit dem MP3-Player regelmäßig sehr laute Musik hören. Bereits jeder vierte Jugendliche hat aus diesem Grund einen Hörschaden, der nicht mehr zu beheben ist.

Je lauter der Ton ist und je geringer der Abstand zur Schallquelle ist, desto stärker schwingt das Trommelfell. Sehr große Schallstärken können daher Schmerzen im Ohr verursachen. Dauert die Überbeanspruchung an, besteht die Gefahr dauerhafter Schäden.
Die dauerhafte Einwirkung von Lärm kann aber auch andere Krankheiten auslösen, z. B. Herz-Kreislauf-Erkrankungen.

Aufgaben

1 Nenne Beispiele dafür, dass Lärm schädlich sein kann.

2 Vergleiche die Lautstärke eines Autos mit der eines LKW. Wie groß ist der Unterschied in der Schallstärke und wie groß in der Lautstärke (▷ B 2)?

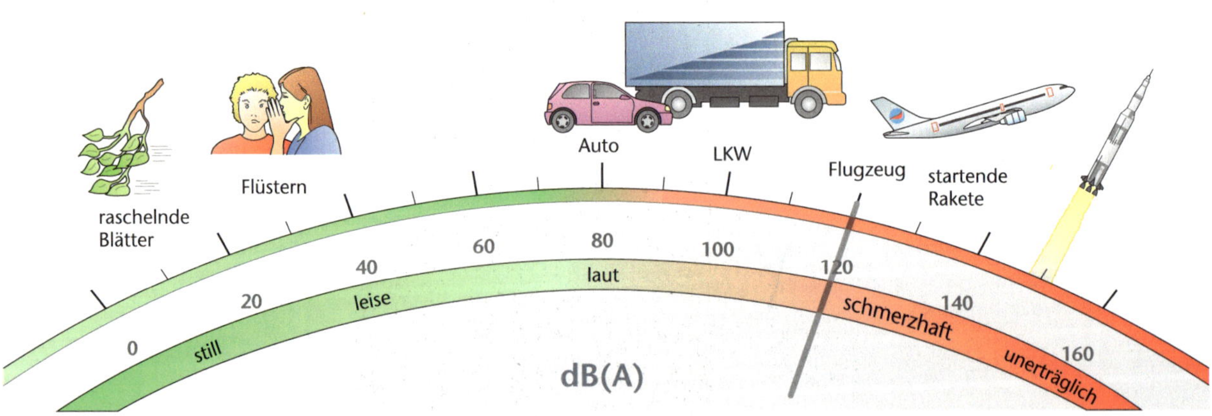

2 Beispiele für die Lautstärken verschiedener Schallquellen

Wie können wir uns vor Lärm schützen?
Lärm kann auf Dauer unsere Gesundheit gefährden. Nicht nur unser Gehör nimmt Schaden, auch andere Krankheitssymptome können durch dauernden Lärm ausgelöst werden. Deshalb ist es wichtig, sich vor Lärm zu schützen (▷B2).
Bild 1 zeigt zum Beispiel einige Maßnahmen zum Schutz vor **Straßenlärm**.

Ein Schwamm als Schalldämpfer
Lasse zu Hause einmal Wasser in die Wanne einlaufen. Lege dann einen großen Schwamm in die Wanne und lasse das Wasser auf den Schwamm laufen. Vergleiche die Geräusche des einlaufenden Wassers mit und ohne Schwamm.
Der Schwamm besteht aus vielen kleinen „Höhlen". Die Schallwellen, die auf den Schwamm treffen, treten durch die Öffnungen ein und breiten sich im Schwamm aus. Die meisten Schallwellen werden vom Schwamm aufgenommen. Nur Schallwellen, die direkt auf den Wannenboden treffen, werden zurückgeworfen und erreichen das Gehör.

2 Bei dieser Arbeit ist ein Gehörschutz notwendig.

Aufgaben

1 Nenne Beispiele, wo Lärmschutz unbedingt notwendig ist.

2 Notiere für einen Tag, welche Lärmquellen dir zu Hause, auf dem Schulweg, in der Schule usw. begegnen.

Eine Geschwindigkeitsbegrenzung hilft, Lärm zu vermindern.

Schallschutzwände verringern die Lärmbelastung für Anwohner.

Moderne Fenster bieten einen guten Schutz gegen Lärm.

1 Lärm und Lärmschutz

Wie breitet sich Schall aus?
Schlägst du das linke Tamburin in Bild 1 an und beobachtest dabei die aufgehängte Kugel (z. B. einen Tischtennisball) am rechten Tamburin, dann stellst du fest, dass sie sich bewegt.

1 Wieso bewegt sich die aufgehängte Kugel?

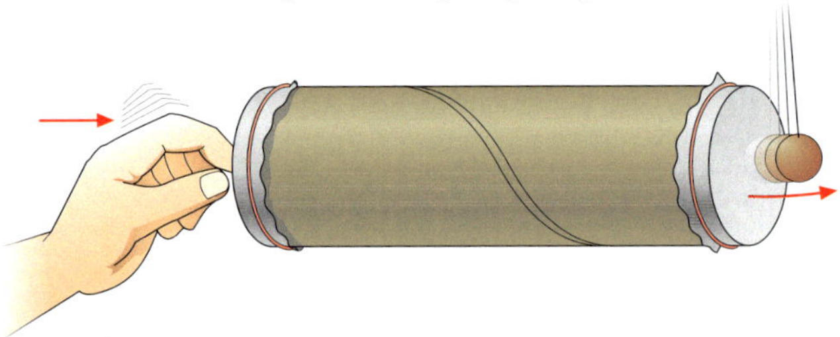

2 Der Schall setzt die Kugel in Bewegung.

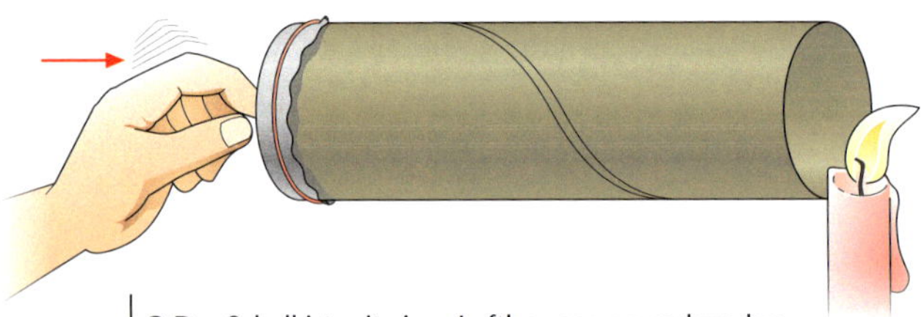

3 Der Schall ist mit einer Luftbewegung verbunden.

4 Ohne Luft ist kein Klingeln zu hören.

Bild 2 zeigt eine hohle Pappröhre, die an beiden Seiten mit einer dünnen Gummihaut verschlossen ist. Eine leichte Kugel an einem Faden berührt die rechte Haut. Schlägst du leicht mit einem Finger gegen die linke Gummihaut, kannst du sehen, dass sich die Kugel bewegt.
In Bild 3 wurde die rechte Gummihaut von der Röhre entfernt. Statt der Kugel wird eine brennende Kerze verwendet. Schlägst du nun gegen die linke Gummihaut, bewegt sich die Kerzenflamme. Der Schall breitet sich also durch die Luft aus.

Wie schnell ist der Schall?
Wäre die Röhre länger, dann könnte man sehen, dass der Schall Zeit braucht, um sich auszubreiten. In einer Sekunde legt der Schall in Luft etwa 340 m zurück.

Kann sich Schall ohne Luft ausbreiten?
Legt man eine elektrische Klingel wie in Bild 4 unter eine Glasglocke und pumpt langsam die Luft ab, macht man eine erstaunliche Beobachtung. Je länger das Abpumpen der Luft dauert, desto leiser wird das Klingeln. Es fehlt die Luft zur Weiterleitung der Schalls. Schall kann sich also nicht alleine ausbreiten, sondern er braucht einen **Schallträger**.

Schall breitet sich in der Luft aus.
Luft ist ein Schallträger.

Mit kleinen Kärtchen zum großen Lernerfolg

Viele Leute schreiben kleine Zettelchen, wenn sie etwas nicht vergessen wollen. Für sie sind diese Notizen ihr „Hilfsgedächtnis". Auch beim Vokabellernen benützt du kleine Kärtchen.

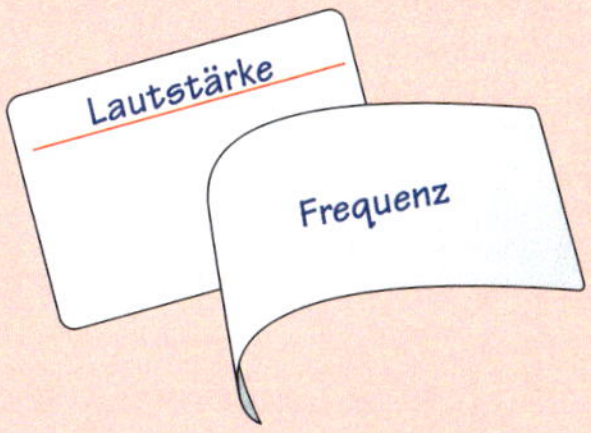

Deine Lernkartei

Du willst ein bestimmtes Stoffgebiet, z. B. „Der Schall", lernen und wiederholen. Lies zuerst den Text in deinem Buch. Suche die wichtigsten Begriffe – meist fett gedruckt – heraus.
Schreibe die Begriffe auf nicht zu kleine Kärtchen (mindestens 7 x 10 cm), die du fertig kaufen oder aus Karton selber schneiden kannst. Auf die Vorderseite kommt der Begriff, auf die Rückseite schreibst du die Definition oder einen Satz als Erklärung.

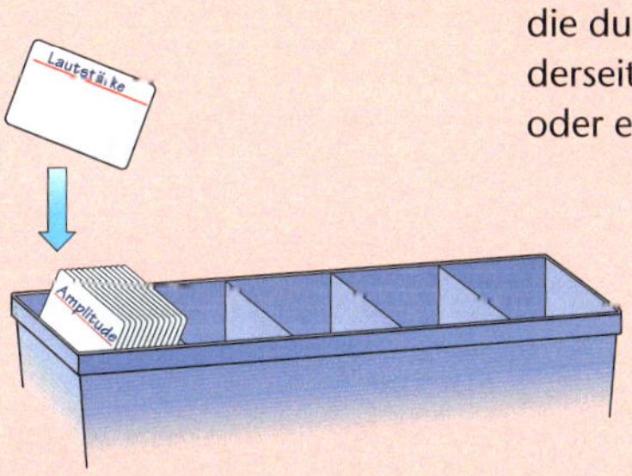

Allein lernen

Wenn du allein lernen willst, brauchst du nur noch einen Karteikasten, den du in fünf Fächer unterteilst.
Alle Kärtchen kommen in das vorderste Fach und wandern, wenn du die Erklärung auf der Rückseite richtig gewusst hast, ins 2. Fach.
Begriffe, die du nicht konntest, bleiben im ersten Fach. Jeden Tag rutschen die Kärtchen bei richtiger Wiederholung ein Fach weiter nach hinten, bis du alle Begriffe gelernt hast.

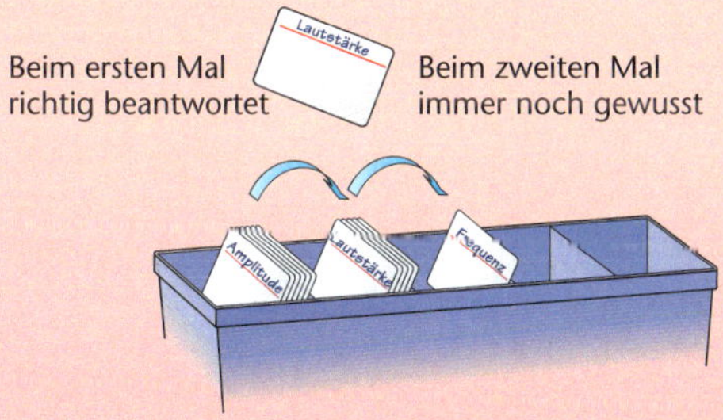

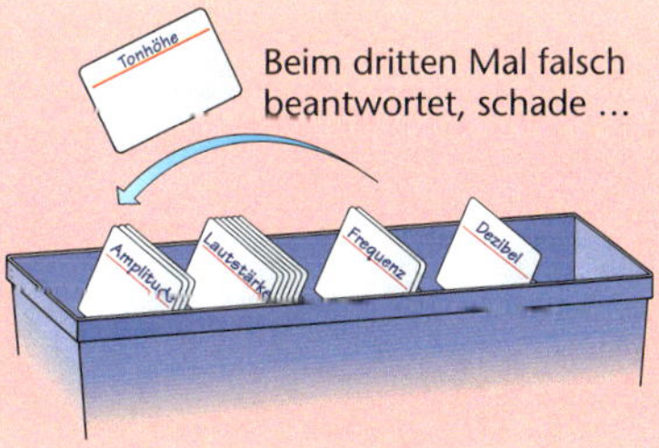

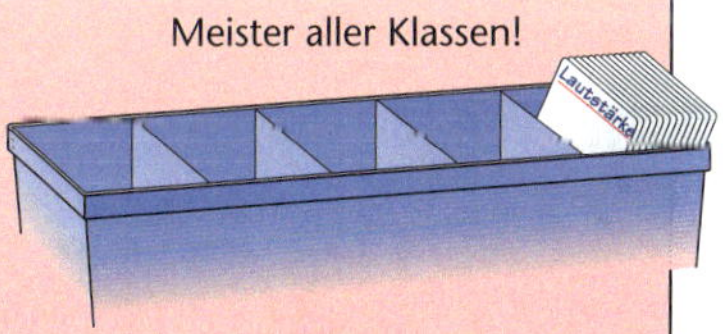

Zu zweit lernen

Ihr könnt mit den Kärtchen auch zu zweit lernen. Teilt die Kärtchen untereinander auf und fragt euch gegenseitig ab. Dabei könnt ihr euch den Begriff nennen oder die Erklärung auf der Rückseite.

Lernen in der Gruppe

Auch zu dritt oder viert könnt ihr mit der Kärtchen-Methode lernen.
Teilt die Kärtchen untereinander auf. Der Erste legt einen Begriff z. B. „Amplitude" auf den Tisch. Der Nächste darf seinen Begriff nur anlegen, wenn er einen sinnvollen Satz mit beiden Begriffen bilden kann. Mit dem nächsten Begriff geht es genau so weiter.

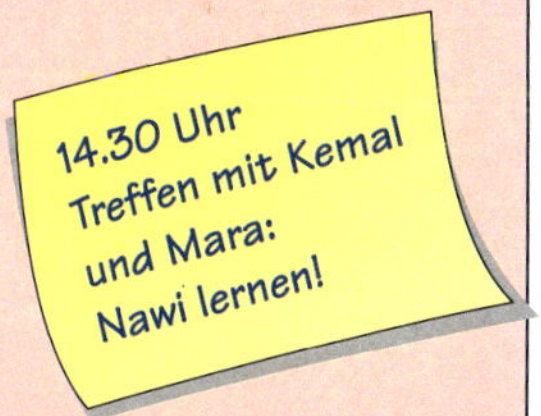

Wie wir hören

Schall breitet sich durch die Luft aus. Erst dadurch kann er zu unserem Ohr gelangen und dort aufgenommen werden. Bild 1 zeigt am Beispiel des Tons einer Stimmgabel, wie der Schall durch den Gehörgang zum Trommelfell geleitet wird.

Was geschieht in unserem Ohr?

Das **Trommelfell** wird durch den Schall zu Schwingungen angeregt. Über die drei **Gehörknöchelchen** (▷B2), **Hammer, Amboss** und **Steigbügel** genannt, werden die Schwingungen zum **Innenohr** weitergeleitet. Dort erreichen sie schließlich die **Hörschnecke** (▷B3).
In der Hörschnecke werden die Schwingungen mithilfe der Haarsinneszellen in elektrische Signale umgewandelt. Der Hörnerv leitet diese Signale zum Gehirn weiter. Erst jetzt hören wir.

Trommelfell, Gehörknöchelchen, Hörschnecke und Hörnerv sind mit dafür verantwortlich, dass wir hören können.

Der Gleichgewichtssinn

Unser Ohr beherbergt aber nicht nur die Hörorgane. Du kennst bestimmt die Empfindungen, die man beim Achterbahnfahren hat. Unser Körper wird gedreht und abwechselnd beschleunigt und wieder abgebremst. Es sind die Sinneszellen des **Gleichgewichtsorgans**, die uns diese Empfindungen vermitteln. Auch dieses Organ befindet sich im Ohr.

Wenn du plötzlich deine Lage änderst, bewegt sich eine Flüssigkeit in den so genannten **Bogengängen** des Gleichgewichtsorgans. Diese Bewegung wird von Sinneszellen wahrgenommen und an das Gehirn weitergeleitet.

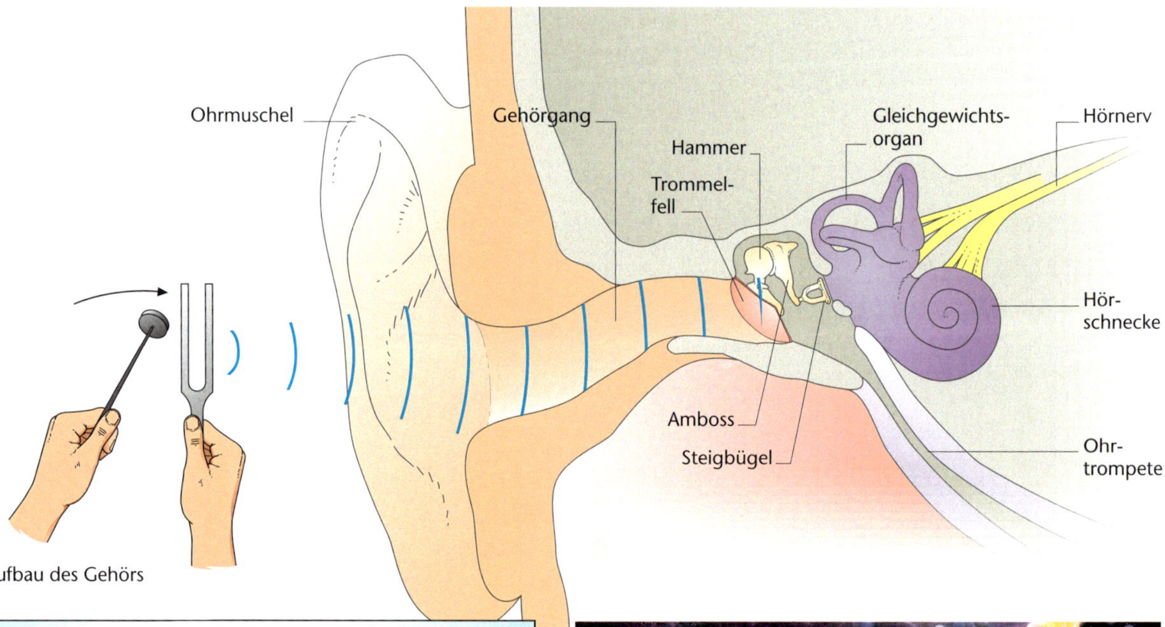

1 Aufbau des Gehörs

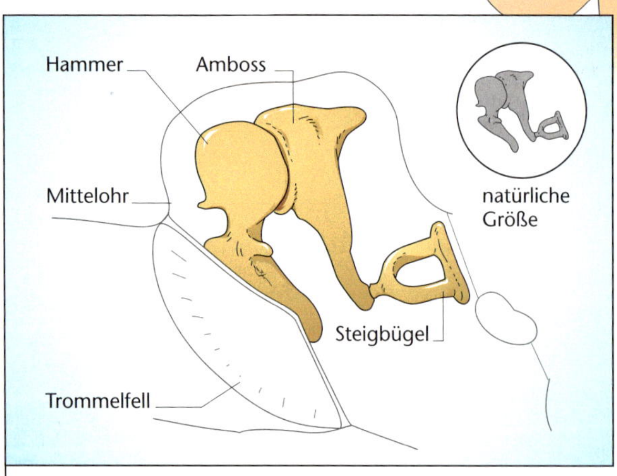

2 Gehörknöchelchen im Detail

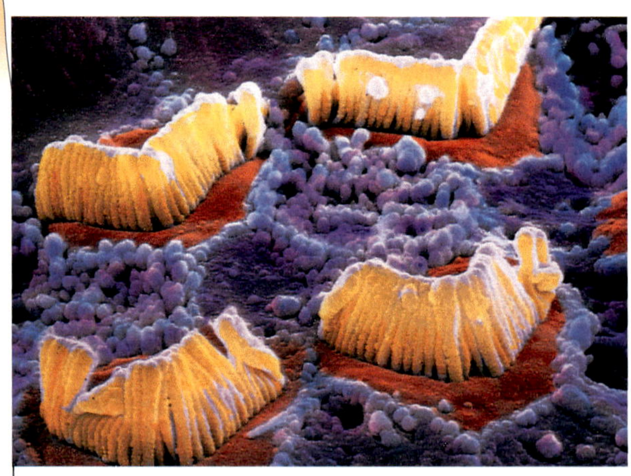

3 Hörsinneszellen (EM-Aufnahme)

Versuche zum Hören

1 Haben große Ohren Vorteile?

Material
4 DIN-A 4-Blätter oder
2 DIN-A 3-Blätter, Klebstoff

Versuchsanleitung
Für die folgenden Experimente muss es im Klassenraum ganz still sein!
a) Stelle dich mit dem Rücken zur Klasse. Bitte jemanden, dir etwas zuzuflüstern.

b) Drehe dich dann so, dass du seitlich zur Klasse stehst. Lasse dir erneut etwas zuflüstern.

c) Drehe dich nun zur Klasse und halte die Hände hinter deine Ohren. Nun wird noch einmal geflüstert.

d) Klebe jeweils zwei DIN-A4-Blätter zusammen und rolle sie zu zwei großen Trichtern zusammen. Halte die Trichter jeweils so an deine Ohren wie in Bild 1 dargestellt und führe die Versuche wie in a), b) und c) beschrieben durch.

Aufgaben
1. Wie nimmst du das Flüstern jeweils wahr?

2. Welche Wirkung haben die Hände in Versuchsteil c)?

3. Welche Wirkung haben die Trichter in Versuchsteil d)?

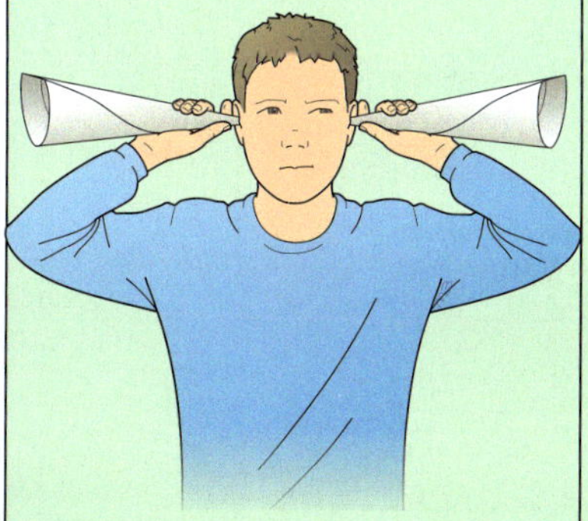

1 Zu Versuch 1

2 Geräusche aufnehmen

2 Geräusche erkennen

Material
Tonband oder CD-Recorder

Versuchsanleitung
Nehmt mit einem Tonband oder einem CD-Recorder verschiedene Geräusche aus der Umwelt auf (Beispiel: Vogel, Regen, Fluss, Trinken usw.).
Spielt euren Klassenkameraden die aufgenommenen Geräusche vor und lasst sie raten, um welches Geräusch es sich handelt.

Macht es einen Unterschied, ob die Augen dabei geöffnet oder geschlossen sind? Erklärt den Unterschied.

3 Aus welcher Richtung kommt der Schall?

Material
Plastik- oder Gummischlauch (Länge ca. 1 m), Stift

Versuchsanleitung
a) Verbinde deine Augen und stelle dich vor deine Klasse. Halte dir ein Ohr zu. Eine Mitschülerin oder ein Mitschüler soll dir nun etwas zuflüstern. Wer hat geflüstert? Wo sitzt er bzw. sie – rechts oder links hinter dir?

b) Wiederholt den Versuch. Halte dir dabei erst das andere Ohr zu und nimm anschließend beide Hände von den Ohren.

c) Nimm einen etwa 1 m langen Gummi- oder Plastikschlauch und markiere genau die Mitte. Halte die beiden Enden vorsichtig an beide Ohren.
Nun schlägt jemand leicht mit einem Bleistift an den Schlauch (▷ B 3). Kannst du sagen, ob eine Stelle links oder rechts der Mitte angeschlagen wurde?

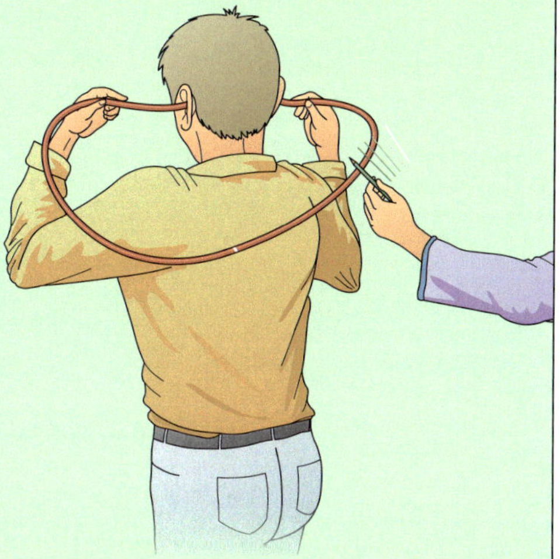

3 Zu Versuch 2

Aufgabe
Erkläre die Ergebnisse des Versuchs.
Tipp: Miss die Abstände zwischen den Ohren einiger Mitschülerinnen und Mitschüler aus (▷ B 4). Zu welchen Ergebnissen kommst du? Nun stell dir vor, der Schall kommt von rechts, von links, von vorne oder von hinten.

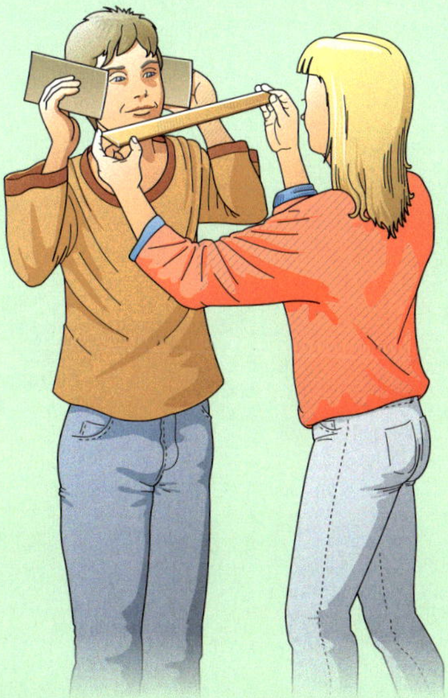

4 Messung des Ohrenabstands

1 Den Ton einer Hundepfeife können Menschen nicht hören.

Schall, den wir nicht hören

Unser Gehör ist in der Lage, den Bereich von sehr leisen bis zu sehr lauten Tönen wahrzunehmen. Sehr laute Töne empfinden wir schnell als Lärm.
Wie sieht es aber bei sehr tiefen oder sehr hohen Tönen aus?

Vielleicht kennst du Hundepfeifen, mit denen der Besitzer seinen Hund ruft (▷ B 1). Wir können den Ton dieser Hundepfeifen nicht hören. Zu leise kann er aber nicht sein, denn Hunde hören den Ton sogar noch in großer Entfernung und kommen angelaufen.

Wer hat das beste Gehör?

Mit einem Tonfrequenzgenerator kann man sowohl ganz tiefe als auch sehr hohe Töne erzeugen. Mithilfe dieses Geräts könnt ihr ein Experiment durchführen, das zeigt, dass Menschen unterschiedlich gut hören: Ein Mädchen oder Junge deiner Klasse dreht langsam am Regler des Tonfrequenzgenerators und erhöht so die Frequenz und damit die Höhe des Tons. Jede Person im Raum, auch eure Lehrerin oder euer Lehrer, schließt die Augen und hebt die Hand, sobald sie keinen Ton mehr hört.
Wer hört als erster keinen Ton mehr? Bei welcher Frequenz ist das der Fall? Ab welcher Frequenz hört keiner der Anwesenden mehr einen Ton?

Der Hörbereich des Menschen

Menschen können Töne hören, deren Frequenz im Bereich zwischen 16 Hz und 16 000 Hz liegt. Kinder und Jugendliche mit gesundem Gehör nehmen auch noch höhere Töne bis zu einer Frequenz von 21 000 Hz wahr.
Mit zunehmendem Alter nimmt die Leistungsfähigkeit des Gehörs ab. Betroffen ist vor allem die Fähigkeit, hohe Töne wahrzunehmen.

Töne, deren Frequenzen über 16 000 Hz liegen, bezeichnet man als **Ultraschall** (lat. ultra: jenseits). Töne mit Frequenzen unter 16 Hz nennt man **Infraschall** (lat. infra: unterhalb).

Die Hörbereiche von Tieren

Hunde haben einen anderen Hörbereich als Menschen. Deshalb nehmen die Tiere den sehr hohen Ton einer Hundepfeife wahr, den der Hundebesitzer selbst nicht mehr hören kann. Weitere Beispiele für Hörbereiche von Tieren zeigt Bild 2.

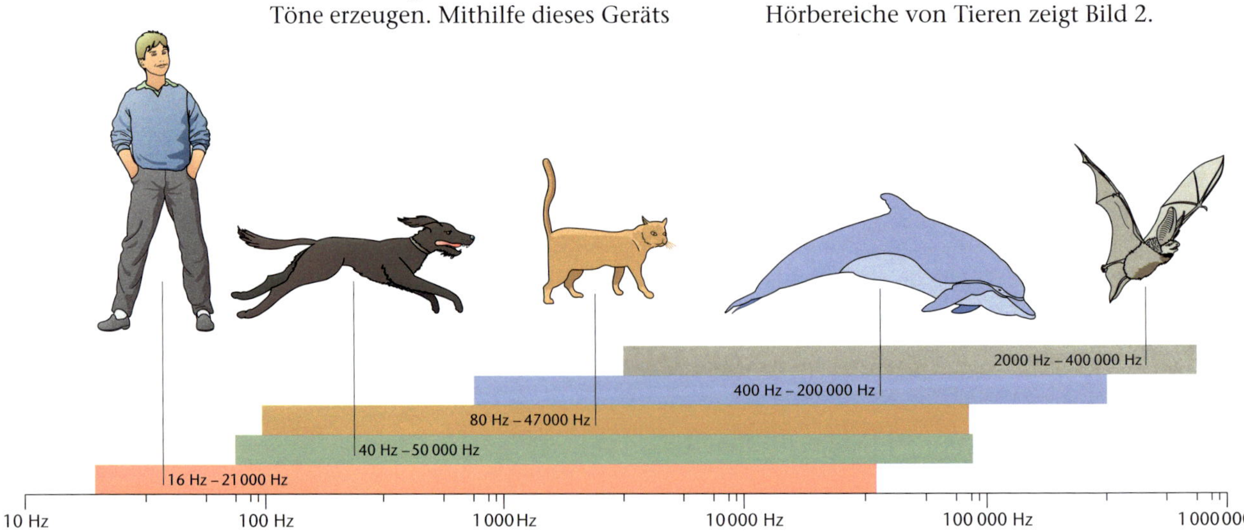

2 Die Hörbereiche des Menschen und einiger Tiere

Schnittpunkt

Ultraschall in Natur und Technik

Sowohl in der Natur als auch in der Technik wird Ultraschall verwendet. Einige der folgenden Anwendungen kennst du vielleicht aus eigener Erfahrung.

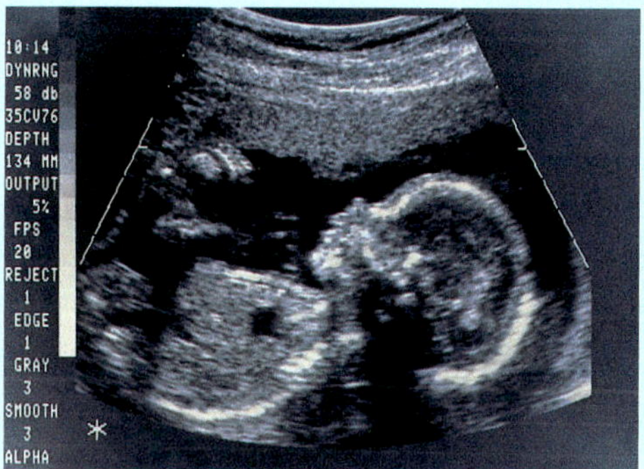

1 Ultraschallbild eines Kindes im Mutterleib

Ultraschall in der Medizin

Begrenzungsflächen im Inneren von Körpern werfen den auftreffenden Schall zurück. Man sagt auch: „Der Schall wird reflektiert." Dieser reflektierte Schall – das Echo – der unterschiedlich tief liegenden Schichten wird aufgezeichnet und auf einem Bildschirm sichtbar gemacht.
So können werdende Eltern die Umrisse ihres Kindes schon lange vor der Geburt sehen (▷ B 1).

Reinigung mit Ultraschall

Bei einem Gerät zur Brillenreinigung wird durch eine Ultraschallquelle die Flüssigkeit in schnelle Schwingungen versetzt (▷ B 4). Dadurch werden die Schmutzteilchen auf der Brille ebenfalls zum Schwingen gebracht. Sie lösen sich schließlich von der Oberfläche der Brille ab. Ähnlich funktionieren Reinigungsgeräte für Zahnspangen und Gebisse.
Was bei Brillen, Zahnspangen oder Gebissen in kleinen Becken klappt, funktioniert auch in riesigen Becken, die so groß sind, dass Schiffe hineinpassen. Mithilfe des Ultraschalls wird hier der Schiffsrumpf von Muscheln und Schmutz gereinigt.

Mit Ultraschall auf Beutefang

Die Fledermaus ist ein ungewöhnliches Tier. Sie kann nicht nur fliegen oder kopfüber in Dachgeschossen alter Häuser oder in Bäumen hängen. Sie arbeitet mit einem „natürlichen" Echolot. Fledermäuse fressen gerne Insekten. Sie können aber nicht besonders gut sehen, außerdem jagen sie bei Nacht. Um nun zum Beispiel einen Nachtfalter zu fangen, stößt die Fledermaus Schreie aus. Es sind Schreie, die wir nicht hören können. Du weißt sicher, warum!
Der von der Fledermaus ausgesandte Schall liegt im Ultraschallbereich (▷ B 2). Er trifft auf den Nachtfalter und wird von ihm reflektiert. Die Fledermaus nimmt dieses Echo wahr und erkennt daran, in welcher Richtung sich der Nachtfalter befindet und wie weit er entfernt ist.

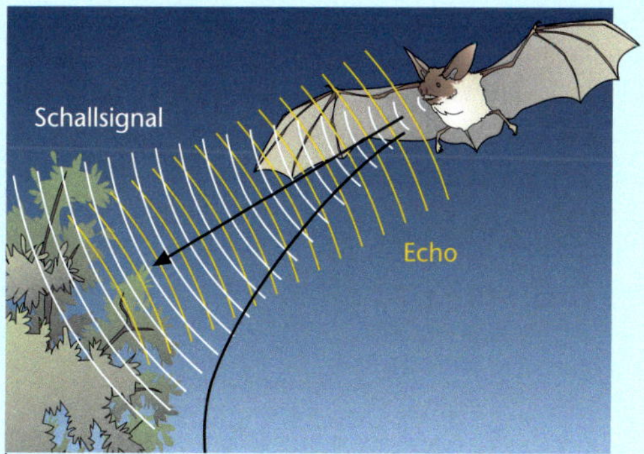

2 Ultraschallsignale dienen zur Orientierung

Die Melone des Delfins

Delfine erzeugen im Nasengang Klicklaute im Ultraschallbereich. Mit einem Fettkissen in der Stirn, das man Melone nennt, bündeln sie den Schall. Trifft der Schall auf ein Hindernis, wird er zurückgeworfen und gelangt über das Innenohr zum Gehirn (▷ B 3). Delfine können auf diese Weise selbst dünne Drähte im Wasser orten.

4 Ein Ultraschall-reinigungsgerät

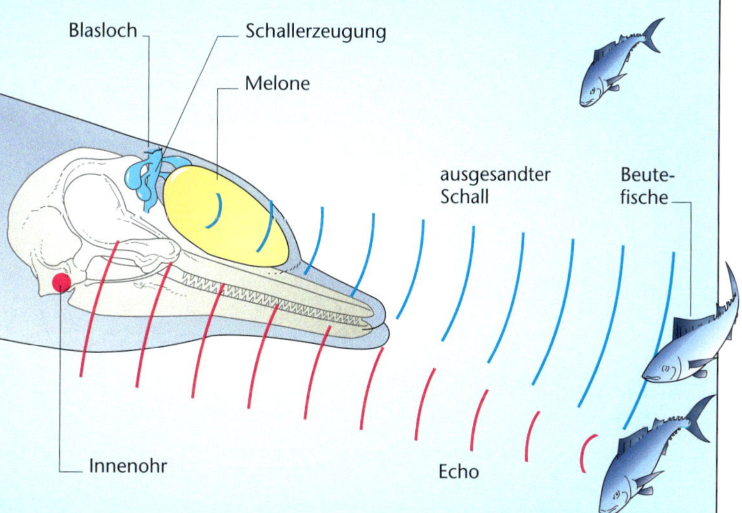

3 Echolot des Delfins

Werkstatt

Heiß oder kalt?

1 Ist unser Temperatursinn zuverlässig?

Mit der Hand können wir fühlen, ob ein Gegenstand warm oder kalt ist. Ist aber unser Temperatursinn wirklich zuverlässig? Kommt unser Gehirn immer zum gleichen Ergebnis?

Material

4 Schüsseln von ca. 25 cm Durchmesser, Wasserkocher, Thermometer, Wasser, Stoppuhr

Versuchsanleitung

a) Vier Schüsseln werden nebeneinander aufgestellt und mit Wasser gefüllt. In die eine äußere Schüssel kommt sehr warmes Wasser (Vorsicht, nicht zu heiß!), in die andere sehr kaltes Wasser. In die zwei mittleren Schüsseln wird lauwarmes Wasser gefüllt.
b) Mithilfe des Thermometers wird die Wassertemperatur in den einzelnen Schüsseln gemessen und notiert.
c) Versuchspersonen, die den Versuchsaufbau nicht kennen, halten eine Minute lang jeweils eine Hand in die beiden äußeren Schüsseln und legen ihre Hände dann schnell in die beiden mittleren Schüsseln.
d) Notiert die Ergebnisse und diskutiert sie gemeinsam.

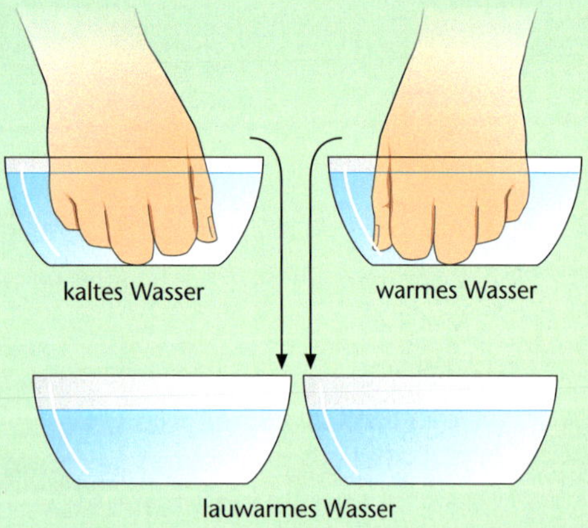

1 Wärme fühlen

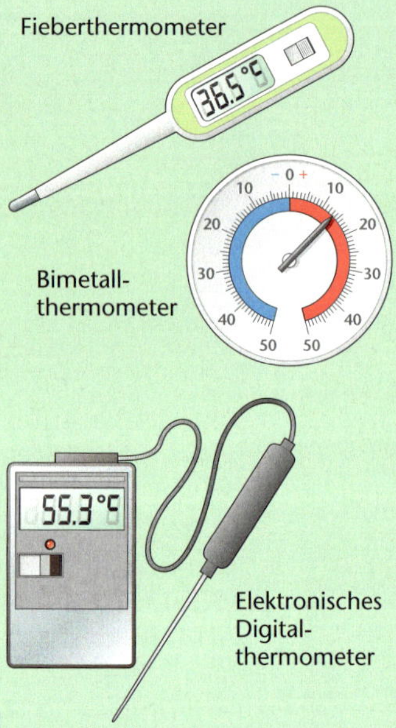

2 Verschiedene Thermometer

2 Temperatur ablesen, drinnen und draußen

Material

Verschiedene Thermometer (für drinnen und draußen)

Versuchsanleitung

Miss die Temperatur im Haus, im Garten, im Schatten und in der Sonne.

Aufgaben

1. Betrachte Thermometer, mit denen Temperaturen im Raum, im Gefrierfach, an der Heizung, im Badewasser und bei Fieber im Körper gemessen werden. Welcher Temperaturbereich kann jeweils angezeigt werden?

2. Welchen Unterschied gibt es zwischen einem Außenthermometer und einem Raumthermometer?

3 Schweiß auf der Stirn ist cool!

Schwitzen kann unangenehm sein, der folgende Versuch zeigt aber, dass es auch Vorteile haben kann, tüchtig zu schwitzen.

Material

2 lange Glasthermometer, Stative mit Halterung für die Thermometer, Watte, kaltes Wasser, Glasschale, Stoppuhr

Versuchsanleitung

a) Die Glasthermometer werden an Stativen befestigt. Die unteren Enden befinden sich 1 cm über dem Untergrund (▷ B 3).
b) Umwickle den unteren Teil des einen Thermometers mit Watte. Ein Zipfel der Watte ragt in ein Glasschälchen.
c) In das Glasschälchen und auf die Watte wird kaltes Wasser getropft.
d) Die Messwerte der beiden Thermometer werden in der folgenden halben Stunde alle fünf Minuten abgelesen.
e) Stelle die abgelesenen Werte grafisch dar.
f) Erörtert das Ergebnis in der Klasse.
Was sagen die Werte über den Sinn des Schwitzens aus?

Aufgabe

Welche Folgen kann es haben, wenn ein Mensch beim Sport oder in der Sonne nicht schwitzt?

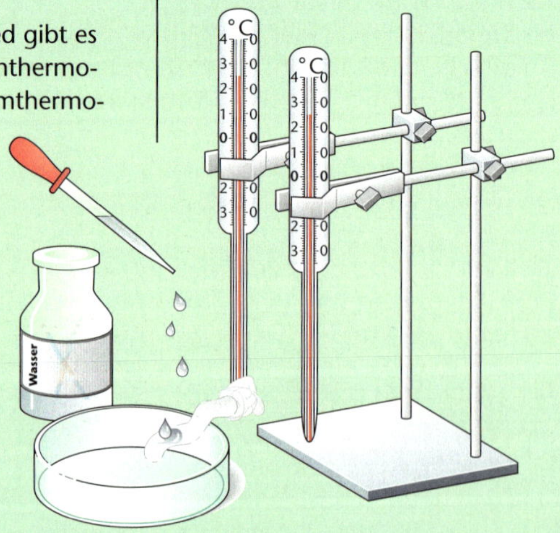

3 Versuchsanordnung zu Versuch 3

1 Mit der Haut nehmen wir Temperaturen wahr.

Die Haut – das größte menschliche Organ

Die Haut ist das größte menschliche Organ. Sie hat bei einem erwachsenen Menschen eine durchschnittliche Oberfläche von rund $2\,m^2$. Die Haut schirmt einerseits den Körper gegen die Außenwelt ab, andererseits stellt sie den Kontakt zu ihr her. Über die Haut spüren wir Berührung und Druck, wir können Dinge ertasten, Schmerz empfinden und Wärme und Kälte spüren (▷ B 1).

In der Haut befinden sich feine „Sensoren". Sie reagieren auf Berührung, Schmerz, Wärme oder Kälte und leiten die entsprechenden Signale über Nervenbahnen an das Gehirn weiter.

Im Freibad

Jochen und Anke gehen an einem heißen Sommertag ins Freibad. Nachdem sie sich umgezogen haben, legen sie ihre Sachen auf die Liegewiese und ab geht's zum Schwimmbecken. Jochen duscht sich noch kalt ab, während Anke gleich die Stufen ins Becken hinab steigt. „Ist das kalt!" ruft Anke und geht langsam Stufe für Stufe tiefer ins Wasser. Jochen springt ins Wasser und taucht wieder auf. „Ist doch ganz warm", sagt er. „Komm endlich rein, du Frostbeule".

Wie ist das möglich? Beide springen in dasselbe Becken, empfinden die Temperatur des Wassers aber ganz unterschiedlich.

Der Temperatursinn

In der Haut liegen so genannte „Körperchen", mit denen man Wärme und Kälte fühlt. Die Kältekörperchen liegen in der oberen Hautschicht, die Wärmekörperchen tiefer in der Haut (▷ B 2).

Kälte- und Wärmekörperchen sind nicht gleichmäßig über die Haut verteilt. Du hast sicherlich schon festgestellt, dass du im Winter die Kälte an der Nase und an den Ohren besonders schnell spürst.

Was ist nun bei Jochen und Anke im Wasser passiert? Obwohl sich beide im Wasser mit der gleichen Temperatur aufhalten, reagieren bei Anke die Kältekörperchen in der Haut, bei Jochen die Wärmekörperchen. Daher empfindet Jochen das Wasser als warm, Anke als kalt. Unser Temperatursinn ist also nicht geeignet, Temperaturen zu messen.

Bei einem Temperaturwechsel ist es wichtig, welche Temperatur man vorher „erlebt" hat – ob also die Wärme- oder die Kältekörperchen aktiv waren. Jochen empfindet das Wasser nach der kalten Dusche als warm. Anke, die erhitzt und verschwitzt ins Becken steigt, empfindet das Wasser als kalt.

▶ Der Mensch besitzt einen Temperatursinn, der ihn seine Umwelt als warm oder kalt empfinden lasst.

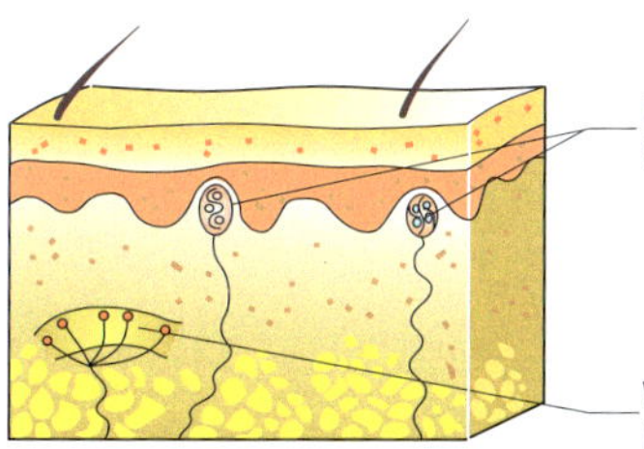

2 Ist das Wasser warm oder kalt?

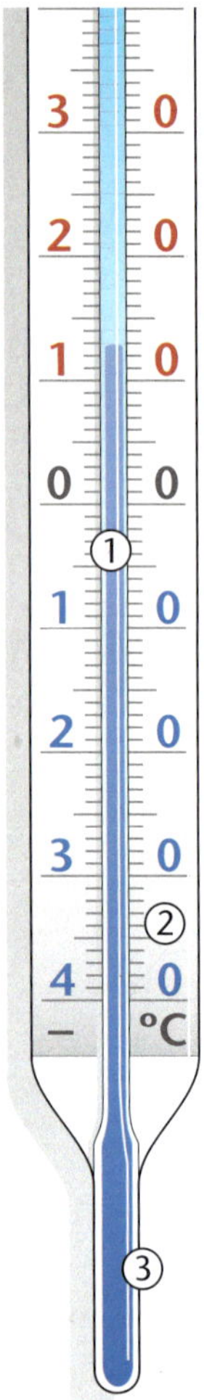

1 Flüssigkeits-thermometer

Temperaturmessung

Willst du Temperaturen genau messen, dann verwendest du ein Thermometer. Es gibt verschiedene Arten dieser Messgeräte, Bild 1 zeigt z. B. ein **Flüssigkeitsthermometer**, das häufig zur Messung von Luft- und Flüssigkeitstemperaturen verwendet wird.
Daneben gibt es Flüssigkristallthermometer und Thermochromstifte. Sie zeigen eine Temperaturänderung durch einen Farbwechsel an. Digitale Thermometer messen die Temperatur elektronisch. Auf einer Datenanzeige (Display) lassen sich die gemessenen Werte bequem ablesen.

Das Flüssigkeitsthermometer

Ein Flüssigkeitsthermometer besteht aus einem Gefäß (3), dem Steigrohr (1) und einer Messskala (2)(▷ B 1). Das Gefäß und ein Teil des Steigrohrs sind mit der Thermometerflüssigkeit gefüllt. Beim Erwärmen steigt der Flüssigkeitsspiegel im Steigrohr, beim Abkühlen sinkt er.

Bei diesen Thermometern nutzt man aus, dass sich Flüssigkeiten bei Erwärmung ausdehnen und bei Abkühlung wieder zusammenziehen. Wie unterschiedlich die Ausdehnung verschiedener Flüssigkeiten ist, zeigt dir Versuch 1.

Das Bimetallthermometer

Aber nicht nur Flüssigkeiten, auch feste Körper dehnen sich bei Erwärmung aus und ziehen sich bei Abkühlung zusammen. Je nach Material ist diese Formänderung unterschiedlich stark.
Das **Bimetallthermometer** (▷ B 3) beruht auf dieser Wärmeausdehnung fester Körper. Es besteht aus zwei Metallstreifen, die fest miteinander verbunden sind. Man nennt sie Bimetallstreifen.

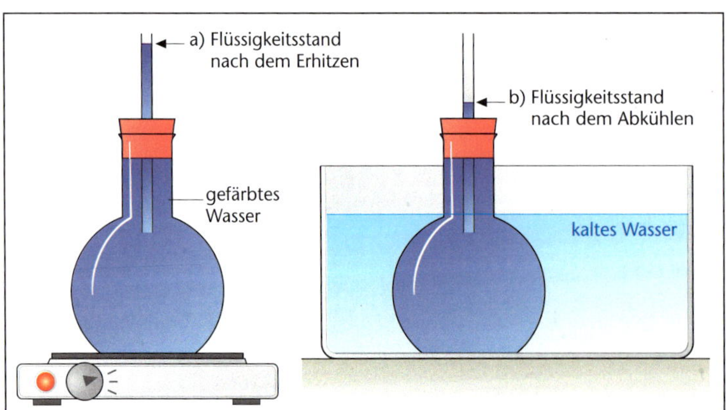

2 Zu Versuch 1

3 Bimetallthermometer

Dieser Bimetallstreifen wird zu einer Spirale aufgewickelt. Da sich die beiden Metalle bei Erwärmung unterschiedlich stark ausdehnen, krümmt sich der Bimetallstreifen und bewegt dabei den Temperaturzeiger (▷ V 2). Bimetallthermometer sind nicht so empfindlich und nicht so genau wie Flüssigkeitsthermometer.

Aufgaben

1 In der Schule oder zu Hause verwendest du meist Thermometer, die gefärbten Alkohol als Thermometerflüssigkeit enthalten. Früher hat man dagegen häufig Quecksilberthermometer benutzt. Recherchiere Vor- und Nachteile der beiden Flüssigkeiten für die Temperaturmessung.

2 Es gibt spezielle Weinthermometer. Eignen sich diese Thermometer zur Fiebermessung? Begründe deine Antwort.

Versuche

1 a) Fülle einen Rundkolben mit gefärbtem Wasser und verschließe ihn mit einem Stopfen mit Steigrohr (▷ B 2). Markiere den Wasserstand. Stelle den Glaskolben in kaltes Wasser, markiere ebenfalls den Wasserstand und erwärme anschließend den Glaskolben. Beschreibe deine Beobachtung.
b) Wiederhole den Versuch mit anderen Flüssigkeiten. Vergleiche das Verhalten der verschiedenen Flüssigkeiten.

2 Du benötigst die metallbeschichtete Papierverpackung eines Kaugummis. Schneide einen Streifen davon ab und halte ihn kurz über eine Kerzenflamme, ohne ihn zu versengen. Beschreibe das Verhalten des Streifens.

Das Thermometer bekommt eine Skala

Material
2 Bechergläser, Wasser, einige Eiswürfel, Thermometer ohne Skala, wasserfester Stift, Zeichenkarton, Schere, Lineal, Heizplatte oder Gasbrenner mit Gestell

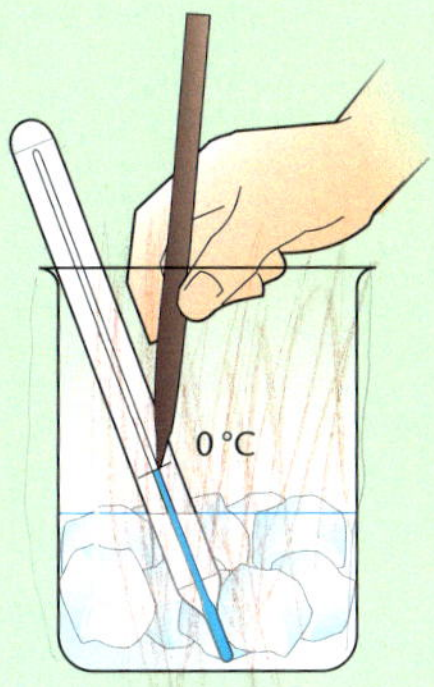

1 Kennzeichnung der Gefriertemperatur

Versuchsanleitung
Lege die Eiswürfel in ein Becherglas und fülle etwas Wasser ein. Warte bis das Eis größtenteils geschmolzen ist. Tauche das Thermometer ohne Skala hinein. Der untere Teil muss von der Eis-Wasser-Mischung bedeckt sein. Bewegt sich die Flüssigkeitssäule nicht mehr, kannst du auf dem Thermometer die Stelle markieren, an der sie endet: 0 °C (▷ B 1).

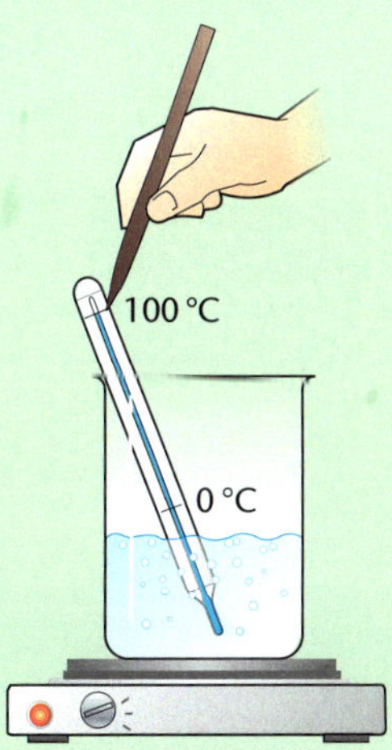

2 Kennzeichnung der Siedetemperatur

Fülle das zweite Becherglas mit Wasser und bringe das Wasser auf der Heizplatte zum Sieden.

Halte das Thermometer in das siedende Wasser. **(Vorsicht! Spritzgefahr!)** Wenn die Flüssigkeit im Thermometer zur Ruhe gekommen ist, markiere auf dem Thermometer die Stelle, an der sie endet: 100 °C (▷ B 2).

Übertrage die Markierungen im richtigen Abstand auf den Zeichenkarton. Verbinde sie mit einem Lineal und teile die Strecke in 10 gleiche Teile.

Beschrifte die Skala (▷ B 3): 0 °C, 10 °C, 20 °C, …, 100 °C. Vielleicht gelingt dir eine noch feinere Unterteilung in 5 °C-Schritte.

Verlängere die Skalen nach oben und unten. Temperaturen unter 0 °C bekommen ein Minuszeichen.

3 Einteilung der Skala

Schneide die Skala zurecht und befestige sie am Thermometer. Achte dabei auf die korrekte Ausrichtung (▷ B 4).

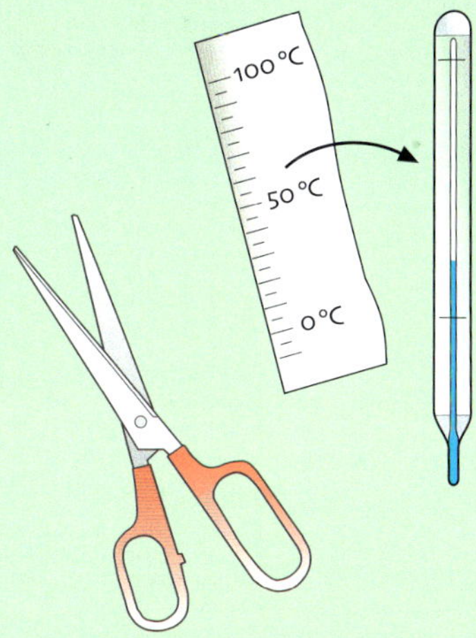

4 Anbringen der Thermometerskala

Teste dein Thermometer!
a) Miss die Temperatur im Klassenraum, einmal mit deinem Thermometer und einmal mit einem bereits vorhandenen Thermometer. Vergleiche die Messwerte.

b) Halte dein Thermometer in den Luftstrom eines Haartrockners. Miss die Temperatur dicht vor dem Haartrockner und dann im Abstand von 20 cm.
Vielleicht hat dein Haartrockner unterschiedliche Leistungsstufen. Dann kannst du die Temperaturwerte der verschiedenen Stufen vergleichen.

Aufgaben
1. Warum benutzte Celsius gerade die Eis-Wasser-Temperatur und die Siedetemperatur von Wasser für seine Skala?

2. Wie müssen Steigrohr und Vorratsbehälter eines Thermometers gebaut werden, damit man die Temperatur möglichst genau ablesen kann?

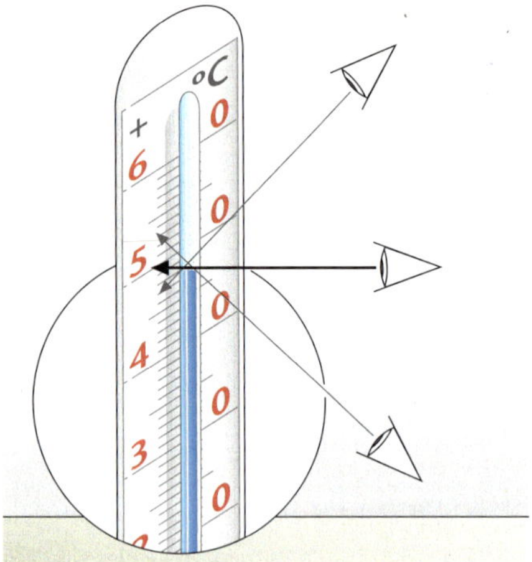

1 Richtiges (Mitte) und falsches Ablesen

Temperaturen – richtig gemessen

Obwohl in Bild 1 alle Schüler die Wassertemperatur fast gleichzeitig messen, stimmen die abgelesenen Werte nicht überein. Bei der Temperaturmessung musst du einige Regeln beachten:

- Das Flüssigkeitsgefäß muss ganz in die Flüssigkeit eintauchen.
  Das Thermometer darf den Boden des Gefäßes nicht berühren.
  Das Thermometer darf zum Ablesen nicht aus der Flüssigkeit genommen werden.
  Du musst beim Ablesen senkrecht auf das Thermometer sehen.

Temperaturskalen

Auf der Skala der meisten Thermometer können wir die Temperatur in Grad Celsius (°C) ablesen. Die Celsius-Skala ist aber nicht die einzige Skala zur Temperaturmessung. In den USA triffst du auf die Fahrenheit-Skala, in Wissenschaft und Technik verwendet man die Kelvin-Skala. Bild 2 zeigt dir die Skalen im Vergleich.

Auf der Celsius-Skala liegt der **Gefrierpunkt** von Wasser bei 0 °C, der **Siedepunkt** bei 100 °C. Dazwischen ist die Skala in 100 gleich große Schritte eingeteilt: 1 Schritt = 1 °C. Nach oben und unten verlängert man die Skala mit derselben Schrittlänge. Unterhalb des Gefrierpunktes entstehen so die Minusgrade.

Etwa 30 Jahre vor CELSIUS entwickelte der Deutsche GABRIEL FAHRENHEIT (1686–1736) sein Thermometer. Zur Einteilung seiner Temperaturskala benutzte er seine Körpertemperatur (100 °F) und eine Mischung aus Eis, Wasser und Salmiaksalz (0 °F).

Wie weit lassen sich Körper abkühlen? Die niedrigste Temperatur beträgt ca. –273 °C. LORD KELVIN (1824–1907) wählte diese Temperatur als Nullpunkt seiner Skala. Auf der Kelvin-Skala (K) siedet Wasser also bei 373 K (gesprochen: 373 Kelvin).

Aufgabe

1 Lies aus Bild 2 für 50 °C und –10 °C die ungefähren Temperaturwerte in °F und K ab.

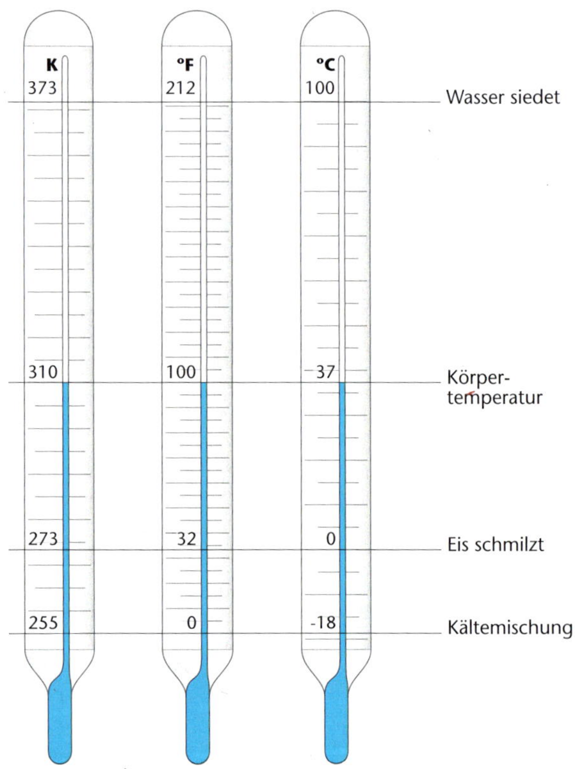

2 Verschiedene Temperaturskalen

Werkstatt

Temperaturkurven

1 Wasser wird erwärmt.

Zeit in min	Temperatur in °C
0	20
1	28
2	37
3	46
4	54
5	61
6	68
7	74
8	80
9	85
10	89
11	92
12	94

2 Messwerte

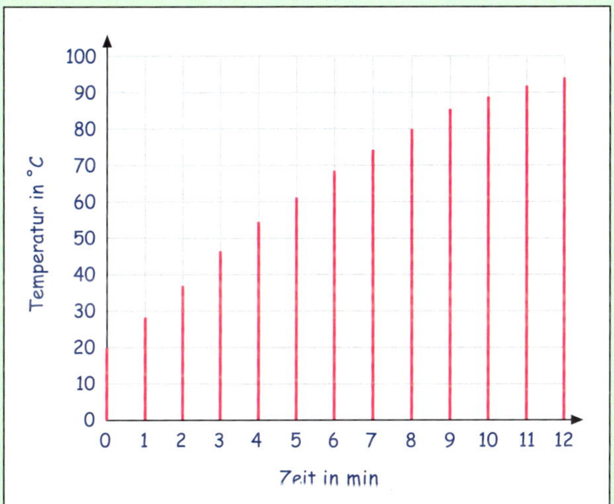

3 Säulendiagramm

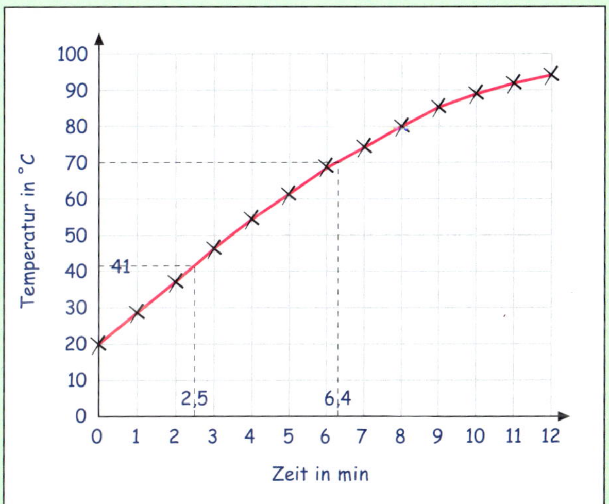

4 Temperaturkurve zu Versuch 1

Katrin, Lars und Timo sollen eine Temperaturkurve erstellen. Den folgenden Versuch führen sie gemeinsam durch.

Material

Becherglas, Heizplatte, Thermometer, Wasser, Stoppuhr

Versuchsanleitung

Katrin erwärmt 200 ml Wasser auf einer Heizplatte. Sie hält das Thermometer in die Flüssigkeit und beginnt ihre Messung, sobald das Wasser eine Temperatur von 20 °C erreicht hat. Nach jeder Minute gibt Timo ein Zeichen. Katrin liest die Temperatur ab und Lars notiert die Werte in einer Tabelle (▷ B 2).

Grafik erstellen

a) Aus der Mathematik kennen die drei Koordinatensysteme mit x- und y-Achse sowie Diagramme. Sie erstellen mithilfe der Tabelle ein Säulendiagramm (▷ B 3). Auf der x-Achse tragen sie die Zeit ab, auf der y-Achse die Temperatur.

b) Bei der zweiten Zeichnung (▷ B 4) haben die drei sich etwas Arbeit „gespart“: Sie haben nur die Spitzen der Säulendiagramme als Punkte eingetragen. Der x-Wert (1. Wert) ist der Zeitwert, der y-Wert (2. Wert) der Temperaturwert. Die Punkte hat Timo zu einer Temperaturkurve verbunden.

Grafik auswerten

Timo kann nun an seiner Temperaturkurve (▷ B 4) Werte ablesen, die Katrin nicht gemessen hat. Er liest bei 2,5 min die Temperatur 41 °C ab und kann angeben, dass das Wasser die Temperatur von 70 °C nach 6,4 min erreicht hat.

Aufgabe

a) Erstelle mit zwei Mitschülern selbst eine Temperaturkurve.

b) Lest aus Bild 4 die Temperaturen nach 4,5 min und nach 90 s ab. Welche Werte findet ihr in eurer eigenen Temperaturkurve?

c) Nach welcher Zeit ist in Bild 4 die Temperatur 50 °C erreicht? Wie lange dauert es in eurer Messung?

Der Tastsinn

Alle Versuche auf dieser Seite solltet ihr zu zweit durchführen.

1 Feingefühl

Material

Erbsen, mehrere Filmdöschen, Waage, Schal oder Tuch

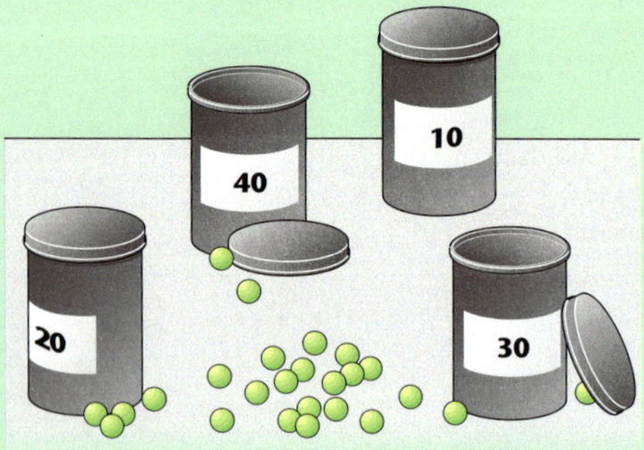

1 Material zu Versuch 1

Versuchsanleitung

Fülle die Filmdöschen mit 10, 20, 30 und 40 Erbsen. Verbinde deine Augen mit dem Tuch und lege deine Hand entspannt auf den Tisch. Ein Mitschüler oder eine Mitschülerin stellt dir nun nacheinander die unterschiedlich schweren Filmdöschen auf den Handrücken.

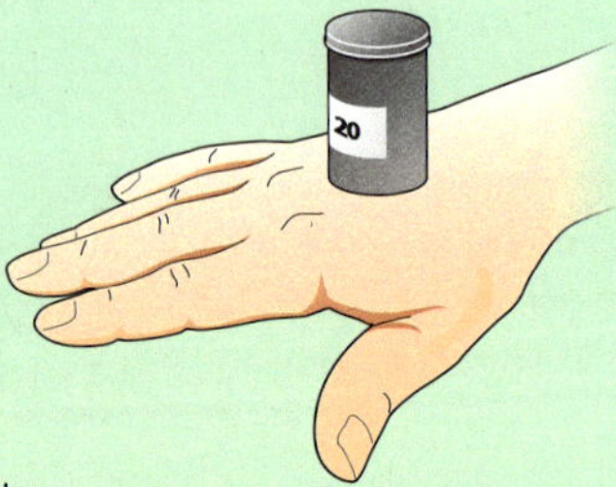

2 Erkennst du den Unterschied?

Aufgaben

1. Erkennst du Gewichtsunterschiede?

2. Gib in das Döschen mit den 10 Erbsen noch 2, 4, 6 bzw. 8 weitere Erbsen hinzu. Bis auf wie viel Erbsen genau spürst du die Gewichtsveränderung?

2 Verteilung der Tastrezeptoren in der Haut

Material

Schal oder Tuch, Büroklammer aus Metall

Versuchsanleitung

Biege eine Büroklammer wie in Bild 3 gezeigt und miss den Abstand zwischen den Enden.

3 Abmessen des Abstands

Spreize die Klammer zunächst weit auseinander. Biege sie anschließend immer mehr zusammen und drücke die Spitzen jeweils leicht auf eine Hautstelle am Rücken, am Unterarm, auf dem Handrücken und der Wange deines Partners. Bei welchem Abstand der Spitzen nimmt dein Partner nur noch eine Spitze wahr?

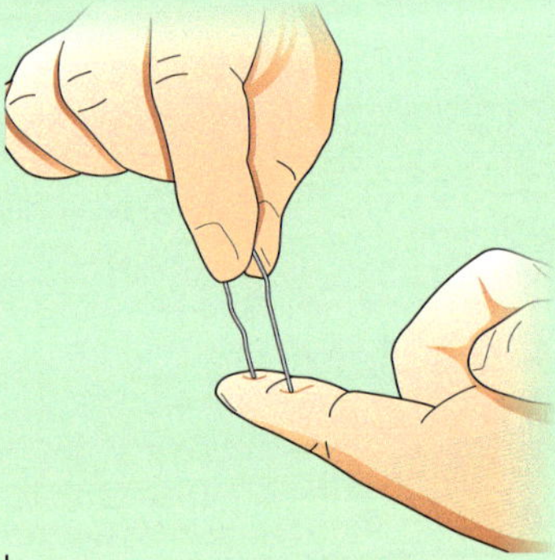

4 Leichter Druck genügt

Wechselt anschließend die „Rollen“, sodass jeder von euch die Versuchsreihe einmal durchführt.

Aufgabe

An welchem Körperteil, Unterarm, Handrücken oder Fingerspitzen, kannst du einen Abstand von wenigen Millimetern noch feststellen?

3 Mit den Fingern lesen

Material

Schal oder Tuch, Papier, Kugelschreiber, Mousepad

Versuchsanleitung

Fertige zunächst eine „Blindenzeichnung“ an. Lege dazu das Blatt Papier auf eine elastische Unterlage, z. B. ein Mousepad. Zeichne mit Bleistift Gegenstände oder Figuren auf das Papier. Drücke entlang der gezeichneten Linien mit einem Kugelschreiber im Abstand von etwa 2 mm kleine Löcher durch das Papier (▷ B 5).

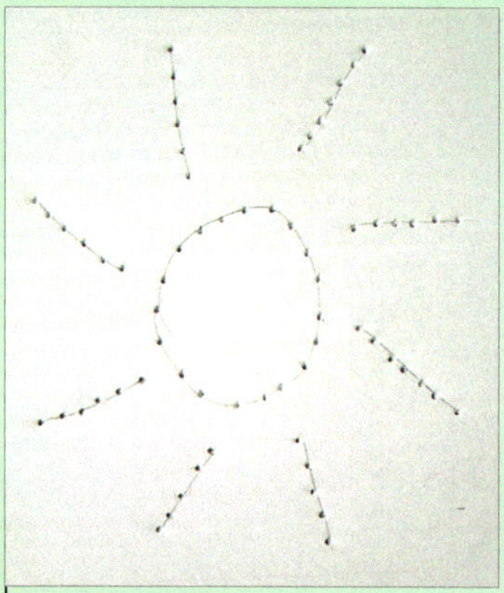

5 Vorderseite

Drehst du das Blatt nun um, spürst du auf der Oberfläche Erhebungen (▷ B 6).

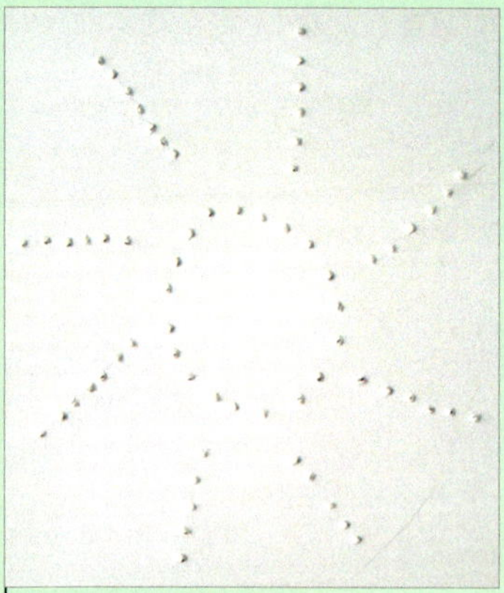

6 Rückseite

Gib deine „Blindenzeichnungen“ einer Mitschülerin oder einem Mitschüler. Kann sie oder er mit verbundenen Augen ertasten, was du auf das Blatt gezeichnet hast?

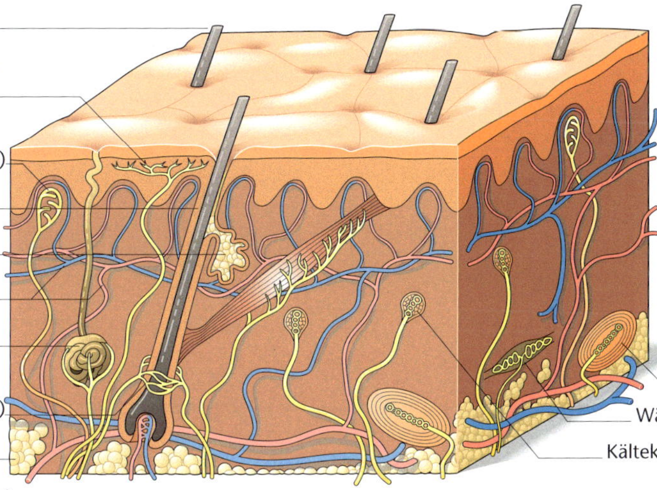

1 Aufbau der Haut

Unterschiedliche „Empfänger" in der Haut

Durch das Abtasten eines Gegenstands erhalten wir Informationen über die Form, die Oberflächenbeschaffenheit, die Größe und die Art des Materials eines Gegenstands.
In unserer Haut befinden sich verschiedene Tastrezeptoren (lat. receptor: Empfänger). Bei den so genannten **Tastkörperchen** handelt es sich um Nervenfasern mit scheibenförmigen Enden (▷B 1). Sie reagieren schon auf leichteste Berührungen und feinstes Kitzeln. Auch geringste Berührungen der Hautbehaarung können wir spüren. Feine Nervenfasern, welche die Haarwurzeln umgeben, leiten diese Reize weiter (▷B 1). Berührungsreize werden auch von den freien Nervenenden übermittelt.
Sehr tief in der Haut liegen die etwa 4 mm großen **Lamellenkörperchen**. Sie reagieren nur auf starken Druck.

Verteilung der Rezeptoren in der Haut

Die Rezeptoren, die auf Druck oder Berührung reagieren, sind nicht gleichmäßig über die Körperoberfläche verteilt. Die Zungenspitze, die Fingerspitzen und die Lippen sind z. B. sehr berührungsempfindlich. Dort liegen die Rezeptoren sehr dicht beieinander. Am Rücken liegen sie dagegen weit auseinander. Dort sind wir weniger empfindlich. Die Druckempfindlichkeit verschiedener Körperstellen kann man mit einem Versuch bestimmen: Dazu misst man den Abstand, bei dem zwei gleich starke Druckreize noch getrennt wahrgenommen werden können.

In der Haut befinden sich verschiedene Tastrezeptoren. In der Zungenspitze, den Fingerspitzen und den Lippen sind diese Rezeptoren am dichtesten angeordnet.

Mit den Händen sehen

Viele Menschen setzen den Tastsinn zur Ergänzung anderer Sinne ein. Beim Einkaufen prüfen wir eine scheinbar reife Melone, indem wir sie in die Hand nehmen und leicht drücken. Blinde sind dagegen viel stärker auf ihren Tastsinn angewiesen und nutzen ihn z. B. zum Lesen (▷B 3). Jeder Buchstabe des Alphabets wird in der Blindenschrift, der **Braille-Schrift**, durch eine bestimmte Anordnung von Punkten dargestellt (▷B 2). Diese Punktmuster werden in das Papier eingedrückt, sodass der Blinde sie ertasten kann.

3 Blindenschrift

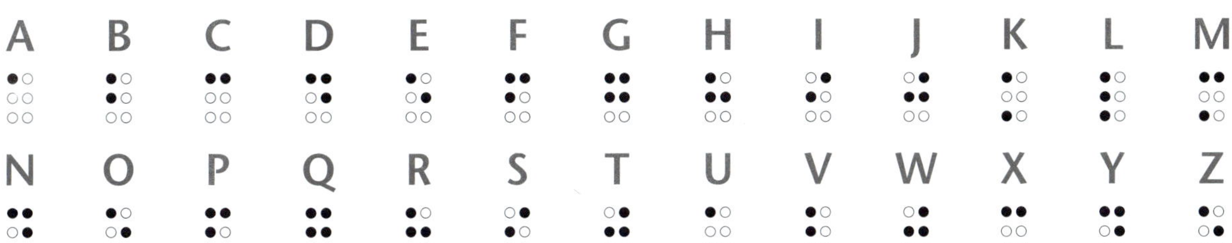

2 Das Alphabet in der Braille-Schrift

Körper haben eine Masse

Mithilfe des Tastsinns unserer Haut und der Muskulatur unserer Arme können wir leichte und schwere Gegenstände unterscheiden. Du spürst z. B., dass deine Schultasche an manchen Tagen besonders schwer ist, weil du viele Bücher hineingepackt hast. Die Ursache dafür, dass ein Körper schwer ist, ist seine **Masse**.

Die Einheit der Masse

Um Massen vergleichen zu können, hat man das Kilogramm als Maßeinheit der Masse festgelegt. Für kleine Massen sind außerdem die Einheiten 1 Milligramm (1 mg) und 1 Gramm (1 g) gebräuchlich. Sehr große Massen gibt man in der Einheit 1 Tonne (1 t) an. Es gilt:

1 t = 1000 kg
1 kg = 1000 g
1 g = 1000 mg

Früher benutzte man noch andere Einheiten, z. B. 1 Pfund (= 500 g), 1 Unze (= 31,104 g) und 1 Zentner (= 50 kg). Im Jahr 1889 wurde auf einer internationalen Konferenz eine allgemein gültige Maßeinheit für die Masse festgelegt, das Kilogramm. Als so genanntes **Urkilogramm** wird es bis heute in Paris aufbewahrt (▷ B 1). Jedes Land, das an der Konferenz teilnahm, erhielt davon eine Kopie.

▶ Die Masse gibt an, wie schwer ein Körper ist. Sie wird in den Einheiten 1 Gramm (1 g), 1 Kilogramm (1 kg) oder 1 Tonne (1 t) angegeben.

Massenbestimmung durch Vergleichen

Wenn man die Masse eines Körpers genau bestimmen möchte, verwendet man eine **Waage**, z. B. eine Balkenwaage (▷ B 2). Die Messung mit einer **Balkenwaage** ist nichts anderes als ein Vergleich von Massen: Die

3 Wägestücke

Masse des Körpers wird mit der Masse der Wägestücke verglichen (▷ B 3).
Mit den Wägestücken eines Wägesatzes kannst du alle möglichen Massen bis zu einer Höchstmasse zusammenstellen. Wie genau du messen kannst, wird durch das kleinste Wägestück und durch die Bauart der Waage bestimmt.

Wenn du deine Masse bestimmen möchtest, dann stellst du dich auf eine Personenwaage. Sie zeigt das Ergebnis durch einen Zeiger oder in einem Display an. Auch in der Küche (▷ B 4) oder in den Obstabteilungen von Supermärkten finden wir **Digitalwaagen**. Sie arbeiten elektronisch mit Dehnungsmessstreifen.

Aufgaben

1 Erkundige dich, wie groß die Masse eines Standardbriefs, eines Kompaktbriefs und eines Großbriefs höchstens sein darf.

2 Welche Waagen habt ihr zu Hause? Sieh nach, wie groß die Masse eines Körpers jeweils sein darf, damit du seine Masse noch bestimmen kannst.

3 Welche Wägestücke müsstest du auf einer Balkenwaage verwenden, um sie mit einem Körper der Masse 219 g ins Gleichgewicht zu bringen?

1 Urkilogramm

2 Balkenwaage

4 Digitale Küchenwaage

Werkstatt

Waagen selbst gebaut

Mit etwas Übung kannst du abschätzen, wie schwer ein Gegenstand in deiner Hand ist. Mithilfe einer Waage kannst du die Masse genauer bestimmen.

1 Eine einfache Balkenwaage

Eine Balkenwaage funktioniert ähnlich wie eine Wippe auf dem Spielplatz: Wenn an beiden Seiten gleich große Massen hängen, dann richtet sich der Balken waagerecht aus.

Material

Pappe, dünner Bindfaden, zwei Briefumschläge, Wägesatz, Schraubenmutter, Lineal, Bleistift

Versuchsanleitung

a) Markiere am oberen Rand der Pappe genau die Mitte. Befestige an diesem Punkt einen Bindfaden, an dem eine Schraubenmutter hängt. Dieser beschwerte Faden dient als Zeiger.

b) Trage vom Mittelpunkt der Pappe aus in beide Richtungen gleich große Strecken ab. Markiere die Punkte. An diesen Punkten befestigst du mithilfe von Bindfäden die beiden „Waagschalen".

1 Zu Versuch 1

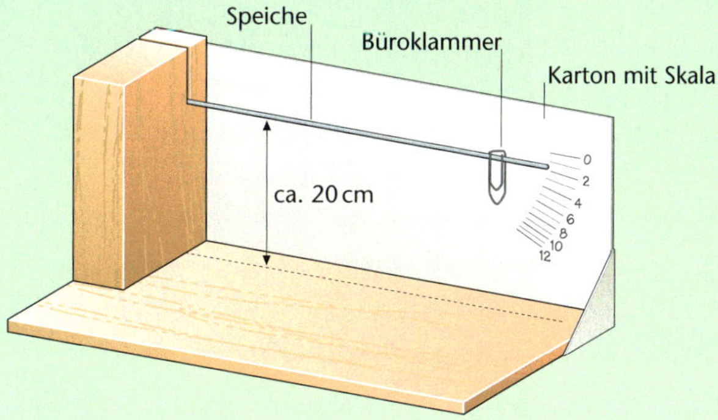

2 Zu Versuch 2

Dafür kannst du kleine Tüten oder Briefumschläge verwenden.

c) Nachdem die Waage fertiggestellt ist, musst du sie zunächst einmal mit Wägestücken ins Gleichgewicht bringen. Markiere auf der Pappe die Position des Zeigers im Gleichgewicht. Nun ist deine Waage messbereit!

Aufgabe

Bestimme mithilfe deiner Balkenwaage die Masse einiger leichter Gegenstände.
Überprüfe das Ergebnis deiner Messung mit dem einer Briefwaage.

2 Elastische Waagen

Material

Holzleiste, Brettchen, Pappe, Bohrer, Klebstoff, Fahrradspeiche, Laubsägeblatt, Büroklammern, Wägesatz

Bauanleitung

a) Baue zunächst das Grundgerüst der Waage. Es besteht aus einer Bodenplatte, einer Holzleiste mit einem Schlitz und der Pappe (▷ B 2).

b) Befestige die Fahrradspeiche oder ein Laubsägeblatt im Schlitz der Holzleiste. Klemme nun 2 cm vom anderen Ende der Fahrradspeiche entfernt eine Büroklammer fest.

Eichung der Waage

Bevor du eine Wägung durchführen kannst, musst du an der Waage die Skala beschriften.

a) Im unbelasteten Zustand der Waage wird der erste Teilstrich markiert.

b) Hänge anschließend nacheinander verschiedene Wägestücke an die Büroklammer (beginnend bei 1 g, 2 g usw.).
Markiere jeweils den Endpunkt des „Zeigers" auf der Pappe durch einen Strich.

c) Notiere neben dem Strich jeweils den zugehörigen Messwert.

Messbereiche der Waage

Deine selbst gebaute Waage kannst du nur in bestimmten Messbereichen verwenden. So lassen sich mit dem Laubsägeblatt nur sehr kleine Massen ermitteln, z. B. die einer Wäscheklammer oder eines kleinen Magneten.
Du darfst die Waage nicht durch eine zu große Masse überlasten. Sonst verformt sich die Speiche oder das Sägeblatt dauerhaft und die Waage funktioniert nicht mehr.

Aufgaben

1. Gib die Messbereiche für deine Waage an, wenn du einmal die Fahrradspeiche und einmal das Laubsägeblatt verwendest.

2. Überlege dir, wie man mithilfe einer Spiralfeder eine Waage bauen könnte.

3. Überprüfe, ob auch ein Gummiband zur Messung vom Massen geeignet ist.

1 Eine Rose duftet.

Die Luft prüfen

Mit der Nase prüfen wir die Luft, die wir einatmen. Solange uns dabei nichts auffällt, atmen wir normal. Wenn uns ein angenehmer Duft in die Nase kommt, atmen wir tiefer und schneller hintereinander ein. Wenn es dagegen unangenehm faulig oder modrig riecht, wenden wir uns ab oder halten zunächst einmal den Atem an.

Aufbau der Nase

Die Nasenhöhle ist innen mit einer dünnen, feuchten Schleimhaut überzogen. Sie sondert Schleim ab, der die Atemluft befeuchtet und reinigt. Ist die Schleimhaut bei einem Schnupfen entzündet und angeschwollen, wird mehr Schleim abgesondert. In dieser Zeit können wir nicht gut riechen.

Das **Riechorgan** ist ein kleines Polster, das sich oben in der Nasenhöhle befindet (▷ B 2). In jeder Nasenhälfte ist nur eine 2,5 cm^2 große Fläche mit **Riechzellen** bedeckt. Eine Riechfläche des Menschen enthält etwa 3 Millionen Riechzellen.

2 Riechzelle vergrößert

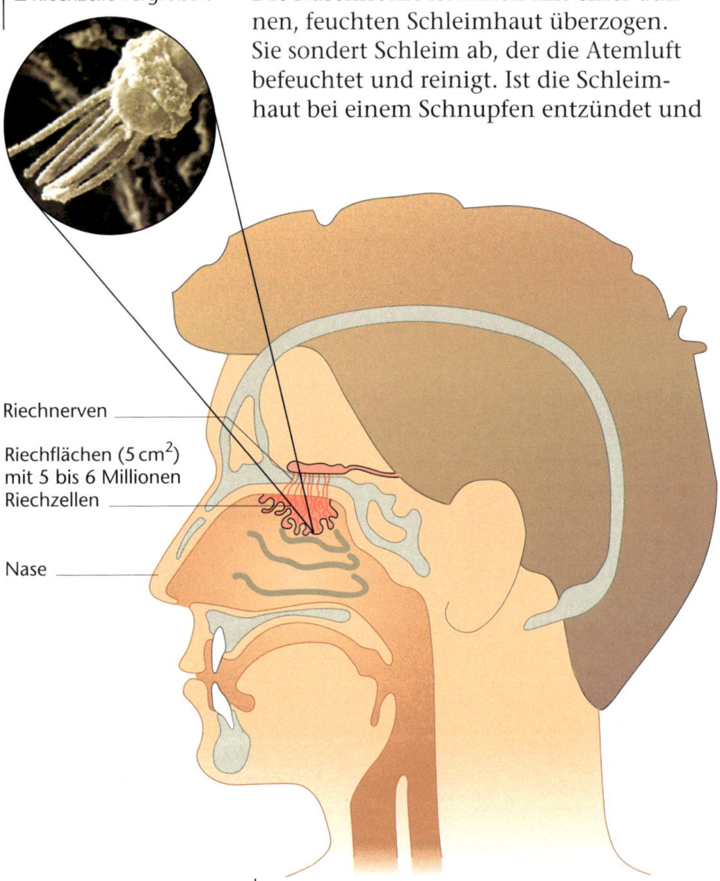

3 Querschnitt durch den Kopf

Gute und schlechte Riecher

Das Riechvermögen wird etwa ab dem 40. Lebensjahr geringer. Ursache dafür ist ein altersbedingter Verschleiß. Aber unabhängig davon wird das Riechvermögen durch das Rauchen verringert. Raucher riechen schlechter als Nichtraucher.

Aber es gibt auch Menschen, die ihren Geruchssinn aufgrund einer Erkrankung völlig verloren haben. Das ist zwar nicht lebensbedrohlich, aber auch keineswegs ungefährlich. Denn der Geruchssinn kann auf Gefahren wie Brände oder giftige Dämpfe aufmerksam machen. Ohne ihn würden wir auch nicht vor verdorbenen Lebensmitteln gewarnt.

▶ Das Riechorgan befindet sich in der Nasenhöhle. Wenn das Riechorgan geschädigt ist, fehlt uns Menschen ein wichtiges Warninstrument für gefährliche Situationen.

Aufgaben

1 Welche Aufgabe hat die feuchte Schleimhaut in der Nase?

2 Wodurch kann der Geruchssinn eines Menschen eingeschränkt werden?

3 Warum leben Menschen, die ihren Geruchssinn verloren haben, nicht ungefährlich?

1 Eis schlecken

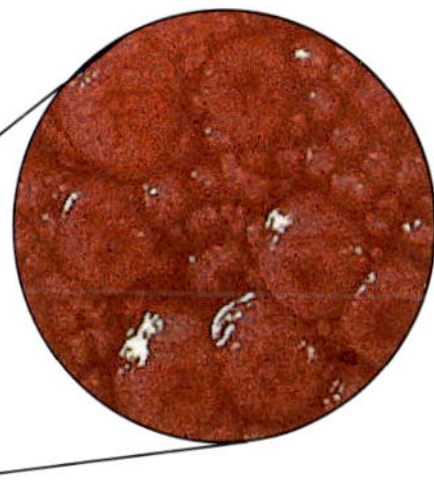

2 Geschmacksknospen (vergrößert)

Süß, sauer, bitter und salzig
Mit dem Geschmackssinn prüfen wir, was in unseren Mund gelangt. Die Geschmacksorgane befinden sich hauptsächlich auf der Zunge. Deren Oberfläche ist mit verschiedenartigen Erhebungen, den so genannten **Geschmacksknospen**, bedeckt. Dort liegen die Geschmackssinneszellen.

Wir unterscheiden zwischen mindestens fünf Geschmacksrichtungen: süß, sauer, bitter, salzig und umami, das japanische Wort für „wohlschmeckend".

Geruch und Geschmack ergänzen sich
Wenn du schon mal einen heftigen Schnupfen hattest, hast du sicherlich festgestellt, dass das Essen gar nicht so richtig schmeckte. Das liegt daran, dass wir beim Essen auch die Düfte, die von den Speisen ausgehen, mit der Nase aufnehmen. Der Geschmackssinn wird durch den Geruchssinn wesentlich verstärkt. Wenn nun bei einem Schnupfen die Nasenschleimhäute die Düfte nicht aufnehmen können, fehlt uns auch beim Schmecken etwas.

Die Geschmackssinneszellen liegen hauptsächlich auf der Zunge. Der Geschmackssinn wird durch den Geruchssinn wesentlich verstärkt.

Aufgabe

1 Informiere dich über die geheimnisvolle Geschmacksrichtung „umami". Berichte deiner Klasse darüber.

Werkstatt

Riechen und Schmecken

1 Duft oder Gestank?

Material
Wasser, Essig, Nagellackentferner, Parfüm, Deo, Curry

Versuchsanleitung
a) Öffne eine Flasche Essig und nimm eine Geruchsprobe. Fächle dazu mit der geschlossenen Hand über die Öffnung des Gefäßes.

b) Rieche nacheinander an einer geöffneten Wasserflasche, an Nagellackentferner, Parfüm, Deo und einer Packung Curry.

Aufgabe
Welchen der Gerüche würdest du als Duft und welchen als Gestank bezeichnen?

2 Geruch und Geschmack wirken zusammen

Material
Zucker, Zimt, Teelöffel

Versuchsanleitung
a) Misch zwei Esslöffel Zucker mit einem Teelöffel Zimt. Halte dir die Nase zu und probiere einen halben Teelöffel der Zimt-Zucker-Mischung.
Was schmeckst du?

b) Öffne kurz darauf die Nase wieder. Welche Eigenschaften hat der Zimt, welche der Zucker?

3 Die Geschmacksschwelle

Material
Wasser, Zucker, Salz, Waage

Versuchsanleitung
a) Löse 0,5 g, 1 g, 2 g, 3 g bzw. 4 g Zucker jeweils in einem Liter Wasser. Beschrifte die einzelnen Lösungen.

b) Löse nun 0,5 g, 1 g, 2 g, 3 g bzw. 4 g Salz in weiteren fünf Gefäßen. Bei welcher Lösung schmeckst du süßes bzw. salziges Wasser?

Aufgabe
Bei welchen Konzentrationen einer Glaubersalzlösung schmeckst du „bitter"? Plane dazu einen Versuch.

1 Uhu hält Ausschau nach Beute

„Der Mensch ist ein Augentier." Das drückt aus, dass wir uns vor allem mit den Augen orientieren. Sie sind unser **Leitsinn**. Nicht alle Lebewesen orientieren sich in erster Linie mit den Augen. Auch Ohren oder Nase können diese Rolle übernehmen. So entstehen verschiedene Sinneswelten. Die Sinnesleistungen sind an Lebensraum und -weise angepasst.

2 Maulwurf

Die Sehwelt

Orientieren sich Tiere vorwiegend mit dem Sehsinn, haben sie oft große, nach vorn gerichtete Augen. Diese Augenstellung ermöglicht eine gute räumliche Wahrnehmung. Der Mensch kann z. B. mit den Händen zielgerichtet greifen. Viele Affen haben einen ähnlich guten Lichtsinn und können sich damit beim Klettern gut orientieren. Eulen haben auch nach vorn gerichtete, sehr lichtempfindliche Augen. Das hilft zur Orientierung bei der Jagd in der Nacht und beim Ergreifen der Beute.

3 Schnüffelnder Hund

Die Hörwelt

Große Ohrmuscheln sind oft ein Zeichen dafür, dass sich die Tiere vor allem mit dem Gehör orientieren. Wer nachts auf Beutefang geht oder von anderen gejagt wird, sollte in der Lage sein, ganz leise Geräusche wahrzunehmen. Auch das Richtungshören ist dabei wichtig. Katzen können zum Beispiel fünfmal kleinere Abstände zwischen zwei Schallquellen wahrnehmen als der Mensch. Auch das Fiepen von Mäusen im Ultraschallbereich hören Katzen im Gegensatz zum Menschen noch. Besondere Spezialisten sind die Fledermäuse. Sie erkennen ihre Umwelt und finden ihre Beute durch das Echo von Ultraschalltönen, die sie selbst erzeugen.

4 Braunes Langohr

Die Riechwelt

Wie du weißt, können sich Hunde mithilfe des Geruchssinnes sehr gut orientieren. Eine lang gezogene Nasenregion ist oft ein Hinweis darauf, dass das Tier gut wittern kann. Wir Menschen können oft nur über die Geruchsleistungen mancher Tiere staunen.

Aufgaben

1 Gib eine kurze Definition für den Begriff „Leitsinn".

2 Nenne den Leitsinn des Maulwurfs (▷ B 2). Erläutere die Angepasstheit an Lebensraum und Lebensweise.

3 Suche für jede der genannten Sinneswelten (auch für die Tastwelt) nach einem weiteren Beispiel. Berichte über den Lebensraum und die Lebensweise der Tierarten.

1 Ringelnatter züngelt

2 Kommunikation im Wolfsrudel

Über Ohren, Augen oder Geruch erhalten Lebewesen die unterschiedlichsten Informationen.

Information

Die vielen Beispiele der vergangenen Seiten zeigen, dass sich die Informationsaufnahme bei Tier und Mensch immer in vergleichbarer Weise abspielt. Modellhaft kann man sagen: Ein Empfänger erhält von einem Sender Signale. Die darin verschlüsselte Information erkennt der Empfänger und verarbeitet sie.

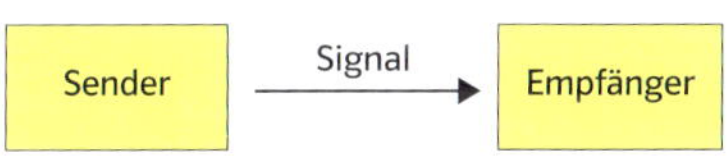

Das gleiche Signal kann aber zu unterschiedlichen Bewertungen führen. Das zeigen z. B. optische Wahrnehmungstäuschungen. Lernen und Erfahrung spielen eine große Rolle.

Kommunikation

Eine ganz normale Situation: Du bist in der Stadt und siehst deine Freundin. Du winkst oder rufst ihr etwas zu. Sie schaut, lächelt und winkt zurück. Rufen, Winken und Lächeln sind Beispiele für Signale. Sie bedeuten, dass man den anderen erkannt hat und dass man sich freut.
In diesem Fall bist du der Sender des Signals, das deine Freundin empfängt. Sie versteht die Information, wird ihrerseits zum Sender von Signalen, deren Empfänger dann du bist: Ihr habt euch verständigt. Das nennt man Kommunikation. Dazu ist nicht unbedingt Sprache nötig. Kommunikation kann auch ohne Worte stattfinden, z. B. durch Mimik oder Gesten, also durch Körpersprache. Zur Kommunikation gehören mindestens zwei. Kommunikation findet nicht nur zwischen Menschen statt. Auch Tiere, z. B. die Wölfe eines Rudels, können sich untereinander verständigen. Meist klappt die Kommunikation nur zwischen Artgenossen. Manchmal können sich auch Herrchen und Hund „verstehen".

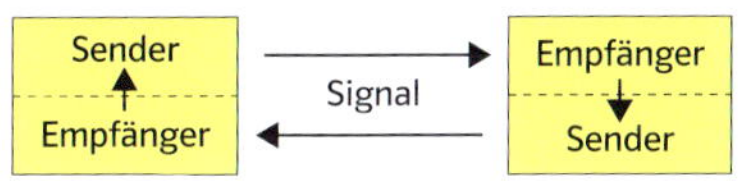

3 Körpersprache

Pflanzen können um Hilfe rufen

Die Blätter von Pflanzen, z. B. von Tomaten oder Kohl, werden oft durch Raupenfraß geschädigt. Die verwundeten Pflanzen können allerdings darauf reagieren. Der Speichel der Raupen bewirkt nämlich, dass befallene Pflanzen Duftstoffe herstellen. Dieser chemische „Hilferuf" lockt räuberische Insekten, z. B. Schlupfwesen, an. Diese vernichten dann die Raupen und so wird der Schaden in Grenzen gehalten.

4 Schlupfwespe und Raupe

Aufgaben

1 Recherchiere, mit welchen Sinnesorganen sich die Ringelnatter (▷ B 1) orientiert. Berichte über die Bedeutung des Züngelns.

2 Schreibe auf, welche Information du dem Gesichtsausdruck der Frau (▷ B 3) entnimmst. Vergleicht die Ergebnisse und deutet mögliche Unterscheide.

3 Diskutiert, ob es sich bei diesem Beispiel (▷ B 4) um Information oder Kommunikation handelt.

Schlusspunkt

Von den Sinnen zum Messen

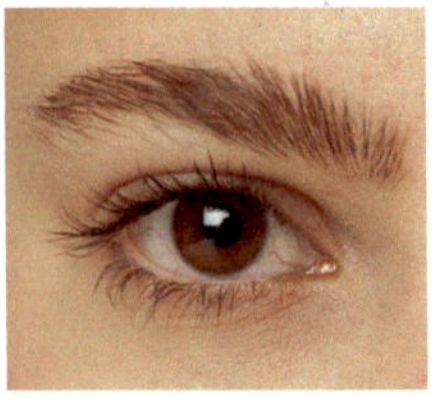

Sinnesorgane und Messgeräte
Die Sinnesorgane nehmen Reize aus der Umwelt auf. Dabei ist jedes Sinnesorgan nur für einen bestimmten Reiz zuständig. Das Gehirn empfängt die Sinneseindrücke und wertet sie aus.
Ist ein Sinnesorgan ausgefallen, können die anderen Sinne dessen Aufgaben zum Teil übernehmen. Oft werden zusätzliche Hilfsmittel wie Blindenstock, Braille-Schrift, Gebärdensprache usw. eingesetzt.

Aber auch ein gesundes Sinnesorgan funktioniert nur innerhalb gewisser Grenzen. Um z. B. Frequenzen jenseits unseres Hörbereichs zu erfassen oder Temperaturen genau zu bestimmen, sind wir auf Messgeräte angewiesen.

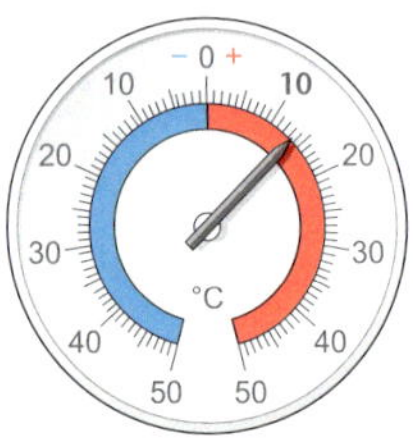

Die Messung
Den Wert einer Größe wie Länge, Zeit oder Masse eines Gegenstands können wir mit etwas Erfahrung abschätzen. Um den genauen Wert mit einer Messung zu bestimmen, benötigen wir ein Messgerät. Damit man ein möglichst genaues Messergebnis erhält, muss man bei der Auswahl des Messgeräts den Messbereich und die Teilung der Skala berücksichtigen.

Der Messwert
Bei einer Messung erhält man einen Messwert. Er besteht aus einem Zahlenwert und einer Einheit. Um vergleichbare Messwerte zu erhalten, hat man allgemein gültige Einheiten festgelegt. So wird heute z. B. eine Länge in Meter angegeben, eine Masse in Kilogramm.

Fehlerrechnung
Bei der Durchführung einer Messung können Fehler auftreten. Grobe Fehler lassen sich vermeiden, wenn man genau arbeitet, das passende Messgerät auswählt und beim Ablesen des Messwerts senkrecht auf die Skala schaut. Das genaueste Ergebnis erhält man, wenn man mehrere Messungen durchführt und den Mittelwert aus den Messwerten berechnet.

Sehen
In unserem Auge erzeugt die Augenlinse ein deutliches und helles Bild. Es ist seitenverkehrt und steht auf dem Kopf. Die Lichtsinneszellen der Netzhaut wandeln die Lichtreize in elektrische Signale um. Diese gelangen über den Sehnerv ins Gehirn. Dort erst entsteht das Bild, das du von deiner Umgebung siehst.

Hören
Schall entsteht, wenn Körper schwingen. Je schneller sie schwingen, desto höher ist der erzeugte Ton. Die Zahl der Schwingungen pro Sekunde bezeichnet man als Frequenz. Sie wird in Hertz (Hz) angegeben. Je weiter ein Körper schwingt, desto lauter ist der erzeugte Ton. Die Lautstärke wird in Dezibel (dB) angegeben. Trommelfell, Gehörknöchelchen, Hörschnecke und Hörnerv ermöglichen uns das Hören.

Tasten und Fühlen
In der Haut des Menschen sitzt der Temperatursinn, der ihn einen Gegenstand als warm oder kalt empfinden lässt. Diese Empfindung ist allerdings davon abhängig, welche Temperatur man zuvor erlebt hat – und daher nicht zur Temperaturmessung geeignet.
Außerdem besitzt die Haut Rezeptoren zum Ertasten der Umwelt. Besonders eng liegen sie in der Zungenspitze, den Fingerspitzen und den Lippen.

Riechen und Schmecken
Die Nase prüft die Atemluft mithilfe der Riechzellen. Das Riechorgan befindet sich in der Nasenhöhle. Der Geruchssinn ist ein wichtiger Warnmelder.
Die Geschmackssinneszellen liegen hauptsächlich auf der Zunge. Der Geschmackssinn wird durch den Geruchssinn unterstützt und verstärkt.

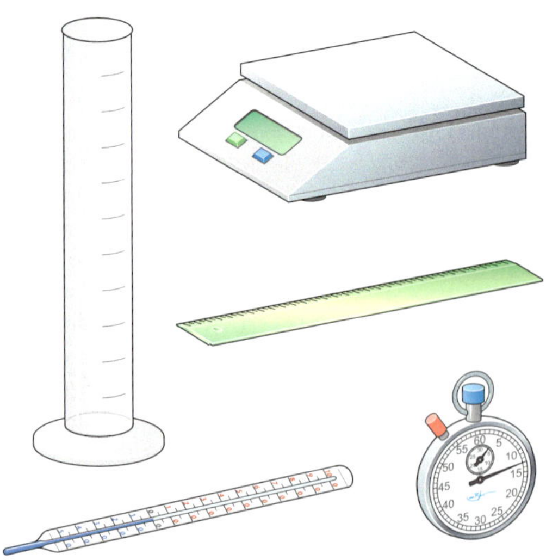

Aufgaben

1 Man sagt, ein Mensch soll „seine fünf Sinne beisammen haben“. Hat der Mensch wirklich fünf Sinne? Begründe.

2 Erstelle ein Plakat zu einem menschlichen Sinnesorgan. Stelle seinen Aufbau, seine Leistung und mindestens ein Experiment dazu vor.

3 Warum kannst du Wespen, Mücken, Hummeln und Bienen hören, wenn sie an dir vorbeifliegen, einen Schmetterling aber nicht?

4 a) Die Astronauten, die den Mond besucht haben, konnten sich dort nicht wie auf der Erde unterhalten. Sie mussten Funkgeräte einsetzen. Diskutiert, aus welchem Grund im Weltall Funkgeräte zur Verständigung nötig sind.
b) Selbst eine Explosion wäre auf der Mondoberfläche nicht zu hören. Man könnte sie höchstens mit den Füßen und dem Körper spüren. Erkläre diese Erscheinung!

5 Hören ist lebenswichtig! Wer nicht hören kann, lebt oft in großer Gefahr, weil er akustische Warnsignale nicht wahrnehmen kann. Nenne Situationen, in denen gutes Hören wichtig – oder sogar lebenswichtig – ist.

6 Der Hörvorgang lässt sich mithilfe des Sender-Empfänger-Modells beschreiben. Eine Schallquelle sendet Signale aus. Im Modell ist sie

1 Zu Aufgabe 11

der Sender. Wir hören, wenn der Schall in unsere Ohren dringt. Unsere Ohren sind Schallempfänger. Übertrage dieses Modell auf den Sehvorgang.

7 Welche Folgen kann es haben, wenn ein Mensch ständigem Lärm ausgesetzt ist?

8 Informiere dich über die besonderen Sinnesleistungen folgender Tiere: Fledermaus, Klapperschlange, Adler, Nilhecht und Hai.

13 Lege einen tickenden Wecker in ein Glasgefäß, das mit Watte ausgepolstert ist.
a) Wohin musst du dein Ohr halten, um das Ticken hören zu können? Begründe.
b) Stelle dich etwa 50 cm neben das Glas. Wie erreichst du, dass du das Ticken auch dort gut hörst?
c) Überprüfe deine Vermutung durch einen Versuch. Erstelle ein Protokoll und erkläre das Ergebnis mit einer Zeichnung.

2 Zu Aufgabe 4

9 Ist der Temperatursinn des Menschen zuverlässig? Erkläre!

10 Beschreibe, wie die Celsius-Skala festgelegt wird. Recherchiere, worin sich ein heutiges Celsius-Thermometer vom ursprünglichen Celsisus-Thermometer unterscheidet.

11 Könnten deiner Ansicht nach Messgeräte einen Restaurantkritiker ersetzen? Begründe.

12 Ermittle möglichst genau die Länge eines Nagels, den Durchmesser eines dünnen Drahtes, die Dicke der Seite deines Lehrbuches und das Volumen eines Wassertropfens. Beschreibe dein Vorgehen.

14 In manchen römischen Palästen soll es geheime Schallröhren in den Wänden gegeben haben, durch die der Herrscher heimlich die Gespräche seiner Untergebenen belauschen konnte. Kann das funktioniert haben?
a) Überlege, wie du diese Behauptung durch einen Versuch überprüfen könntest.
b) Führe den Versuch durch und halte die Ergebnisse deiner Untersuchung fest.
c) Versuche, deine Beobachtung zu erklären.

Wege in die Welt des Kleinen

Es gibt eine Welt, die für unsere Augen allein nicht sichtbar ist. Mit einer Lupe oder einem Mikroskop kannst du eine Entdeckungsreise in die geheimnisvolle Welt der kleinen Dinge antreten.

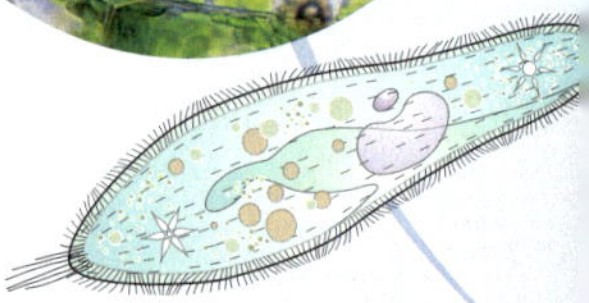

Viele Erscheinungen in der Natur kannst du mit bloßen Augen beobachten. Bei sehr kleinen Dingen reicht der Sehsinn aber nicht aus. Zur Vergrößerung benutzt du eine Lupe, ein Binokular oder ein Mikroskop. Wie diese Geräte funktionieren und wie du mit ihnen umgehen musst, wirst du in diesem Kapitel erfahren.

Wie kann die Polizei unsichtbare Spuren sichtbar machen? Welche kleinen Lebewesen gibt es im Boden? Welche Entdeckungen kannst du mit dem Mikroskop machen? Woraus bestehen alle Tiere und Pflanzen?

Viele Entdeckungen warten auf dich! Mach dich auf zu einer Reise in die Welt des Kleinen.

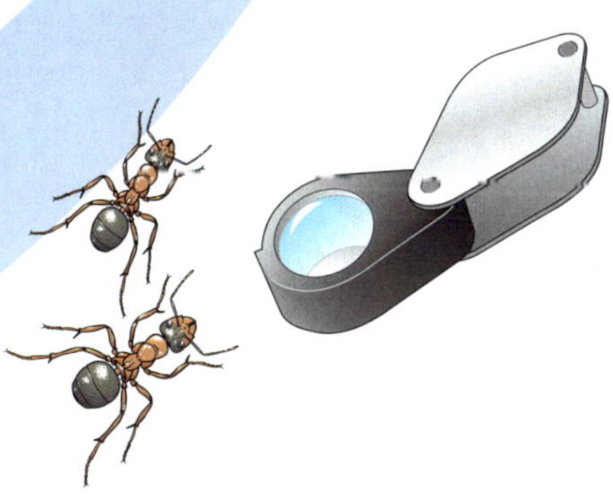

Daily **Past**

NR. 19 054 — SEITE 1

Die Mona Lisa wurde gestohlen

Dreister Raub aus berühmten Museum

Paris, 22. August 1911

„Man könnte genau so gut die Türme der Kirche „Notre Dame" stehlen", sagte noch vor einem Jahr der Direktor des Museums „Louvre" in Paris. Jetzt ist es geschehen. Das berühmte Gemälde „Mona Lisa" wurde dreist gestohlen!

Heute morgen fanden Besucher nur noch eine leere Wand vor. Hier hatte bis vorgestern das Bild gehangen. Mit über 60 Detektiven untersuchte die Pariser Polizei sofort das gesamte Museum. Sie fand bisher nur den Rahmen des Gemäldes, den der Dieb im Treppenhaus zurückgelassen hatte.
Die befragten Mitarbeiter des Museums konnten nicht weiterhelfen. Niemand hat den Raub beobachtet. Man weiß nur, dass das Museum gestern für die Besucher geschlossen war, es sollten Renovierungsarbeiten durchgeführt werden.

So ist die Polizei auf Spuren angewiesen, die der Dieb zurückgelassen haben muss. Die Ermittlungen laufen weiter.

1 Nachricht über einen spektakulären Raub

Der Tag, an dem die Mona Lisa verschwand

Im Jahr 1911 ging eine Nachricht um die Welt: Eines der berühmtesten Gemälde – die „Mona Lisa" des Malers LEONARDO DA VINCI – war aus dem Louvre in Paris gestohlen worden (▷ B 1). Viele Polizisten und Detektive untersuchten das Museum. Tatsächlich fanden sie auf dem zurückgelassenen Rahmen einen Fingerabdruck.

Zwei Jahre nach dem Diebstahl wurde der Räuber gefasst. Er wollte das Bild verkaufen und wurde beim Verkauf verhaftet. Die Polizei verglich seine Fingerabdrücke mit dem Abdruck auf dem zurückgelassenen Bilderrahmen. Die Abdrücke stimmten überein, der Täter war überführt.

Spuren sichtbar machen

Heute ist es kaum noch möglich, eine Straftat zu begehen, ohne Spuren zu hinterlassen. Viele dieser Spuren sind so klein, dass man für ihre Untersuchung Hilfsmittel benötigt. Fingerabdrücke erkennt man mit bloßen Augen kaum. Sie werden mit Rußpulver sichtbar gemacht und lassen sich dann mit der Lupe betrachten. Haare und Fasern von Kleidung, die die Polizei am Tatort findet, untersucht man mit dem Mikroskop. Selbst winzige Hautschuppen können analysiert und einer bestimmten Person zugeordnet werden. Doch dazu ist eine spezielle Technik nötig.

Spurensicherung heute

Die Kriminalpolizei benutzt für ihre Arbeit einen Spurensicherungskoffer (▷ B 2). Er enthält Werkzeuge und Chemikalien, mit denen Spuren sichtbar gemacht und gesichert werden.
Pinsel und verschiedene Pulver dienen zum Erkennen von Fingerabdrücken. Mit Klebefolie kann man sie auf Papier übertragen und später auswerten. Auch Fußspuren werden mit Klebefolien gesichert. Blutspuren werden mit speziellen Lichtquellen und Lösungen sichtbar gemacht. Damit der Spurensicherer selbst keine Spuren hinterlässt, benötigt er einen Schutzanzug, Schuhüberzieher und Handschuhe.

Aufgabe

1 Welche sichtbaren und unsichtbaren Spuren könnte der Dieb beim Raub der Mona Lisa zurückgelassen haben? Wie könnte man sie sichern und untersuchen?

2 Utensilien der Spurensicherung

Das Kriminallabor

Bei der Aufklärung eines Verbrechens sind häufig winzigste Spuren von großer Bedeutung. So können einzelne Fasern darauf hinweisen, dass der Täter eine blaue Hose und ein grünes Hemd aus Baumwolle getragen hat.

1 Spurensicherung durch Gipsabdruck

Material

Gipspulver, Wasser, Spatellöffel, großer Plastikbecher, Lupe, fester Pappkarton, Drahtgewebe oder Stoff, Bürste

Versuchsanleitung

a) Erzeuge in lockerem Boden einen deutlichen Fußabdruck oder eine Reifenspur (mit dem Fahrrad).
b) Stelle aus dem Pappkarton-Streifen einen Rahmen her. Er sollte so groß sein, dass er die Spur gerade einfasst.
c) Gib in den Plastikbecher etwas Wasser und rühre dann Gipspulver ein. Wenn der Gipsbrei zu zäh wird, füge noch etwas Wasser hinzu. Der Gipsbrei muss gut gießfähig sein.
d) Gieße jetzt vorsichtig eine erste Schicht Gipsbrei auf die Spur. Lege zur Verstärkung ein Stück Drahtgewebe oder einen Stoffrest auf den Gips und gieße eine zweite Gipsschicht darüber (▷ B 1).
e) Nach etwa 15 Minuten ist der Gips ausgehärtet und du kannst den Abdruck vorsichtig aus der Spur nehmen.

Aufgabe

Säubere den Gipsabdruck sorgfältig von allen anhaftenden Schmutzteilchen. Betrachte den Abdruck mit der Lupe.
Notiere in einem Protokoll alle Merkmale, die du feststellen kannst.

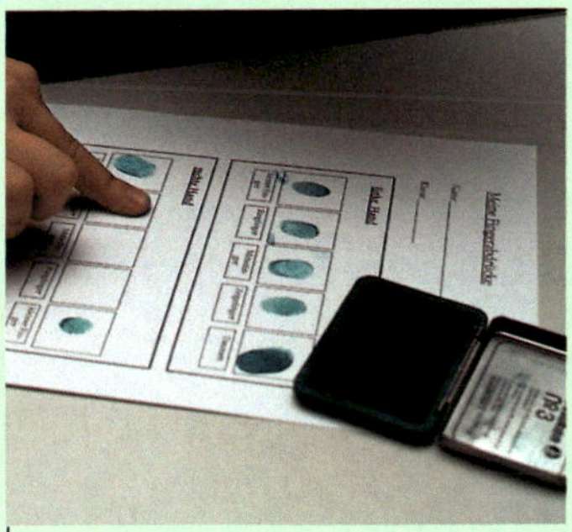

2 Fingerabdrücke

2 Fingerabdrücke im Vergleich

Material

Stempelkissen, Papier, Bleistift, Lineal, Lupe

Versuchsanleitung

a) Zeichne auf ein weißes Blatt Papier mehrere Quadrate. Schreibe in jedes Quadrat den Namen eines Mitglieds deiner Gruppe.
b) Jeder Schüler aus der Gruppe soll nun seinen rechten Daumen auf ein Stempelkissen drücken und im zugehörigen Quadrat einen deutlichen Fingerabdruck erzeugen.
c) Betrachte die Fingerabdrücke mit der Lupe. Notiere unter dem Quadrat alle Merkmale und Auffälligkeiten.

3 Untersuchung von Textil- und Haarproben

Material

Objektträger, Deckgläschen, Wasser, Pinzette, Mikroskop, verschiedene Haar- und Textilproben

Versuchsanleitung

a) Zupfe einige Fasern aus einem Kleidungsstück. Lege die Fasern in einen Wassertropfen auf einen Objektträger und decke ihn mit einem Deckgläschen ab. Betrachte die Probe unter dem Mikroskop.

3 Faser auf einem Objektträger

b) Wiederhole den Versuch dann mit einigen Haarproben (verwende Haare unterschiedlicher Farbe).
c) Erstelle Zeichnungen der verschiedenen Proben und beschreibe in kurzen Sätzen die jeweiligen Besonderheiten.

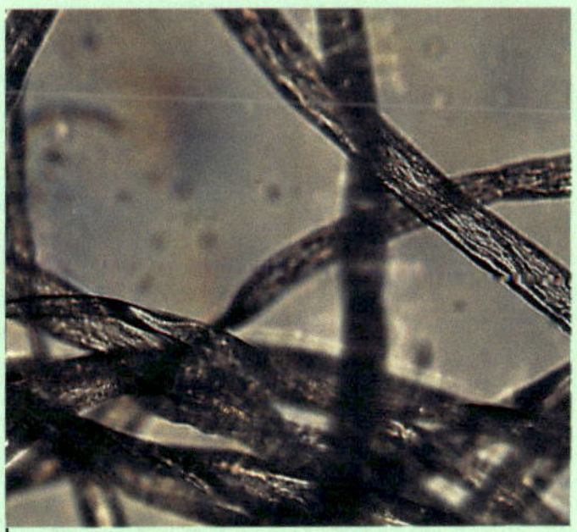

4 Fasern unter einem Mikroskop

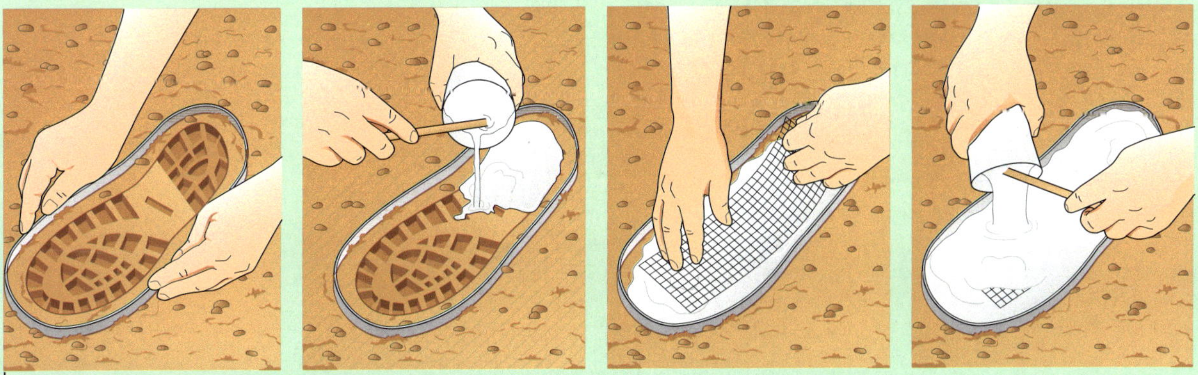

1 Wir fertigen einen Gipsabdruck an.

Die Lupe

Spurensucher benutzen sie, Insektenforscher können nicht auf sie verzichten – und sicherlich hast auch du schon manchen Gegenstand mit einer Lupe betrachtet. In den folgenden Versuchen erfährst du, wie du einfache Lupen selbst bauen kannst und wie du mit ihnen unterschiedliche Vergrößerungen erreichst.

1 Ein Wassertropfen als Lupe

Material

Große Sicherheitsnadel, Strohhalm oder Pipette, Klarsichthülle, Zeitungspapier

Versuchsanleitung

a) Lege ein Stück Zeitungspapier in die Klarsichthülle. Tropfe mit der Pipette oder mit dem Strohhalm Wasser auf die Hülle. Versuche, unterschiedlich große Tropfen zu erzeugen. Betrachte den Zeitungstext unter den verschiedenen Wassertropfen. Was fällt dir dabei auf?

b) Gib einen Wassertropfen in die Öse einer großen Sicherheitsnadel (▷ B 1). Welche Form hat der Wassertropfen in der Öse?

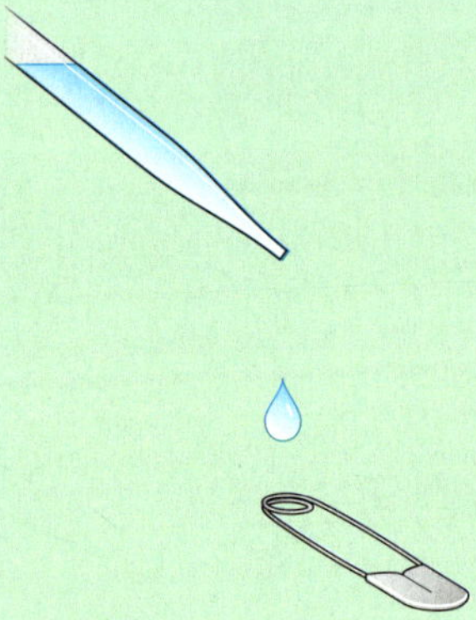

1 Aufbringen des Tropfens

Betrachte nun den Zeitungstext durch den Wassertropfen. Beschreibe deine Beobachtungen.

2 Eine „Wasserlupe"

Material

2 Uhrgläser, Knetgummi, Wasser

Versuchsanleitung

a) Forme aus dem Knetgummi eine lange „Wurst". Lege das so geformte Knetgummi auf den inneren Rand eines Uhrglases. An einer Stelle muss eine kleine Lücke bleiben (▷ B 2).

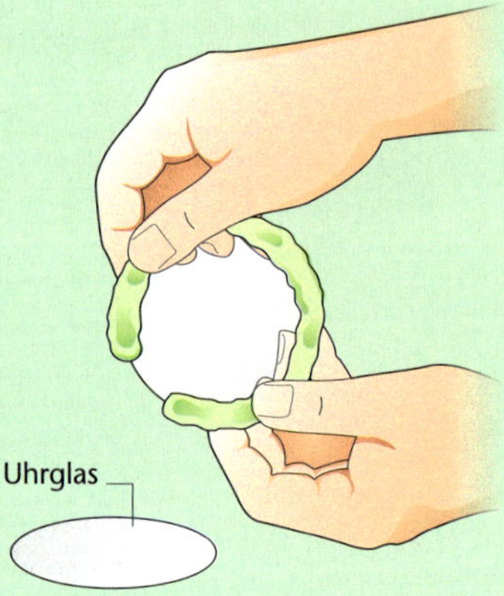

2 Auflegen der Knetgummidichtung

b) Drücke dann das andere Uhrglas so in das Knetgummi, dass zwischen den Uhrgläsern ein Hohlraum entsteht (▷ B 3). Das Knetgummi muss die beiden Gläser vollständig abdichten, es darf keine undichte Stelle entstehen!

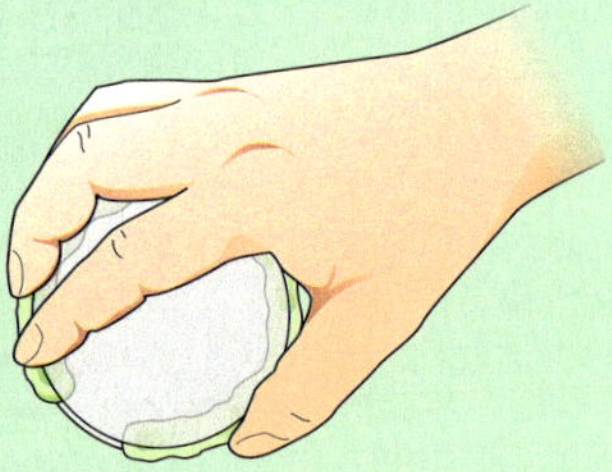

3 Aufsetzen des zweiten Glases

c) Fülle dann über die verbliebene Lücke Wasser ein (▷ B 4). Achte darauf, dass keine Luftblasen entstehen. Wenn die „Wasserlupe" vollständig gefüllt ist, verschließe die Lücke mit einem Stück Knetgummi.
Betrachte verschiedene kleine Gegenstände mit deiner „Wasserlupe".

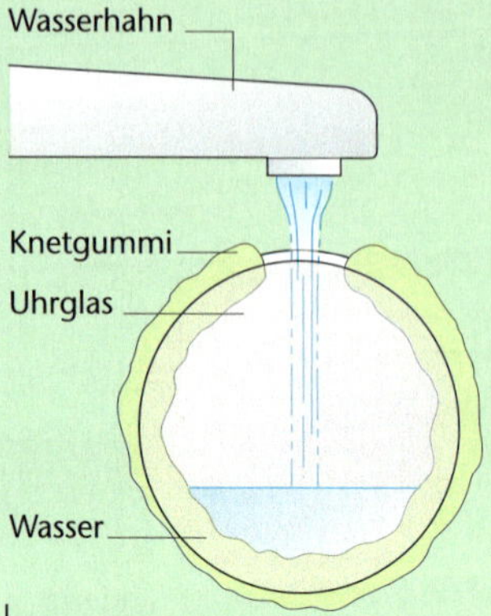

4 Einfüllen des Wassers

3 Lupen mit unterschiedlicher Vergrößerung

Material

Verschiedene Lupen, Millimeterpapier oder kariertes Papier

Versuchsanleitung

a) Lege eine Lupe auf das Millimeterpapier (▷ B 5). Entferne dich dann mit der Lupe langsam vom Millimeterpapier. Betrachte dabei das Millimeterpapier durch die Lupe.
Kannst du aus allen Entfernungen das vergrößerte Millimeterpapier erkennen? Wann erhältst du die stärkste Vergrößerung?

b) Wiederhole den Versuch mit anderen Lupen und vergleiche ihre Vergrößerungen. Welche Form haben die Lupen, die am stärksten vergrößern?

c) Betrachte das Wort „Lupe" in Bild 5 mit einer Leselupe, einer Becherlupe und einem Binokular. Welche Unterschiede kannst du feststellen?

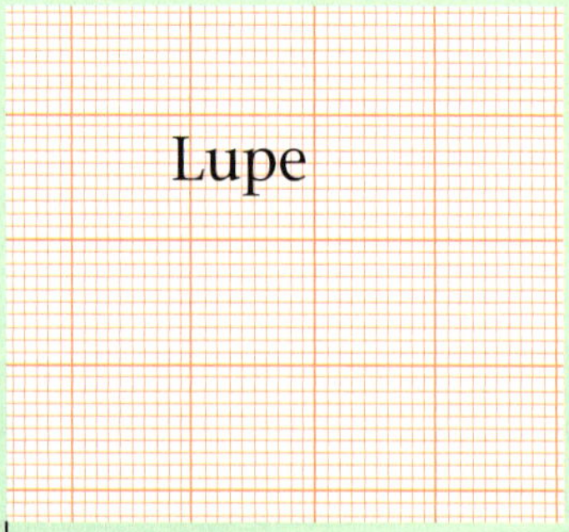

5 Zu Versuch 3

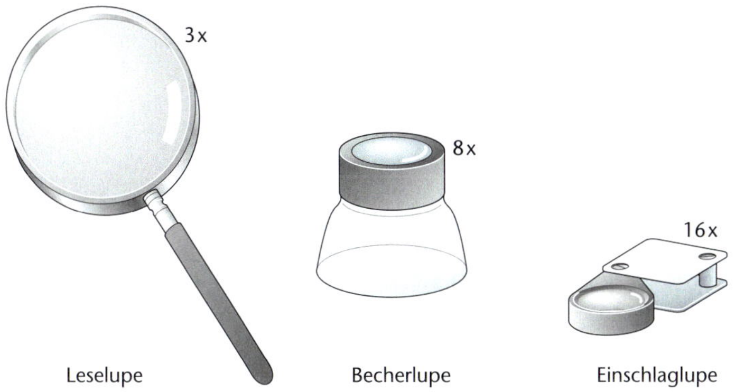

1 Vergrößerungsfaktoren verschiedener Lupen

2 Leselupen vergrößern große Textausschnitte.

Die Lupe

Durch einen Wassertropfen betrachtet erscheint die Schrift einer Zeitung vergrößert. Betrachte die Form des Wassertropfens genauer: Er ist in der Mitte dicker als am Rand. Die gleiche Form hat eine **Sammellinse**. Auch durch eine Sammellinse kannst du Gegenstände vergrößert betrachten.
Baut man eine Sammellinse in eine Fassung ein, erhält man eine **Lupe**.

▶ Eine Lupe enthält eine Sammellinse. Mit ihr kann man Gegenstände vergrößert betrachten.

Lupen vergrößern unterschiedlich stark

Allerdings vergrößert die Lupe nicht immer gleich stark. Liegt die Lupe direkt auf dem Gegenstand, kannst du kaum eine Vergrößerung erkennen. Entfernst du die Lupe von dem Gegenstand, nimmt die Vergrößerung zu. Bei einer bestimmten Entfernung wird das Bild unscharf, und du kannst den Gegenstand nicht mehr erkennen.

Betrachte einen Gegenstand mit verschiedenen Lupen. Eine Leselupe lässt den Gegenstand bis zu dreimal größer erscheinen. Benutzt du eine Becherlupe, erscheint der Gegenstand bis zu achtmal größer als ohne Lupe (▷ B 1).

▶ Der Vergrößerungsfaktor gibt an, wie viel Mal größer das Bild im Vergleich zum Gegenstand werden kann.

Die verschiedenen Lupen enthalten unterschiedlich geformte Sammellinsen. Eine dicke Sammellinse mit kleinem Durchmesser erreicht eine starke Vergrößerung. Die Einschlaglupe vergrößert bis zu 16-fach. Man benutzt sie häufig für Untersuchungen in den Naturwissenschaften. Eine flache Sammellinse mit großem Durchmesser wird z. B. bei einer Leselupe verwendet (▷ B 2). Die Vergrößerung ist nicht sehr stark, dafür kann man mit solchen Lupen einen großen Textausschnitt betrachten.

Das Binokular

Wenn du mit einem Binokular (▷ B 3) arbeitest, kannst du das vergrößerte Bild mit beiden Augen sehen. Die untersuchten Gegenstände erscheinen räumlich, fast wie „zum Greifen". Binokulare vergrößern zwischen 6- und 40-fach, manchmal auch 100-fach.
Das Bild stellst du über einen Drehknopf an der Seite scharf. Achte auf eine gute Beleuchtung des Gegenstands. In der Regel stellst du die Lichtquelle so ein, dass ihr Licht von oben auf den Gegenstand fällt.

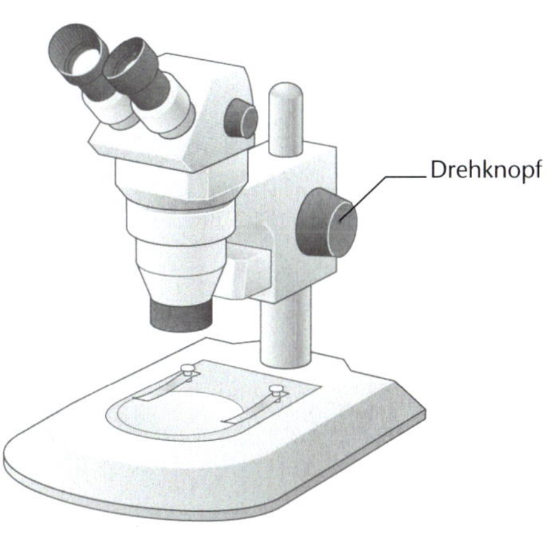

3 Das Binokular

Bodenuntersuchungen

1 Finger- und Knirschprobe

Material

Unterschiedliche Bodenproben (z. B. Waldboden, Wiesenboden, Gartenerde), Objektträger, Plastiktüten

Versuchsanleitung

a) Entnimm an verschiedenen Standorten Bodenproben. Fülle sie in Plastiktüten, verschließe die Plastiktüten und versieh die Proben mit einem Schild, auf dem der Standort vermerkt ist.

b) Führe mit den Bodenproben die Fingerprobe durch. Versuche dazu, aus der Bodenprobe zwischen den Händen eine kleine Rolle zu formen.

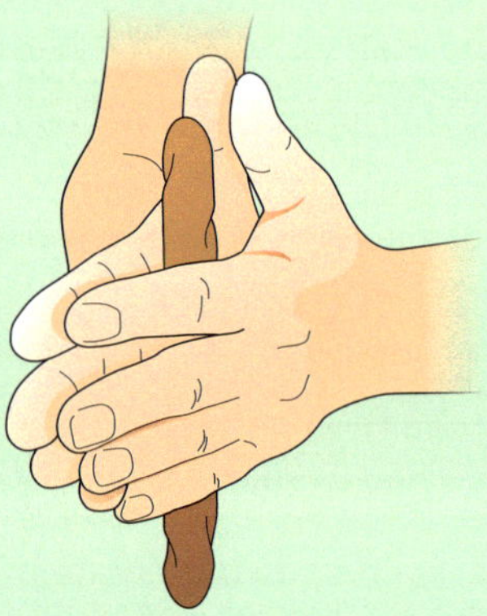

1 Fingerprobe

c) Führe nun die Knirschprobe durch. Reibe dazu eine kleine Probe zwischen zwei Objektträgern. Höre aufmerksam hin, ob du dabei ein Knirschen wahrnimmst.

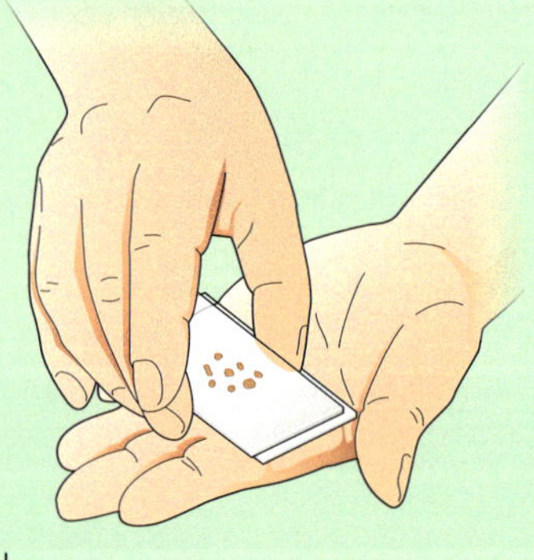

2 Knirschprobe

d) Beurteile den Boden hinsichtlich der gefundenen Eigenschaften (▷ B 3): Um welche Bodenart könnte es sich bei den untersuchten Proben handeln?

Bodenart	Fingerprobe	Knirschprobe
Lehmboden	ja	ja
Sandboden	nein	ja
Tonboden	ja	nein

3 Eigenschaften der Bodenarten

2 Bestimmung der Teilchengröße

Material

Sieb, getrocknete Bodenproben, weißes Papier, Lineal, Zahnstocher

Versuchsanleitung

Siebe die trockene Bodenprobe auf ein weißes Blatt Papier. Lege ein Lineal neben die durchsiebte Erde und schiebe einige Bestandteile des Bodens mit dem Zahnstocher neben das Lineal. Ordne die Körner im Sieb nach ihrer Größe. Notiere die Größe der verschiedenen Bestandteile in einer Tabelle.

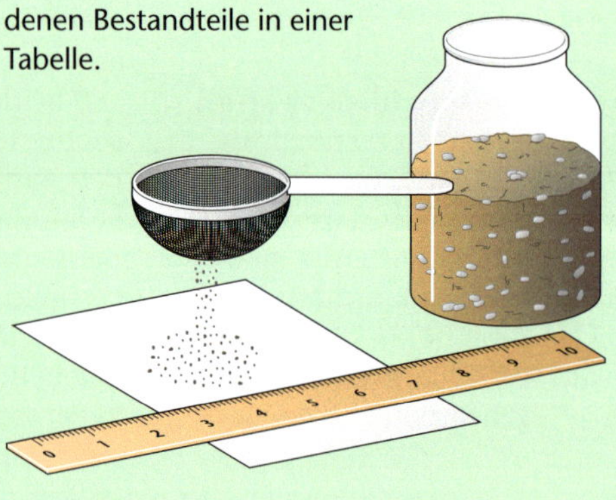

4 Bestimmung der Korngrößen

Aufgabe

Vergleiche die Ergebnisse deiner Untersuchungen mit der Tabelle in Bild 5.

Bodenbestandteile	Korngröße
Grobsteine	über 20 mm
Feinsteine	6 mm – 20 mm
Feinkies	2 mm – 6 mm
Sand	0,1 mm – 2 mm
Schluff	0,002 mm – 0,1 mm
Ton und Lehm	unter 0,002 mm

5 Korngrößen

6 Eine Bodenprobe wird entnommen

3 Die Schlämmprobe

Material

Marmeladenglas mit Deckel, unterschiedliche Bodenproben, Wasser

Versuchsanleitung

Fülle ein Marmeladenglas etwa zu einem Drittel mit einer Bodenprobe (▷ B 7). Fülle das Glas dann fast vollständig mit Wasser und verschließe es mit einem Deckel. Schüttle die Probe mehrfach kräftig und lasse das Glas dann ruhig stehen.

7 Vorbereitung der Schlämmprobe

Aufgaben

1. Fertige von der Schlämmprobe eine Zeichnung an, in der die einzelnen Schichten deutlich werden. Wie viele Schichten haben sich gebildet?

2. Stelle eine Vermutung an, aus welchen Bestandteilen des Bodens die einzelnen Schichten bestehen könnten.

Boden ist nicht gleich Boden

Wenn du etwas Boden in die Hand nimmst und versuchst, ihn zu einer Wurst zu rollen, dann gelingt dir das nur manchmal. Das liegt daran, dass der Boden aus verschiedenen Bestandteilen besteht. Die Hauptbestandteile sind Sand, Lehm und Ton (▷B 1 – B 3). Ist der Anteil an Sand hoch, dann zerbröselt die Bodenprobe beim Rollen, es lässt sich keine „Wurst“ daraus formen.
Im **Sandboden** sind die einzelnen Körner mit bloßem Auge zu erkennen. **Lehm** ist eine Mischung aus sehr feinem Sand und Ton. **Ton** besteht aus winzigen Teilchen, die auch mit der Lupe nicht zu unterscheiden sind.

1 Sand

2 Lehm

3 Ton

Tiere im Boden

Der Boden ist nicht nur die Grundlage des Pflanzenwachstums, er ist auch ein wichtiger Lebensraum für viele Tiere (▷B 4 – B 10). So findet man unter einer Bodenfläche von 1 m x 1 m bis in eine Tiefe von 30 cm etwa 50 Schnecken, 80 Regenwürmer, 100 Käfer, 50 000 Springschwänze und 1 Million Fadenwürmer. Viele dieser Bodenbewohner sind jedoch nur mit der Lupe oder dem Binokular zu sehen. Mit einer besonderen Versuchsapparatur, der **Berlese-Apparatur**, lassen sich viele Bodenlebewesen fangen und bestimmen. Denke daran: Auch diese Lebewesen müssen nach der Untersuchung wieder in ihren natürlichen Lebensraum zurückgebracht werden.

4 Zwergspinne

5 Doppelschwanz

6 Springschwanz

7 Tausendfüßler

8 Hundertfüßler

9 Schließmundschnecke

10 Saftkugler

Werkstatt

Wir bestimmen Bodenlebewesen

Material
Feuchte Bodenprobe (aus dem Wald), Trichter, Sieb (passend für Trichter), Lampe (z. B. Schreibtischlampe), Schuhkarton, schwarzer Karton, Becherglas, Lupe, Binokular, Pinzette, Petrischale

Versuchsanleitung
Baue die Versuchsapparatur (Berlese-Apparatur) zur Bestimmung von Bodenlebewesen wie rechts dargestellt auf. Fange die Lebewesen zunächst in einem Becherglas und gib sie dann in eine flache Petrischale. In dieser Glasschale lassen sich die Bodenlebewesen gut beobachten und bestimmen. Besonders kleine Lebewesen müssen mit der Lupe oder dem Binokular betrachtet werden.

Aufgaben
1. Versuche, mit einem Bestimmungsbuch die Namen der Bodenlebewesen zu finden.

2. Warum sammeln sich die Bodenbewohner schon nach kurzer Zeit im Becherglas?

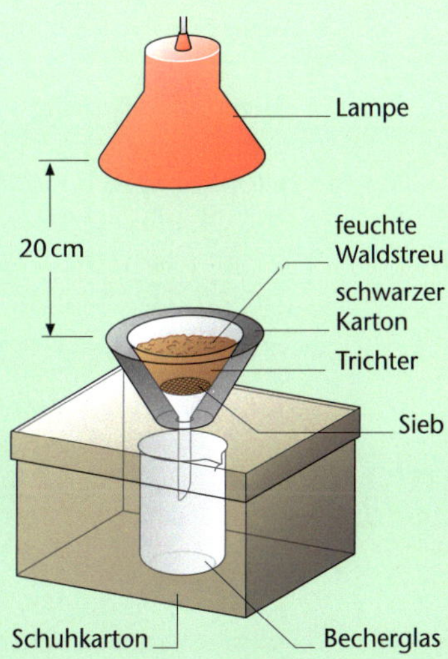

Umrechnungstabelle mikroskopischer Längeneinheiten

1 Meter (m) = 100 Zentimeter

1 Zentimeter (cm) = 10 Millimeter

1 Millimeter (mm) = 1000 Mikrometer

1 Mikrometer (µm) = 1000 Nanometer (nm)

Berechne:

1000000 µm = ? m

3 m = ? mm

20 cm = ? m

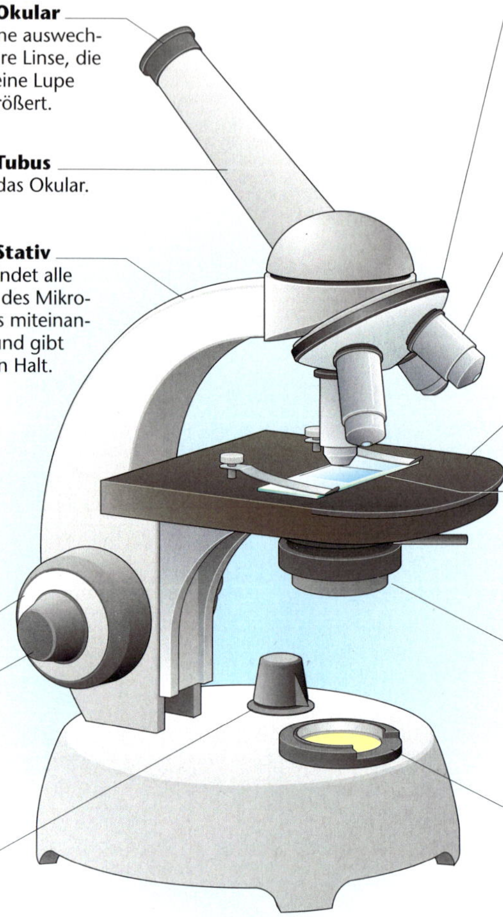

2 Aufbau eines Mikroskops

1 Das Prinzip des Mikroskops

Eine Lupe reicht nicht

Lupen vergrößern Objekte bis zum 16-fachen. Mithilfe eines Mikrokops kannst du sehr kleine Dinge noch viel stärker vergrößern. Es nutzt die Vergrößerungsmöglichkeiten der Lupe gleich doppelt.
Das **Objektiv** enthält mehrere Sammellinsen, die ein vergrößertes Bild erzeugen. Dieses wird durch das **Okular** wie durch eine Lupe nochmals vergrößert (▷ B 2).

Die Vergrößerung kann man berechnen

Die Gesamtvergrößerung eines Mikroskops lässt sich berechnen, indem man die Okularvergrößerung mit der Objektivvergrößerung multipliziert.
Besitzt das Okular z. B. eine 10-fache und das Objektiv eine 4-fache Vergrößerung, so ergibt sich eine 40-fache Gesamtvergrößerung. Ein Schülermikroskop vergrößert in der Regel bis zu 400-fach, gute Lichtmikroskope sogar bis zu 2000-fach.

▶ Die Gesamtvergrößerung eines Mikroskops ist die Okularvergrößerung mal der Objektivvergrößerung.

Versuch

1 Besorge dir verschiedene Lupen mit unterschiedlichen Vergrößerungsfaktoren.
a) Betrachte einen kleinen Gegenstand mit den Lupen. Achte auf die unterschiedlichen Vergrößerungen.

b) Halte die Lupe mit der stärksten Vergrößerung über den Gegenstand. Betrachte das Bild dieser Lupe durch eine zweite Lupe (▷ B 1).
Dazu musst du die Abstände zwischen der Lupe und dem Gegenstand und zwischen den beiden Lupen so lange verändern, bis du das deutliche Bild siehst.

c) Vergleiche die Vergrößerung, die beide Lupen zusammen erzielen, mit der Vergrößerung jeder einzelnen Lupe.

Werkstatt

Umgang mit dem Mikroskop

Wenn du erfolgreich mit dem Mikroskop arbeiten willst, musst du nach bestimmten Regeln vorgehen. Arbeite stets in der folgenden Reihenfolge.

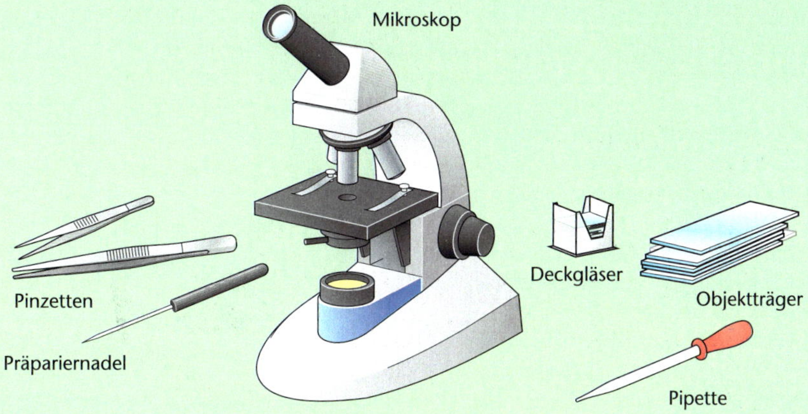

2 Materialien

1 Einstellung des Mikroskops

Material

Mikroskop, Objektträger, auf Folie kopierte Buchstaben, Deckgläschen

Versuchsanleitung

a) Mache das Mikroskop betriebsbereit, indem du die Blende nur halb öffnest. Schalte das Licht ein oder richte den Spiegel so aus, dass das Licht durch den Objekttisch scheint. Drehe das Objektiv mit der kleinsten Vergrößerung senkrecht nach unten.
b) Lege den Folienbuchstaben auf den Objektträger und decke ihn mit dem Deckgläschen ab.

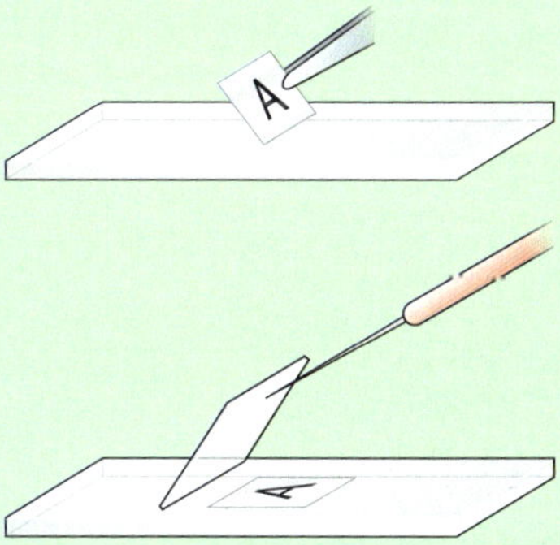

1 Folienbuchstaben auflegen

c) Bringe den Objektträger in die Mitte der Objekttischöffnung und klammere ihn fest.
d) Bringe das Objektiv durch Drehen am Grobtrieb möglichst nah an das Deckgläschen. Achtung: Kontrolliere dabei den Abstand des Objektivs zum Objekttisch.
e) Sieh durch das Okular. Bewege den Objekttisch so weit nach unten, bis das Bild scharf erscheint. Regle mit dem Feintrieb nach.
f) Reguliere die Helligkeit mit der Blende. Beschreibe den Bildausschnitt.
g) Wechsle in die nächste Vergrößerung. Sieh durch das Okular und beschreibe die Veränderung. Wähle am Objektivrevolver das Objektiv mit der mittleren Vergrößerung. Stelle das Bild scharf. Korrigiere vorsichtig die Stellung des Präparates in der Mitte der Objekttischöffnung.

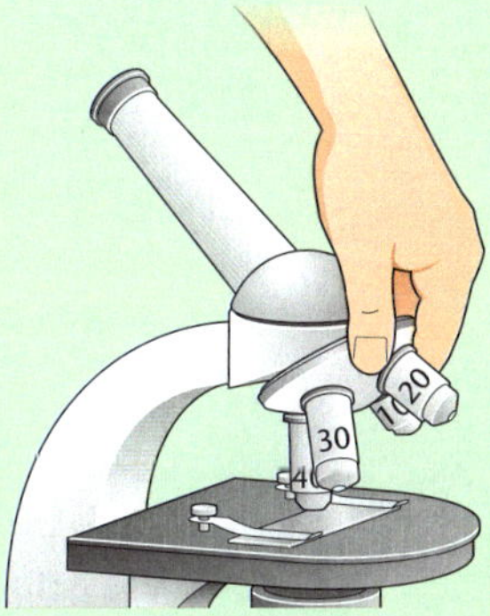

3 Wahl des Objektivs

Was kannst du beobachten, wenn du das Objekt leicht verschiebst?
h) Bewege den Objekttisch nach unten. Wiederhole den Vorgang mit dem Objektiv mit der größten Vergrößerung.

Aufgabe

Vergleiche deine Ergebnisse bei den einzelnen Vergrößerungen. Erkläre, warum es sinnvoll ist, mit der kleinsten Vergrößerung zu beginnen.

Aller Anfang ist schwer. Du hast alles nach Anleitung gemacht, kannst aber trotzdem nichts erkennen?! Mit Geduld und einigen Tipps wirst du aber doch zum Ziel kommen.

Mögliche Fehlerquellen

1. Der Folienbuchstabe liegt nicht genau unter dem Objektiv. Überprüfe nochmals seine Position.

2. Du hast nach der Einstellung des Spiegels das Mikroskop bewegt und damit den Lichtweg verändert. Richte den Spiegel neu ein und verschiebe das Mikroskop nun nicht mehr.

3. Der Objektivrevolver ist nicht eingerastet. Das Objektiv hat sich im Gewinde gelockert.

4. Du drehst zu schnell am Grobtrieb. Versuche es noch einmal ganz langsam und vorsichtig. Wenn du dann einen Schatten erkennst, kannst du das Bild mit dem Feintrieb scharf stellen.

Richtig zeichnen

Naturwissenschaftler haben schon immer Zeichnungen von ihren Beobachtungen erstellt, um ihre Versuchsergebnisse festzuhalten. So wurden sie auch für Nicht-Wissenschaftler anschaulich und leichter verständlich. Du wirst sehen: Man muss kein Künstler sein, um die Regeln des wissenschaftlichen Zeichnens zu erlernen.

1 Richtig zeichnen

Material

Mikroskop, Bleistift, unliniertes Papier, Zirkel, Millimeterpapier auf Folie (ein Zentimeterquadrat)

Versuchsanleitung

a) Bereite auf einem unlinierten Blatt drei mit dem Zirkel gezogene Kreise vor (Radius = 2,5 cm). Hier wirst du deine Beobachtungen einzeichnen. Beschrifte sie mit den drei möglichen Vergrößerungen (40-fach, 100-fach, 400-fach).

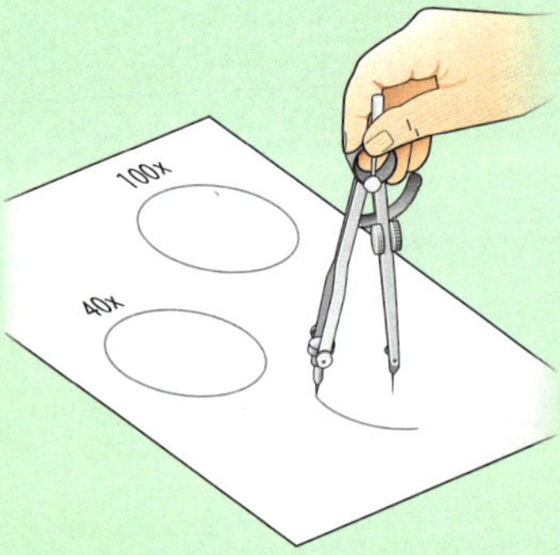

1 Drei Kreise mit dem Zirkel ziehen

Wenn du durch das Okular des Mikroskops blickst, siehst du einen hellen Kreis. Bei manchen Mikroskopen siehst du einen Pfeil, der zur Kreismitte zeigt. Er hilft dir, dich im vergrößerten Bild zu orientieren.

b) Lege das Folienquadrat auf den Objektträger. Bringe den Objektträger in die Mitte der Objekttischöffnung und klammere ihn fest.

Stelle das Mikroskop so ein, dass ein scharfes Bild des Millimeterpapiers entsteht. Verschiebe den Objektträger so lange, bis du möglichst viele vollständige Quadrate erkennen kannst.

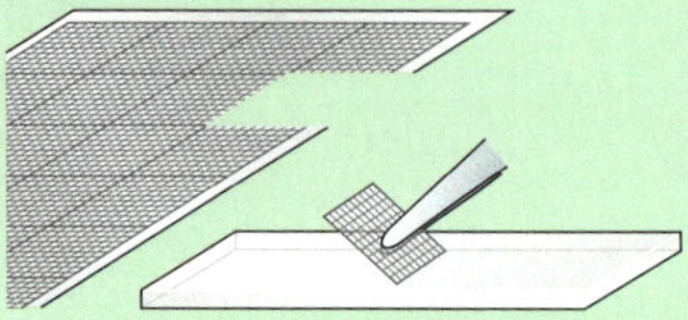

2 Millimeterpapier auflegen

c) Zähle nach, wie viele Quadrate sich in der Waagerechten und in der Senkrechten befinden. Schätze ab, in welcher Größe du die Quadrate in deine Zeichnung bzw. in den Kreis einzeichnen kannst.

d) Zeichne die Quadrate ein. Achte darauf, dass in deiner Zeichnung das Verhältnis zwischen der Dicke der Linien und der Größe der freien Flächen stimmt. Die Linien sind jetzt nicht mehr nur dünne Striche.

e) Sieh immer wieder durch das Okular und vergleiche das Original mit deiner Zeichnung.

3 Eine Zeichnung anfertigen

f) Verfahre nun ebenso bei den anderen Vergrößerungen. Korrigiere immer erst vorsichtig die Stellung des Objektträgers, bevor du zu zeichnen beginnst, damit der Bildausschnitt gut gewählt ist.

Achtung

Es kann sein, dass du bei der stärksten Vergrößerung nichts siehst, obwohl du alle Regeln beachtet hast.
Das Millimeterquadrat ist jetzt stark vergrößert. Vielleicht siehst du nur die freie Fläche zwischen den Linien, weil sich die Millimeterstriche aufgrund der starken Vergrößerung nicht mehr im Bild befinden.
Verschiebe den Objektträger vorsichtig, bis du wieder eine Linie findest.

Tipp:

1. Stelle dir im Mikroskop die Stundenzeiger einer Uhr vor. Du kannst dann besser kontrollieren, ob eine Linie wirklich dort liegt, wo du sie hingezeichnet hast.

2. Zeichne mit lockerem, leichtem Strich, ohne zu drücken.

3. Zeichne das Wesentliche, nicht jede Einzelheit. Such nach Mustern, die sich wiederholen.

3. Achte auf die Stellung der Linien zueinander.

4. Vergleiche deine Zeichnung immer wieder mit dem Bild im Mikroskop. Stimmt die Größe in der Zeichnung? Zeichnest du genauso viele Teile wie du im Okular siehst?

Aufgabe

Übe das mikroskopische Zeichnen an Präparaten von Moosblättchen und Zwiebel.

Herstellen eines Präparates

Proben, die mit dem Mikroskop untersucht werden sollen, müssen vorbereitet werden. Dafür benötigst du verschiedene Arbeitsgeräte. Geh mit allen Geräten vorsichtig um, damit du dich und andere nicht verletzt.

1 Wir untersuchen Zellen der Mundschleimhaut

Material
Mikroskop, Deckgläschen, Objektträger, Pipette, Wasser, Teelöffel, 0,1 %ige Methylenblaulösung, Filterpapier

Versuchsanleitung
Schabe mit dem Löffel an der Innenseite deiner Wangen entlang. Gib einen Tropfen der Speichelflüssigkeit auf den Objektträger und lege ein Deckgläschen auf. In der Flüssigkeit sind viele Zellen deiner Mundschleimhaut enthalten, die jedoch erst nach Anfärbung mit Methylenblau deutlich zu erkennen sind (siehe Versuch 4). Die Zellkerne sind dunkelblau gefärbt, während das Plasma deutlich heller ist. Zellwände fehlen. Dafür umschließt eine Membran jede Zelle. Im Mund verbinden sich die einzelnen Zellen zu einem dichten Gewebe. Stelle den Durchmesser einer Zelle fest.

2 Zellen in Moosblättchen

Material
Verschiedene Moospflanzen, Pinzette, Deckglas, Objektträger, Mikroskop, Pipette, Wasser, Filterpapier, Zeichenpapier, Bleistift, Buntstifte

Versuchsanleitung
Moose finden wir im Rasen, im Wald und an vielen anderen Standorten. Bei vielen Moosarten liegen die Zellen in den Blättchen nur in einer einzigen Schicht. Deshalb kann man sie sehr gut untersuchen. Die Moose sollten vor der Untersuchung sehr viel Licht bekommen haben.

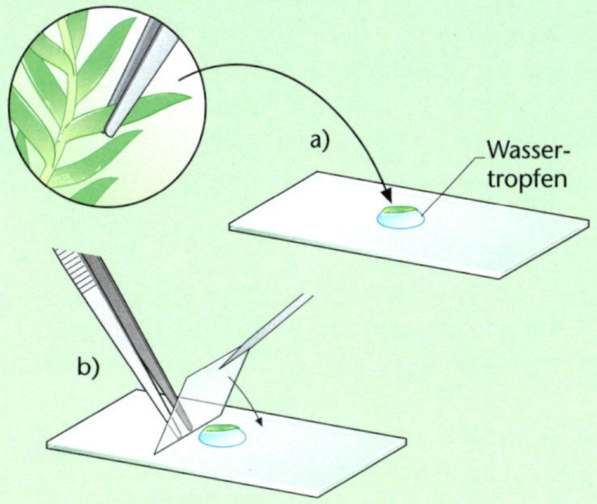

1 Zu Versuch 2

Zupfe ein junges Blättchen aus der Spitze des Zweiges und fertige ein Flüssigkeitspräparat wie in Abbildung 1 an. Du kannst die Chloroplasten bei der mikroskopischen Untersuchung sehr gut erkennen. Fertige eine Zeichnung an.

3 Schnittpräparat der Zwiebelhaut

Material
Zwiebel, Messer, Rasierklinge (auf einer Seite abgeklebt), Pinzette, Pipette, Objektträger, Deckgläschen, Küchenpapier, Filterpapier

Versuchsanleitung
a) Lege die Arbeitsgeräte bereit und zerschneide die Zwiebel.
b) Löse eine Zwiebelschuppe heraus.
c) Schneide die Zwiebelschuppe mit dem Skalpell oder einer Rasierklinge ein (▷ B 2).

2 Einschneiden der Zwiebelhaut

d) Gib mit der Pipette einen Tropfen Wasser auf den Objektträger.
e) Löse mit der Pinzette das Stück der Zwiebelhaut heraus (▷ B 3).
f) Lege das Zwiebelhäutchen in den Wassertropfen auf den Objektträger (▷ B 3). Decke es mit dem Deckgläschen ab und sauge das überschüssige Wasser ab.

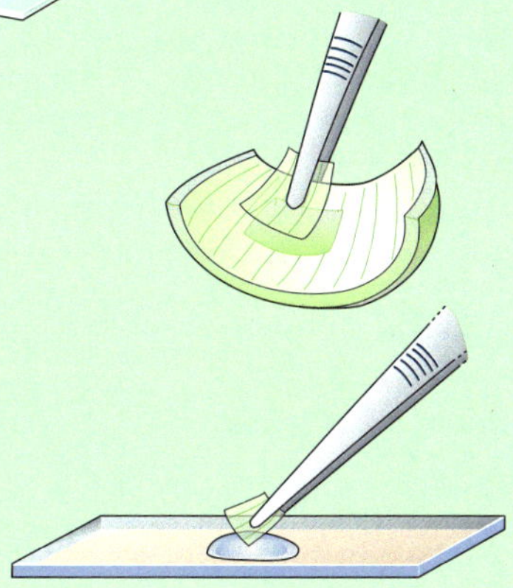

3 Zwiebelhäutchen auflegen

Aufgabe
Untersuche dein Präparat und zeichne es ab.

4 Färben von Präparaten

Material
Wie bei Versuch 2, rote Tinte, ein Streifen Filterpapier (1 cm x 5 cm)

Versuchsanleitung
a) Stelle ein Zwiebelhautpräparat her.
b) Gib einen Tropfen der Farblösung an den Rand des Deckgläschens.

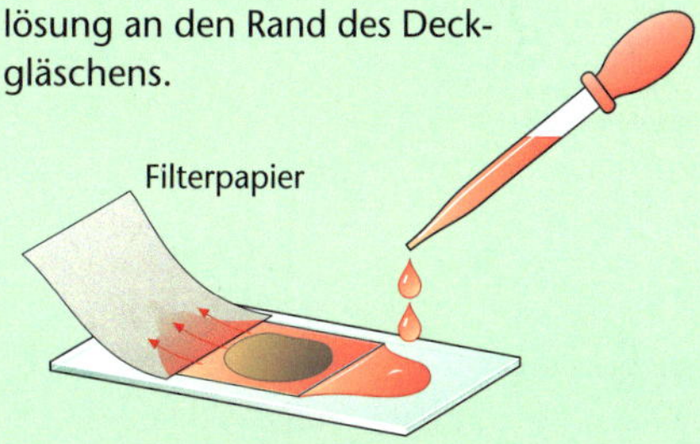

4 Auftropfen der Tinte

c) Lege das Filterpapier auf der anderen Seite des Deckgläschens an (▷ B 4). Sauge auf diese Weise den Farbstoff durch das Präparat. Entferne das Papier, wenn das Präparat deutlich angefärbt ist. Betrachte nun das angefärbte Präparat mit dem Mikroskop. Welchen Vorteil hat die Färbetechnik?

Werkstatt

Lebewesen im Wassertropfen

Im Grundwasser leben in völliger Dunkelheit auf engem Raum sehr viele Lebewesen. Sie helfen uns, das Trinkwasser aufzubereiten. Du kannst hier Einzeller wie Bakterien und Amöben, mehrzellige Organismen wie Hüpferlinge, Würmer, Milben, Krebse, Asseln und viele andere finden.

1 Leben im Verborgenen – Lebewesen im Wasser

Material

Mikroskop, Becherglas, Pipette, Objektträger mit Vertiefung oder Petrischale, Deckgläschen, Grundwasserprobe

Versuchsanleitung

Die Lebewesen im Grundwasser werden im Wasserwerk herausgefiltert. Frage bei deinem zuständigen Wasserwerk an, ob du eine Probe aus dem Filter bekommen kannst.

a) Bewahre die Probe im Kühlschrank auf, bis sie benötigt wird. Wenn du keine Probe aus dem Wasserwerk bekommst oder selbst Proben sammeln möchtest, kannst du Brunnenwasser (Spielplätze) durch feinmaschige Netze pumpen und die dort gefangenen Tiere in einen Behälter spülen. Deine Klasse könnte das bei einem Unterrichtsgang oder Wandertag zusammen erledigen.

b) Bereite deinen Arbeitsplatz aufs Mikroskopieren vor. Entnimm vom Grund der Wasserprobe einige Tropfen mit der Pipette. Gib sie in die Vertiefung des Objektträgers und beginne mit der kleinsten Vergrößerung zu beobachten. Wenn sich die Tiere zu schnell bewegen, kannst du Wattefäden hinzufügen. Lasse die Tiere nicht zu lange unter dem Mikroskop, da sie die Wärme der Lampe nicht lange vertragen. Setze sie nach der Stunde möglichst wieder zurück in ein natürliches Gewässer.

Aufgaben

1. Beschreibe, wie der Lebensraum Grundwasser aussieht. Verwende dabei geeignete Adjektive, dass man sich den Lebensraum gut vorstellen kann.

2. Stelle zusammen, wie Lebewesen an den Lebensraum Grundwasser angepasst sind. Hast du Vermutungen dazu, wie sich Lebewesen in diesem Lebensraum orientieren können?

3. Versuche, in Lexika oder im Internet Informationen und Bilder zu finden.

2 Wir mikroskopieren Amöben

Material

Wasserprobe, Lichtmikroskop, Pipette

Versuchsanleitung

Übertrage mit der Pipette einen Tropfen der Probe auf einen Objektträger. Stelle das Mikroskop so ein, dass du die Amöben beobachten kannst.
Da sich Amöben nur ganz langsam bewegen und außerdem fast durchsichtig sind, musst du sehr sorgfältig nach ihnen suchen.

3 Auf der Jagd nach Pantoffeltierchen

Material

Wasserprobe, Präparierbesteck, Objektträger mit Vertiefung, einige Tropfen Tapetenkleister, Watte

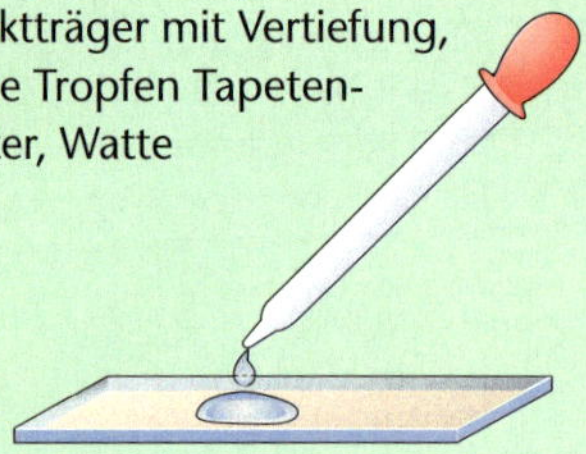

1 Auftropfen der Probe

Versuchsanleitung

Entnimm aus der Probe mit der Pipette einen Tropfen Wasser (▷ B 1). Untersuche die Probe unter dem Mikroskop.
Da sich die Pantoffeltierchen relativ schnell bewegen, müssen sie etwas gebremst werden. Du

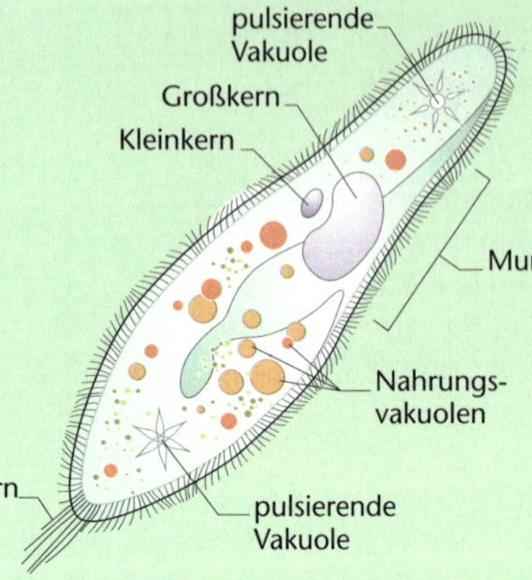

2 Pantoffeltierchen

kannst sie besser beobachten, wenn du etwas Kleister oder einige Wattefäden auf den Objektträger gibst. Fertige eine Zeichnung an.

4 Wir suchen Augentierchen und Grünalgen

Material

Grünes Wasser aus dem Blatttrichter einer Bromelie oder dem Gartenteich, Pipette

Versuchsanleitung

Entnimm mit der Pipette abgestandenes Wasser aus dem Bromelientrichter. Bringe die Probe vorsichtig auf den Objektträger.
Du findest die verschiedensten Formen einzelliger grüner Pflanzen und vielleicht auch Augentierchen.

3 Bromelie

Aufgaben

1. Erstelle bei jedem Versuch einfache Zeichnungen der beobachteten Einzeller und beschrifte sie.

2. Wenn du weitere Einzeller findest, versuche, mithilfe von Lexika herauszufinden, um welche Lebewesen es sich handelt.

Schnittpunkt

Von der Lupe bis zum Rasterelektronenmikroskop

Lesesteine
Wenn Menschen älter werden, brauchen die meisten irgendwann eine Brille zum Lesen. Als erste vergrößernde Lesehilfen wurden ab dem Jahr 1000 nach Christus grob bearbeitete Bergkristalle verwendet, die mühsam über jede Zeile geschoben werden mussten. Diese Idee des arabischen Mathematikers und Astronomen Alhazen gelangte um 1240 nach Europa. So konnten auch ältere Mönche wieder Texte lesen. Ab etwa 1285 befestigte man geschliffene Halbedelsteine, Berylle, an einem Drahtgestell vor den Augen. Von dieser italienischen Erfindung stammt auch der Name unserer heutigen Brille (Beryll = Brill).

1 Beryll

Lupen
Auch bei Handwerkern mussten für Feinarbeiten Vergrößerungen bewerkstelligt werden oder Licht auf dem Werkstück konzentriert werden. Dies schaffte man durch wassergefüllte Glaskugeln, so genannte Schusterkugeln. Größere bearbeitete und gefasste Bergkristalllinsen dienten als Lupen. Die Einführung von Glas als Material für Lupen machte diese für viele Menschen bezahlbar. Mit diesen Geräten kann man nicht mehr als 16-fach vergrößern.

2 Schusterkugel

3 ANTONIE VAN LEEUWENHOEK

Lichtmikroskope
Im 16. Jahrhundert kam man auf die Idee, die Wirkung von Lupen zu vervielfachen, indem man sie übereinander anbrachte. Eine davon in Augennähe als Okular, eine in der Nähe des Untersuchungsobjekts, als Objektiv. Einfache Mikroskope mit zwei Linsen brachten es maximal auf eine 300-fache Vergrößerung.
Das bekannteste Beispiel dieser Bauart ist das Mikroskop von ANTONIE VAN LEEUWENHOEK (1632–1723). Wer genau für die Erfindung des zusammengesetzten Mikroskops verantwortlich ist, lässt sich nicht mehr sicher nachweisen. Mit einem modernen Lichtmikroskop kann man bis zu 2000-fach vergrößern. In dieser Vergrößerung lassen sich Zellen und Bakterien sehr genau erkennen.

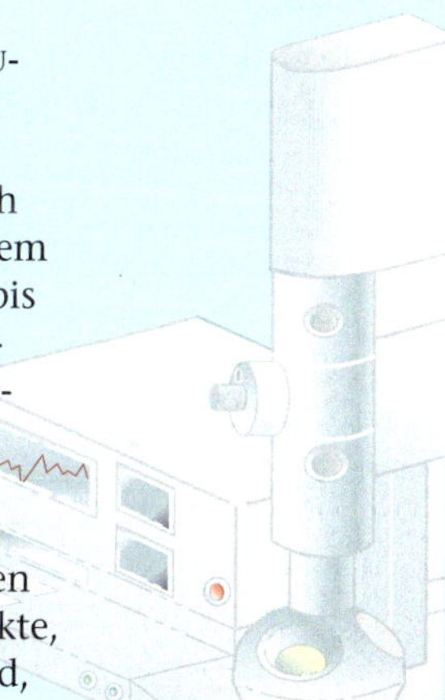

Rasterelektronenmikroskope (REM)
Mit Licht stößt man bald an die Grenzen der Vergrößerungsmöglichkeiten. Objekte, die kleiner als 0,2 Mikrometer (µm) sind, lassen sich nicht mehr unterscheiden. Verwendet man an Stelle von Licht eine andere Technik, so kann man deutlich mehr Einzelheiten erkennen. Mit Elektronenmikroskopen kann man bis zu 1000000-fach vergrößern. Die Objekte erscheinen allerdings nicht in ihren natürlichen Farben und die Aufbereitung der Proben ist sehr aufwändig. Rasterelektronenmikroskope gibt es seit dem Jahr 1938, seitdem wurden sie ständig verbessert.

4 Menschenfloh (REM)

Aufgabe

1 a) Lege eine Tabelle an, in der du die Vergrößerungseigenschaften der beschriebenen Geräte zusammenstellst.
b) Beschreibe die Vor- und Nachteile.

Die Pflanzenzelle

1 Laubblatt

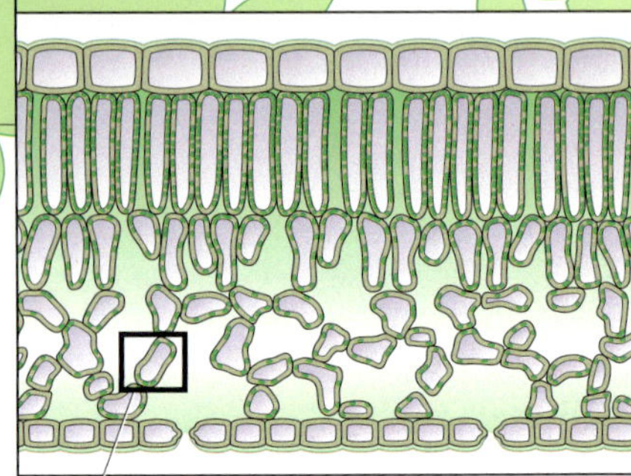

2 Blatt, Querschnitt

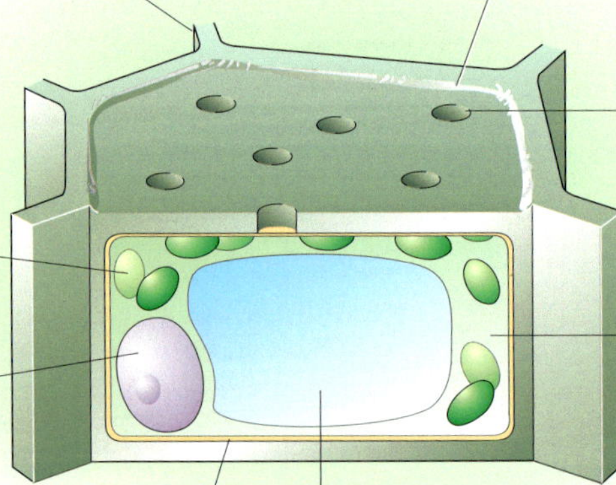

Die Pflanzenzelle

Betrachtest du einen Teil eines Laubblattes unter dem Mikroskop, so kannst du die einzelnen Zellen erkennen, die zum Teil recht unterschiedlich aussehen (▷ B 2). Bei einer starken Vergrößerung entdeckt man in den Zellen viele kleine Zellbestandteile, die **Zellorganellen** genannt werden. Zu den Zellorganellen gehören z. B. der **Zellkern**, die **Blattgrünkörner** (Chloroplasten) und die **Vakuole**. Doch nur wenn die kleinen Zellorganellen richtig zusammenarbeiten, kann die Zelle ihre jeweilige Aufgabe erfüllen.

Die wesentlichen Bestandteile einer Pflanzenzelle sind:
- Zellkern
- Vakuole
- Zellplasma
- Blattgrünkörner (Chloroplasten)
- Zellwand
- Zellmembran

Aufgabe

1 Erstelle eine Tabelle, in der du die Zellorganellen von Pflanzen- und Tierzellen gegenüberstellst. Nenne Gemeinsamkeiten und Unterschiede.

Die Tierzelle

Die Zellen von Mensch und Tier weisen drei wesentliche Unterschiede zu Pflanzenzellen auf: Sie besitzen keine **Zellwand**, sondern nur eine dünne **Zellmembran**. Sie haben keine Chloroplasten und meist keine Vakuole.

Tierzellen haben keine Chloroplasten, keine Zellwand und oft keine Vakuolen.

Zelle – Gewebe – Organ

Jede Zelle erfüllt eine ganz bestimmte Aufgabe. Oft sind Zellen, die die gleiche Aufgaben in einem Körper erfüllen, zu Zellverbänden zusammengeschlossen. Dann bilden sie ein **Gewebe**. Ein Beispiel ist das Muskelgewebe. Verschiedene Gewebe bilden zusammen ein **Organ**. Die Haut des Menschen z. B. ist aus verschiedenen Geweben aufgebaut und deshalb ein Organ.

1 Mundschleimhautzellen

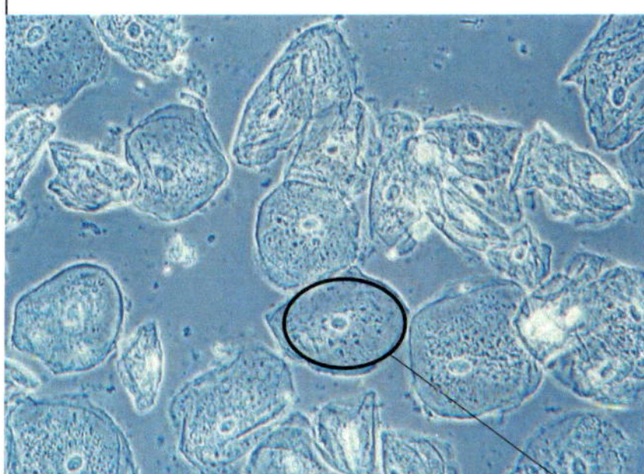

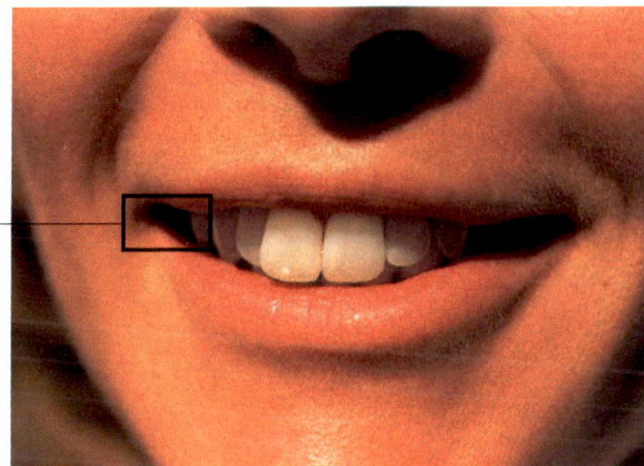

3 Mund

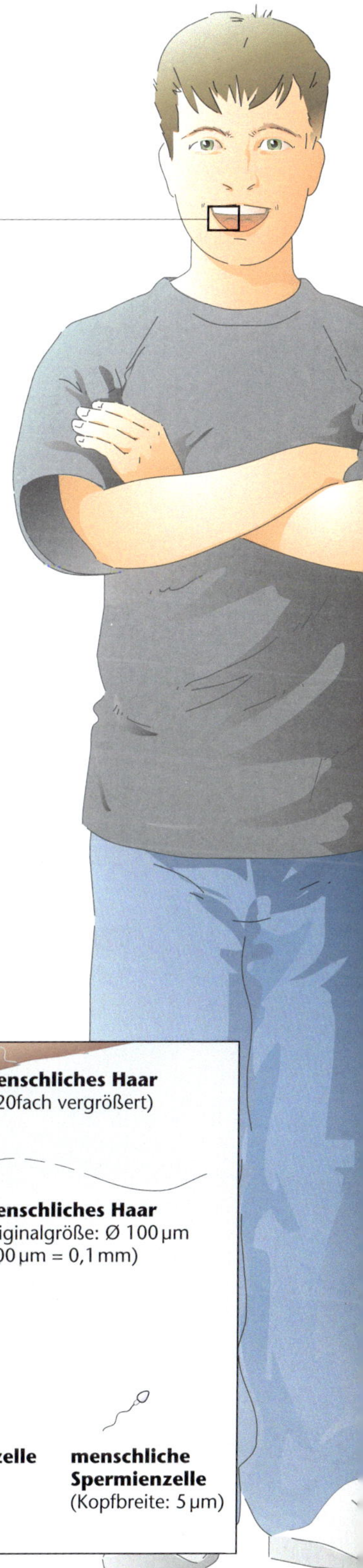

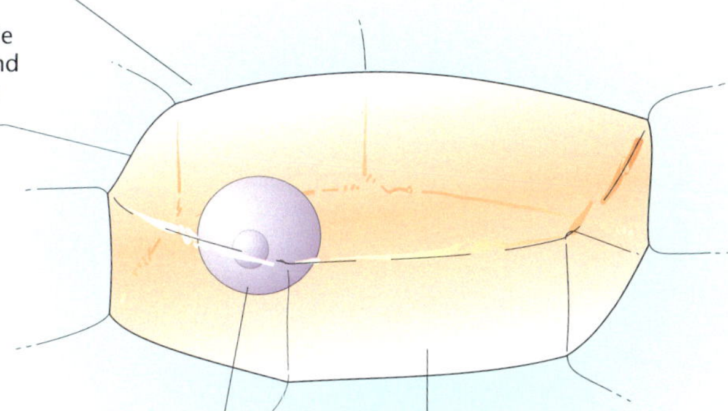

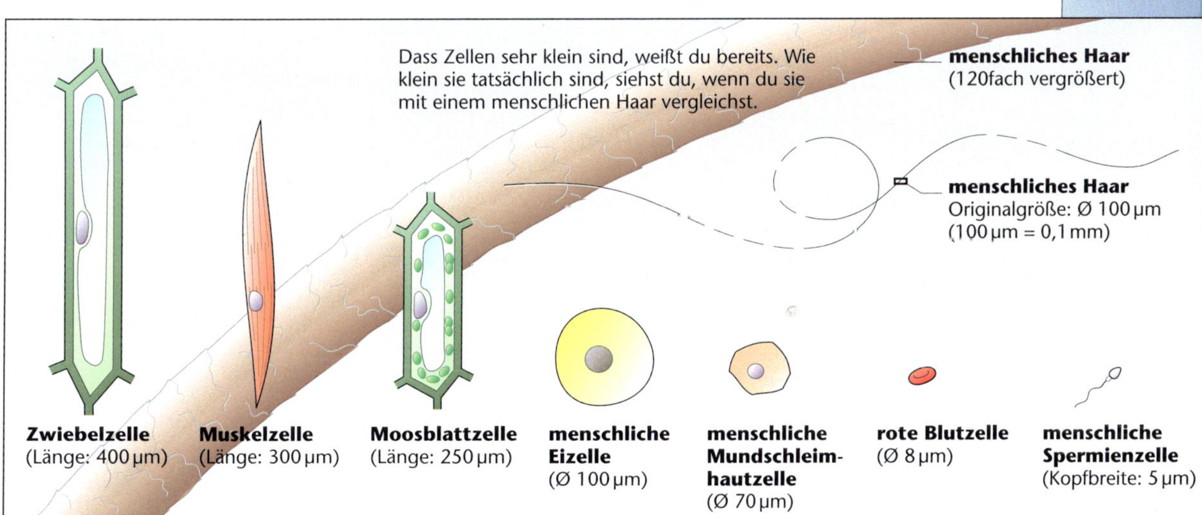

2 Verschiedene Zellen im Vergleich

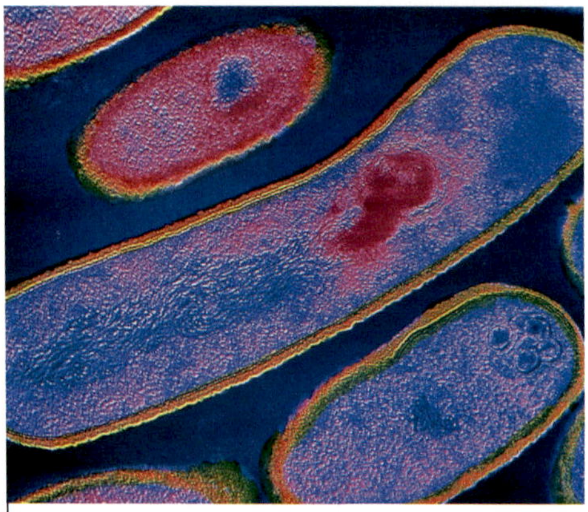

1 Bakterien

Klein, aber stark

In der Luft, im Wasser, im Boden – sogar im Menschen leben **Bakterien**. Mit bloßem Auge kannst du sie nicht sehen, denn sie sind winzig klein. Die meisten von ihnen sind nur wenige tausendstel Millimeter groß. Deshalb werden sie **Mikroorganismen** genannt.
ANTONI VAN LEEUWENHOEK (1632–1723) hat als erster Mensch mithilfe eines sehr einfachen Mikroskops Bakterien gesehen. Schon 1678 betrachtete er sie in Regenwasser.

Nur eine einzige Zelle

Bakterien sind Einzeller (▷ B 3). Nur die Größten von ihnen werden unter dem Lichtmikroskop sichtbar. Die Kleineren können mit einem Elektronenmikroskop betrachtet werden.
Nach der äußeren Form werden drei Bakteriengruppen unterschieden: die **Kugelbakterien**, die **Stäbchenbakterien** und die **Schraubenbakterien** (▷ B 2).

Aus einer Zelle werden viele

Unter günstigen Bedingungen vermehren sich Bakterien sehr schnell durch Zweiteilung. Ein neu entstandenes Bakterium teilt sich wiederum schon nach etwa 20 Minuten.
Die meisten Bakterien können extreme Temperaturen nicht überleben. Die optimale Temperatur der meisten Bakterien, die Krankheiten verursachen, liegt bei 20–40 °C.

Herrschen schlechte Bedingungen, hüllen sich manche Bakterien vorübergehend in eine Kapsel. Dieser Ruhezustand wird **Spore** genannt.
Einige Sporen bleiben mehrere tausend Jahre lebensfähig, andere überleben sogar Temperaturen von 130 °C.

▶ Bakterien sind winzige Einzeller, die als Sporen längere Zeit überdauern können.

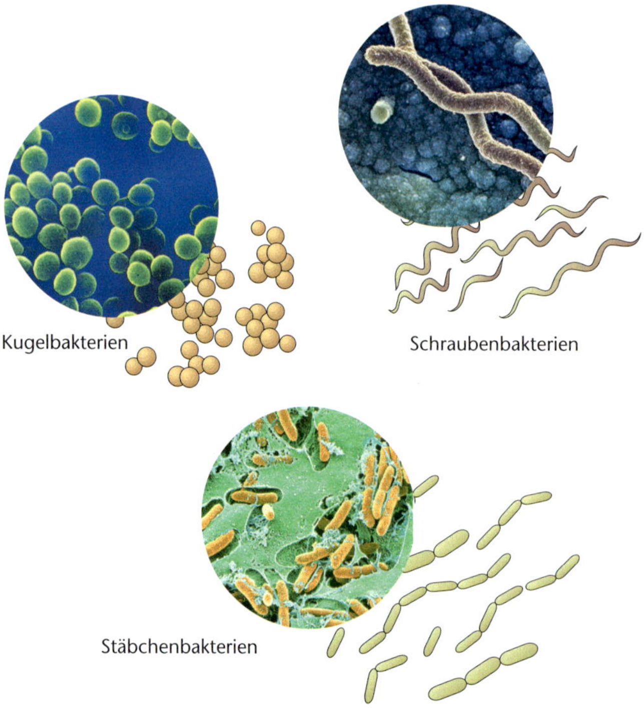

2 Bakterien, verschiedene Formen

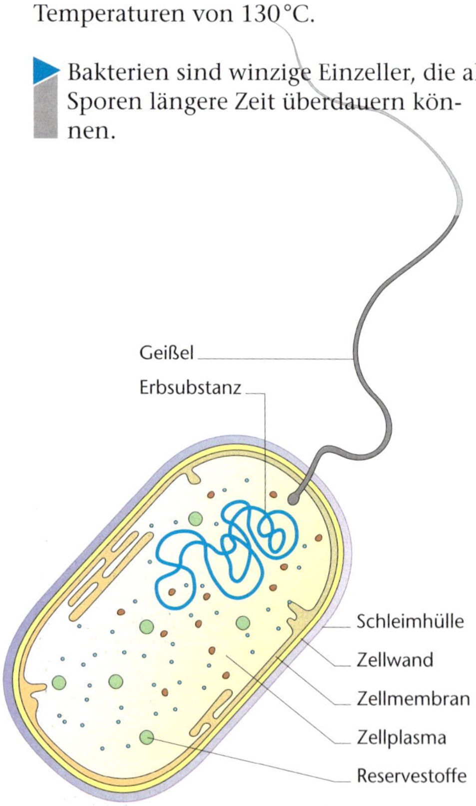

3 Aufbau eines Bakteriums

Schnittpunkt

Louis Pasteur

LOUIS PASTEUR (1822–1895) entwickelte ein Verfahren, bei dem empfindliche Lebensmittel schonend bei 62–85 °C erhitzt und dann schnell wieder abgekühlt werden. Dabei sterben sehr viele der enthaltenen Mikroorganismen ab. Besonders widerstandsfähige Mikroorganismen und Bakteriensporen überleben das so genannte **Pasteurisieren**. Daher sind die pasteurisierten Lebensmittel keimarm, aber nicht keimfrei. Man erreicht aber eine längere Haltbarkeit und auch krankheitserregende Mikroorganismen werden abgetötet.

Geschmack, Farbe, Vitamin- und Mineralstoffgehalt werden kaum beeinträchtigt. Insbesondere Milch, aber auch Sauergemüse und Säfte werden heutzutage pasteurisiert. In der Milch werden auch die Milchsäurebakterien abgetötet. Die Milch wird dann nicht so schnell sauer. Das Pasteurisieren unter hohem Druck ist eine viel versprechende neue Entwicklung. Lebensmittel können so noch schonender haltbar gemacht werden.

1 LOUIS PASTEUR

Bakterien können krank machen
Einige Krankheiten des Menschen werden von Bakterien verursacht. **Tetanus** entsteht, wenn mit Erde oder Schmutz ganz bestimmte Bakterien in eine Wunde gelangen. Diese Bakterien geben einen Stoff ab, der nach 4–14 Tagen zu starken Muskelkrämpfen führt. Im deutschen Namen **Wundstarrkrampf** finden sich entscheidende Merkmale der Krankheit wieder. Unbehandelt führen die Krämpfe in kürzester Zeit zum Tod.

Bakterien sind vielseitig
Aber viele Bakterien sind äußerst nützliche Helfer. Aber die Hauptaufgabe der Bakterien in der Natur ist der Abbau toter Substanz. Sogar im Darm des Menschen sorgen Milliarden von Bakterien für eine gut funktionierende Verdauung. Milchsäurebakterien erzeugen Jogurt, Quark und auch Sauerkraut. Essigsäurebakterien wandeln Wein in Essig um und auch in der Medikamentenherstellung werden Bakterien genutzt.

4 Mit Bakterien hergestellte Lebensmittel

Bakterien verändern Lebensmittel
Lässt man frische Milch einige Tage offen stehen, so wird sie dickflüssig und schmeckt sauer, es ist **Dickmilch** entstanden. Diese Veränderungen sind auf das Vorhandensein ganz spezieller Bakterien zurückzuführen, für die die Milch ein idealer Nährboden ist. In ungekochter und ungekühlter Milch kommt es – besonders bei warmen Sommertemperaturen – zur Massenvermehrung dieser **Milchsäurebakterien**. Sie leben vom Milchzucker und bauen ihn zu **Milchsäure** ab, die das Eiweiß in der Milch gerinnen und verklumpen lässt. Die Säure verhindert außerdem, dass sich Fäulniserreger entwickeln können, die die Milch ungenießbar machen würden.

Die Milchsäurebakterien kommen nicht nur in der Milch selbst vor, sondern auch auf und in vielen anderen Lebensmitteln. Sie arbeiten dort auf gleiche Weise.

So entsteht aus Weißkohl Sauerkraut, früher wurden so auch Bohnen und Gurken haltbar gemacht. In der Landwirtschaft wird das Grünfutter in luftdichten Silos gelagert; durch Milchsäurebakterien entsteht **Silage**, die im Winter als gehaltvolles Viehfutter verfüttert wird.

Aufgaben

1 Erkläre den Begriff „Einzeller".

2 a) Finde heraus, was Sauerkraut mit Weißkohl zu tun hat.
b) Mache einen Vorschlag zur eigenen Herstellung von Sauerkraut.

Lebensmittel selbst hergestellt

Führe folgende Versuche zuhause oder in der Schulküche durch. Du musst auf jeden Fall auf Sauberkeit und Hygiene achten.

Zur Herstellung von Jogurt benötigst du Milchsäurebakterien, die man im Reformhaus kaufen kann. Man kann aber auch Bakterienstämme aus Naturjogurt verwenden.

1 Wir stellen Jogurt her

Material

1 l frische Milch oder H-Milch (sie muss nicht mehr erhitzt werden) Thermometer, Kochtopf, Elektroplatte, frischer Naturjogurt, Wärmegerät (Backofen, Jogurtbereiter) Topflappen, Topfuntersetzer

Versuchsanleitung

Gib die Milch in einen Kochtopf und erhitze sie langsam auf genau 90 °C.
Kontrolliere die Temperatur ständig mit dem Thermometer. Lass sie anschließend wieder auf 42 °C abkühlen. (H-Milch muss nur auf 42 °C erhitzt werden.)

Gib pro Liter 2 Esslöffel Naturjogurt zu der warmen Milch (▷ B 1). Nimm dabei nicht die oberste Schicht.
Rühre den Jogurt gut ein und verteile die Milch nun auf saubere Schraubdeckelgläser. Stelle sie in das auf 42 °C vorgeheizte Wärmegerät.

Nach 3 bis 4 Stunden ist der Jogurt fertig.

1 Jogurt einfüllen

Mit dem folgenden Rezept kannst du Brötchen, Baguettebrot oder ein Weizenbrot herstellen.

Die Teigzubereitung ist bei allen drei Brotsorten gleich.

2 Wir backen Brot

Material

500 g Weizenmehl, 40 g frische Hefe, 0,25 l lauwarmes Wasser, 1 TL Zucker, 1 TL Salz, kleine und große Schüssel, Kochlöffel, sauberes Leinentuch, Unterlage zum Kneten, Küchentücher, Backpapier

2 Zutaten mischen

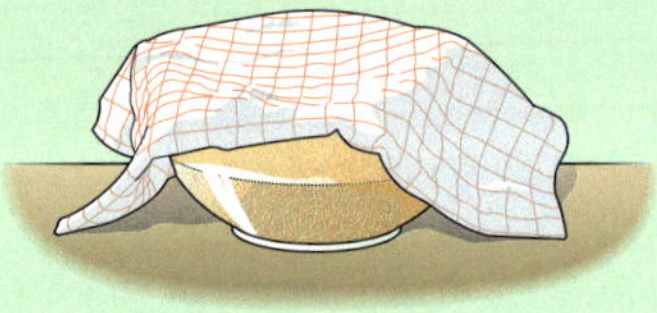

3 Teig „gehen" lassen

4 Teig kneten

Versuchsanleitung

Verrühre in einer kleinen Schüssel zerkrümelte Hefe mit Zucker und etwas lauwarmem Wasser.

Gib das Mehl in die große Schüssel und drücke eine Vertiefung hinein.
Gib das Wasser-Zucker-Hefe-Gemisch in die Vertiefung (▷ B 2), füge dann Salz und das restliche Wasser hinzu. Knete den Teig mit sauberen Händen durch, bis er geschmeidig ist und keine Blasen mehr wirft. Er sollte sich gut von der Unterlage ablösen. Decke die Rührschüssel mit einem Leinentuch ab. Nun muss der Teig ein bis drei Stunden „gehen", bis er doppelt so groß geworden ist (▷ B 3). Knete den Teig noch einmal kurz durch (▷ B 4).

3 Vorbereitung des Backofens

Material

Vorgeheizter Backofen, Tasse, Wasser

5 Brot backen

Versuchsanleitung

Heize den Ofen zuerst auf der höchsten Stufe vor, stelle dann erst die Backtemperatur ein.

Forme aus dem Teig Baguettestangen und lege sie auf ein mit Backpapier ausgelegtes Backblech. Bestreiche die Brote mit Wasser. Stelle eine mit Wasser gefüllte Tasse in den Ofen, damit sich Wasserdampf entwickelt (▷ B 5). Durch den Wasserdampf werden die Brote außen knusprig und innen weich. Die Backzeit beträgt etwa 15 Min. bei 240 °C.

Werkstatt

Die Welt der kleinsten Teilchen

Mithilfe verschiedener Versuche kannst du der Frage nachgehen, wie die Stoffe aufgebaut sind.

1 Ein Duft breitet sich aus

Material
Duftöle (z. B. Zitronen-, Lavendel-, Eukalyptus-Öl), Petrischale, Uhr

Versuchsanleitung
Bildet mehrere Gruppen, die sich im Kreis um verschiedene Tische herum stellen. (Die Gruppen sollten sich möglichst im ganzen Raum verteilen.)
Gebt in eine Petrischale einige Tropfen eines Duftöls. Stellt nun die Schale in die Mitte des Tisches. Notiert die Zeit, die vergeht, bis ihr den Duft deutlich wahrnehmt.

1 Wie schnell breitet sich der Duft aus?

Aufgaben
1. Versucht für die Ausbreitung des Dufts eine Erklärung zu finden. Diskutiert in der Gruppe die verschiedenen Vorschläge.

2. Warum sind die gemessenen Zeiten für die verschiedenen Öle unterschiedlich?

2 Ein Farbstoff breitet sich aus

Material
Becherglas, Glasstab, Büroklammer, Beutel mit kräftig färbendem Tee (z. B. Hagebutte oder Malve), heißes Wasser

2 Tee als Untersuchungsobjekt

Versuchsanleitung
a) Beschwere einen Teebeutel mit einer Büroklammer und befestige ihn so am Glasstab, dass er etwa auf halber Höhe im Becherglas hängt.
Nimm den Glasstab mit dem Teebeutel wieder aus dem Becherglas.

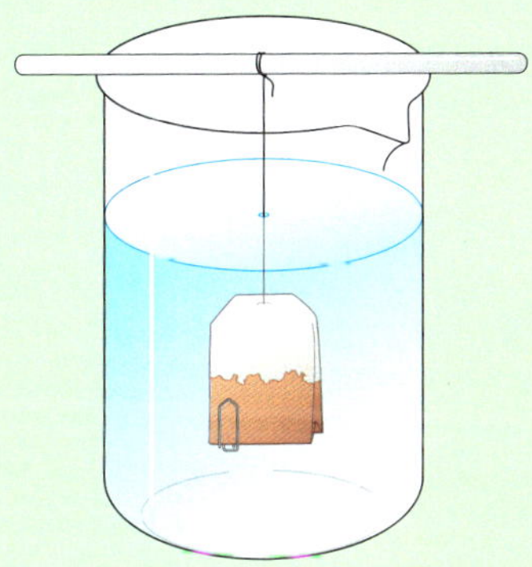

3 Zu Versuch 2

b) Fülle das Becherglas mit heißem Wasser und hänge anschließend den Teebeutel hinein (▷ B 3).

Aufgaben
1. Beobachte genau die Ausbreitung des Farbstoffs.

2. Fertige alle 5 Minuten eine Skizze an, die zeigt, wie weit sich der Farbstoff ausgebreitet hat.

3 Ein Stoff zerteilt sich

Material
Standzylinder, Wasser, Kaliumpermanganat, Pinzette

Versuchsanleitung
Gib mit einer Pinzette ein Körnchen Kaliumpermanganat in einen mit Wasser gefüllten Standzylinder (▷ B 4). Lass das Gefäß ruhig stehen.

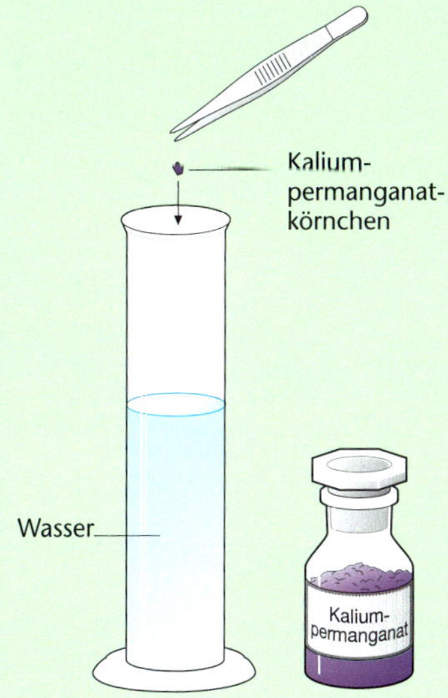

4 Ein Stoff zerteilt sich

Aufgaben
1. Fertige in Abständen von 5 Minuten eine Skizze an.

2. Überlege, wie sich die Ausbreitung der Farbfront erklären lässt.

4 Wassertropfen auf Würfelzucker

Material
Petrischale, Wasser, Würfelzucker, Pipette

Versuchsanleitung
Lege ein Stück Würfelzucker in die Petrischale und gib dann mit einer Pipette einige Tropfen Wasser auf den Würfelzucker.

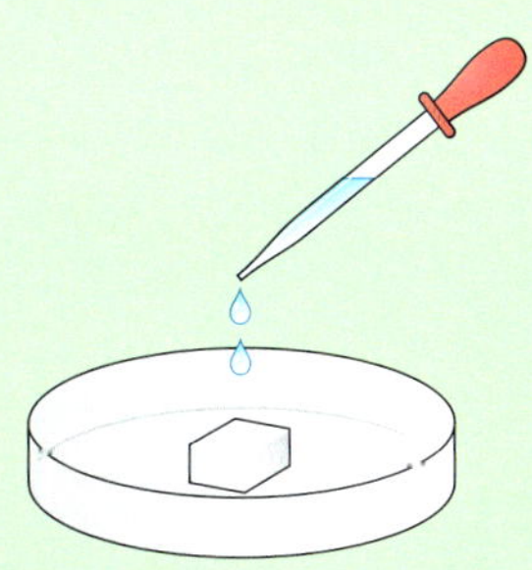

5 Auftropfen von Wasser

Aufgaben
1. Was geschieht bei diesem Versuch nach einiger Zeit mit dem Würfelzucker?

2. Wie lässt sich diese Beobachtung erklären?

Modelle entwickeln

Im Alltag spricht man z. B. von Automodell oder Modelleisenbahn. Modelle sind meist verkleinerte, vereinfachte Abbildungen eines Originals, die nur einen Teil der Wirklichkeit wiedergeben.
Sie sind nur in einem bestimmten Bereich gültig. Modelle werden immer wieder verändert, wenn neue Erkenntnisse zur Verfügung stehen. Dieses Weiterentwickeln von Modellen ist eine typische Arbeitsweise der Naturwissenschaftler.

A. Modell und Original

Du musst nicht immer in die Natur gehen, um das Original zu betrachten. Manchmal sind die Originale auch einfach zu klein, um sie anschauen zu können. **Anschauungsmodelle** wie das Modell der Pflanzenzelle geben die Baumerkmale möglichst naturgetreu wieder. Auch Pflanzen oder Tiere können modelliert werden.
Funktionsmodelle helfen, den Zusammenhang zwischen Bau und Funktion des Originals, z. B. eines Organs, zu erleichtern. Solche Modelle gibt es zu den Gelenken oder zum Blutkreislauf.

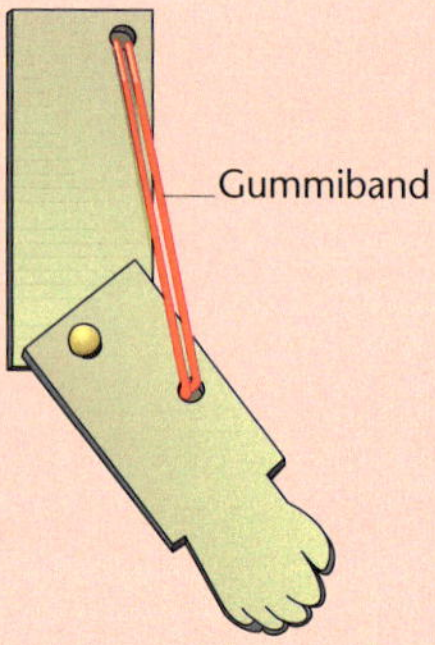

B. So hilft dir ein Modell

Der Begriff „Modell" wird im Alltag und in den Naturwissenschaften verwendet. Modelle sollen helfen, Bekanntes zu erklären oder anschaulicher zu machen oder Unbekanntes aufzuklären und Voraussagen zu treffen. Sich eigene Modelle auszudenken und dann zu basteln, macht den Aufbau und die Funktion biologischer Objekte besonders verständlich. So kannst du theoretisch erworbenes Wissen wirklich „begreifen".

C. Modell konkret

- Zuerst musst du dir das Objekt oder den Teil davon, z. B. eine Zelle, genau anschauen.
  Kannst du dein Objekt nicht in Wirklichkeit anschauen, besorge dir genaue Abbildungen, Fotos oder Grafiken davon.
- Überlege dir nun, welche Materialien sich zum Bau deines Modells am besten eignen. Soll es ein Anschauungsmodell werden? Dann solltest du die Materialien so originalgetreu wie möglich wählen. Willst du eine Funktion darstellen? Welche Stoffe sind dann besonders gut geeignet, um den Vorgang anschaulich werden zu lassen?
- Nutze Material, das in jedem Haushalt, im Bastelbedarfsgeschäft oder im Baumarkt erhältlich ist. Lege dir eine „Bastelkiste" mit solchen Baumaterialien an.
- Jetzt kann es losgehen. Baue mithilfe der abgebildeten Materialien oder eigenen Ideen eine Pflanzenzelle.

Erkläre deinen Klassenkameraden, was du dir beim Bau deines Modells gedacht hast. Wo können sie Entsprechungen zwischen Original und Modell erkennen?
Du kannst dein Modell jederzeit weiter ausbauen, verfeinern und mit weiteren Details versehen. Das tun Naturwissenschaftler auch.

Modell- und Teilchenvorstellung

Was ist das Allerkleinste?

Überlege einmal ganz genau:
Was ist das Allerkleinste, das du dir vorstellen kannst?
Eine Ameise meinst du, oder ein Staubkörnchen?

● Es gibt noch viel kleinere Dinge als ein Staubkörnchen. Diskutiere mit deinen Klassenkameraden und -kameradinnen, wie diese aussehen könnten.

Demokrit von Abdera

Demokrit von Abdera hat von 480 – 371 v. Chr. gelebt. Eigentlich war er ein Philosoph, doch heute ist er den Chemikern vor allem als Begründer der Atomlehre bekannt.

Er hatte sich Folgendes gedacht: Würde er einen Gegenstand immer wieder teilen, müsste er irgendwann ein Teilchen erhalten, das er selbst in Gedanken nicht weiter teilen könnte. Dieses kleinste und unteilbare Teilchen nannte er „Atomos" (griech. für „das Unteilbare").

● Was haltet ihr von seiner Idee? Wie könnte man sie nachprüfen?

● Sind all die Dinge, die uns umgeben, nur aus einer Art unteilbarer Teilchen aufgebaut, oder gibt es verschiedene Sorten davon?

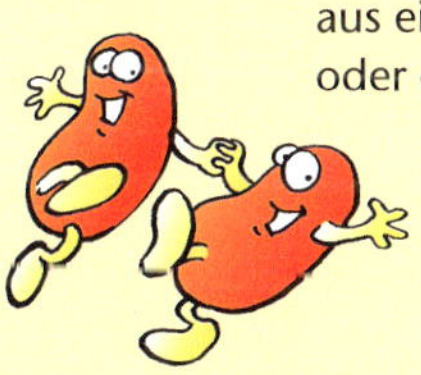

Ein eigenes Modell finden

Niemand hat bisher die kleinsten Teilchen mit eigenen Augen gesehen. Trotzdem haben sich Vorstellungen über den Aufbau und das Aussehen dieser Teilchen entwickelt. Diese Vorstellungen sind aus der Beobachtung von Naturerscheinungen, aus der Phantasie und aus der Deutung von Experimenten entstanden.

● Lege zu Hause einen Gegenstand in einen Schuhkarton und verschließe den Karton. Befestige den Deckel am besten mit einem Klebestreifen.

Tauscht in der Klasse die Kartons aus, ohne sie zu öffnen. Bildet Kleingruppen und sammelt gemeinsam Informationen über den nicht sichtbaren Gegenstand im verschlossenen Karton.

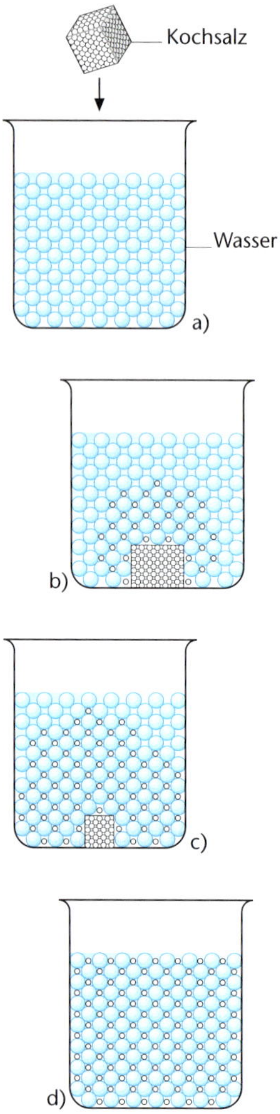

1 Lösen eines Kochsalzkristalls im Teilchenmodell

2 Kochsalzkristalle

4 Kristalle bilden unterschiedliche Formen

Kristalle bilden sich ...
Verdunstet aus einer wässrigen Kochsalzlösung langsam das Wasser, so bleiben regelmäßig geformte Kristalle zurück. Diese sind häufig schon mit bloßem Auge zu erkennen. Mithilfe einer Lupe, eines Binokulars oder unter dem Mikroskop erkennt man deutlich: Es handelt sich um regelmäßige Würfelformen unterschiedlicher Größe (▷ B 2, B 3).

▶ Kochsalz ist ein weißer Feststoff, der aus würfelförmigen Kristallen aufgebaut ist.

Diese Kristallform lässt sich mit dem Kugelteilchenmodell erklären. Im Kochsalzkristall ordnen sich die kleinsten Teilchen des Kristalls ganz regelmäßig an und zwar so, dass sich immer eine würfelförmige Anordnung ergibt. In anderen Kristallen ordnen sich die kleinsten Teilchen auch zu anderen Formen an. So können sie z. B. die Form eines Quaders oder einer Doppelpyramide (▷ B4) bilden.

▶ In Kristallen sind die kleinsten Teilchen regelmäßig angeordnet. Je nach Anordnung bilden sich unterschiedliche Kristallformen.

... und lösen sich wieder
Gibt man einige Kochsalzkristalle in Wasser, so sind diese schon nach kurzer Zeit nicht mehr zu sehen. Eine Geschmacksprobe würde zeigen, dass das Kochsalz nicht wirklich verschwunden ist. Das Kochsalz hat sich nur in Wasser gelöst.

Der Lösungsvorgang im Teilchenmodell
Um zu verstehen, was beim Lösen passiert, ist das Teilchenmodell hilfreich. Wenn sich Kochalz in Wasser löst, drängen sich die Wasserteilchen zwischen die eng nebeneinander liegenden Kochsalzteilchen (▷ B 1). Dadurch löst sich der Kristallverband auf und es entsteht eine Kochsalzlösung.

▶ Beim Lösen eines Kristalls in Wasser schieben sich die Wasserteilchen zwischen die kleinsten Teilchen des Kristalls. Es entsteht eine Lösung.

Dieser Vorgang kehrt sich um, wenn das Wasser wieder verdunstet. Es bilden sich dann wieder würfelförmige Kochsalzkristalle.

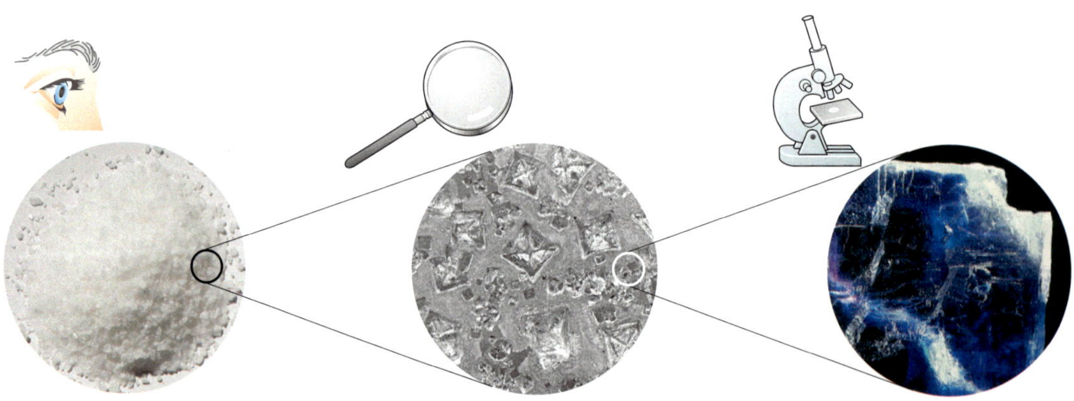
3 Kochsalz bildet würfelförmige Kristalle

Die Welt der Kristalle

1 Zucker oder Salz?

Manche Stoffe in der Küche sehen sich zum Verwechseln ähnlich. Salz und Zucker, Mehl und Backpulver – häufig verrät dir nur die Verpackung, um welche Substanz es sich handelt.

Kann man gleich aussehende Stoffe unterscheiden, wenn man sie mit der Lupe betrachtet?

1 Wir untersuchen Kristalle

Material

Kochsalz, Zucker, Backpulver, Mehl, Brausepulver, Tütensuppe, schwarze Pappe, Binokular

Versuchsanleitung

Streue Proben der verschiedenen Stoffe auf die schwarze Pappe und betrachte sie mit dem Binokular. In welchen Proben findest du nur gleiche Kristalle?
Findest du diese Kristalle auch in den gemischten Proben wieder?

2 Wir stellen Kristalle her

Material

Kochsalz, Alaun, Becherglas, Glasschale, Löffel, Lupe oder Binokular

Versuchsanleitung

Gib 50 ml Wasser und 5 g Kochsalz in ein Becherglas. Rühre um, bis sich das Salz aufgelöst hat (▷ B 3). Füge dann so lange Salz hinzu, bis es sich auch nach längerem Rühren nicht mehr auflöst.

3 In Wasser lösen

Gieße das Salzwasser in die flache Glasschale. Stelle die Schale einige Tage an einen warmen Ort.
Was kannst du nach dieser Zeit beobachten?
Untersuche den Inhalt der Schale auch mit der Lupe oder dem Binokular.
Wiederhole den Versuch mit Alaun. Bilden sich die gleichen Kristalle? Vergleiche!

3 Wir beobachten das Kristallwachstum

Material

Schutzbrille, Gasbrenner, Dreifuß mit Drahtnetz, Becherglas, Löffel, Kristallisierschale, Salpeter (Kaliumnitrat), Lupe

Versuchsanleitung

Erwärme 50 ml Wasser in einem Becherglas. Füge unter ständigem Rühren so lange Salpeter hinzu, bis sich der Rückstand am Boden nicht mehr auflöst (▷ B 4).

4 Erwärmen der Salpeterlösung

Gib etwas von der erwärmten Flüssigkeit in die Kristallisierschale. Beobachte sofort mit der Lupe, was in der Schale vor sich geht (▷ B 5).

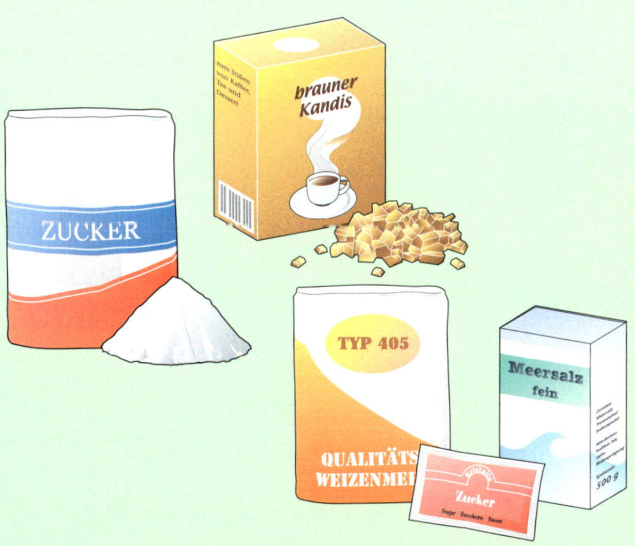

2 Wie sehen diese Stoffe unter dem Binokular aus?

5 Kristalle in der Kristallisierschale

Schlusspunkt

Wege in die Welt des Kleinen

Lupe und Mikroskop

Eine Lupe, ein Binokular oder ein Mikroskop ermöglichen uns die Betrachtung sehr kleiner Gegenstände oder Lebewesen.
Eine Lupe enthält eine Sammellinse, die ein vergrößertes Bild eines Gegenstands erzeugt. Der Vergrößerungsfaktor einer Lupe gibt an, wie viel mal größer das Bild im Vergleich zum Gegenstand sein kann. Mithilfe eines Mikroskops lassen sich kleine Gegenstände stark vergrößert betrachten. Jedes Mikroskop enthält ein Objektiv und ein Okular (▷ B 1). Die Gesamtvergrößerung erhält man, wenn man die Okularvergrößerung mit der Objektivvergrößerung multipliziert.

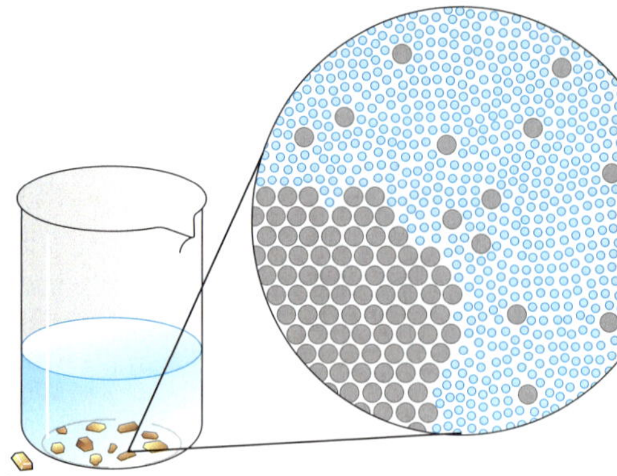

2 Lösevorgang im Teilchenmodell

Pflanzen- und Tierzellen

Alle Lebewesen sind aus Zellen aufgebaut. Pflanzenzellen bestehen aus: Zellkern, Zellplasma, Vakuole, Blattgrünkörnern, Zellmembran und Zellwand (▷ B 3). Menschen- und Tierzellen haben keine Zellwand, keine Blattgrünkörner und keine große Vakuole (▷ B 4).

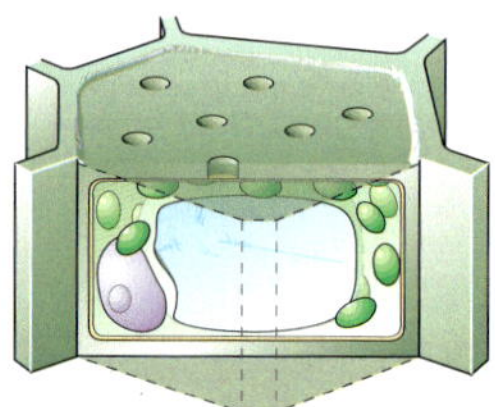

3 Pflanzenzelle

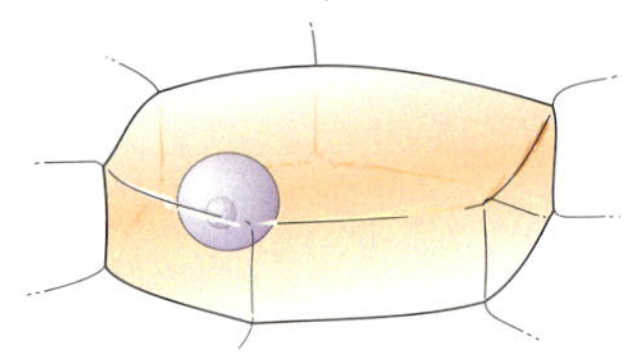

4 Tierzelle

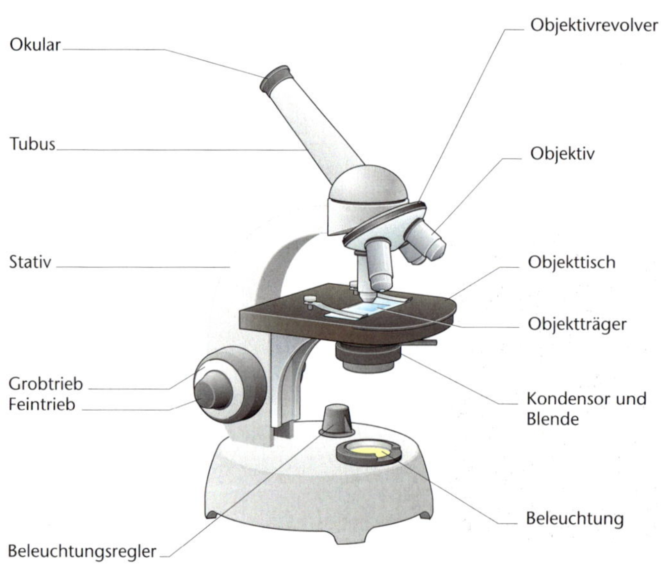

1 Aufbau eines Mikroskops

Modelle

Anschauungsmodelle geben die Baumerkmale eines Originals möglichst naturgetreu wieder.
Funktionsmodelle helfen, den Zusammenhang zwischen Bau und Funktion des Originals zu verstehen.

Teilchenvorstellung

Stoffe bestehen aus kleinsten Teilchen. Man nimmt an, dass diese kleinsten Teilchen kugelförmig sind.
Mithilfe der Kugelteilchenmodells kann man sich eine Vorstellung vom Aufbau der Stoffe machen.

Lösevorgang

Man kann sich vorstellen, dass sich beim Lösen eines Feststoffes in Wasser die kleinsten Teilchen des Wassers zwischen die Teilchen des Feststoffs schieben (▷ B 2).

Aufgaben

1 Die Kriminalpolizei nutzt verschiedene Methoden, um einen Dieb oder Einbrecher zu fassen. Nenne drei dieser Spuren und erläutere das Verfahren.

2 Bringe Ordnung in den „Krabbelzoo“ (▷B 5)! Ordne nach Anzahl der Beinpaare. Die Tabelle hilft dir bei der Bestimmung der Tiere.

Keine Beine oder nur Beinstummel	**Würmer, Maden, Raupen**
3 Beinpaare	Insekten
4 Beinpaare	Spinnen
7 Beinpaare	Krebse
Mehr als 7 Beinpaare	Hundertfüßer, Tausendfüßer

3 Zähle verschiedene Lupenarten auf und gib an, für welche Zwecke man diese Lupen jeweils einsetzen kann.

4 Egon Zweistein behauptet: „Je weiter ich mich mit einer Lupe von einem Gegenstand entferne, desto größer wird das Bild des Gegenstands.“ Stimmt diese Aussage?

5 Was gibt der Vergrößerungsfaktor einer Lupe an?

6 Zähle die Bauteile eines Mikroskops auf und gib an, welche Funktion die einzelnen Teile besitzen.

7 Ist es immer sinnvoll, bei einem Mikroskop die stärkste Vergrößerung einzustellen? Begründe deine Antwort!

8 Das Okular eines Mikroskops vergrößert 8-fach, das Objektiv vergrößert 15-fach. Welche Gesamtvergrößerung hat das Mikroskop?

9 Wie musst du vorgehen, wenn du erfolgreich mit dem Mikroskop arbeiten möchtest? Beachte in deiner Antwort auch die richtige Reihenfolge der Arbeitsschritte.

10 Beschreibe die Aufgaben der Zellorganellen in einer Pflanzenzelle.

11 Erstelle eine Tabelle, in der du die Unterschiede zwischen einer Tier- und einer Pflanzenzelle einträgst.

12 Nenne fünf Stoffe, die aus Kristallen bestehen.

5 Zu Aufgabe 5

13 Brauner und weißer Kandiszucker wird gerne zum Süßen von Tee verwendet (▷B 6).
a) Was passiert, wenn Kandiszucker in heißen Tee gegeben wird?
b) Erkläre diesen Vorgang mit dem Kugelteilchenmodell.
c) Kochsalz kann man wie Zucker auch gut in Wasser lösen. Plane einen Versuch, mit dem sich zeigen lässt, ob Zucker oder Kochsalz besser wasserlöslich ist.

6 Zu Aufgabe 13

14 Du hast folgende Materialien: Tennisball, Luftballon, grüne Holzkugeln und eine durchsichtige Obstschachtel mit Deckel.
Bastel daraus ein Modell einer Pflanzenzelle. Verteile die Bauteile in der Schachtel und benenne jedes Teil mit seinem richtigen Namen.

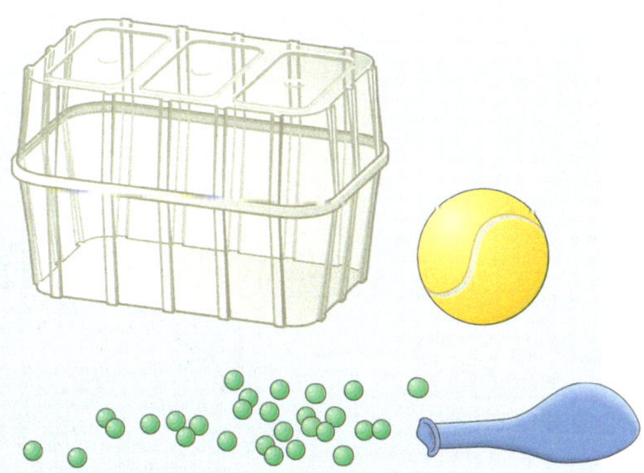

7 Materialien zu Aufgabe 14

Sonne, Mond und Sterne

Schon immer waren die Menschen von den Vorgängen und Erscheinungen am Himmel beeindruckt. Vieles konnt man sich früher nicht erklären, inzwischen ermöglichen uns verschiedene Instrumente die Erkundung des Weltalls

Die Sonne ist für uns der wichtigste Himmelskörper. Sie liefert uns Licht und Wärme. Ohne sie gäbe es kein Leben auf der Erde. Sie bestimmt unseren Alltag.

In einer klaren Nacht kannst du schon mit bloßen Augen viele Sterne sehen. Fernrohre und Teleskope erlauben es uns, mehr über den Mond, die Planeten und andere Himmelskörper zu erfahren.

Wie weit ist die Eroberung des Weltalls fortgeschritten und wie leben Menschen in der Raumstation, die die Erde umkreist? Auf diese und weitere Fragen erhältst du in diesem Kapitel Antworten.

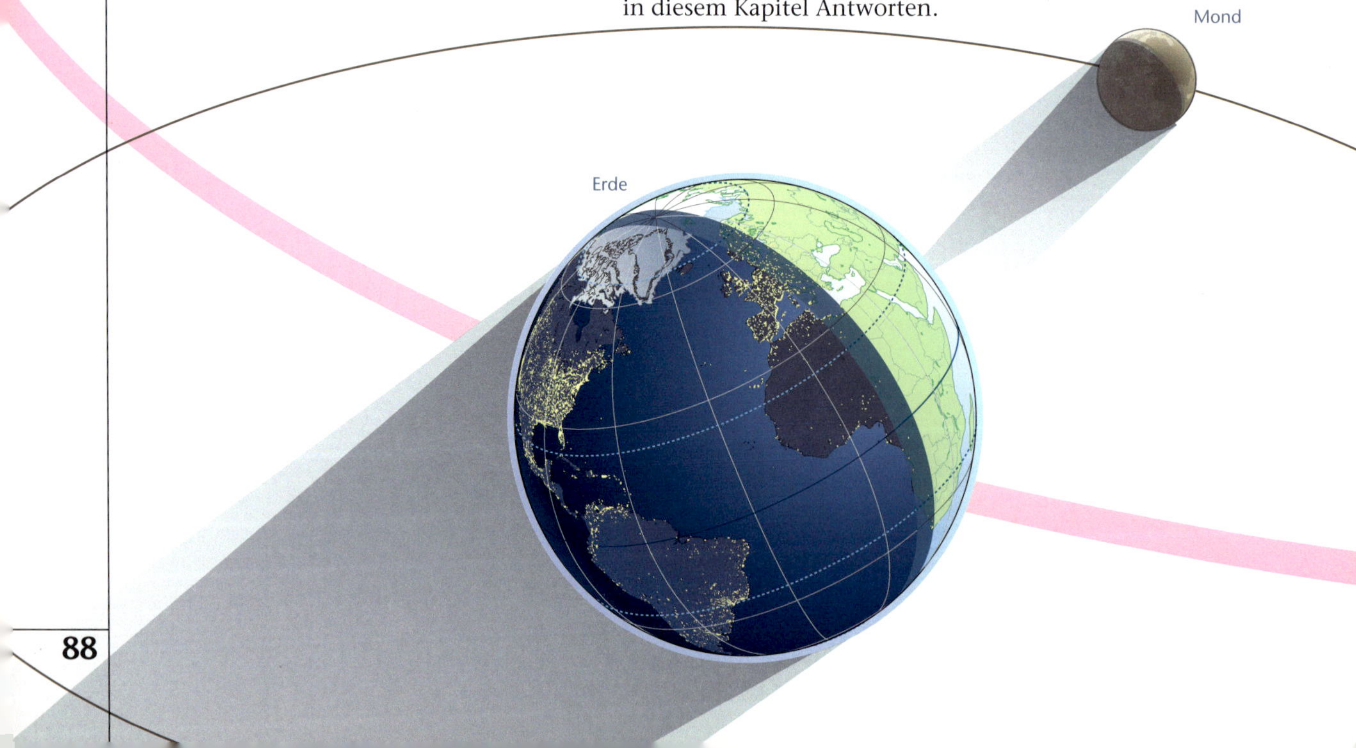

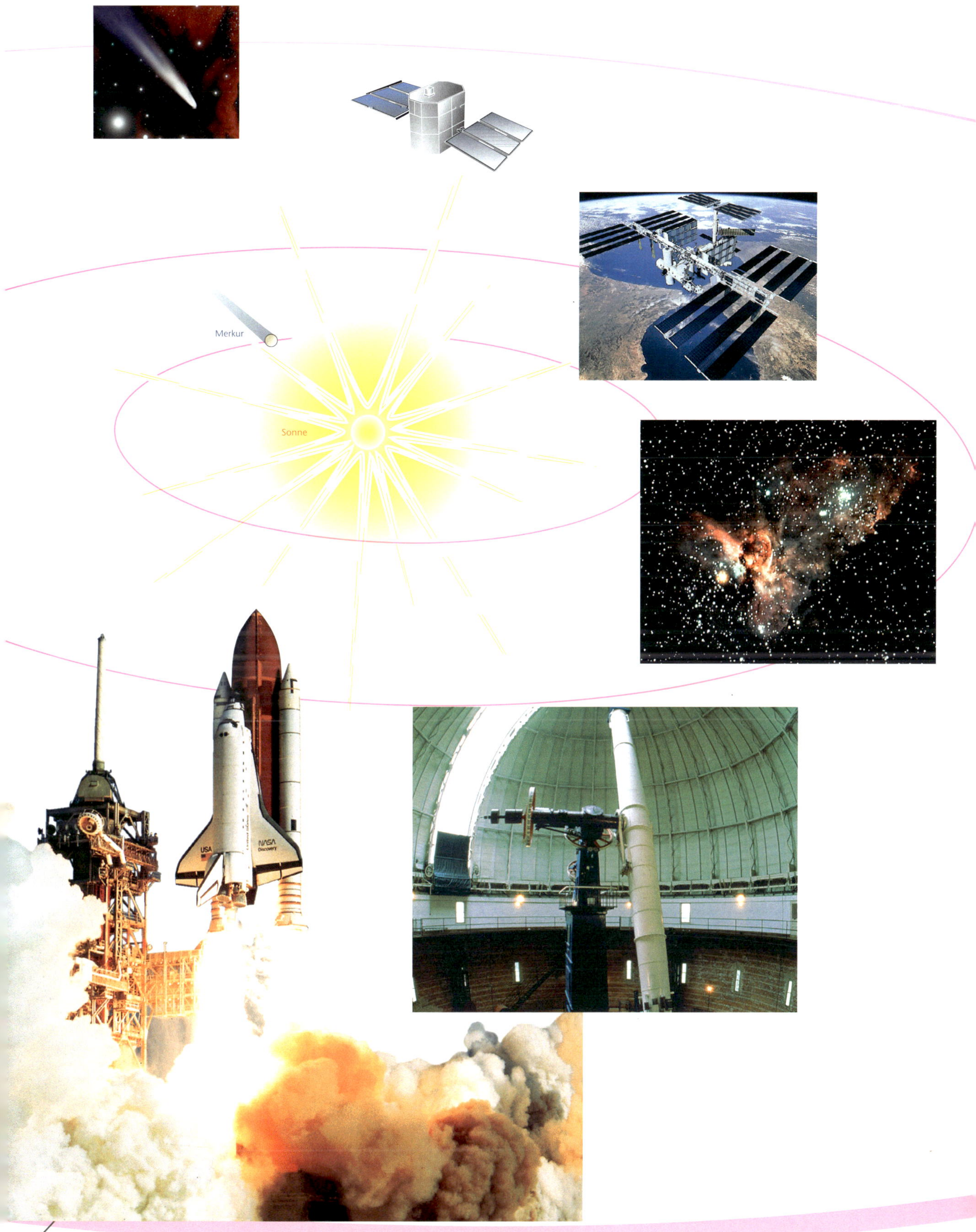
Merkur
Sonne

1 Die Erkundung des Mondes

Die „Eroberung" des Weltalls?
Am 12. April 1961 umkreiste der Kosmonaut JURI GAGARIN als erster Mensch die Erde in einer Raumkapsel. Acht Jahre später betraten die Amerikaner NEIL ARMSTRONG und EDWIN ALDRIN den Mond (▷B1). Damals stellten viele Menschen die Frage, ob das Weltall damit erobert sei. Um diese Frage zu beantworten, muss man einen Blick ins Weltall werfen.

Die Milchstraße
Wenn du in einer wolkenlosen Nacht in den Himmel schaust, erkennst du ein milchig schimmerndes Band. Das ist die **Milchstraße** (▷B4), eine Ansammlung von hundert Milliarden Sternen. Als **Stern** bezeichnet man einen Himmelskörper, der selbst Licht erzeugt.
Die Sterne der Milchstraße sind spiralförmig angeordnet. Weil sie wie ein schwach leuchtender Nebelstreif erscheinen, nennt man solche Sternanordnungen auch **Spiralnebel**.

Einer dieser Sterne ist unsere Sonne (▷B3), sie befindet sich am Rand der Milchstraße. Neben der Milchstraße gibt es unzählige weitere solcher Sternansammlungen im Weltall.

Unser Sonnensystem
Die Sonne ist das Zentrum unseres Sonnensystems. Dazu gehören außerdem die acht Planeten Merkur, Venus, Erde, Mars, Jupiter, Saturn, Uranus und Neptun sowie deren Monde. Sie umkreisen die Sonne in unterschiedlichen Entfernungen (▷B2).

2 Unser Sonnensystem im Überblick

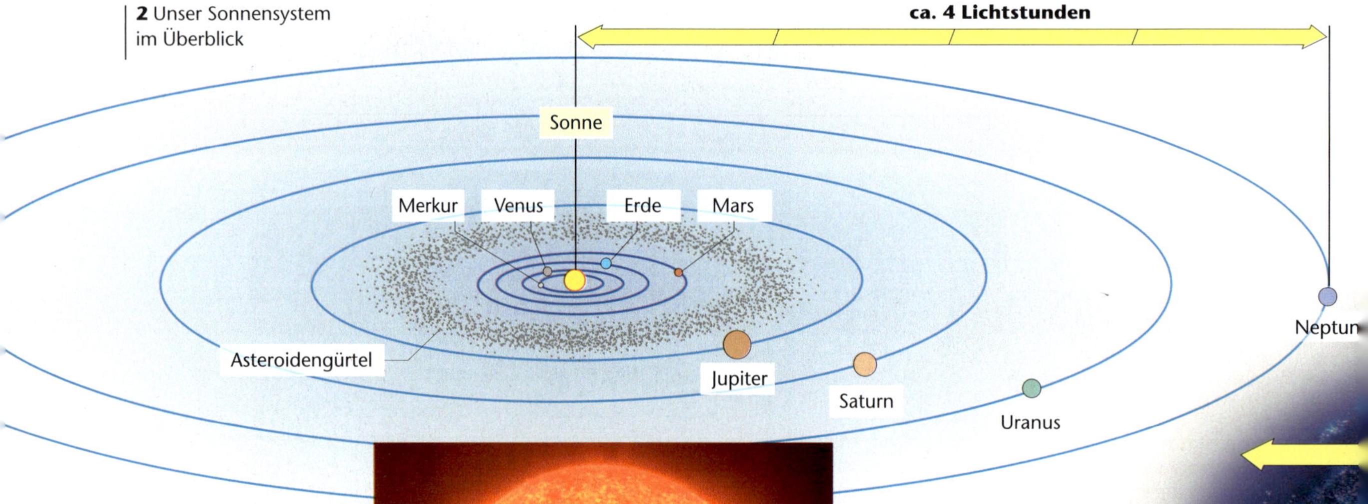

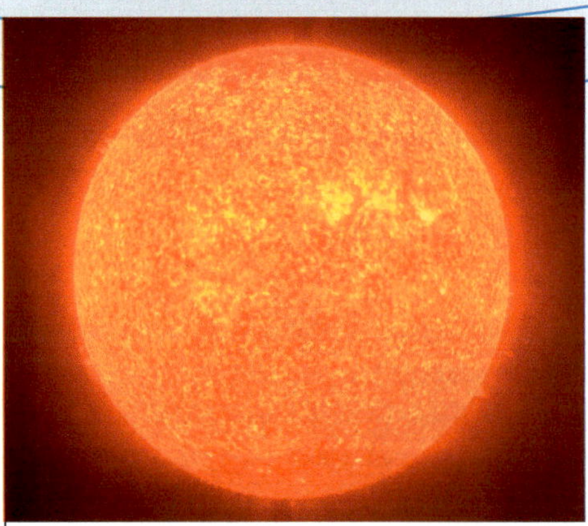

3 Die Sonne – Mittelpunkt unseres Sonnensystems

Als Planeten bezeichnet man wandernde Himmelskörper, die selbst nicht leuchten.

Die Erde ist einer von acht Planeten, die unsere Sonne umkreisen. Die Sonne, die Planeten und deren Monde bilden unser Sonnensystem. Es ist Teil des noch größeren Sternensystems Milchstraße.

Das Lichtjahr
Die Entfernungen im Weltall sind unvorstellbar groß. In Kilometern angegeben, würde man unlesbar große Zahlen erhalten. Daher hat man eine neue Einheit geschaffen: das Lichtjahr.

Das Lichtjahr ist die Strecke, die das Licht in einem Jahr zurücklegt. In einer Sekunde legt das Licht 300 000 Kilometer zurück. In einem Jahr sind das etwa 9 460 000 000 (9,46 Billionen) Kilometer. Solche großen Entfernungen lassen sich einfacher in Lichtjahren angeben.

Entfernungen im Weltall werden in Lichtjahren angegeben. Ein Lichtjahr ist die Strecke, die das Licht in einem Jahr zurücklegt.

Entfernungen im Weltall
Der Durchmesser der Milchstraße beträgt 100 000 Lichtjahre und die Sonne ist etwa 30 000 Lichtjahre vom Zentrum der Milchstraße entfernt. Sieh dir nochmals Bild 2 an. Im Vergleich zur Größe des Weltalls erscheint die Erde wie ein „Staubkorn".

Aufgaben

1 Mit folgendem Satz kannst du dir die Reihenfolge der Planeten, von der Sonne aus betrachtet, gut merken: „Mein Vater erklärt mir jeden Samstag unseren Nachthimmel". Übertrage den Satz in dein Heft und notiere zu jedem Wort den Planeten.

2 Für den Weg von der Sonne bis zur Erde braucht das Licht etwa 8 Minuten. Wie weit ist die Erde von der Sonne entfernt?

4 Die Milchstraße von der Erde aus gesehen

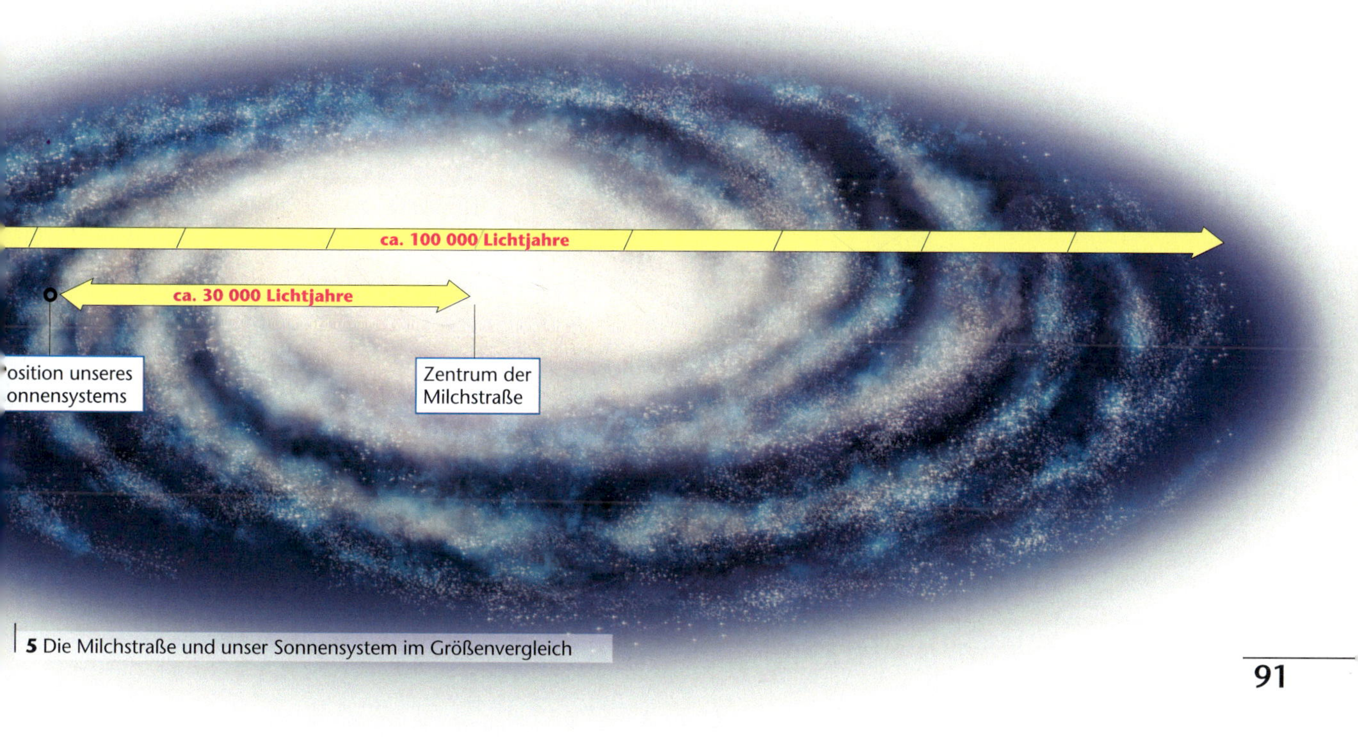

5 Die Milchstraße und unser Sonnensystem im Größenvergleich

Die Erforschung der Planeten

Als es noch keine Raumfahrt gab, hat man die Planeten mithilfe von Fernrohren erforscht. Die Farbe des Lichts, das sie zurückstrahlten, gab Hinweise auf die Zusammensetzung der Gashülle oder der Oberfläche der Planeten.

Dank der modernen Raumfahrt wissen wir heute viel mehr über die Planeten, z. B. wie groß und wie schwer sie sind und woraus sie bestehen.

1 Die Raumsonde Mars-Express

Marsmissionen

Der Abstand zwischen Erde und Mars kann bis zu 400 Millionen Kilometer betragen. Im August 2003 sollten sich die beiden Planeten aber auf etwa 56 Millionen Kilometer annähern.

Die amerikanische Weltraumbehörde NASA und die europäische Weltraumagentur ESA nutzten diese Gelegenheit, um unseren Nachbarplaneten zu erkunden. Nach einer sechsmonatigen Reise erreichten Raumsonden (▷B 1) die Umlaufbahn des Mars. Sie schickten Fotos zur Erde, die darauf hinwiesen, dass es auf dem Mars einmal viel Wasser gegeben hat.

Es gelang sogar, Sonden auf dem Mars abzusetzen. Am 25. Mai 2008 landete am Nordpol des Planeten die Marssonde Phoenix (▷B 2). Nur zwei Monate später entdeckte sie in einer Bodenprobe tatsächlich gefrorenes Wasser.

2 Landung der Marssonde Phoenix

Die sonnennahen Planeten

Die sonnennahen Planeten Merkur, Venus, Erde und Mars (▷B 3) sind einander recht ähnlich. Sie alle haben eine feste Kruste und einen heißen Kern aus Metall.

Der Merkur

Der Merkur ist eine nackte Gesteinskugel, die keine schützende Gashülle besitzt und deshalb von Kratern übersät ist. Sie stammen von Gesteinsbrocken, die auf der Merkuroberfläche eingeschlagen sind.

Auf der Sonnenseite des Merkur herrschen 430 °C. Auf der sonnenabgewandten Seite ist es dagegen mit –185 °C eisig kalt.

Die Venus

Die Venus ist der Erde recht ähnlich. Sie ist etwas kleiner, etwas leichter und von einer dichten Gashülle umgeben. Die Oberfläche der Venus ist nicht zu sehen, weil den Planeten eine geschlossene Wolkendecke umgibt. Diese Wolken bestehen jedoch nicht aus Wasser, sondern aus Schwefelsäure. Die Gashülle der Venus, die so genannte **Atmosphäre**, besteht fast vollständig aus Kohlenstoffdioxid. Dieses Gas ist auch als Treibhausgas bekannt. Wie ein Treibhaus hält es die Wärmestrahlung zurück. Aus diesem Grund herrschen an der Oberfläche der Venus Temperaturen von etwa 470 °C.

Die Erde

Verglichen mit den anderen Planeten hat unsere Erde einen besonderen Platz im Sonnensystem: Durch ihren Abstand von der Sonne herrschen Temperaturen von

3 Die acht Planeten im Größenvergleich

durchschnittlich 15 °C. Außerdem ist die Oberfläche der Erde zum größten Teil von Wasser bedeckt. Die Atmosphäre der Erde enthält hauptsächlich die Gase Stickstoff und Sauerstoff. Diese Gashülle trägt dazu bei, die von der Sonne empfangene Wärme zu speichern und zu verteilen. Alle diese Voraussetzungen haben das Leben auf der Erde ermöglicht.

Die großen Planeten

Die nächsten vier weiter von der Sonne entfernten Planeten sind Jupiter, Saturn, Uranus und Neptun (▷ B 3). Sie sind viel größer als die Erde und anders aufgebaut. Sie besitzen einen kleinen festen Kern, den eine flüssige Hülle einschließt. Die äußerste Schicht bildet eine gigantische Gashülle. Alle vier Planeten sind von Ringen umgeben. Sie bestehen aus einer Unzahl kleiner Gesteins- und Eisbrocken, die um den Planeten kreisen. Die Brocken haben Durchmesser von wenigen Zentimetern bis zu einigen Metern. Die Ringe des Saturn (▷ B 3) sind von der Erde aus mit dem Fernrohr am besten zu erkennen.

Jeder der vier großen Planeten wird von mehreren Monden umrundet. Die meisten Begleiter hat der Jupiter, 61 sind bisher bekannt (▷ B 4). Der größte Teil der Monde besteht aus Gestein und Eis.

Aufgaben

1 Erkundige dich über den aktuellen Stand der Marsforschung und berichte darüber.

2 In vielen Büchern steht noch zu lesen, dass es in unserem Sonnensystem neun Planeten gibt.
Finde heraus, was mit dem neunten Planeten passiert ist. Berichte deinen Mitschülern darüber.

Planet	**Durchmesser** (in km)	**mittlere Entfernung von der Sonne** (in Mio. km)	**mittlere Temperatur an der Oberfläche** (in °C)	**Dauer eines Umlaufs um die Sonne**	**Anzahl der Monde**
Merkur	4 878	58	−180 bis +450	88 Tage	
Venus	12 104	108	+480	225 Tage	
Erde	12 742	150	+15	365 Tage	1
Mars	6 780	228	−170 bis 0	1 Jahr 322 Tage	2
Jupiter	139 822	778	−150	11 Jahre 315 Tage	mind. 63
Saturn	116 464	1 428	−190	29 Jahre 153 Tage	mind. 60
Uranus	50 724	2 873	−220	83 Jahre 274 Tage	mind. 27
Neptun	49 248	4 502	−216	163 Jahre 255 Tage	mind. 13

4 Die Planeten unseres Sonnensystems in Zahlen

Werkstatt

Entfernungen schätzen, messen und vergleichen

1 Zu Versuch 1

Entfernungen schätzen, das ist schwierig und will geübt sein! Auf dieser Seite sollst du dich zunächst mit kleinen Entfernungen beschäftigen. Dann fällt es dir leichter, dir die Größenverhältnisse und Entfernungen im Weltall vorzustellen.

1 Entfernungen schätzen und messen

Material

Metermaß, Papier, Bleistift, Kreide

Versuchsanleitung

a) Bildet kleine Gruppen und geht auf den Schulhof. Stellt euch etwa in die Mitte des Schulhofs und markiert euren Standpunkt mit Kreide. Schätzt von dort die Entfernung z. B. zu einem Pfosten (▷ B 1). Tragt die Schätzwerte in eine Tabelle ein.

b) Messt nun die Schrittlänge eines Mitglieds eurer Gruppe (Beispiel: 50 cm). Dieser Mitschüler geht vom markierten Punkt zum Baum und zählt dabei die Schritte (Beispiel: 28 Schritte von 50 cm Länge ergeben 14 m). Tragt die gemessene Entfernung in die Tabelle ein.

c) Vergleicht eure geschätzten Werte mit den gemessenen Werten. Habt ihr gut geschätzt? Macht weitere Schätzübungen und ihr werdet sehen, es klappt immer besser.

2 Größenverhältnis von Erde und Mond

Material

Papier, Zirkel, Stift, Lineal

Hinweis:

Zunächst sollen dir die Größenverhältnisse von Sonne und Erde sowie ihre Entfernung zueinander verdeutlicht werden.

Dazu verkleinern wir die Sonne in Gedanken, bis sie einer Kugel von 1 m Durchmesser entspricht. Diese Kugel legen wir an die Startlinie einer 100-m-Bahn. Die Erde liegt 100 m entfernt auf der Ziellinie. Sie hat die Größe einer Erbse.

Aufgabe

Stelle nun die Größen- und Entfernungsverhältnisse von Erde und Mond mit zwei Pappscheiben maßstabsgetreu dar.

Durchmesser Erde:
12 800 km
Durchmesser Mond:
3 500 km
Entfernung Erde – Mond:
384 000 km

Tipp: Setze bei den oben angegebenen Werten nach drei Stellen (von hinten gezählt) ein Komma und mache aus den Kilometern Zentimeter. Schneide die beiden Pappscheiben aus. Präsentiere das Ergebnis an einer Wand.

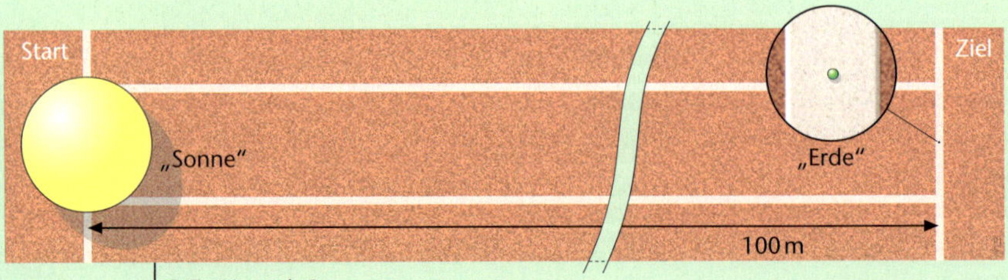

2 Zu Versuch 3

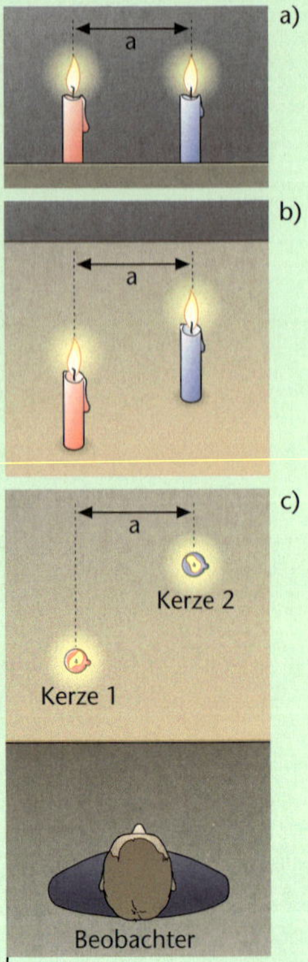

3 Kerzen a) von vorne, b) von schräg oben, c) von oben

3 Entfernung zwischen zwei Lichtquellen

Material

2 Kerzen, Streichhölzer

Versuchsanleitung

a) Zünde in einem verdunkelten Raum zwei Kerzen an. Stelle sie auf einem entfernten Tisch so auf wie in Bild 3 gezeigt.

b) Gehe möglichst weit von den Kerzen entfernt so weit in die Hocke, dass du die Kerzenflammen nebeneinander siehst. Für dich als Betrachter stehen sie eng nebeneinander.

c) Richte dich auf und gehe zu den Kerzen.

Beschreibe, was du siehst, wenn du die Kerzen von vorne und von (schräg) oben betrachtest.

Aufgabe

Was kannst du über die Entfernung zwischen zwei Sternen am Himmel sagen, die du von der Erde aus als gleich große, benachbarte Lichtpunkte erkennst?

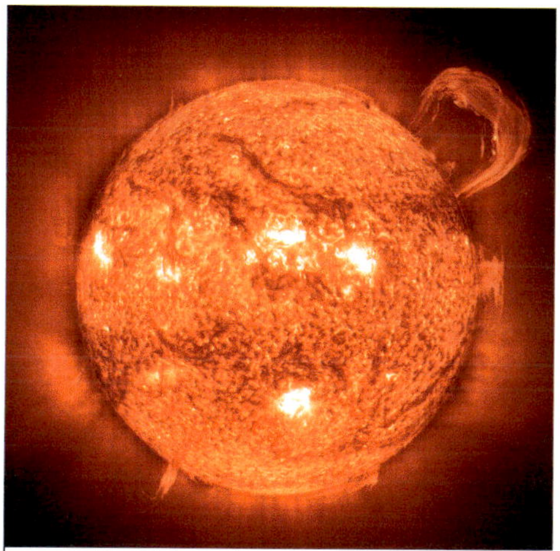

1 Gasausbrüche auf der Sonne

2 Polarlichter

Ein glühender Gasball
Sich den Aufbau der Sonne vorzustellen, ist nicht einfach, denn mit der Erde hat dieser für uns so wichtige Himmelskörper gar nichts gemeinsam.
Die Sonne ist ein riesiger glühender Ball aus Gas (▷B1). Sie ist 13 000 000-mal größer und 330 000-mal schwerer als die Erde. In ihrem Innern herrschen Temperaturen von über 15 000 000 °C. An der Oberfläche sind sie viel niedriger, sie liegen aber immer noch bei unvorstellbaren 6 000 °C.

Forscher haben eine interessante Rechnung aufgestellt: Stell dir vor, man könnte dem Inneren der Sonne ein Stück von der Größe eines Kirschkerns entnehmen. Würde man dieses kleine Sonnenstück auf die Erde legen, dann herrschte in einem Umkreis von 1000 km eine Temperatur von bis zu 2 000 °C.

Sonnenflecken
Auf der Sonne bilden sich manchmal dunkle Flecken. Sie heißen **Sonnenflecken** (▷B3). Dort ist die Oberfläche aufgewühlt und die Temperatur ist mit 4 500 °C geringer als in der Umgebung. Wissenschaftler haben festgestellt, dass alle 11 Jahre besonders viele Sonnenflecken auftreten. Wie die Sonnenflecken entstehen und warum sie sich in regelmäßigen Abständen bilden, ist jedoch noch nicht bekannt.

An der Wanderung der Sonnenflecken erkennt man, dass sich die Sonne innerhalb von 25 Tagen einmal um ihre Achse dreht. Sonst verändert die Sonne ihre Stellung im Weltall fast nicht – eine Positionsänderung wäre erst nach mehreren tausend Jahren zu erkennen.

Explosionen auf der Sonne
Auf der Sonne gibt es manchmal gewaltige Explosionen. Dabei werden große Mengen Gas ins Weltall geschleudert. Es entstehen flammende Bögen, die bis zu 25 000 °C heiß sein können und eine Höhe von bis zu 400 000 Kilometern erreichen (▷B1).

Bei diesen Ausbrüchen kann besonders viel Sonnenmaterie die Erde erreichen. Geraten Sonnenteilchen in das Magnetfeld der Erde, treten oft Lichterscheinungen auf (▷B2). Man spricht von **Polarlichtern**, weil sie vor allem in den Polargebieten der Erde zu sehen sind.

Aufgaben

1 Erstelle einen Steckbrief zur Sonne.

2 Informiere dich, welcher Stern uns nach der Sonne am hellsten erscheint.
Wie groß ist seine Entfernung zur Erde?

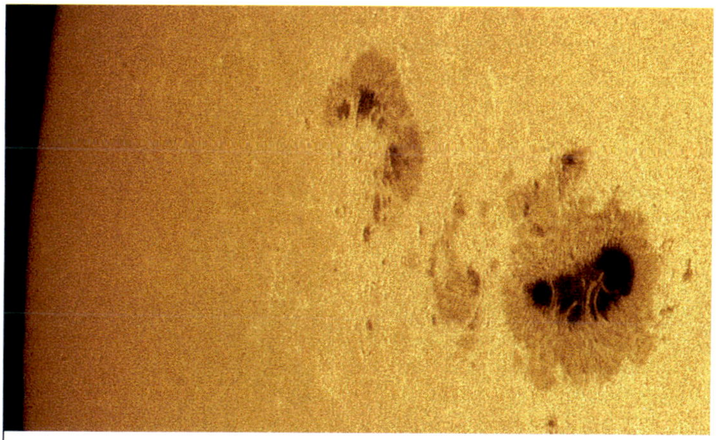

3 Sonnenflecken

Strategie

Lernen in der Gruppe macht Spaß

1 Gruppenarbeit

2 Gruppenarbeit ist im Berufsleben besonders wichtig.

In der Gruppe geht's leichter
Anjas Mutter arbeitet im Kindergarten in einem Arbeitsteam, Fabians Vater in einer Montagegruppe. Stefanies Bruder gehört zur Bedienungsmannschaft einer Kantine. An fast allen Arbeitsplätzen in Industrie, Wirtschaft und Verwaltung ist für die Bewältigung moderner Aufgaben und zur Durchführung von Projekten Zusammenarbeit gefragt. Das ist auch in der Schule so.
Daher ist es wichtig, dass du Teamarbeit oder Gruppenarbeit übst.
In der Gruppe lernst du, selbst aktiv zu sein, du kannst gemeinsam mit anderen arbeiten, diskutieren, entscheiden und Probleme lösen.

A. Wie stellt ihr eure Gruppen zusammen?
Bei der Gruppenbildung sollten nicht immer nur Sympathie und Freundschaft entscheiden. Effektiv lernt ihr zusammen, wenn Jungen und Mädchen, leistungsstarke und leistungsschwächere Schülerinnen und Schüler zusammenarbeiten. Die, die schon etwas vom Stoff verstehen und andere, die noch gar keine Ahnung haben, sollten sich zusammentun.
Die Gruppe sollte drei, maximal vier Mitglieder haben, sonst können nicht alle gleich gut mitarbeiten.

B. Kennst du das „Ich – Du – Wir – Prinzip"?
a) Zuerst machst du dich eigenständig mit der Fragestellung vertraut, überlegst, was du schon zum Thema weißt und versuchst, eigene Schritte in Richtung auf die Lösung zu gehen. Nimm dir Zeit, lasse dich nicht hetzen. Das ist die „Ich-Phase".

b) Um Fortschritte zu machen, tauscht du dich mit einem Partner aus, ergänzt seine Ideen, versuchst zu verstehen, was sie oder er über die Fragestellung oder das Problem denkt. Damit arbeitet ihr als Partner an der Lösung weiter. Das ist die „Du-Phase".

c) Zum Schluss überlegt die ganze Gruppe, was jeder schon weiß und wie ein gemeinsames Ergebnis erarbeitet werden kann. Das ist die „Wir-Phase".

C. Gruppenarbeit – so wird´s gemacht:
- In der Gruppe kann man im Klassenzimmer und draußen arbeiten. Ein Plakat gemeinsam zu erstellen, macht viel mehr Spaß. Im Freien könnt ihr in Gruppen Tiere und Pflanzen sammeln und bestimmen, Proben entnehmen und eure Beobachtungen zusammentragen.
- Verteilt die Arbeiten gerecht. Es kann nicht sein, dass nur die Mädchen schreiben und die Jungen die Versuche machen.
- Sprecht während der Gruppenarbeit immer wieder darüber, ob alle mit ihrer Aufgabe zufrieden sind.
- Denkt beim Arbeiten auch daran, wie ihr eure Ergebnisse später präsentieren wollt.
- Vielleicht haben deine Lehrerin oder dein Lehrer Beobachtungsaufgaben zu eurem eigenen Verhalten und zur eigenen Leistung im Team gegeben.
  Sprecht darüber in der Gruppe: Wer arbeitet besonders gut? Wer muss noch etwas mehr leisten? Wer stört den Arbeitsbetrieb?

Werkstatt

Bewegung mit Folgen

Kannst du dir vorstellen, welche Bewegungen die Erde ausführt? Wie kann man diese Bewegungen zur Zeitmessung nutzen? Mithilfe der folgenden Versuche kannst du diese Fragen beantworten.

1 Wie Tag und Nacht entstehen

Material

Styropor®-Kugel (ca. 15 cm Durchmesser), Stricknadel, Stift, Taschenlampe

Versuchsanleitung

Diesen Versuch führst du am besten mit einem Partner durch. Stecke zunächst die Stricknadel möglichst genau durch die Mitte der Styropor®-Kugel. Die Nadel ist die Achse, um die sich deine Erde dreht.
Markiere auf der Kugel einen gut erkennbaren Punkt. Halte die Achse aufrecht (▷ B 1). Bitte deinen Partner, die Kugel von einer Seite mit der Taschenlampe zu beleuchten.

Tipp: Führt den Versuch in einem abgedunkelten Raum durch.

a) Stelle mit deiner Kugel die Bewegung nach, die die Erde im Verlauf eines Tages ausführt. Beachte dabei, dass sich die Erde von West nach Ost dreht.

b) Drehe die Erde immer nur ein Stückchen (von West nach Ost) weiter und halte sie immer dann an, wenn für den eingezeichneten Punkt folgende Aussagen zutreffen: Dort ist es
- kurz nach Sonnenaufgang,
- Mittag,
- kurz vor Sonnenuntergang,
- Mitternacht.

1 Entstehung von Tag und Nacht im Modell

2 Sonnenuhr

2 Bau einer Sonnenuhr

Material

Blumentopf mit Sand, ein Bogen Pappe, Holzstab, Filzstift

Versuchsanleitung

Schneide aus der Pappe eine Scheibe aus, deren Durchmesser etwas größer ist als der des Blumentopfs. Durchbohre die Scheibe in der Mitte und stecke den Stab durch das Loch. Stecke den Stab in den mit Sand gefüllten Blumentopf. Stelle den Topf in die Sonne. Markiere zu jeder vollen Stunde mit dem Filzstift die Position des Schattens auf der Pappscheibe und notiere die zugehörige Uhrzeit (▷ B 3). An Sonnentagen kannst du auf deiner Sonnenuhr dann stets die Zeit ablesen. Allerdings darfst du ihren Standort nicht verändern!

3 Blumentopf als Sonnenuhr

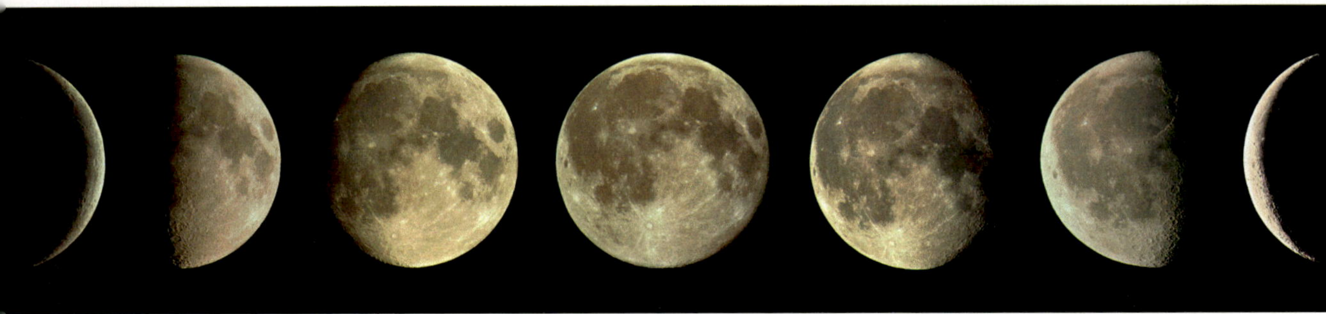

3 Die Mondphasen

1 Kraterlandschaft

Steckbrief des Erdenmondes
Der Erdenmond ist der nächste Nachbar unserer Erde. Er ist etwa 380 000 km von ihr entfernt. Ein Lichtstrahl würde diese Strecke in 1,3 Sekunden zurücklegen.
Der Mond ist kugelförmig und hat einen Durchmesser von ca. 3500 Kilometern. In die Erdkugel würden sechs Kugeln von der Größe des Mondes passen.

Die Oberfläche des Mondes ist von endlos vielen Kratern unterschiedlicher Größe übersät (▷ B 1). Die kleinsten haben einen Durchmesser von wenigen Zentimetern, der größte misst 20 Kilometer. Wenn du genau hinschaust, kannst du die Unebenheiten sogar mit bloßem Auge erkennen.

Ein Umlauf des Mondes um die Erde dauert etwas mehr als 27 Tage. Dabei wendet er der Erde immer dieselbe Seite zu. Das heißt, dass sich der Mond in dieser Zeit auch einmal um seine Achse dreht. Ein Mondtag bzw. eine Mondnacht dauert daher knapp 14 Erdentage.

Die Mondphasen
Von der Erde aus sieht man jede Nacht ein anderes „Bild" des Mondes (▷ B 3). Die Sonne beleuchtet nur eine Hälfte des Mondes, die andere Hälfte liegt im Schatten. Ist einem Betrachter die unbeleuchtete Seite zugewandt, sieht er den Mond nicht. Es ist **Neumond** (▷ B 2, links). In den folgenden Nächten wandert der Mond immer ein Stück weiter. Am Himmel wird eine Sichel sichtbar. Sie wird größer, bis der **Vollmond** erreicht ist. Nun sieht man auf der Erde die angeleuchtete Mondhälfte.
Anschließend nimmt der sichtbare Teil des Mondes wieder ab.

▶ Monde bewegen sich um die Planeten herum. Der Erdenmond braucht dafür etwas mehr als 27 Tage.

2 Die Entstehung der Mondphasen

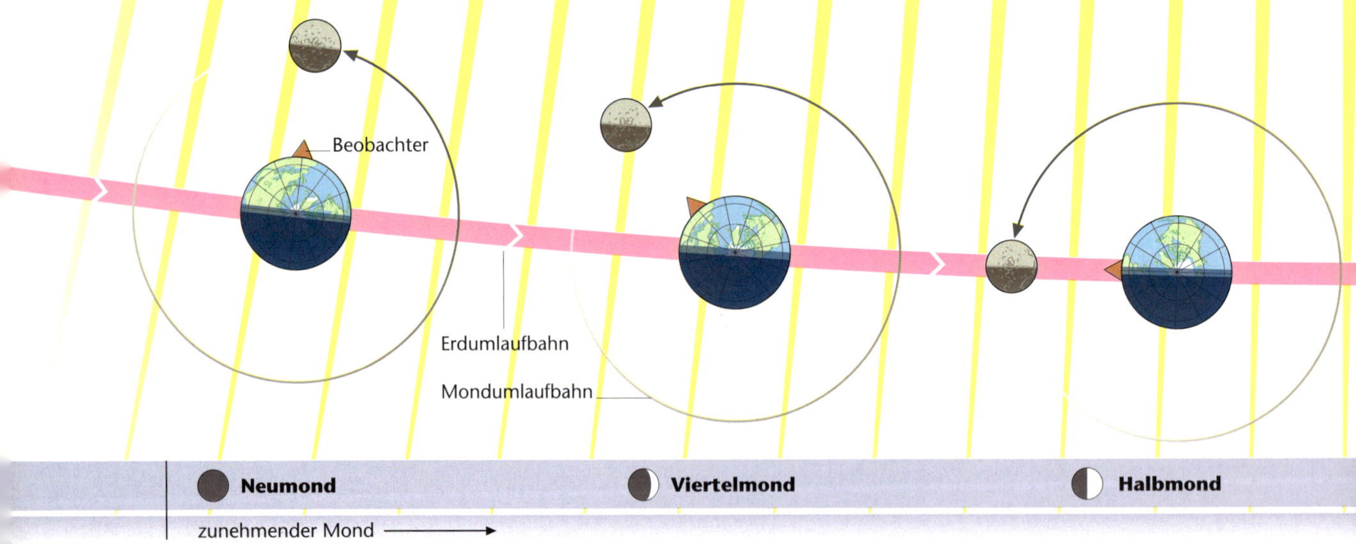

Werkstatt

Die Mondphasen im Modell

Führt diesen Versuch am besten zu zweit durch. Dunkelt den Raum etwas ab.

Material
Styropor®-Kugel, Holzspieß, Drehhocker, Taschenlampe

Versuchsanleitung
Stecke die Styropor®-Kugel auf den Holzspieß. Setze dich auf einen Drehhocker und halte die Kugel etwas über Augenhöhe in den Lichtkegel der Taschenlampe. Drehe dich langsam auf dem Hocker um die eigene Achse. Beobachte, wie dir die Kugel unter der Beleuchtung erscheint. Erkläre deine Beobachtung. Erkennst du eine Verbindung zu den Mondphasen?

Einflüsse des Mondes
An den Küsten der Weltmeere steigt und fällt der Wasserspiegel zweimal am Tag. Diese Erscheinungen nennt man **Ebbe** und **Flut** oder auch Gezeiten. Sie werden unter anderem vom Mond verursacht.
Das Leben vieler Meerestiere wird vom Wechsel der Gezeiten und damit vom Mond beeinflusst. Bestimmte Meeresschildkröten legen z. B. ihre Eier bevorzugt dann, wenn bei Vollmond die Flut höher ansteigt. Außerdem schlüpfen einige Fliegenarten nur in hellen Vollmondnächten.

Aufgaben

1 a) Beobachte die verschiedenen Phasen des Mondes mit dem Fernglas. Erstelle jeweils eine Zeichnung des Mondes und notiere das Beobachtungsdatum.
b) Welche Zeit vergeht zwischen Neumond und Vollmond?

2 Warum ist der Mond mit unzähligen großen und kleinen Kratern übersät, die Erde aber nicht? Erkundige dich darüber im Internet, in Sachbüchern oder Lexika.

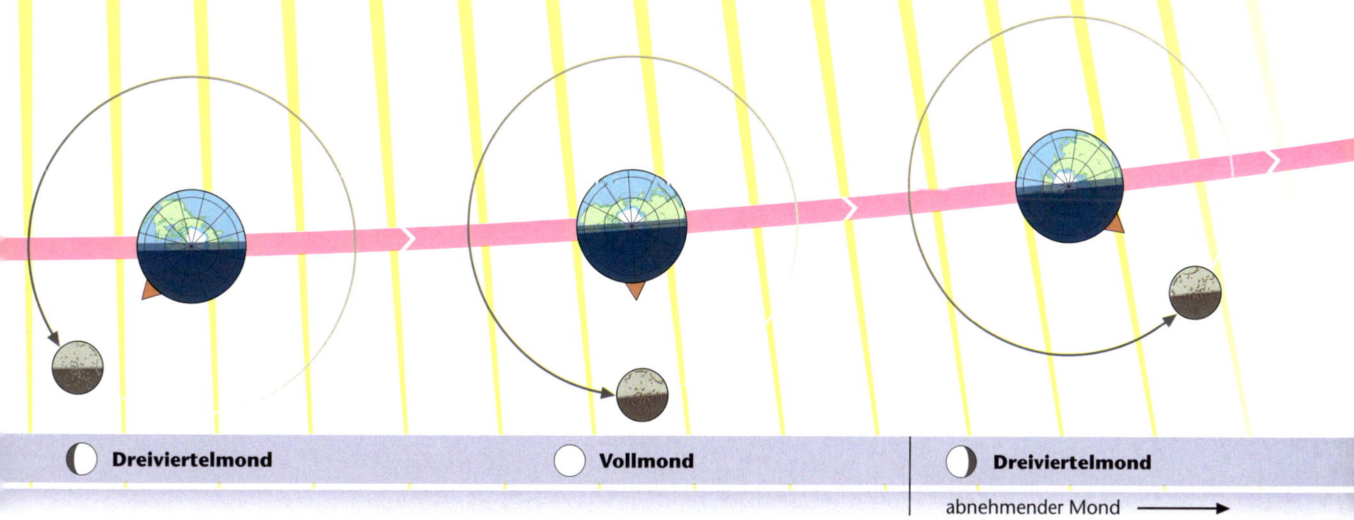

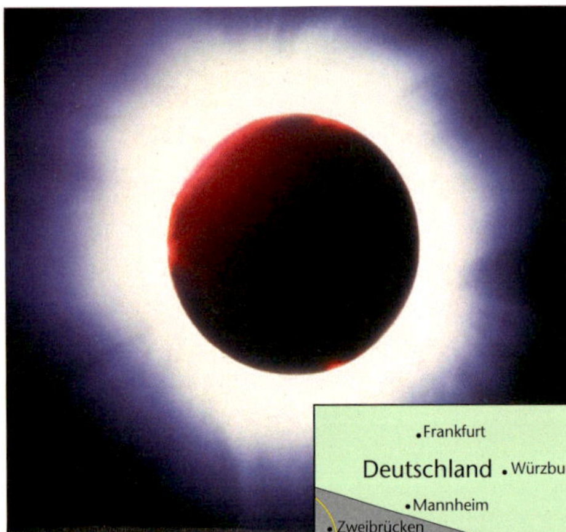

1 Totale Sonnenfinsternis am 11.08.99

3 Spezielle Sonnenbrille zum Schutz der Augen

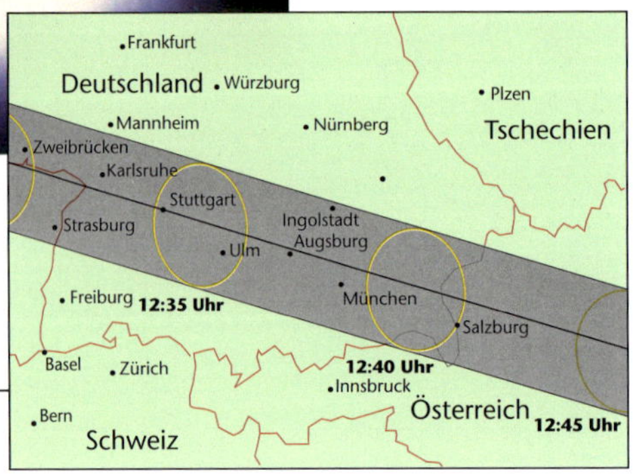

2 Der Weg des Kernschattens am 11.08.99

Die Sonnenfinsternis

Für den 11.08.1999 hatten sich tausende von Menschen eine besondere Sonnenbrille beschafft, um eine **Sonnenfinsternis** zu beobachten (▷B3). Wie kommt sie zustande?

Der Mond bewegt sich um die Erde. Wenn er sich zwischen Erde und Sonne befindet, kann er die Sonne „verdecken" (▷B4). Aber nur dort, wo der Kernschatten des Mondes auf die Erdoberfläche trifft, entsteht eine **totale Sonnenfinsternis** (▷B1). Außerhalb dieser Zone, im Halbschattenbereich, verfinstert sich die Sonne nur teilweise (**partielle Sonnenfinsternis**).

In Süddeutschland, das im Kernschatten des Mondes lag (▷B2), warteten die meisten Menschen vergeblich: der Himmel war wolkenverhangen. In Köln und Hamburg war es aber möglich, durch Wolkenlücken die partielle Sonnenfinsternis zu sehen.

▶ Bei einer Sonnenfinsternis wird die Sonne vom Mond verdeckt.

Die Mondfinsternis

Der Durchmesser der Erde ist viel größer als der des Mondes. Daher kann der Mond vollständig vom **Erdschatten** bedeckt werden (▷B5). Bewegt sich der Mond bei seinem Umlauf durch den Erdschatten, tritt eine **Mondfinsternis** auf. Sie dauert etwa zwei Stunden.

▶ Bei einer Mondfinsternis befindet sich der Mond im Erdschatten.

Aufgaben

1 Finde heraus, wann in Deutschland die nächste Sonnenfinsternis stattfindet.

2 Warum kann es bei Vollmond keine Sonnenfinsternis geben?

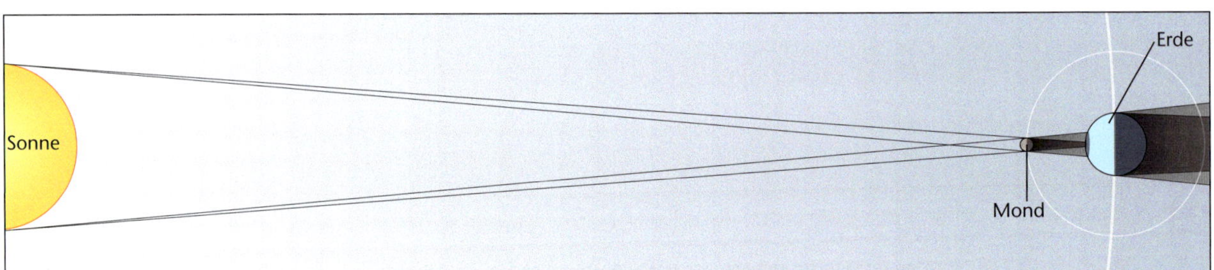

4 Bei einer Sonnenfinsternis fällt der Schatten des Mondes auf die Erde.

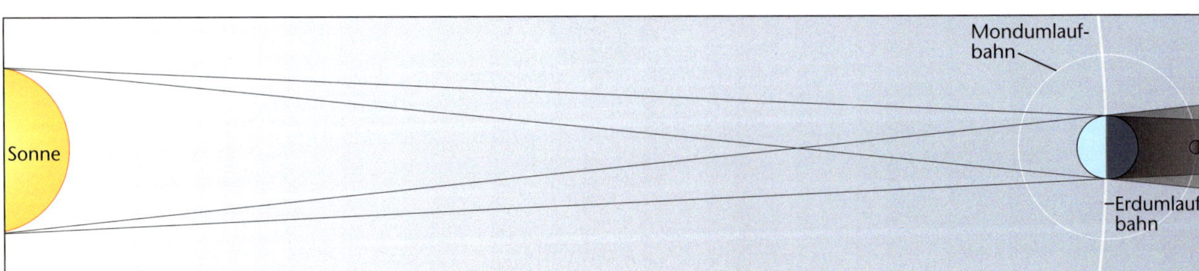

5 Bei einer Mondfinsternis befindet sich der Mond im Schatten der Erde.

1 Das Sternbild Großer Wagen

3 Scheinbare Sternbahnen um den Polarstern

Entdeckungen am Nachthimmel

Betrachte in einer klaren Nacht einmal den Himmel: Du siehst neben dem Mond noch unzählige Sterne (▷ B 1). Alle diese Sterne sind Sonnen, die unterschiedlich groß und unterschiedlich weit von uns entfernt sind.
Manchmal sind neben den Sternen auch einige Planeten zu sehen. Sie durchwandern den Nachthimmel, weil sie sich um die Sonne bewegen.
Aber nicht nur die Planeten, der ganze **Sternenhimmel** scheint von Ost nach West über uns hinweg zu wandern (▷ B 3). Ursache dafür ist, dass sich die Erde um ihre Achse dreht.

Planeten am Nachthimmel

Unser Nachbarplanet Venus ist der hellste Himmelskörper am Himmel. Er ist für dich leicht zu finden. Die Venus ist oft in der Nähe der aufgehenden oder untergehenden Sonne zu finden (▷ B 2). Deshalb bezeichnet man die Venus auch als **Morgenstern** oder **Abendstern**.

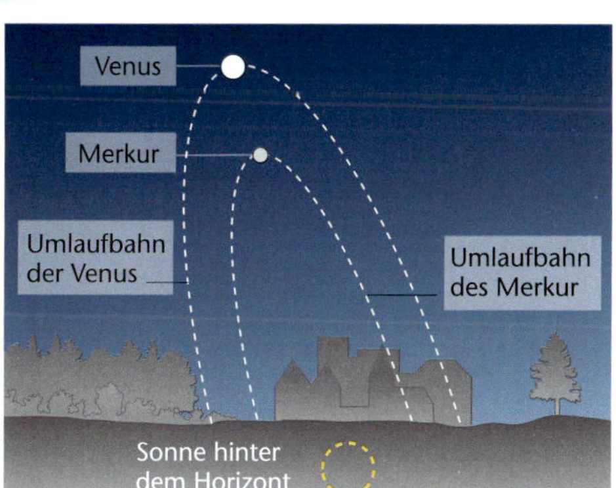

2 Die Bahnen von Venus und Mars am Nachthimmel

Wenn Saturn und Jupiter am Nachthimmel erscheinen, dann sind sie die ganze Nacht über zu sehen. Bei guten Bedingungen kann man auch den Merkur beobachten. Die anderen Planeten sind dagegen nur schwer zu erkennen, denn sie sind zu klein oder zu weit entfernt.

Der Polarstern

Der Polarstern ist ein besonderer Stern: Er steht über der Drehachse der Erde. Daher befindet er sich für einen Beobachter auf der Erde immer an der gleichen Stelle. Dagegen bewegen sich die anderen Sterne aufgrund der Erddrehung scheinbar auf Kreisen um den Polarstern (▷ B 3).
Früher war der Polarstern für die Seefahrer eine wichtige **Orientierungshilfe** in der Nacht, weil er die Nordrichtung anzeigt.
Du kannst den Polarstern am Himmel leicht finden: Suche zunächst das Sternbild „Großer Wagen". Verbinde die beiden hinteren, hellen Sterne des Sternbilds. Wenn du diesen Abstand sechsmal verlängerst, triffst du auf den Polarstern (▷ B 1).

Aufgaben

1 Erkundige dich bei einer Sternwarte oder im Internet, wann und wo gerade Planeten zu sehen sind. Suche mit bloßem Auge und mit einem Fernglas (auf einem Stativ) nach ihnen.
(Tipp: Betrachte den Himmel möglichst fernab von störenden Lichtquellen).

2 Besorgt euch Sternkarten und zeichnet wie in Bild 1 in Gruppen auf großen Plakaten einige der bekannten Sternbilder.

Schnittpunkt

Das Planetarium

1 Vorführung in einem Planetarium

Faszination Sternenhimmel

Wenn du in einer klaren Nacht in den Himmel schaust, siehst du unzählige Sterne funkeln. Je besser sich deine Augen an die Dunkelheit gewöhnt haben, desto mehr leuchtende Punkte entdeckst du. Leider ist der Himmel oft bewölkt oder die nächtliche Beleuchtung der Stadt stört dich bei deiner Beobachtung.

Das Planetarium

In einem Planetarium (▷ B 3) kann man den Sternenhimmel unabhängig von der Uhrzeit, dem Ort und dem Wetter betrachten. Ein Planetarium ist ein Gebäude mit einer großen Kuppel. Diese Kuppel stellt das Himmelsgewölbe dar.
Der zentrale Teil des Planetariums ist der Sternenprojektor (▷ B 2). Dieses Gerät enthält viele Projektoren, die auf der Innenfläche der Kuppel Bilder des Himmels erzeugen (▷ B 1). Einige der Projektoren stellen Sternbilder dar, andere bilden veränderliche Himmelskörper wie den Mond und die Planeten ab. Schließlich gibt es Projektoren, die die Namen der Himmelserscheinungen angeben.

Vorführungen im Planetarium

Der Sternenprojektor ist in alle Richtungen dreh- und schwenkbar. Er wird von einem Computer gesteuert. Deshalb kann man im Planetarium die scheinbare Bewegung der Himmelskörper im Verlauf einer Nacht, eines Jahres oder sogar eines Jahrhunderts zeigen. Dabei laufen diese Bewegungen sehr viel schneller als in Wirklichkeit ab. Außerdem kann der Sternenhimmel für jede beliebige Nacht der Vergangenheit und der Zukunft erzeugt werden. Gleichzeitig wird erklärt, was unter der Kuppel zu sehen ist.

2 Sternenprojektor

3 Planetarium

Strategie

Besuch einer Sternwarte

Eure Nawi-Lehrerin hat euch den Auftrag gegeben, den Besuch einer Sternwarte vorzubereiten.

Heute Nachmittag trifft sich eure Planungsgruppe zum ersten Mal. Notiert euch die wichtigsten Punkte, um eine Übersicht über die anstehenden Arbeiten zu bekommen.

Ein vorbereitender Besuch der Sternwarte ist sinnvoll. Ruft die Mitarbeiterin oder den Mitarbeiter vorher an und vereinbart einen Termin. Bis dahin könnt ihr Fragen sammeln. Erstellt dafür am besten eine Liste (▷ B 1).

Organisatorisches	Inhaltliches
– Wie groß darf die Gruppe maximal sein?	– Welche Sterne sehen wir in diesem Monat?
– Sollen wir eigene Ferngläser mitbringen?	– Können wir die ISS sehen?
– Gibt es außer dem Teleskop noch eine Ausstellung?	– Was sind Sternhaufen, Spiralnebel, Sonnenflecken und Mondphasen?
– Lohnt sich der Besuch auch bei schlechtem Wetter?	– Wie lautet der Titel des Programms?

1 Vorbereitung des Besuchs einer Sternwarte

Ihr könnt auch ein Arbeitsblatt für die Klasse entwerfen. Zeigt es, wenn es fertig ist, noch einmal eurer Lehrerin oder eurem Lehrer oder dem für die Führung Verantwortlichen.

Eure Schulkameraden oder eure Eltern interessieren sich sicher auch für das, was ihr beim Besuch der Sternwarte erlebt habt. Gestaltet eine kleine Ausstellung mit Bildern, Broschüren und Berichten. Die Mitarbeiter der Sternwarte unterstützen euch sicher gern dabei.

Bau einer Sternkarte

Material

Schere, Papier, fester Karton, Klebstoff, 2 Büroklammern, Kompass

Bauanleitung

a) Kopiere die Grundscheibe und die Deckscheibe und schneide beide aus.

b) Klebe die Grundscheibe auf festen Karton. Schneide den überstehenden Karton ab.

c) Schneide aus der Deckscheibe die weiße ovale Fläche aus.

Benutzung der Karte

Auf der Grundscheibe ist der gesamte nördliche Sternenhimmel zu sehen. Am Rand befindet sich ein Kalender. Am Rand der Deckscheibe ist die Uhrzeit angegeben.

Grundscheibe

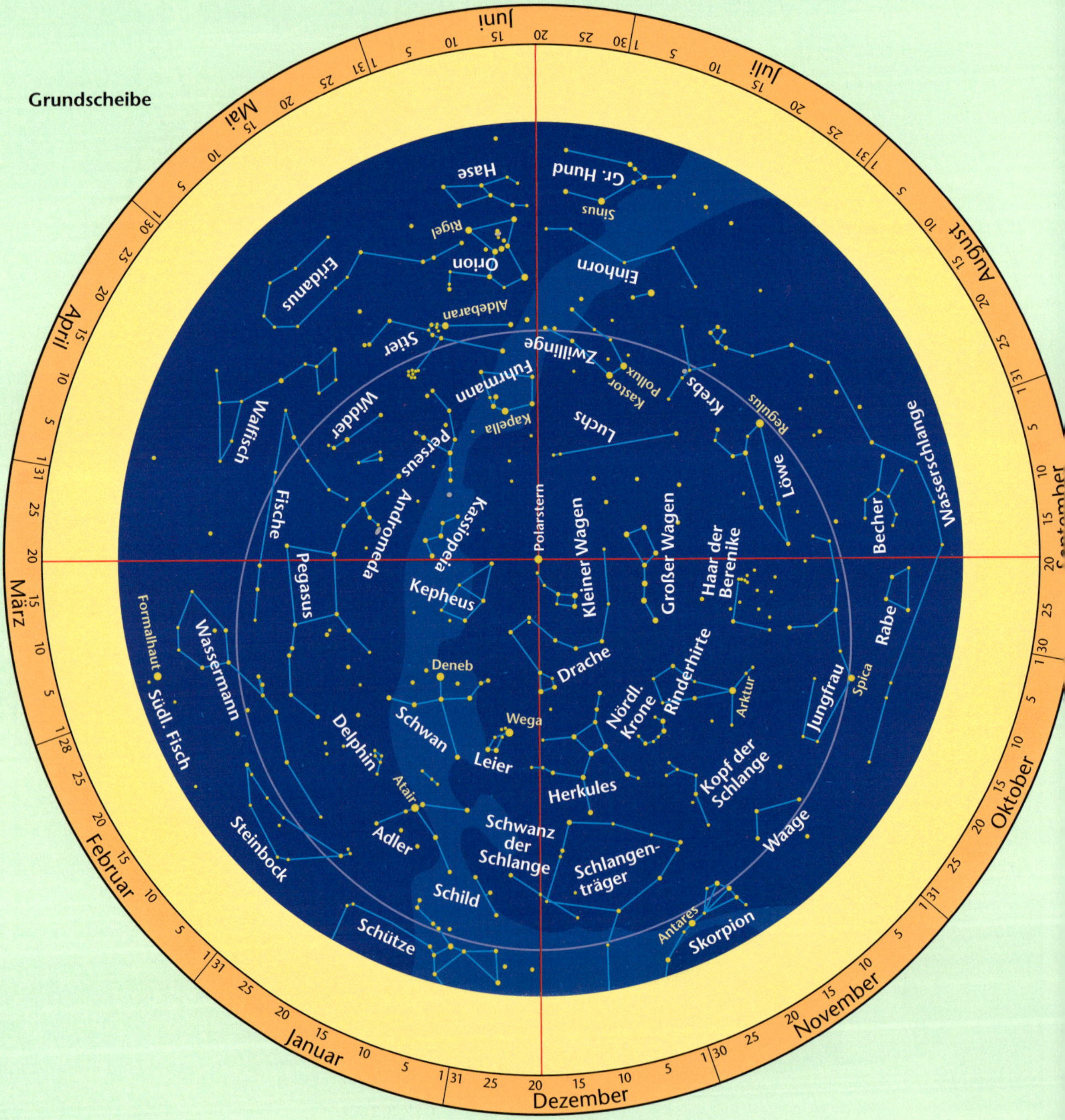

Beispiel: Du möchtest am 10. Dezember um 20 Uhr den Sternenhimmel betrachten.

a) Lege die Deckscheibe so auf die Grundscheibe, dass 20 Uhr und der 10. Dezember übereinander liegen.
In dem ovalen Fenster kannst du nun den aktuellen Sternenhimmel sehen.

b) Befestige die Deckscheibe mit den beiden Büroklammern auf der Grundscheibe.

c) Bestimme mit dem Kompass die Himmelsrichtungen.

d) Drehe nun die beiden Scheiben so, dass die Himmelsrichtung, in die du gerade schaust, nach unten zeigt.

Tipps zur besseren Orientierung:
1. Suche zuerst den Polarstern mithilfe des Sternbilds Großer Wagen.
2. Du kannst die Sternkarte besser lesen, wenn du sie mit einer Taschenlampe beleuchtest, die mit einer roten Folie beklebt ist.
3. Denke daran: Wenn deine Beobachtungen länger dauern, musst du die Uhrzeit auf deiner Sternkarte anpassen.

Deckscheibe

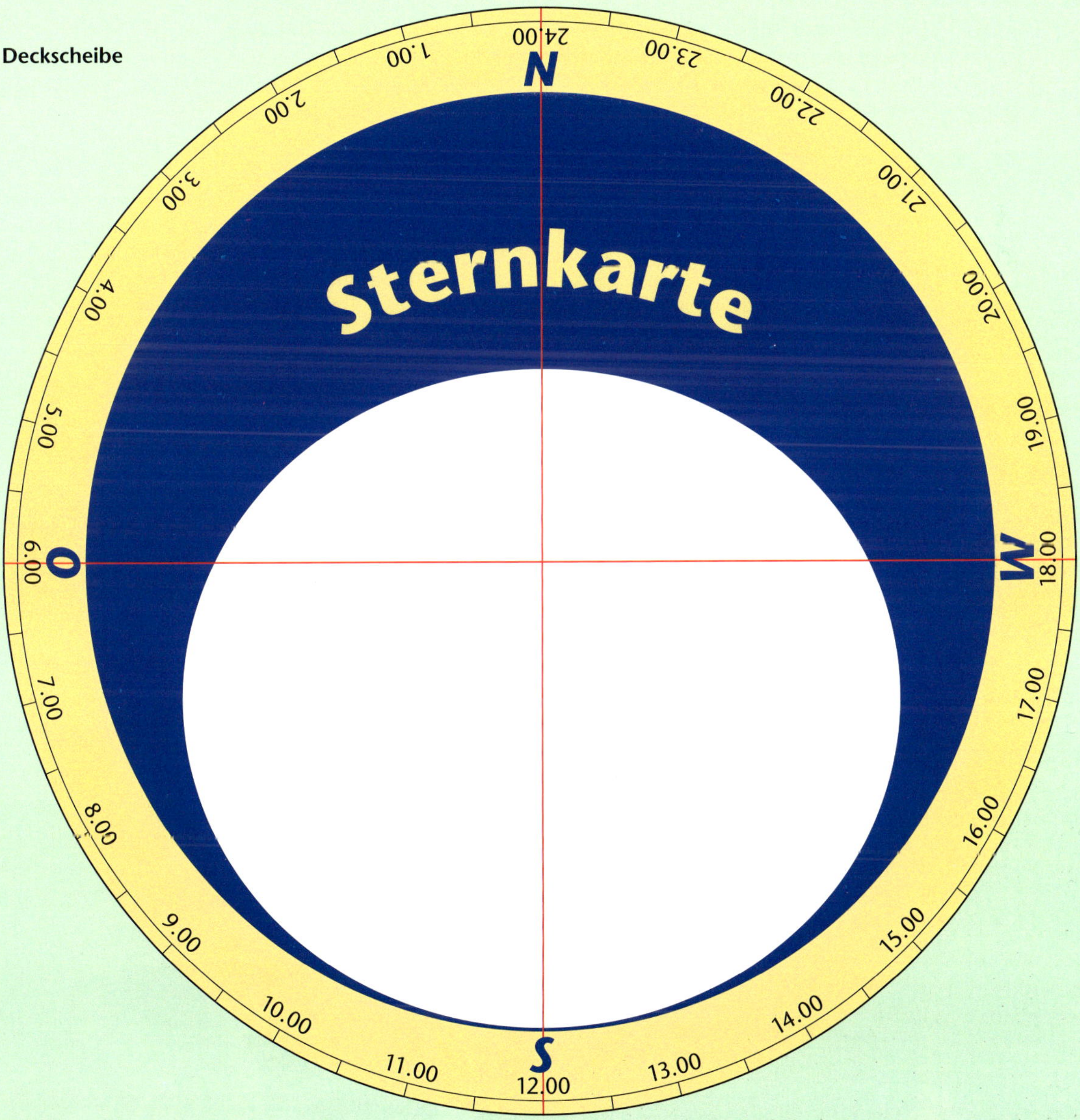

3 Historisches Fernrohr

4 Ein Fernglas ist aus zwei Fernrohren aufgebaut.

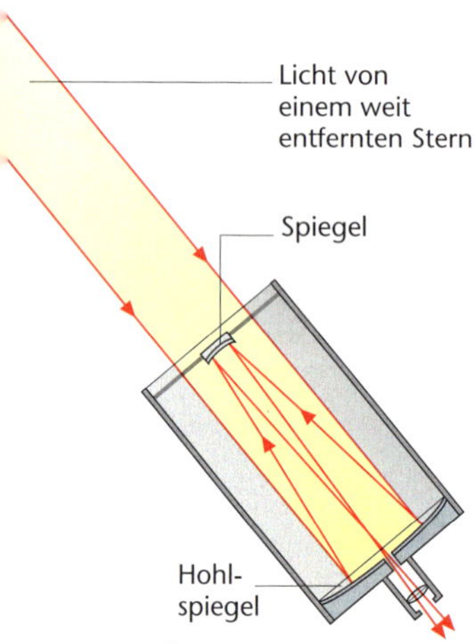

1 Spiegelteleskop

Wenn du sehr kleine Dinge untersuchen willst, betrachtest du sie durch eine Lupe oder ein Mikroskop. Möchtest du dagegen etwas weit Entferntes betrachten, ist ein Fernrohr hilfreich.

Das Fernrohr
Wenn du einen Gegenstand durch ein **Fernrohr** betrachtest, scheint er näher an dich heranzurücken. Wie das Mikroskop enthält auch das Fernrohr Linsen aus Glas. Sie verändern den Weg der Lichtstrahlen so, dass wir ein vergrößertes Bild des Gegenstands sehen.

Das einfachste Fernrohr besteht aus zwei Sammellinsen. Die vordere Linse ist das Objektiv. Es erzeugt ein umgekehrtes Bild des Gegenstands. Das Bild wird durch die zweite Linse wie durch eine Lupe vergrößert. Diese zweite Linse ist das Okular des Fernrohrs.
Der Astronom JOHANNES KEPLER (1571–1630) hat mit einem solchen Fernrohr das Weltall erkundet. Man nennt es auch keplersches oder astronomisches Fernrohr.

Das Spiegelteleskop
Um einen Blick ins Weltall zu werfen, reicht das beschriebene Fernrohr, das auch **Linsenteleskop** genannt wird, nicht aus.

Wenn man das schwache Licht weit entfernter Sterne einfangen möchte, benötigt man ein Objektiv mit großem Durchmesser. Linsen aus Glas können allerdings nur mit einem maximalen Durchmesser von etwa 120 cm gefertigt werden.

Daher verwendet man anstelle von Glaslinsen einen Spiegel (▷ B 1). Er bündelt das einfallende Licht und lenkt es ins Okular um. Der größte, aus einem Stück bestehende Spiegel, der in einem Teleskop im Einsatz ist, hat einen Durchmesser von 6 m. Bei anderen Großteleskopen besteht der Hauptspiegel aus mehreren einzelnen Spiegelteilen, so erreicht man Durchmesser von bis zu 11 m.

Aufgabe

1 Erstelle einen Steckbrief zu dem Astronomen JOHANNES KEPLER.

2 Von einer Sternwarte aus kann man den Sternenhimmel betrachten.

5 Blick durch das Spiegelteleskop einer Sternwarte

Werkstatt

Wir bauen ein Fernrohr

Eine Lupe hast du schon kennen gelernt. Mit ihr kannst du kleine Gegenstände vergrößert betrachten.

Lupen enthalten Linsen, die das Licht bündeln. Je stärker die Wölbung der Linse ist, desto stärker werden die Lichtstrahlen gebrochen. Die Lichtstrahlen treffen sich dann in geringerem Abstand hinter der Linse (▷B 1). Der Punkt, in dem sich die Lichtstrahlen treffen, heißt Brennpunkt, sein Abstand zur Linsenmitte ist die Brennweite der Linse.

Wenn du nun zwei solcher Sammellinsen mit unterschiedlicher Brennweite im richtigen Abstand zueinander an einer Pappröhre befestigst, erhältst du ein einfaches Fernrohr.

Material

2 Pappröhren (jeweils von einer Rolle Küchen- und Toilettenpapier), Malkasten, dicker Pinsel, Schere, Klebstreifen, Knetmasse, 2 Linsen (Brennweiten 5 cm und 20 cm)

Bauanleitung

a) Kürze die lange Pappröhre auf etwa 22 cm. Schneide die kurze Röhre der Länge nach auf.
b) Male beide Röhren innen schwarz aus.
c) Rolle die kurze Röhre etwas zusammen, sodass sie in die lange Röhre gesteckt werden kann. Klebe die kurze Röhre zusammen, wenn sie den richtigen Durchmesser hat (▷B 2).
d) Befestige an einem Ende der langen Röhre mit Knetmasse die flache Linse mit der größeren Brennweite. Befestige am Ende der kurzen Röhre die Linse mit der kleineren Brennweite. Notiere auf der Pappröhre jeweils die Brennweite der Linse.
e) Stecke die kürzere Pappröhre mit dem offenen Ende voraus in die längere Röhre (▷B 2).

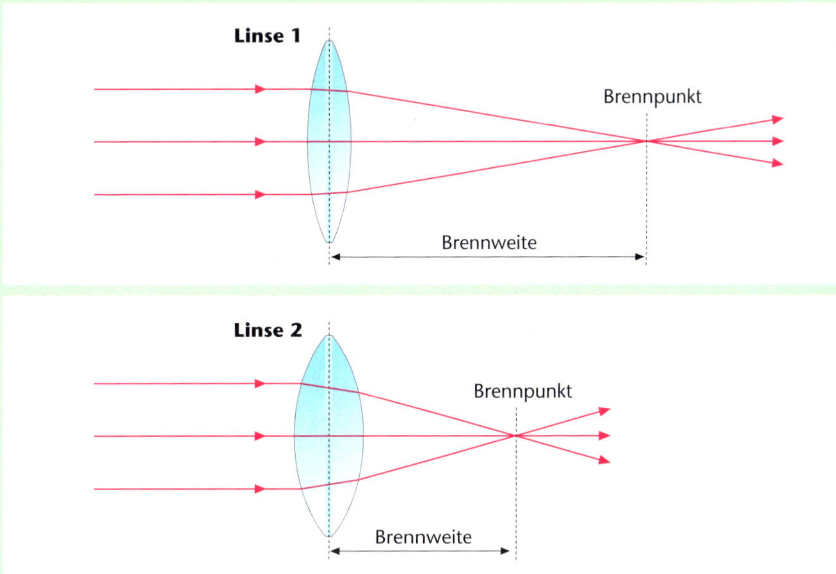

1 Linsen mit verschiedenen Brennweiten

Achtung: Du darfst **nie** mit bloßen Augen und erst recht nicht mit dem Fernrohr in die Sonne schauen! Schwerste Augenschäden wären die Folge!

So verwendest du dein Fernrohr

Nun ist dein einfaches Fernrohr fertig. Die Pappröhre mit der Linse kleinerer Brennweite ist das Okular. Dort schaust du hinein. Die andere Röhre ist das Objektiv.

Während du hindurchsiehst, musst du die Röhren so lange gegeneinander verschieben, bis ein scharfes Bild zu sehen ist.

Dein Fernrohr hat allerdings einen kleinen „Schönheitsfehler". Das Bild, das du siehst, steht auf dem Kopf. Das ist bei allen astronomischen Fernrohren so. Wenn du allerdings den Mond oder den Sternenhimmel betrachtest, spielt das keine Rolle.

Wie stark vergrößert dein Fernrohr?

Der Vergrößerungsfaktor deines Fernrohrs lässt sich berechnen.

Dazu dividiert man die Brennweite der Objektivlinse durch die Brennweite der Okularlinse.

Für dein Fernrohr bedeutet das:
20 cm : 5 cm = 4
Dein selbstgebautes Fernrohr vergrößert also vierfach.

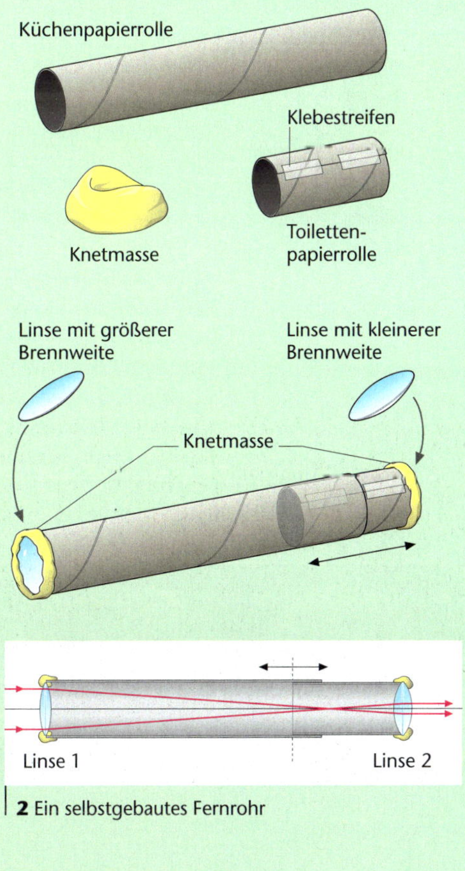

2 Ein selbstgebautes Fernrohr

Sonne, Mond und Sterne

Das Weltall
Das Weltall besteht aus vielen Milliarden Galaxien. Eine davon ist unsere Milchstraße. Sie hat einen Durchmesser von 100 000 Lichtjahren. Die Milchstraße umfasst mehrere hundert Milliarden Sterne. Unsere Sonne ist einer dieser Sterne.

Das Sonnensystem
Unser Sonnensystem besteht aus der Sonne und acht Planeten, die sie umkreisen. Die Planeten heißen Merkur, Venus, Erde, Mars, Jupiter, Saturn, Uranus und Neptun. Sie sind unterschiedlich groß und unterschiedlich aufgebaut.
Die meisten Planeten werden von einem oder mehreren Monden umrundet. Unsere Erde hat einen Mond, der Jupiter mindestens 61.

Die Sonne
Die Sonne ist ein riesiger glühender Gasball. Sie ist 13 000 000-mal größer und 330 000-mal schwerer als die Erde. In ihrem Innern herrschen Temperaturen von 15 000 000 °C, an der Oberfläche betragen sie noch 6 000 °C.

Auf der Oberfläche der Sonne bilden sich manchmal Sonnenflecken. Dort ist die Temperatur niedriger (etwa 4 500 °C). Bisweilen gibt es auf der Sonne gewaltige „Explosionen". Dabei werden große Mengen Gas ins Weltall geschleudert.

Unsere Erde
Die Erde steht, von der Sonne aus betrachtet, an dritter Stelle. Sie hat eine günstige Entfernung zur Sonne und eine Gashülle, die hauptsächlich Stickstoff und Sauerstoff enthält. Diese Voraussetzungen haben Leben auf der Erde ermöglicht.
Die Erde bewegt sich um ihre eigene Achse. Eine volle Umdrehung dauert 24 Stunden. Das entspricht in unserer Zeitmessung einem Tag. Wie die anderen Planeten bewegt sich auch die Erde um die Sonne. Die Dauer eines vollständigen Umlaufs um die Sonne beträgt etwas mehr als 365 Tage.

2 Unsere Erde

Der Mond
Der Mond ist ein Begleiter der Erde. Für einen Umlauf um die Erde benötigt er ca. 27 Tage. Dabei dreht er sich einmal um seine eigene Achse. Daher wendet er der Erde immer die gleiche Seite zu.
Der Mond zeigt sich, von der Erde aus betrachtet, in unterschiedlichen Mondphasen (▷ B 1) – von Neumond bis Vollmond.

Finsternisse
Bei der Mondfinsternis befindet sich der Mond im Erdschatten. Bei der Sonnenfinsternis wirft der Mond seinen Schatten auf die Erde.

Fernrohr
Ein einfaches Fernrohr besteht aus zwei Sammellinsen. Die vordere Linse ist das Objektiv, die zweite das Okular. Dies ist die Linse im Fernrohr die man ans Auge hält. Sie hat eine kleine Brennweite. Das Objektiv ist die Sammellinse mit der größeren Brennweite, am anderen Ende des Fernrohrs.

1 Abnehmender Mond

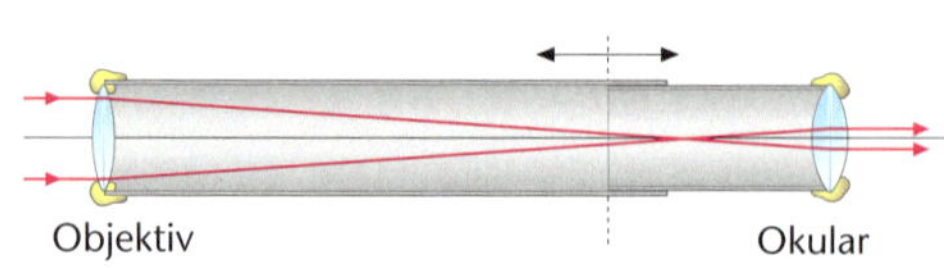

3 Ein selbstgebautes Fernrohr

4 Zu Aufgabe 4

5 Zu Aufgabe 10

6 Zu Aufgabe 12

Aufgaben

1 Erkläre, woher die Milchstraße ihren Namen hat.

2 a) Was ist ein Lichtjahr?
b) In einer Sekunde legt das Licht eine Entfernung von 300 000 km zurück. Berechne, welche Strecke das Licht in einer Minute, einer Stunde und an einem Tag zurücklegt.
c) Der Neptun ist der äußerste Planet unseres Sonnensystems. Er ist ca. 4 Lichtstunden von der Sonne entfernt. Gib die Entfernung in Kilometern an.

3 a) Erstellt in kleinen Gruppen Informationsplakate zu den einzelnen Planeten.
b) Tragt die Ergebnisse der Klasse vor und gestaltet in der Schule eine Informationswand mit dem Thema: „Die Planeten unseres Sonnensystems."

4 An den Polen der Erde kann man manchmal Leuchterscheinungen, so genannte Polarlichter beobachten (▷B4). Wie kommen sie zustande?

5 Vergleiche den Mars mit der Erde. Stelle die Eigenschaften der beiden Himmelskörper in einer Tabelle gegenüber.

6 Vergleiche Fernrohr und Mikroskop. Nenne Gemeinsamkeiten und Unterschiede.

7 Erkläre, warum uns der Mond immer die gleiche Seite zuwendet. Überlege dir einen Versuch, mit dem du das deinen Mitschülern zeigen und erklären kannst.

8 Gib an, welche Einflüsse der Mond auf die Erde hat.

9 Auf der Tagseite des Mondes herrschen Temperaturen von +117 °C, auf der Nachtseite betragen sie –173 °C. Wie ist dieser große Temperaturunterschied möglich? Was ist auf der Erde anders?

10 a) Erkläre, warum es häufiger Mondfinsternisse als Sonnenfinsternisse (▷B5) gibt.
b) Überlege, wie man die Finsternisse in einem Modell nachstellen kann.

11 Nimm einmal an, dass alle Sterne unserer Milchstraße dieselbe Entfernung voneinander haben. Nun verkleinert man alle Maße auf den billionsten Teil. Die Sterne besitzen dann etwa die Größe von Stecknadelköpfen und sind durchschnittlich 100 km voneinander entfernt.
Gib sechs Beispiele für europäische Städte an, die ebenfalls etwa 100 km voneinander entfernt sind. Wo könnten die Stecknadel-Sterne zu finden sein?

12 Heute beobachtet man Sterne und Galaxien kaum noch mit Fernrohren, sondern mit Spiegelteleskopen (▷B6).
a) Welche Unterschiede bestehen zwischen einem Fernrohr und einem Spiegelteleskop?
b) Welche Aufgabe hat der große nach innen gewölbte Spiegel?

13 Du möchtest ein Fernrohr nach der Anleitung auf Seite 107 bauen. Allerdings hast du nur Sammellinsen mit beispielsweise 250 mm, 300 mm, 100 mm und 50 mm Brennweite zur Verfügung.
a) Wie groß muss der Abstand zwischen Objektivlinse und Okularlinse sein, damit du bei einem weit entfernten Gegenstand ein scharfes Bild siehst? Führe mit verschiedenen Linsenkombinationen Versuche durch, um dies herauszufinden. Erstelle ein Protokoll zu deiner Untersuchung.
b) Erkennst du einen Zusammenhang zwischen dem erforderlichen Abstand der beiden Linsen und ihrer jeweiligen Brennweite?
Formuliere in deinem Protokoll einen Merksatz dazu.
c) Informiere dich über den Aufbau eines galileischen oder holländischen Fernrohrs. Nenne die Unterschiede zum keplerschen Fernrohr.

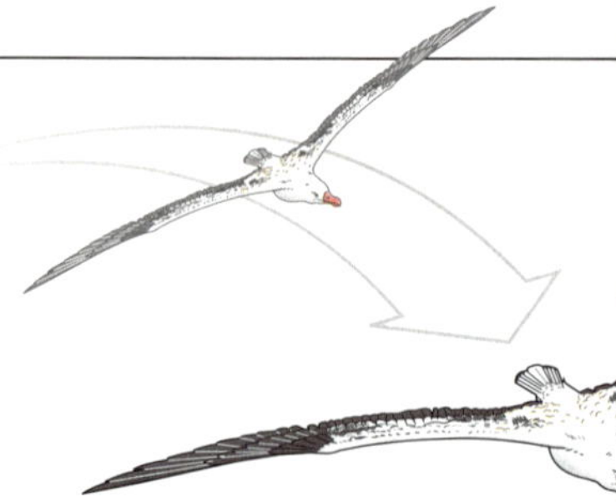

Bewegung
zu Lande, zu Wasser und in der Luft

Warum fliegen Flugzeuge? Warum steigt ein Heißluftballon? Welches Tier bewegt sich am schnellsten? Warum schwimmen Schiffe? Was ist umweltfreundlicher: eine Reise mit dem Flugzeug oder mit dem Auto?

Sicher hast auch du schon über die eine oder andere dieser Fragen nachgedacht. Tiere, Menschen, Maschinen – wenn du deine Umwelt genau betrachtest, kannst du tausende Körper beobachten, die sich bewegen. Sie fliegen, laufen, rollen, fahren, schwimmen, drehen sich… Doch so unterschiedlich die Bewegungen auch sind, es gibt Gemeinsamkeiten zwischen ihnen.

Schon seit vielen Jahrhunderten versucht der Mensch, Bewegungen und Antriebe von Lebewesen zu kopieren und technisch umzusetzen. Viele technische Entwicklungen wie z.B. ein Flugzeug oder ein Schiff haben ein Vorbild in der Natur. Voraussetzung dafür ist jedoch, dass man weiß, wie Bewegung entsteht und wie man sie beschreiben kann.

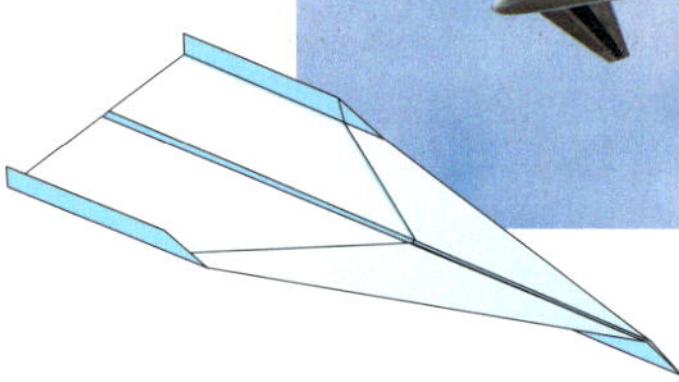

In diesem Kapitel wirst du die verschiedenen Bewegungen zu Lande, im Wasser und in der Luft genauer erforschen, ihre technischen Anwendungen kennen lernen und erfahren, was eigentlich die Ursache von Bewegung ist.

Alles in Bewegung

Ein Zylinder und knapp 1 PS

Mit der Patentschrift Nr. 37435 ließ sich KARL BENZ ein „Fahrzeug mit Gasmotorenbetrieb" schützen. Am 3. Juli 1886 fuhr er mit seinem Patent-Motorwagen durch Mannheim.
1909 stellte der Amerikaner HENRY FORD bereits die ersten „Fließband-Autos" her. Den ersten deutschen „Volkswagen" konstruierte FERDINAND PORSCHE im Jahr 1934.

- Wie entwickelte sich die Technik weiter? Wählt eine Automarke aus und verfolgt deren Geschichte. Präsentiert das Ergebnis eurer Nachforschungen mithilfe eines Zeitstrahls, den ihr z. B. auf eine Tapetenrolle malt.

- Welche Geschwindigkeiten erreichte man damals, welche heute?

Schnelle Roller

Selbst Anfänger können mit Inline-Skates leicht eine Geschwindigkeit von 20 km/h erreichen. Daher ist es sehr wichtig, die Fahrtechniken sicher zu beherrschen. Vor allem das richtige Abbremsen verringert den Anhalteweg und vermindert das Verletzungsrisiko deutlich.

- Sind Skater schneller als Radfahrer? Begründet eure Überlegungen.

- Welche Fahrtechniken gibt es, und welche Sicherheitsmaßnahmen sind nötig, um Verletzungen zu vermeiden?

- In eurer Umgebung gibt es bestimmt einen Verein, in dem man Inline-Skating trainieren kann. Informiert euch und erstellt ein Plakat mit allem Wissenswerten zu dieser Sportart.

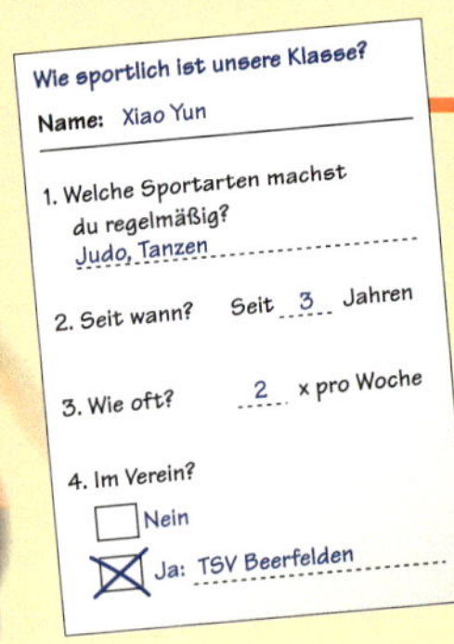

Wie sportlich ist unsere Klasse?

Name: Xiao Yun

1. Welche Sportarten machst du regelmäßig? Judo, Tanzen
2. Seit wann? Seit 3 Jahren
3. Wie oft? 2 x pro Woche
4. Im Verein?
☐ Nein
☒ Ja: TSV Beerfelden

Wie sportlich ist eure Klasse?

- Stellt mithilfe eines Fragebogens fest, welche Sportarten in eurer Klasse am häufigsten betrieben werden.
Wertet die Antworten mit einer Strichliste aus.

- Stellt mithilfe von Diagrammen eure Ergebnisse übersichtlich dar.

Bahn oder Auto?
Es gibt überzeugte Autofahrer, aber auch Menschen, die lieber mit der Bahn fahren.

● Was ist besser? Bildet zwei Gruppen und sucht für jedes Transportmittel jeweils Vor- und Nachteile. Führt eine Diskussion über diese Frage!

Zu jeder Zeit mobil
Ob beim Einkauf, im Urlaub oder in der Freizeit – einen Alltag ohne Auto oder Fahrrad können wir uns kaum noch vorstellen. Stell dir vor, du müsstest alles zu Fuß erledigen.

● Heute gibt es viele Verkehrsmittel. Erstellt mithilfe der Mind-Mapping-Technik eine Übersicht über verschiedene Verkehrsmittel und deren Geschwindigkeiten.

Die richtige sportliche Bewegung für dich
Du willst Sport treiben und dich bewegen? Dazu musst du herausfinden, welche Sportart am besten zu dir passt. Verschiedene Sportarten erfordern unterschiedliche Fähigkeiten.

● Ergänze die Liste mit den Sportarten, die du kennst. Welche Fähigkeiten brauchst du zum Ausüben und welche werden besonders trainiert?

● Deine Sportlehrerin oder dein Sportlehrer kennt deine Fähigkeiten. Welche Sportart würde sie/er dir empfehlen?

Sportart	Ausdauer	Kraft	Schnelligkeit	Gelenkigkeit	Mannschaftssport
Judo	+	++	++	+++	nein
Tanzen	++				
Eis laufen					
Fußball					
Rad fahren					
...					

Dein Körper reagiert auf Anstrengung
Wie reagiert dein Körper auf Dauerlauf? Überlege vorher, was du schon an Veränderungen kennst. Wenn du es nicht weißt, dann laufe einmal um den Schulhof. Welche körperlichen Veränderungen kannst du spüren?

● Plant jetzt in der Gruppe einen Versuch, wie ihr sehr genau durch Zahlen belegen könnt, was sich durch das Laufen im Körper kurzfristig verändert.

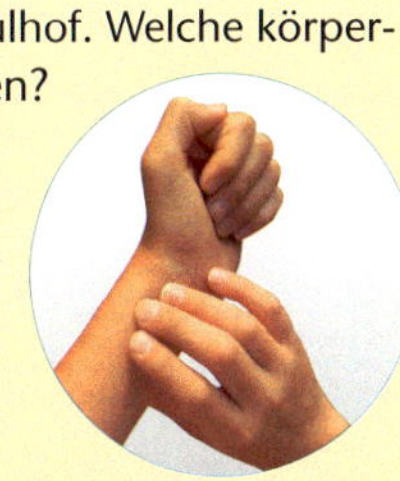

1 Hier erfährt man unterschiedlichste Bewegungen.

2 Das Space-Shuttle bremst mithilfe eines Schirms

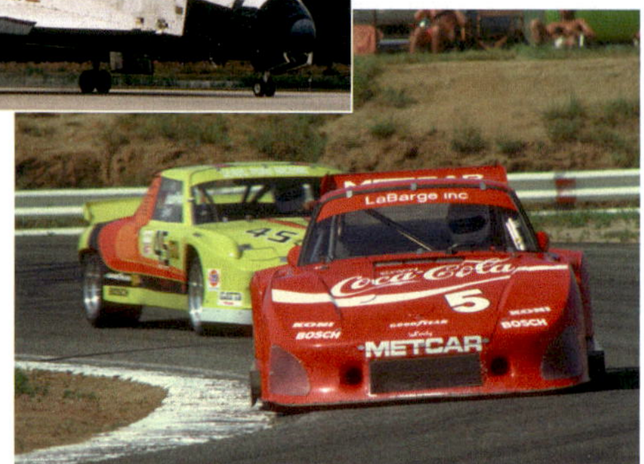

3 Kurvenfahrt auf einer Rennstrecke

Viele unterschiedliche Bewegungen
Fährst du mit der Achterbahn, kannst du die verschiedensten Bewegungsabläufe erleben: Der Wagen wird am Anfang der Fahrt mit einem Haken an einer Förderkette festgemacht. Die Förderkette zieht den Wagen gleichmässig die Achterbahn nach oben.

Am höchsten Punkt wird der Wagen aus dem Förderband ausgeklingt. Der Wagen rollt nun ohne Antrieb langsam weiter. Der Waagen fährt nun steil bergab, er wird immer schneller. In einer Linkskurve wirst du nach außen gedrückt, bei einem Looping in den Sitz gepresst. Zum Schluss wird der Wagen stark abgebremst, bis er zum Stehen kommt.

Alle diese Bewegungen erlebst du ganz unterschiedlich. Du kanst aber jede Bewegung mit ihrer Richtung und Geschwindigkeit genau beschreiben.

Die Richtung der Bewegung
Wird der Wagen auf den höchsten Punkt der Achterbahn gezogen, oder fährt er auf einer geraden Strecke, ändert sich die Fahrtrichtung nicht: Es geht immer geradeaus. Man bezeichnet dies als **geradlinige Bewegung**.
In einer Kurve oder in einem Looping ändert das Fahrzeug seine Fahrtrichtung ständig. Die Bewegung des Fahrzeugs ist dann nicht geradlinig.

▶ Bei einer geradlinigen Bewegung behält ein Körper seine Bewegungsrichtung bei. In einer Kurve oder einem Looping ist die Bewegung nicht geradlinig.

Die Geschwindigkeit der Bewegung
Auf der Achterbahn erlebst du auch unterschiedliche Geschwindigkeiten: Am Anfang fährst du zunächst mit einer geringen Geschwindigkeit bergauf.
Wenn du mit dem Wagen bergab fährst, wird das Fahrzeug immer schneller. Deine Geschwindigkeit nimmt zu.
Fährst du mit dem Wagen wieder bergauf, erlebst du den umgekehrten Fall: Deine Geschwindigkeit nimmt ab, das Fahrzeug wird langsamer.

Fährt der Wagen auf einem geraden und ebenen Teilstück, ändert sich seine Geschwindigkeit (fast) nicht. Ändert sich die Geschwindigkeit nicht, spricht man von einer **gleichförmigen Bewegung**.

▶ Bei einer gleichförmigen Bewegung ändert sich die Geschwindigkeit eines Körpers nicht.

Aufgaben

1 Gib an, wodurch sich eine Bewegung beschreiben lässt.

2 Finde zu den unterschiedlichen Bewegungsarten jeweils mindestens fünf Beispiele. Lege dazu eine Tabelle an.

3 In der Zeitung steht: „Der Bus bremste und die Insassen wurden nach vorn geschleudert." Meike glaubt dagegen, dass sich die Insassen einfach weiterbewegen, wenn der Bus bremst.
Untersuche, welche Aussage richtig ist.

Schnittpunkt

Skater und Radfahrer

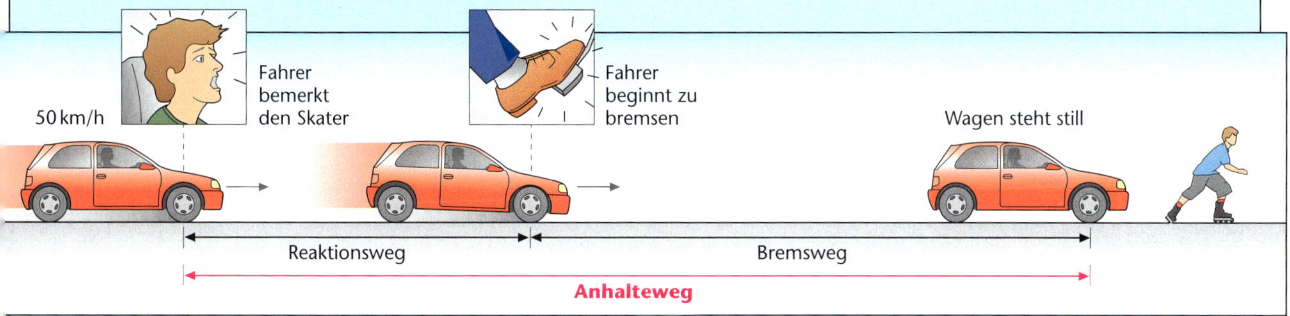

1 Anhalteweg

Radfahren – nicht immer ein Kinderspiel
Genau wie für Autos gilt auch für Fahrräder: Je größer die Geschwindigkeit, desto länger der Anhalteweg. Der Anhalteweg setzt sich aus dem Reaktionsweg und dem Bremsweg zusammen (▷ B 1):

Reaktionsweg + Bremsweg = Anhalteweg

Ein Erwachsener benötigt etwa eine Sekunde (die sog. Schrecksekunde), um die Gefahr zu erkennen und zu reagieren. Den Weg, den das Fahrzeug in dieser Sekunde noch ungebremst zurücklegt, nennt man Reaktionsweg. Der Bremsweg ist der Weg, den das Fahrzeug braucht, um bei Betätigung der Bremse bis zum Stillstand zu kommen.
Stelle dir vor, ein Radfahrer fährt mit 20 km/h. Das sind etwa 5,5 m/s. Plötzlich sieht er 5 m vor sich ein Hindernis.

2 Diese Verkehrszeichen musst du als Radfahrer und Skater unbedingt kennen.

Braucht der Radfahrer nur eine Sekunde um zu reagieren, so wird er auf das Hindernis vor ihm völlig ungebremst auffahren.

Sicherheit im Straßenverkehr
- Fahrradhelme schützen vor schweren Kopfverletzungen.
- Sind Radwege vorhanden, müssen sie genutzt werden. Gehwege sind für Radfahrer verboten.
- Für die Überquerung von Zebrastreifen und Bahnübergängen gilt: absteigen und das Fahrrad schieben.

Inline-Skating – aber sicher!
Inline-Skater sind fast so schnell wie Fahrradfahrer. Ein Skater sollte wissen, dass er – ausgehend von der gleichen Geschwindigkeit – einen größeren Anhalteweg als ein Fahrradfahrer benötigt. Die Technik der Inline-Skates ist inzwischen so ausgefeilt, dass schon Anfänger schnell auf 20 km/h kommen können. Daher ist es sehr wichtig, die Fahrtechniken sicher zu beherrschen. Ein schnelles und sicheres Bremsen verringert den Bremsweg erheblich und vermindert das Verletzungsrisiko.

Sicherheit im Straßenverkehr
- §1 der StVO gilt auch für Skater: Vorsicht und gegenseitige Rücksichtnahme. Die nötige Fairness gegenüber anderen Verkehrsteilnehmern ist Ehrensache für einen Skater.
- Schutzkleidung ist für die eigene Gesundheit wichtig. Dazu gehören: Protektoren für beide Knie, Ellenbogen und Handgelenke sowie ein Helm.
- Sei immer bremsbereit und fahre vorausschauend.
- Fahre rechts, überhole links. Mache dich rechtzeitig vorher bemerkbar.

Werkstatt

Wir messen Bewegungen

1 Wer benötigt die geringste Zeit?

Mehrere Schülerinnen bzw. Schüler sollen eine Strecke von 50 Metern laufen. Wer benötigt dafür die kürzeste Zeit?

Material

Stoppuhren, Bandmaß, Heft, Stift, Kreide

Versuchsanleitung

Weg in m	Zeit in s

1 Messwerttabelle

a) Messt auf dem Schulhof oder dem Sportplatz eine Strecke von 50 m ab. Markiert den Anfang und das Ende der Strecke mit Kreide.
b) Bestimmt jemanden, der das Startzeichen gibt, und mehrere Schülerinnen bzw. Schüler, die die Zeit messen. Außerdem benötigt ihr einen Protokollanten, der die gemessenen Zeiten in einer Tabelle (▷ B 1) notiert.
c) Auf ein Kommando starten die Läuferinnen bzw. Läufer. Gleichzeitig beginnen die Zeitnehmer mit der Messung. Im Ziel stoppen die Zeitnehmer ihre Uhren. Die gemessenen Zeiten werden in die Tabelle eingetragen.

Aufgaben

1. Woran könnt ihr erkennen, wer die größte Geschwindigkeit hatte?
2. Überlegt, wie ihr aus den Messwerten die Geschwindigkeiten der Läufer berechnen könnt.
3. Wiederholt den Versuch, messt jedoch nun alle 10 Meter die Zeit. Ist die Bewegung der Läufer gleichförmig? Begründet eure Antwort!

2 Wer läuft am weitesten?

Mehrere Schülerinnen bzw. Schüler sollen 3 Minuten lang laufen. Wer legt in dieser Zeit die längste Strecke zurück?

Material

Stoppuhr, Bandmaß, Heft, Stift, Kreide

Versuchsanleitung

a) Messt auf dem Schulhof einen Rundkurs ab. Alternativ könnt ihr auch die Laufstrecke auf dem Sportplatz benutzen.
b) Bestimmt einen Zeitnehmer, einen Protokollanten sowie mehrere Schülerinnen bzw. Schüler, die die Strecken messen.
c) Die Läuferinnen und Läufer starten auf ein gemeinsames Kommando. Gleichzeitig beginnt der Zeitnehmer mit der Zeitmessung.

Nach drei Minuten wird der Lauf gestoppt. Nun werden die Strecken gemessen, die die Läuferinnen und Läufer in dieser Zeit zurückgelegt haben.

Aufgaben

1. Woran könnt ihr erkennen, wer die größte Geschwindigkeit hatte?
2. Berechnet aus den Messwerten die Geschwindigkeiten der Läufer.

3 Das Zeit-Weg-Diagramm

a) Versucht, mit konstanter Geschwindigkeit auf dem Fahrrad zu fahren. Nehmt dazu einen Tacho zu Hilfe. Zeigt der Tacho tatsächlich die richtige Geschwindigkeit an? Seid kreativ und plant geeignete Versuche, um dies zu prüfen. Führt die Versuche möglichst mehrmals durch.
b) Erstellt eine Messwerttabelle. Tragt die gemessenen Werte in ein Diagramm ein (▷ B 2).

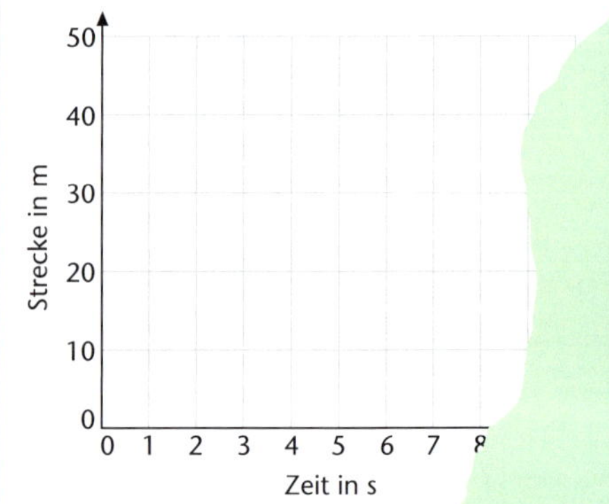

2 Zu Versuchsteil b

Aufgaben

1. Kannst du anhand des Diagramms erkennen, ob die Geschwindigkeit gleich bleibt?
2. Kannst du anhand des Diagramms erkennen, welches Fahrrad die größte Geschwindigkeit hatte?

1 Wer läuft am schnellsten?

Wer ist schneller?
Sonja lief im Sportunterricht 75 Meter in 12 Sekunden. Mischa war mit 10,5 Sekunden der Schnellere: Er hat für dieselbe Strecke weniger Zeit benötigt.
Nun möchte sich Sonja mit ihrer älteren Schwester Lisa messen. Lisa hat beim 100-Meter-Lauf eine Zeit von 17 Sekunden benötigt. Um die Geschwindigkeiten der beiden Mädchen vergleichen zu können, muss man den Weg betrachten, den jede in einer bestimmten Zeit zurücklegt. Diejenige, die z. B. in einer Sekunde die längere Strecke gelaufen ist, ist die Schnellere (▷ B 2).

Rechenbeispiel:
Wer war schneller, Sonja oder Lisa?

Sonja:
in 12 Sekunden lief sie 75 Meter, in 1 Sekunde lief sie 75 Meter/12 = 6,25 Meter

Lisa:
in 17 Sekunden lief sie 100 Meter, in 1 Sekunde lief sie 100 Meter/17 = 5,88 Meter

Sonja war somit die schnellere Läuferin.

2 Berechnung der zurückgelegten Strecken

Die Geschwindigkeit gibt an, welchen Weg ein Körper in einer bestimmten Zeit zurücklegt.

Berechnung der Geschwindigkeit
Die Geschwindigkeit kann man berechnen: Dazu muss man den zurückgelegten Weg durch die dafür benötigte Zeit dividieren:

$$\text{Geschwindigkeit} = \frac{\text{Weg}}{\text{Zeit}}$$

Die Einheit der Geschwindigkeit
Aus der Formel zur Berechnung der Geschwindigkeit lässt sich die zugehörige Einheit ableiten. Sie wird in m/s angegeben (lies: Meter pro Sekunde). Häufig verwendet wird auch die Einheit km/h (lies: Kilometer pro Stunde).

Momentangeschwindigkeit
Wenn man mit dem Auto unterwegs ist, dann ist es wichtig immer zu wissen, wie schnell man gerade ist. Dafür braucht man einen **Tachometer**, auch kurz „Tacho" genannt (▷ B 3).
Ein Tachometer gibt die Geschwindigkeit meist in der Einheit Kilometer pro Stunde (km/h) an. Die Geschwindigkeit eines Fahrzeugs in einem bestimmten Moment nennt man **Momentangeschwindigkeit**.

Ein Tachometer misst die Momentangeschwindigkeit.

Durchschnittsgeschwindigkeit
Ein Bus im Straßenverkehr muss an Ampeln und Haltestellen anhalten, anschließend beschleunigt er wieder. Auch ein Auto auf der Autobahn fährt nicht immer mit gleich bleibender Geschwindigkeit. Wenn sich eine Bewegung aus verschiedenen Bewegungsarten zusammensetzt, kann man die **Durchschnittsgeschwindigkeit** angeben. Dazu teilt man den gesamten zurückgelegten Weg durch die insgesamt dafür benötigte Zeit.

3 Fahrradtachometer

Aufgaben

1 Auf der Jagd legt ein Gepard (▷ B 4) eine Strecke von 50 Metern in einer Zeit von nur 1,6 Sekunden zurück. Berechne seine Geschwindigkeit.

2 Wer von euch kommt mit welchem Verkehrsmittel zur Schule? Wie lang ist euer Schulweg? Wie viel Zeit benötigt ihr dafür? Berechnet eure Durchschnittsgeschwindigkeit.

3 Du hast dir einen Tacho für dein Fahrrad gekauft. Bevor du ihn benutzen kannst, musst du die Reifengröße einstellen. Erkläre den Grund dafür.

4 Geparden sind schnelle Jäger.

Schnittpunkt

Geschwindigkeiten in Natur und Technik

1 Gepard und Gazelle

Räuber und Beute

In der Tierwelt hängt das Überleben oft von der Schnelligkeit des einzelnen Tiers ab. Geparden müssen schnell sein, um erfolgreich jagen zu können (▷ B 1). Aber Gazellen sind für Geparden nur schwer erreichbar, weil sie fast ebenso schnell und zudem sehr wendig sind.

Für Zugvögel ist es wichtig, in einer möglichst kurzen Zeit aus ihren Winterquartieren in Afrika ins Brutgebiet zu fliegen. Meistens sieht man den Tieren schon am Körperbau an, dass sie schnell laufen, fliegen oder schwimmen können. Es gibt Tiere, die ganz unglaubliche Geschwindigkeiten erreichen können. Ein Laufkäfer legt in einer Sekunde 20 Zentimeter zurück, das ist das Zwanzigfache seiner eigenen Körperlänge.

	Zeit	Geschwindigkeit
Marathon (Männer)		
1900 (40,260 km)	2:59:45 h	13,3 km/h
2008 (42,195 km)	2:03:59 h	20,5 km/h
800-m-Lauf (Frauen)		
1928	2:16,80 min	20,9 km/h
2003	1:53,28 min	25,4 km/h
3 000-m-Eisschnelllauf (Frauen) 2007	3:59,47 min	45,1 km/h
Ski-Abfahrtslauf (Männer) 1994	1:45,75 min	102,2 km/h

3 Sportliche Spitzenleistungen

Schneller, höher, weiter

Bei vielen Sportarten geht es darum, wer der oder die Schnellste ist (▷ B 3). Der Amerikaner Thomas Burke siegte im Jahr 1896 bei den ersten Olympischen Spielen der Neuzeit im 100-Meter-Lauf mit einer Zeit von 12,0 Sekunden. In Peking im Jahr 2008 gewann Usain Bolt (Jamaika) mit nur 9,69 Sekunden. Das entspricht etwa 37 km/h. Das sind 7 km/h mehr als vor 112 Jahren.

Auf eine besonders hohe Geschwindigkeit kommen Wintersportler, z. B. Bobfahrer. Sie erreichen inzwischen ca. 140 km/h.

Wie schnell ist ein Regentropfen?

Bei Sprühregen bemerkst du nur ganz feine Wassertröpfchen, beim sommerlichen Landregen sind die Tropfen schon größer und auch schneller. Am schnellsten sind die Regentropfen bei Platzregen.

Sprühregen ca. 0,5 m/s
Landregen ca. 2 – 3 m/s
Platzregen ca. 6 – 7 m/s

2 Welche Strecke wird in einer Sekunde zurückgelegt?

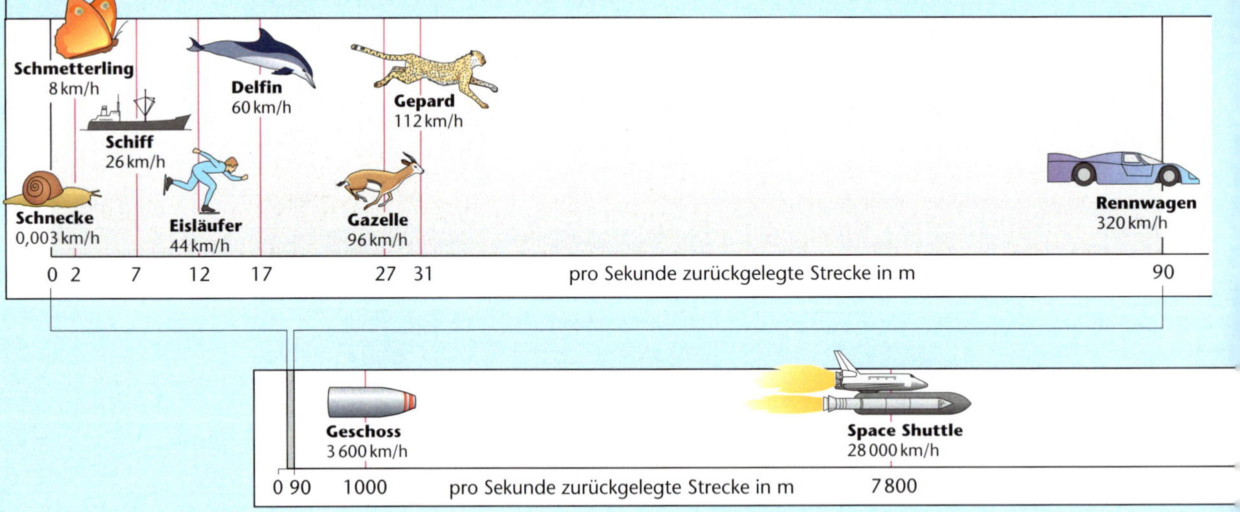

Windstärke	Windgeschwindigkeit	Bezeichnung
2	$6-11\ \frac{km}{h}$	leichte Brise 
4	$20-28\ \frac{km}{h}$	mäßiger Wind 
6	$39-49\ \frac{km}{h}$	starker Wind 
8	$62-74\ \frac{km}{h}$	stürmischer Wind 
10	$89-102\ \frac{km}{h}$	schwerer Sturm 
12	über $118\ \frac{km}{h}$	Orkan 

4 Beaufort-Skala

Windstärken
Um eine Luftströmung genau zu beschreiben, müssen ihre Richtung und ihre Stärke angegeben werden. Der britische Admiral Sir Francis Beaufort (1774–1857) hat sich dazu 1805 eine Skala ausgedacht (▷ B 4). Dabei bedeutet die Stärke 0 absolute Windstille. Die höchste Stärke legte Beaufort mit 12 fest. Das ist dann schon ein Orkan.

„Und sie bewegt sich doch!"
Dieser Ausspruch soll von Galileo Galilei stammen. Unsere Erde bewegt sich tatsächlich immer. Sie dreht sich um sich selbst und um die Sonne. Mit einer Geschwindigkeit von etwa 30 km/s (▷ B 2) schafft sie es, sich auf ihrer Bahn in 365,25 Tagen um die Sonne zu bewegen.
Fliegt ein Raumschiff um die Erde, bewegt es sich in einer Sekunde 8 km weit. Die bis jetzt größte bekannte Geschwindigkeit hat das Licht mit 300 000 km/s. Auch die Funksignale von den Nachrichtensatelliten haben Lichtgeschwindigkeit.

Geschwindigkeit in Knoten
Die Seefahrer benutzten früher ein Log (▷ B 5) – ein Brett, das an einer langen Leine hing. Die Leine war in regelmäßigen Abständen mit Knoten versehen. Wurde das Log über Bord des fahrenden Schiffes geworfen, blieb das Brett auf dem Wasser zurück und der Messende zählte nun die Knoten, die in einer bestimmten Zeit durch seine Hand liefen.
Auch heute noch wird die Geschwindigkeit von Schiffen in Knoten angegeben:
1 Knoten = 1 Seemeile pro Stunde
1 Seemeile (1 sm) = 1 852 Meter
Ein Fang- und Verarbeitungsschiff der Hochseefischer erreicht etwa 14 Knoten.
$14\,sm/h = 14 \cdot 1\,852\,m/h = 25\,928\,m/h$
Das sind 25,9 km/h.

5 Seefahrer mit Log

Erde
108 000 km/h

30 000

1 Auch ein Sportler braucht Energie.

2 Hier wird viel Energie benötigt.

Ohne Energie läuft nichts

Eine startende Rakete, flitzende Rennwagen, sportliche Höchstleistungen, funkelnde Leuchtreklame – all das wäre ohne Energie undenkbar (▷ B 1, B 2).
Denn damit Maschinen und Geräte betrieben werden können, brauchen sie **Energie**. Auch du brauchst Energie zum Laufen, zum Radfahren oder zum Fußballspielen.

▶ Um einen Körper zu bewegen, ihn zu erwärmen oder zum Leuchten zu bringen, ist Energie notwendig.

Energieträger

Von einem Stück Kohle weißt du, dass es Energie gespeichert hat. Das kannst du zeigen, indem du die Kohle anzündest. Kohle ist ein **Energieträger**. Durch das Verbrennen der Kohle kann man z. B. Wasser erhitzen. Damit ist Energie von der Kohle an das Wasser übergegangen.

In der Natur gibt es viele weitere Energieträger: Erdöl und Erdgas, Nahrungsmittel, Wasser, Wind und die Sonne sind einige Beispiele dafür.

Energie in vielen Varianten

Alle Energieträger haben gemein, dass sie Energie besitzen. Allerdings unterscheidet sich die Form der Energie, die sie enthalten.

Wenn in einem Wasserkraftwerk die Turbinen durch strömendes Wasser angetrieben werden, nutzt man z. B. die **Bewegungsenergie** des Wassers. Wenn du mit dem Fahrrad einen Berg hinauffährst, erhöht sich deine **Höhenenergie** (▷ B 3).
Die in Kohle, Benzin, Erdgas und in der Nahrung gespeicherte Energie heißt **chemische Energie** und elektrischer Strom transportiert **elektrische Energie** zu Geräten wie Glühlampen oder Elektromotoren (▷ B 3).

Energie – ein Verwandlungskünstler

Die Energie, die in den verschiedenen Energieträgern gespeichert ist, kann umgewandelt werden.
Nach einem guten Frühstück hast du z. B. genug Energie, um mit dem Fahrrad einen Berg hinauf zu fahren. Die chemische Energie der Nahrung wird dabei über deine Muskeln in Bewegungsenergie und Höhenenergie umgewandelt.
Fährst du wieder bergab, wirst du schneller. Du verlierst an Höhenenergie, gewinnst aber an Bewegungsenergie. Beim Bremsen entsteht durch die Reibung Wärme. Ein Teil der Bewegungsenergie wird in Wärmeenergie umgewandelt.

Energie geht nicht verloren

Wenn Energie umgewandelt bzw. auf einen anderen Körper übertragen wird, geht keine Energie verloren. Allerdings entsteht in vielen Fällen bei der Umwandlung auch

Beispiel				
Energieträger	Wasser	Radfahrer	Nahrung	elektrischer Strom
Energieform	Bewegungsenergie	Höhenenergie	chemische Energie	elektrische Energie

3 Beispiele für Energieformen und Energieträger

Wärmeenergie, z. B. wenn du bergab auf die Bremse deines Fahrrads trittst. Diese Wärmeenergie wird an die Umgebung abgegeben und lässt sich nicht mehr nutzen.

Energie kann auf einen anderen Körper übertragen oder in eine andere Energieform umgewandelt werden. Dabei geht keine Energie verloren.

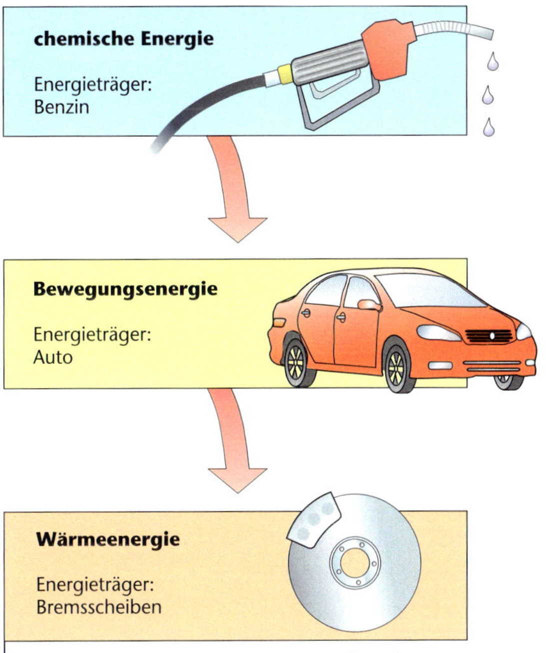

4 Ablaufdiagramm der Energieumwandlung beim Auto

Aufgaben

1 Erläutere das Ablaufdiagramm in Bild 4.

2 Der Begriff Energie stammt von dem griechischen Wort „enérgeia" ab. Er bedeutet soviel wie Wirksamkeit. Erkläre, was man mit Energie bewirken kann.

3 Gib an und begründe, ob es sich bei folgenden Beispielen um einen Energieträger oder eine Energieform handelt: Spannenergie, Licht, heißes Wasser, Benzin.

Schnittpunkt

Kosten der Mobilität

1 Warenangebot aus aller Welt

2 Billigflüge machen Lust auf Reisen

Der Nutzen der Mobilität ...

Heutzutage sind wir es gewohnt, mobil zu sein. So besitzt fast jede Familie mindestens ein Auto. Es wird täglich genutzt, um z. B. bequem einkaufen zu gehen, zur Arbeit, zum Musikunterricht oder ins Training zu kommen.
Aber auch die Waren im Supermarkt haben teilweise lange Reisewege hinter sich: Dort findet man Obst und Gemüse aus Südeuropa, Fleisch aus Südamerika oder Elektrogeräte aus Asien.

... und ihre Kosten

Was für uns inzwischen selbstverständlich ist, bringt erhebliche Probleme mit sich: Denn um mobil zu sein, benötigt man Energie.
Der für den Verkehr wichtigste Energielieferant ist das Erdöl. Weil die Erdölvorräte aber begrenzt sind, werden Benzin, Diesel usw. in Zukunft wahrscheinlich immer teurer. Außerdem entstehen bei der Umwandlung der chemischen Energie des Treibstoffs in Bewegungsenergie des Fahrzeugs Abgase. Sie enthalten Stoffe, die die Gesundheit der Menschen und die Umwelt belasten.

Zunehmende Mobilität hat aber noch weitere Nachteile: Zum Beispiel kann Verkehrslärm Menschen stören oder sogar krank machen und durch zu viele Autos auf den Straßen entstehen Staus.

Überlege nun einmal gemeinsam mit deinen Mitschülern: Wie sich könnten sich diese Probleme lösen lassen, ohne dass die Mobilität der Menschen zu stark eingeschränkt wird?

3 Erhöhte Mobilität verursacht Staus und schadet der Umwelt

1 Energiebedarf pro Stunde für verschiedene Tätigkeiten

Was bedeutet „kJ"?
Um die Körpertemperatur auf 37° C zu halten, braucht dein Körper Energie. Auch für verschiedene Tätigkeiten und Bewegung wird Energie benötigt. Abbildung 1 zeigt dir den Energiebedarf einiger Aktivitäten. Die Werte beziehen sich immer auf eine Stunde. Energie wird in der Einheit Joule (J) gemessen. Meist wirst du aber die Angabe kJ für Kilojoule finden.

Energie wird in Joule (J) gemessen.
1 Kilojoule sind 1000 J (1 kJ = 1000 J)

Energie im Essen
Die Nahrungsmittel, die du isst, werden im Körper verarbeitet und liefern dann – je nach Art und Menge – unterschiedlich viel Energie. Mithilfe dieser Energie funktionieren deine Organe und Sinne und du kannst körperliche und geistige Arbeit leisten.
Jungen und Mädchen im Alter von 10 bis 12 Jahren haben täglich einen Energiebedarf von ungefähr 10 000 kJ.
Wie viel Energie ein Nahrungsmittel enthält, ist oft auf den Verpackungen angegeben. Wenn sich die Angaben jeweils auf 100 g beziehen, kannst du die Lebensmittel leicht miteinander vergleichen.

Werkstatt

Nahrungsmittel enthalten Energie

Unser Körper benötigt Energie. Diese Energie nimmt er aus Nahrungsmitteln. Du kannst zeigen, dass in Nahrungsmitteln Energie steckt!
Achtung die Materialien können sehr heiß werden!

Material
Pflanzenöl, Stück Stoff als Docht, Zuckerwürfel, etwas Asche, zwei leere Teelichter, zwei Bechergläser, zwei Reagenzgläser, Wasser, Thermometer, Stativ mit Klemme und Muffe, Schutzbrille

Versuchsanleitung
Baue den Versuch auf wie in Bild 1 gezeigt. Lasse zuerst den Zuckerwürfel mit etwas Asche bestreut im leeren Teelicht verbrennen. Miss die Temperatur des Wassers im Reagenzglas, vor und nachdem der Zucker verbrannt ist. Wiederhole den Versuch mit Pflanzenöl. Miss auch – nachdem das Öl ausgebrannt ist – die Temperatur im Wasser.

Aufgabe
1. Welche Versuchsbedingungen müssen gleich sein, damit man die Ergebnisse vergleichen kann?
2. Was kann man über den Energiegehalt von Zucker und Pflanzenöl sagen?

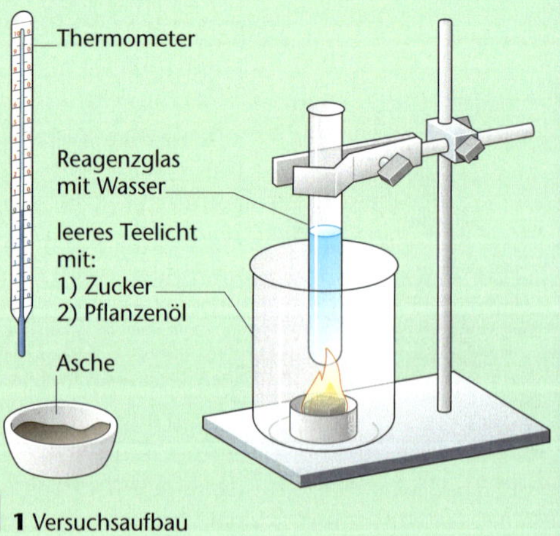

1 Versuchsaufbau

Schlag auf Schlag – mit Herz und Puls
Bei Anstrengung, zum Beispiel beim schnellen Laufen, braucht dein Körper mehr Energie als in Ruhe (▷ B 1 auf Seite 122). In den Muskeln werden jetzt verstärkt Sauerstoff und Nährstoffe gebraucht. Darum pumpt das Herz schneller und kräftiger. Du spürst es heftig im Brustkorb schlagen. Das Herz treibt das Blut mit großem Druck durch die Adern.

Aber auch in Ruhe ist der Herzschlag so kräftig, dass du ihn an verschiedenen Stellen des Körpers tasten kannst. Er kommt zustande, weil das Blut als Druckwelle bei jedem Herzschlag ausgestoßen wird und an die Wände der Adern stößt. Dort spürt man den Druck des Blutes als Pulsschlag.

Den tastbaren Herzschlag nennt man Puls. Jeder Pulsschlag entspricht einem Herzschlag.

Den Puls kannst du überall dort ertasten, wo Adern direkt unter der Haut liegen. Am besten geht das oberhalb des Handgelenks oder an der Halsschlagader. Hier kannst du deine Arterien direkt „pulsen" sehen.

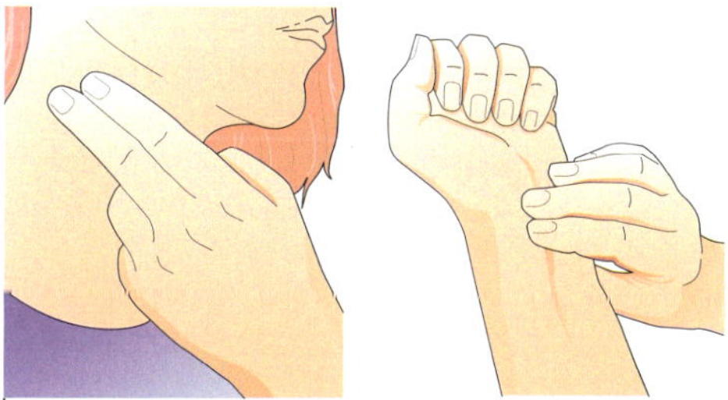
1 Pulsmessung am Hals und Handgelenk

Außer Atem?
Toni ist zu spät aufgestanden und muss zum Schulbus rennen. Sein Herz rast und er ist außer Atem.
Wenn du dich anstrengst, arbeiten Herz und Kreislauf auf Hochtouren. Auch deine Lunge muss durch verstärkte Atmung größere Mengen Sauerstoff „nachliefern" und Kohlenstoffdioxid schneller abgeben. Das schnelle Heben und Senken deines Brustkorbs nennt man **Brustatmung**. Atmest du ruhig ein und aus, wölbt sich dein Bauch nach vorn. Das nennt man **Bauchatmung**.
Brust- und Bauchatmung werden gleichzeitig zum Atmen benötigt. Ein Erwachsener atmet in Ruhe etwa 12 mal in der Minute ein und aus, Säuglinge viel öfter: 30 bis 40 mal in der Minute. Bei großer körperlicher Anstrengung atmet man sehr schnell.

Die Atemzüge pro Minute nennt man Atemfrequenz. Sie ist abhängig vom Alter und der körperlichen Belastung.

Die Atemfrequenz wird vom Gehirn gesteuert. Es reagiert sehr empfindlich darauf, wie viel Sauerstoff oder Kohlenstoffdioxid im Blut gelöst sind. Steigt die Kohlenstoffdioxid-Konzentration im Blut an und fehlt Sauerstoff, sendet das Gehirn Impulse an die Atemmuskulatur: du musst besonders tief oder schneller ein- oder ausatmen.

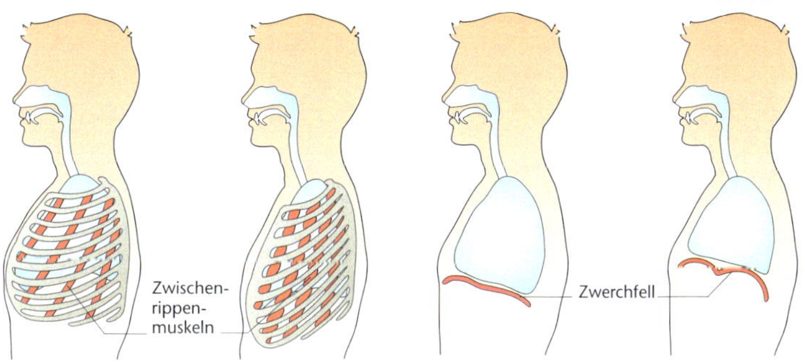

2 Brust- und Bauchatmung

Aufgaben

1 Arbeite mit einer Mitschülerin oder einem Mitschüler zusammen
Miss die Zahl der Pulschläge pro Minute.
a) während des Liegens, b) während des Stehens, c) nach 50 Schritten, d) nach 20 Kniebeugen, e) nach 50 m Sprint
Tragt alle Werte in eine Tabelle ein.

2 Sammelt die Werte aller Gruppen. Berechnet den Klassendurchschnitt mit einem Computerprogramm.

3 Bestimme deine Atemfrequenz in Ruhe und nach verschiedenen Tätigkeiten. Werte die Ergebnisse aus wie bei der Bestimmung der Pulsschläge.

4 Die 30 Schüler der Klasse 6b haben heute in einem kleinen Kellerraum Biologieunterricht. Nach einer Viertelstunde fangen alle an zu gähnen. Welche Ursache vermutest du?

5 Kennst du Atemübungen, die der Entspannung dienen?

Muskeln sorgen für Bewegung

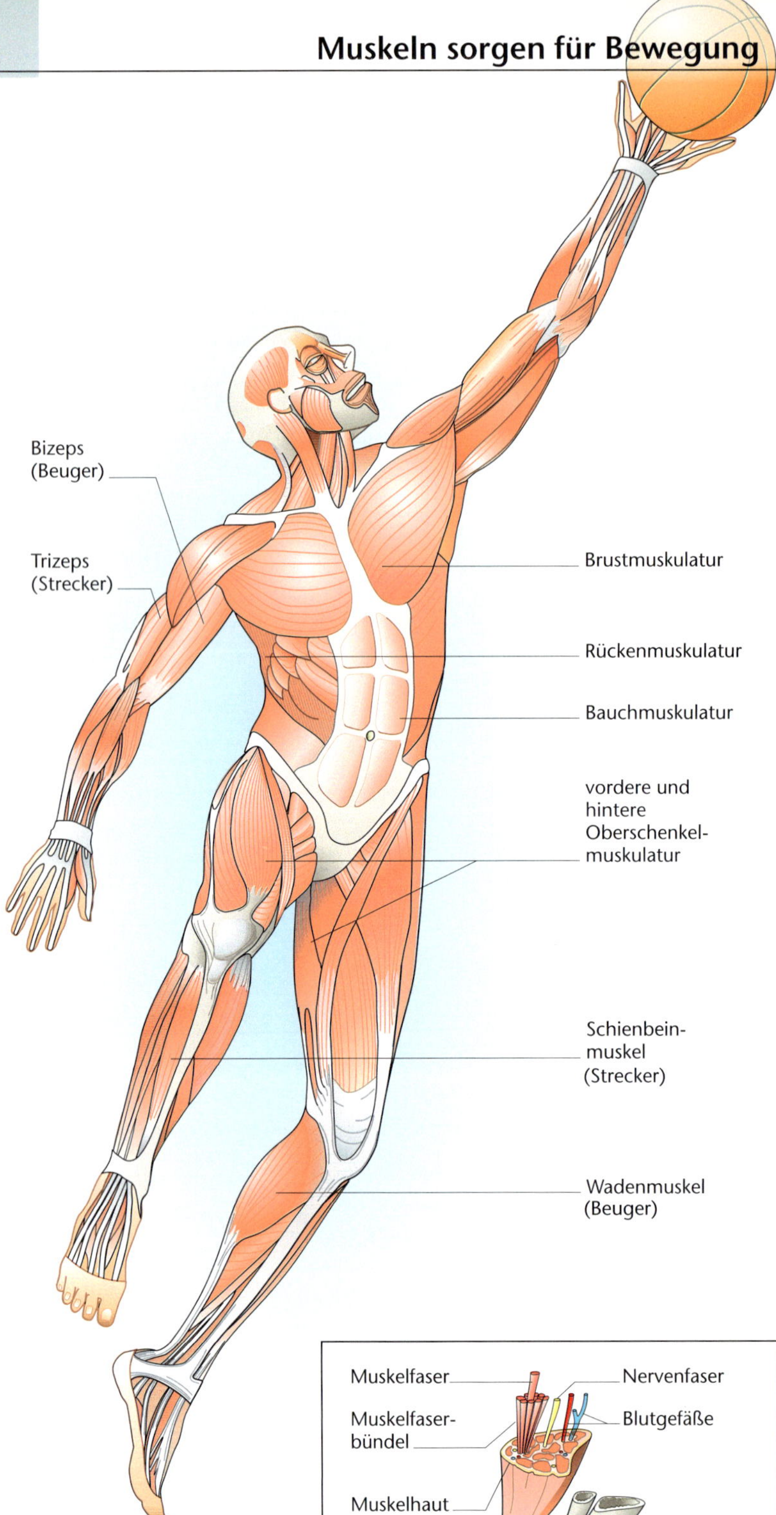

1 Muskulatur des Menschen

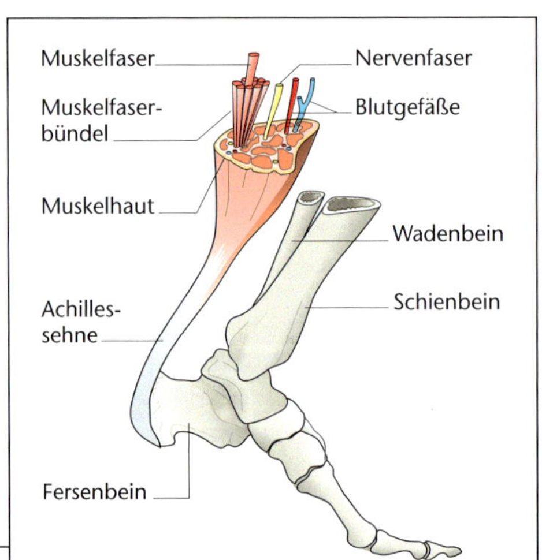

2 Aufbau des Muskels

Muskelsache

In Abbildung 1 siehst du die Muskulatur eines Basketballspielers in der Wurfbewegung. Die **Muskeln** sorgen dafür, dass er sich bewegen kann und dass er seine Gliedmaßen anwinkeln und strecken kann.
Auch wenn du auf einem Stuhl sitzt, halten dich Muskeln aufrecht. Die Gesichtsmuskeln bestimmen deinen Gesichtsausdruck. Insgesamt verfügt jeder Mensch über mehr als 600 Muskeln. Einer davon bringt dein Blut in Bewegung. Es ist das **Herz**. Auch die Wände von Magen und Darm bestehen aus Muskulatur.
Alle deine Muskeln zusammen machen fast die Hälfte deines Körpergewichts aus.

▶ Für alle Bewegungen braucht der Mensch Muskeln.

Wie ist ein Muskel aufgebaut?

Wenn du dir ein Stück Fleisch anschaust, siehst du einen tierischen Muskel. Der Muskel des Menschen ist genauso gebaut (▷ B 2).

Der kleinste Bestandteil ist die **Muskelfaser**. Sie ist mit bloßem Auge nicht sichtbar, erst unter dem Mikroskop kannst du sie erkennen. Viele dünne Muskelfasern werden durch eine Bindehaut zusammengehalten und bilden ein **Muskelfaserbündel**. Die Muskelfaserbündel liegen eingebettet in Bindegewebe und werden von der **Muskelhaut** umschlossen.

Zwischen den Muskelfaserbündeln befinden sich Blutgefäße. In ihnen wird das Blut transportiert, das den Muskel ernährt. Die Enden des Muskels werden von Muskelhaut gebildet, sie werden **Sehnen** genannt. Über die Sehnen sind die Muskeln an einem Knochen befestigt.
An deiner Achillessehne an der Ferse (▷ B 2) kannst du ertasten, wie fest eine Sehne ist.

▶ Der Muskel besteht aus Muskelfaserbündeln, die von Muskelhaut umhüllt sind. Er endet in einer Sehne, die am Knochen ansetzt.

Wie arbeitet ein Muskel?

Jeder Muskel kann sich zusammenziehen. Dabei wird er fester und dicker.
Wenn sich der Muskel zusammenzieht, wird der Knochen, der über eine Sehne mit diesem Muskel verbunden ist, in eine andere Lage gebracht.

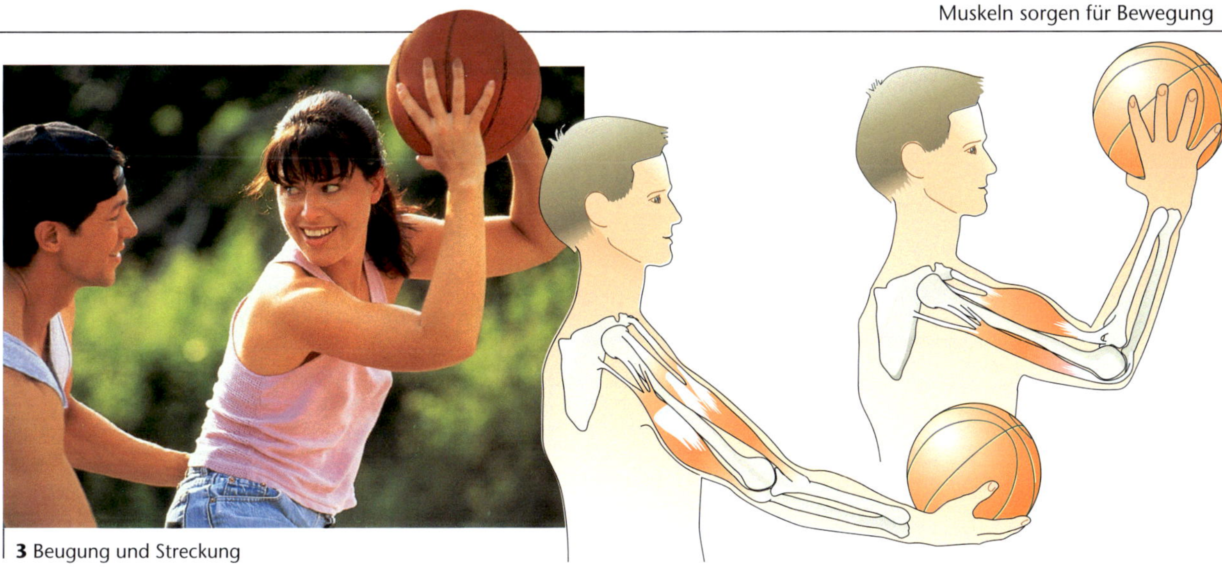
3 Beugung und Streckung

Entspannt sich der Muskel, wird er wieder länger und der Knochen bewegt sich zurück in die Ausgangslage.

Muskeln können sich zusammenziehen und die Lage von Knochen dadurch verändern.

Muskeln arbeiten immer im Team
Wenn du deinen Arm beugst, wird dein Unterarm an den Oberarm herangezogen. Der Muskel, der sich dabei verkürzt, heißt **Bizeps**. Er ist ein Beugemuskel.

Um den Arm zu strecken, muss der Beugemuskel wieder gedehnt werden. An der Rückseite des Oberarms arbeitet ein anderer Muskel. Er streckt dem Arm im Ellenbogengelenk. Dieser Muskel heißt **Trizeps** und ist ein Streckmuskel.

Es gehören immer zwei Muskeln zusammen, die entgegengesetzt wirken. Diese Muskeln heißen **Gegenspieler**.

Muskeln arbeiten an einer Bewegung immer als Gegenspieler.

Werkstatt

Muskeln arbeiten im Team

1 Muskelbewegungen spüren

Versuchsanleitung
Nimm ein Buch in die rechte Hand. Strecke den Arm langsam aus und winkle ihn dann wieder an.
Ertaste bei beiden Bewegungen den Muskel auf dem Oberarm und an der Rückseite des Oberarms in der Nähe des Ellenbogens. Was spürst du?
Notiere deine Beobachtungen.

Aufgabe
Vergleiche dein Ergebnis mit der Abbildung 3.

2 Beuger-Strecker-Modell

Material
Feste Pappe, 2 Gummibänder, Rundkopfklammer, Schere, Locher

Versuchsanleitung
Schneide aus Pappe die beiden Teile für Ober- und Unterarm aus. Verbinde nun beide Teile wie in Bild 1 zu sehen mit der Rundkopfklammer. Stanze vier Löcher in die zwei Teile und befestige die beiden Gummibänder auf der Rückseite.
Welches Gummiband entspricht dem Beuger und welches dem Strecker?
Wie verändern sich die Gummibänder beim Bewegen des Arms?

Aufgaben
1. Erkundige dich über das Auftreten von Muskelkater.

2. Beuge und strecke das Fußgelenk. Beobachte, welche Muskeln du dabei anspannst.

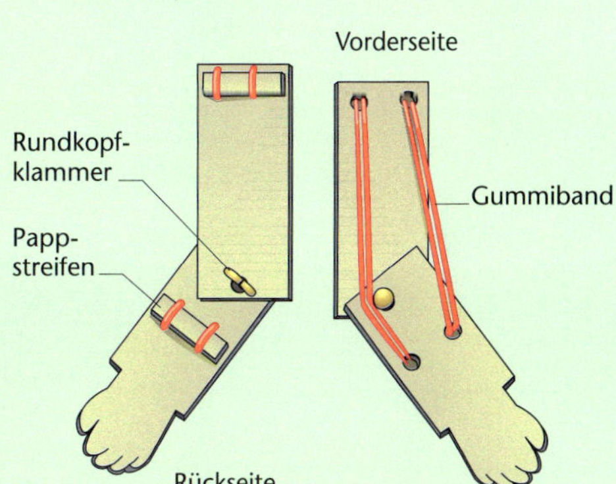

1 Modell zur Armmuskulatur

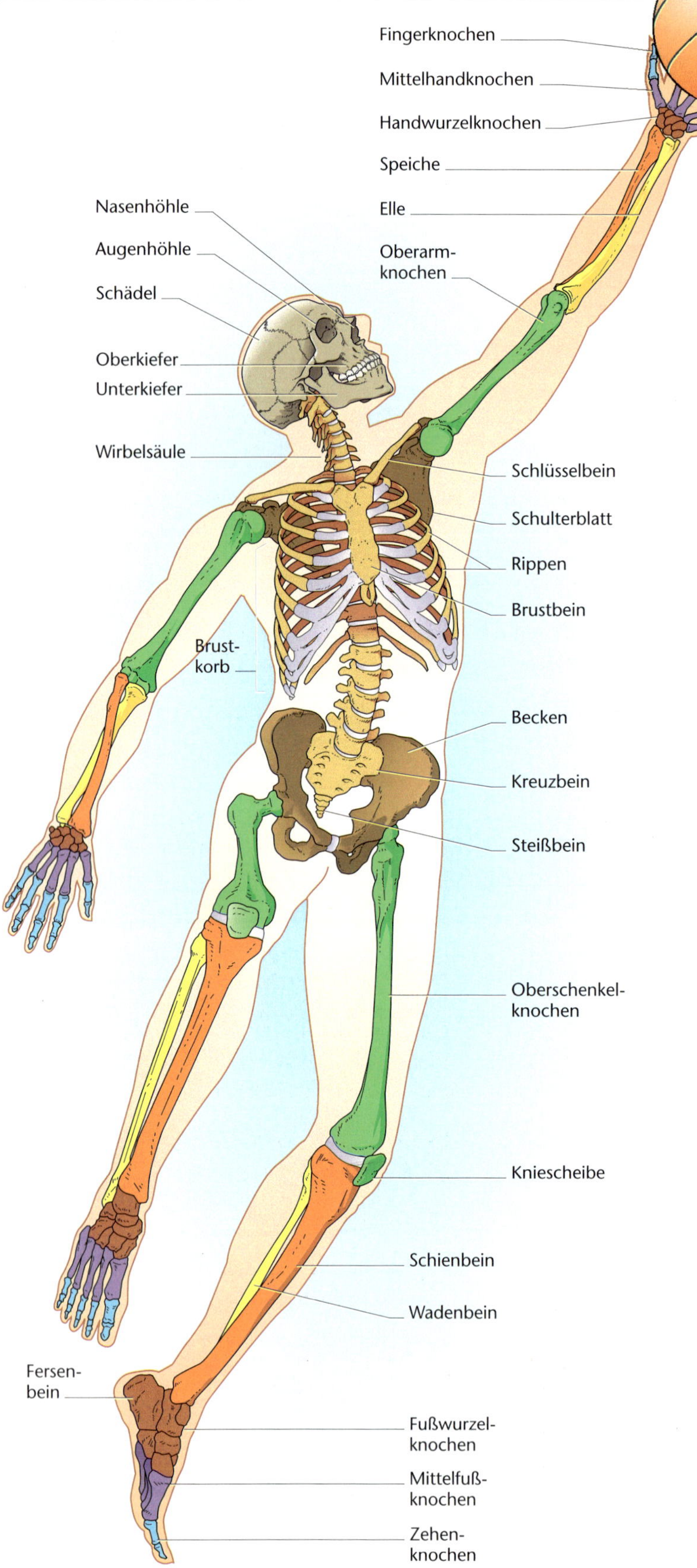

1 Skelett des Menschen

Bei jeder Bewegung wird dein Körper belastet. Wenn du springst, muss er die Erschütterung beim Aufsetzen ausgleichen, wenn du hinfällst, muss er den Aufprall abfangen. Das funktioniert nur, weil er aus über 200 Knochen zusammengesetzt ist: dem **Skelett**.
Deinem Skelett verdankst du den aufrechten Gang und in Verbindung mit Muskeln und Sehnen die Möglichkeit, dich zu bewegen. Außerdem bietet es wichtigen Organen wie Gehirn, Herz und Lunge Schutz vor Verletzungen.

Knochen stützen den Körper und schützen zahlreiche innere Organe.

Mitten durch deinen Oberkörper verläuft eine Stütze

Die Wirbelsäule verbindet den Schädel mit dem Becken. Sie verläuft durch den Schwerpunkt und die Mitte deines Körpers. Viele schmale Knochen – die Wirbel – bilden, übereinander gelegt, die **Wirbelsäule**. Sie wird in verschiedene Abschnitte unterteilt: Halswirbelsäule, Brustwirbelsäule, Lendenwirbelsäule, Kreuzbein und Steißbein. Die Wirbel des Kreuz- und Steißbeins sind fest miteinander verwachsen. Zwischen den Wirbeln liegen die elastischen Bandscheiben. Sie wirken wie Stoßdämpfer. Stöße und Erschütterungen werden aber auch durch die besondere Form deiner Wirbelsäule abgefedert. Sie sieht aus, als würdest du zwei „S" untereinander schreiben.

Die Wirbelsäule des Menschen ist doppelt S-förmig und federt Stöße ab.

Haltungsschäden vorbeugen

Viele Kinder haben Haltungsschäden. Schuld sind Bewegungsmangel, langes Sitzen oder zu schwere Schulranzen. Mit entsprechenden Übungen, die den Rücken entlasten und kräftigen, lässt sich die Haltung schnell verbessern. Sport kräftigt schon in der Jugend das Skelett und macht Knochen und Gelenke fit fürs Alter.

Aufgaben

1 Informiere dich über die Haltungsschäden „Rundrücken" oder „Hohlkreuz" und halte ein Kurzreferat darüber.

2 Das Skelett erfüllt mehrere Aufgaben. Schreibe zu diesem Thema einen kurzen Text.

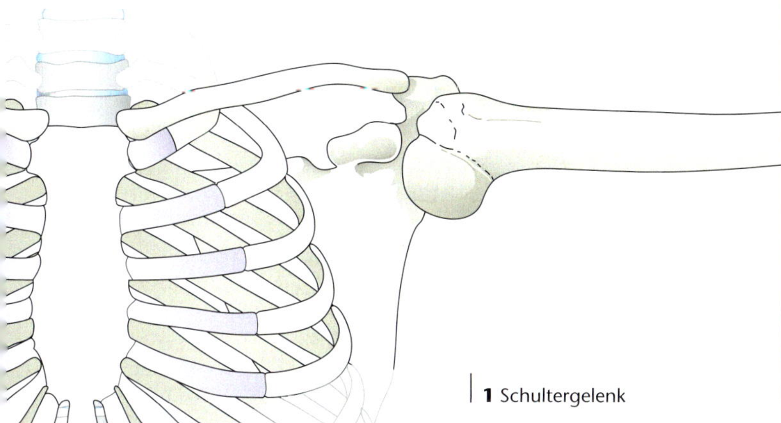

1 Schultergelenk

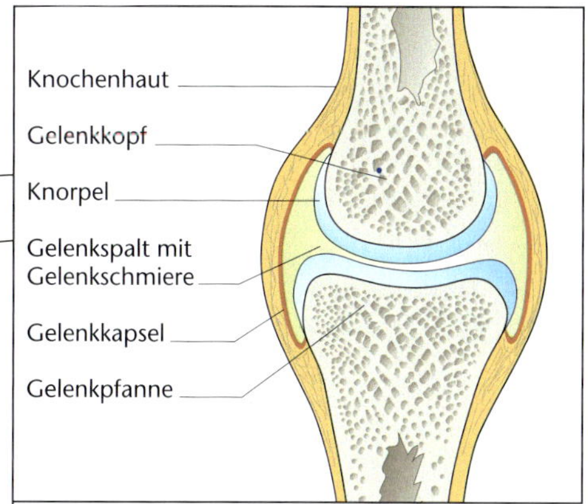

3 Aufbau eines Gelenkes, Schema

Du kannst den Arm seitlich heben, dich vielleicht sogar im Spagat auf den Boden setzen. In beiden Situationen werden die Knochen in deinem Arm oder deinen Beinen bewegt. Die bewegliche Verbindung zweier Knochen heißt **Gelenk**. Nur weil du Gelenke hast, kannst du laufen, schwimmen, tanzen und springen.

Wie ist ein Gelenk aufgebaut?

Die aufeinander liegenden Flächen der Knochen sind mit einer **Knorpelschicht** (▷ B 3) überzogen. Diese Schicht hat eine feste Form und ist elastisch. So reiben die Knochen nicht aneinander, nutzen sich nicht ab und sind auch bei starkem Druck zu bewegen. Damit die überknorpelten Flächen besser aufeinander gleiten, befindet sich im **Gelenkspalt** eine Schmiere, die **Gelenkschmiere**.

Die **Gelenkkapsel** umschließt das Gelenk. **Bänder** festigen es und geben mögliche Bewegungsrichtungen vor. Sie sind stabil und kaum dehnbar. Deshalb können sie die Knochen im Gelenk zusammenhalten. Im Kniegelenk passen die aufeinander treffenden Gelenkflächen nicht gut zusammen. Eingelagerte Knorpelscheiben und Halt gebende Bänder haben hier eine besonders wichtige Funktion. Sie geben auch die Pendelbewegung des Unterschenkels vor.

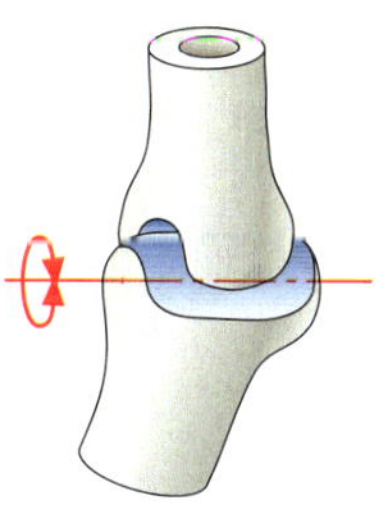

Scharniergelenk

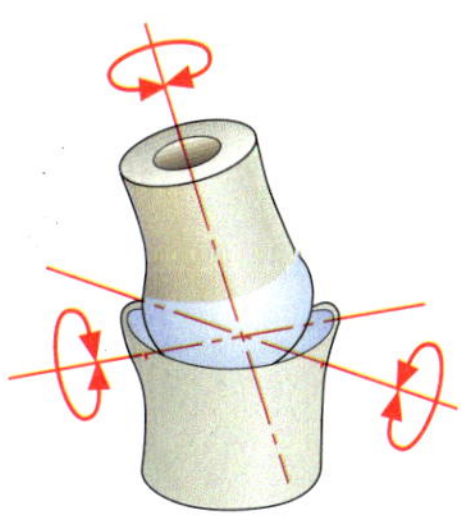

Kugelgelenk

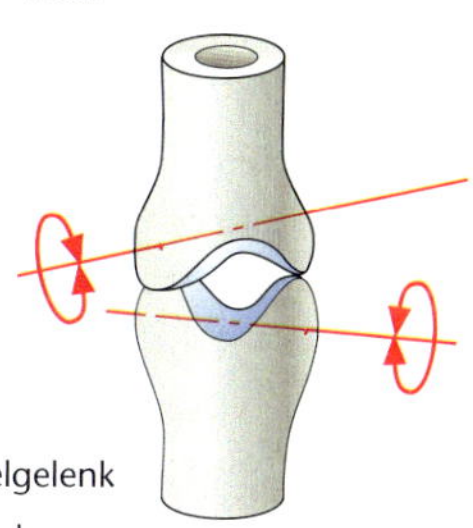

Sattelgelenk

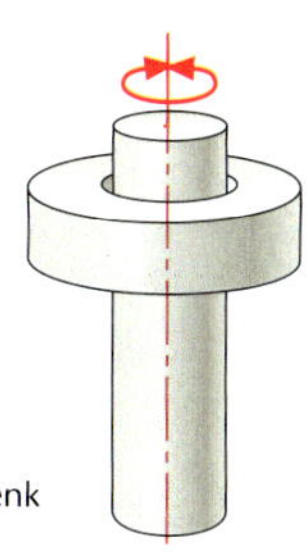

Drehgelenk

2 Gelenktypen

Gelenke sind unterschiedlich geformt

Nach ihrer Form werden die Gelenke in verschiedene Typen eingeteilt:
Du kannst deinen Unterarm am Ellbogen wie eine Tür bewegen. Türen sind mit Scharnieren befestigt. Gelenke, die solch eine Bewegung ermöglichen, heißen **Scharniergelenke** (▷ B 2).
Dein Oberarmknochen endet kugelförmig im Schultergelenk. Deshalb kannst du deinen Arm in jede Richtung bewegen. Diesen Gelenktyp nennt man **Kugelgelenk** (▷ B 2).
Drehst du deinen Kopf nach links oder rechts, ermöglichen das die beiden obersten Wirbelknochen der Wirbelsäule. Ein Wirbel bildet einen Zapfen, der andere hat eine passende Öffnung und kann um den Zapfen drehen. Dieses Gelenk ist ein **Drehgelenk** (▷ B 2).
Dein Daumen beginnt an der Handwurzel. Die Gelenkflächen dort sehen aus wie ein Pferdesattel. Daher heißt dieser Gelenktyp **Sattelgelenk** (▷ B 2).

▶ Die bewegliche Verbindung von Knochen heißt Gelenk.
Es gibt Scharniergelenke, Kugelgelenke, Drehgelenke und Sattelgelenke.

Aufgaben

1 Versuche bei gestreckten Beinen mit den Fingerspitzen den Boden zu berühren. Gelingt es dir?

2 Viele Gegenstände aus dem täglichen Leben sind beweglich wie Gelenke. Notiere fünf Beispiele.

3 a) Überlegt in der Gruppe, wie ihr Modelle der Gelenktypen herstellen könnt.
b) Baut solche Modelle gemeinsam.

1 Der Gleiter von Otto Lilienthal

Vom Vogelflug lernen
Schon vor über 500 Jahren studierte Leonardo da Vinci den Vogelflug. Er beschrieb, wie Vögel ihre Flügel auf und ab bewegen. Nach diesem Vorbild plante er Flügel für Menschen aus geflochtenen Weidenruten und Leinen. Allerdings war es damit niemandem möglich, sich in die Luft zu erheben.

Auch Otto Lilienthal war ein genauer Beobachter der Vögel. Er erkannte als Erster die Bedeutung der gewölbten Flügel für den Auftrieb. 1891 gelang ihm mit seinem Gleitsegler der erste menschliche Flug (▷B 1). Mit seinen selbst gebauten Flugapparaten gelangen ihm Gleitflüge von bis zu 250 m Weite. Im Jahr 1896 stürzte Lilienthal bei einem seiner Flüge aus 15 m Höhe ab und verunglückte tödlich.

Bionik – Technik kopiert die Natur
Pflanzen und Tiere sind dem Menschen in vielen Eigenschaften und Fähigkeiten weit überlegen. Vögel können mit ihrem stromlinienförmigen Körper fliegen. Fledermäuse weichen dank Ultraschall in der Dunkelheit jedem Hindernis aus. Von vielen Pflanzen perlt das Regenwasser vollständig ab und säubert dabei die Blätter sogar noch von Staub und Schmutz. Wissenschaftler und Techniker versuchen, diese Fähigkeiten nachzubauen. So entstand die **Bionik**. Das Wort setzt sich aus den Wörtern **Bio**logie und Tech**nik** zusammen.

▶ Das Wort Bionik setzt sich aus Biologie und Technik zusammen. Es bedeutet, dass der Techniker die Natur zum Vorbild nimmt.

Werkstatt

Wir basteln eine Roboter-Hand

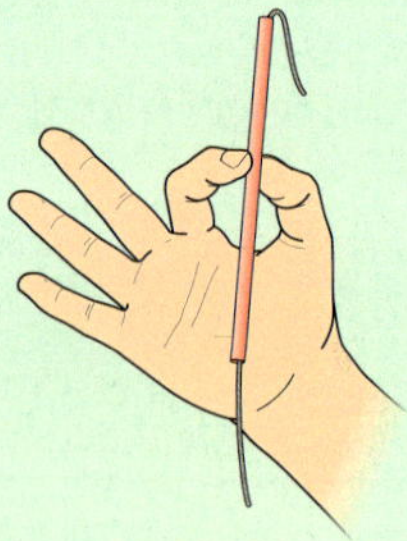

Es gibt kaum ein Organ, das so vielseitig einsetzbar ist wie die menschliche Hand. Auch Roboter brauchen manchmal Greifer, die so stark oder geschickt sind wie die Hände eines Menschen. Beim Nachbau kopieren die Techniker die menschliche Hand.

Material
DIN-A4-Karton, Bleistift, Schere, Trinkhalme, Schnur, Klebefilm

Versuchsanleitung
a) Lege deine Hand auf den Karton und zeichne den Umriss auf. Spreize die Finger dabei ein bisschen.
b) Schneide die Hand aus.
c) Zeichne die Umrisse der Finger- und Handknochen des Skeletts ein.
d) Schneide von den Trinkhalmen Stücke ab, die so lang wie die eingezeichneten Knochen sind. Lege sie auf die eingezeichneten Umrisse.
e) Klebe die Trinkhalmstücke mit Klebefilm fest.
f) Ziehe an jedem Finger eine Schnur durch die Trinkhalmstücke und klebe sie an den Fingerspitzen fest.
g) Ziehe an den Schnüren – mal einzeln, mal zusammen. Versuche, etwas damit zu greifen. Was stellst du fest?

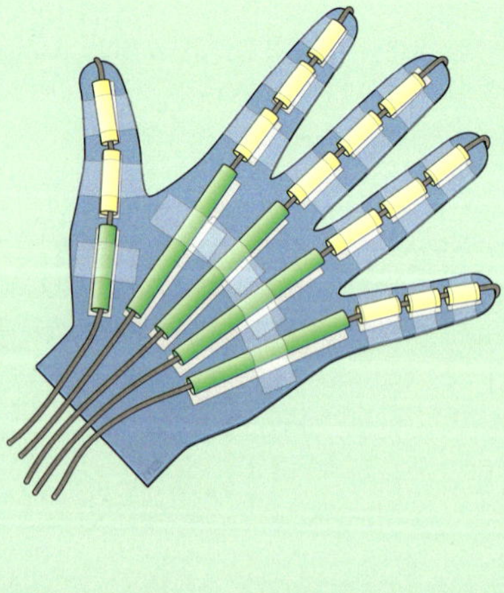

Von der Haihaut zum High-Tech-Werkstoff

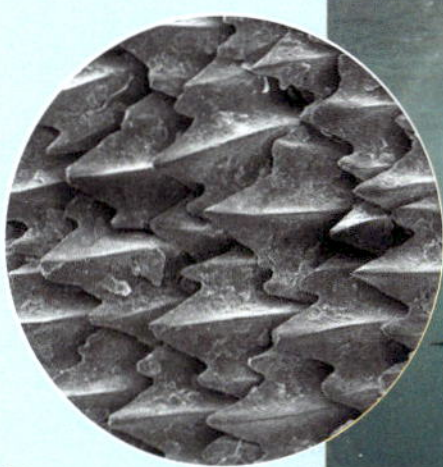

1 Haihaut (stark vergrößert)

2 Der weiße Hai ist ein sehr schneller Schwimmer.

Wie kommt es eigentlich dazu, dass Merkmale aus der Natur für die Technik genutzt werden? Oft ist die Entdeckung Zufall, viel häufiger steckt jedoch langwierige Forschungsarbeit dahinter. Wie beim Beispiel der Haihaut. Hier mussten viele Wissenschaftler zusammenarbeiten, bis das fertige Produkt in der Technik genutzt werden konnte.

Der Tipp aus der Natur
Es gibt Wissenschaftler, die über ausgestorbene Tiere wie bestimmte Haifischarten forschen. Ihnen fiel Ende der 1970er Jahre auf, dass die schnell schwimmenden Haiarten eine gezähnte Hautstruktur besaßen, die langsamen eine eher glatte. Dies schien unlogisch, da Unebenheiten doch eigentlich Widerstand verursachen.

Zusammenarbeit der Forscher
Die Wissenschaftler konnten sich den Zusammenhang nicht genau erklären und schickten Proben dieser Haut an einen Forscher für Strömungsforschung. Dieser testete den Reibungswiderstand der Haihaut im Vergleich zu glatten Flächen. Das Ergebnis war überraschend.

Die gezähnte Haihaut hatte einen geringeren Strömungswiderstand als die glatte Fläche. Man fand heraus, dass die gezähnte Oberfläche der Haihaut weniger störende Wirbel verursacht als glatte Oberflächen und daher um bis zu 10 Prozent weniger Widerstand im Wasser und in der Luft bietet.

Die Technik kommt dazu
Es wurde eine Firma gefunden, die diese Haizahnhaut als selbstklebende Folie produzieren konnte. Dazu musste überlegt werden, wie man die Form der Haihaut im großen Stil nachbildet und günstig produziert. Ein bloßes Kopieren funktionierte nicht. Die ersten Folien waren aber dennoch ziemlich teuer.

Künstliche Haihaut im Wasser, an Land und in der Luft
Im Jahr 1987 wurde der erste Schiffsrumpf eines Segelbootes für den berühmten Segelwettbewerb America's Cup mit künstlicher Haihaut beklebt und gewann prompt das Rennen. Später rüstete man auch Rennwagen mit dieser Folie aus. Flugzeuge sparen so Sprit. Inzwischen werden auch große Schiffe mit der künstlichen Haihaut ausgestattet, da man hierdurch Treibstoff spart. Außerdem reinigen sich diese Schiffsrümpfe im Wasser sehr viel besser als mit glattem Anstrich.
Auch Schwimmwettbewerbe werden zu High-Tech-Messen. Wissenschaftler optimieren die Schwimmanzüge nach dem Vorbild der Haihaut. Diese werden jedem Athleten sogar individuell angepasst.

Aufgabe

1 Informiert euch über weitere Entdeckungen in der Bionik. Erstellt dazu ein Plakat und stellt die Entdeckung eurer Klasse vor.

Bewegung im Wasser

Schweben und Sinken

Ein großer Teil der Lebewesen im Wasser kann nicht eigenständig und gezielt größere Strecken zurücklegen. Sie schweben im Wasser oder sinken nur sehr langsam ab. Diese Organismen nennt man in ihrer Gesamtheit Plankton (griech.: das Umhertreibende). Man unterscheidet zwischen pflanzlichem Plankton (Phytoplankton), z. B. Algen, und tierischem Plankton (Zooplankton), z. B. Kleinkrebse.

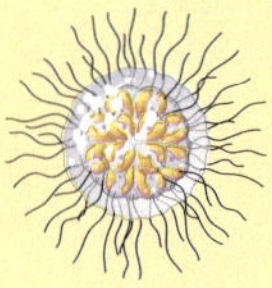

- Suche Beispiele aus der Technik und der Organismenwelt außerhalb des Wassers, wo es wichtig ist, zu schweben oder nur langsam abzusinken. Vergleiche.

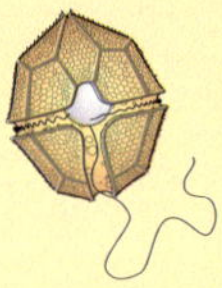

- Informiere dich über die Vielfalt des Planktons und ordne die gefundenen Beispiele nach Phyto- und Zooplankton.
Was verrät die Struktur der Planktonlebewesen über ihre Funktion?

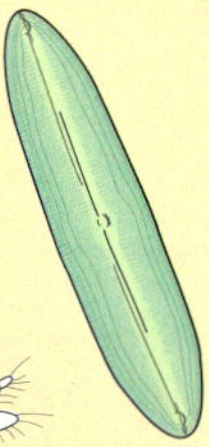

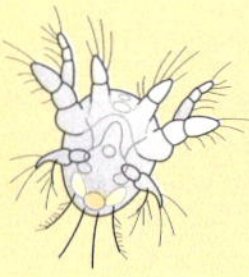

Gefährliche Segler

Die portugiesische Galeere ist eine sehr gefürchtete Qualle beim Baden am Meer. Ihre Arme sind mit gefährlichen Nesselzellen besetzt. Die Qualle hat einen Luftsack, der sie an der Oberfläche treiben lässt. Bei kräftigem Wind kann sie so große Strecken ohne Kraftaufwand zurücklegen. Mit dem Kamm, der durch Muskeln bewegt werden kann, ist sie sogar in der Lage zu steuern.

- Informiere dich über die Lebensweise dieses ungewöhnlichen Lebewesens.

- Baut z. B. mit Latexhandschuhen und Wollfäden eine Qualle. Veranstaltet einen Wettbewerb: „Wer baut die schnellste portugiesische Galeere?"

Unterwasserraketen

Kraken können sich unter Wasser auf ihren Armen am Boden in alle Richtungen bewegen. Dies geschieht relativ langsam. Wenn es schnell gehen muss, stoßen sie Wasser nach hinten aus. Dadurch werden sie blitzschnell nach vorn getrieben. Zusätzlich können sie eine dunkle Flüssigkeit ausstoßen, um Verfolger abzuschütteln.
Kraken erreichen Geschwindigkeiten zwischen drei und vier Metern pro Sekunde. Dieses Rückstoßprinzip nutzt der Mensch bei Düsenbooten und in der Luft bei Raketen.

- Baut euch mithilfe von Brausetabletten, Brausetablettenröhrchen mit Deckel, Nadel, Stein und Gummiband eure eigenen Wasserraketen.

- Versucht eure Raketen zu optimieren und veranstaltet ein Wettrennen.

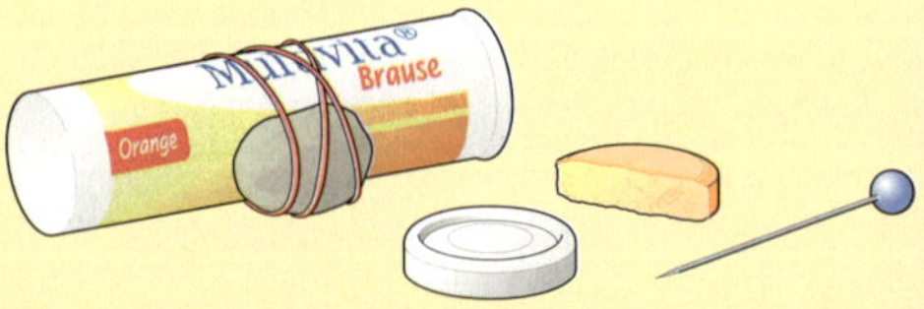

Alles frisch?

Um festzustellen, ob ein Ei frisch ist, kann man es in ein Glas Wasser legen. Sinkt das Ei auf den Boden des Glases, ist es frisch. Schwimmt das Ei an der Oberfläche, ist es alt.

- Recherchiere nach der Ursache für dieses Phänomen.

- Lege ein frisches Ei in ein mit Wasser gefülltes Becherglas. Gib nun portionsweise Salz ins Wasser und rühre jedes Mal gut um. Schaffst du es, gerade so viel Salz zuzugeben, dass das Ei schwebt?

- Was geschieht, wenn du noch mehr Salz ins Wasser gibst? Beschreibe deine Beobachtungen und versuche, sie zu erklären.

Frösche sind gute Schwimmer

Frösche haben empfindliche Sinnesorgane. Sie hören sehr gut und spüren feinste Bodenerschütterungen sofort. Mit ihren muskulösen Hinterbeinen können sie weite Sprünge ins rettende Wasser machen. Sie strecken beim Sprung die Hinterbeine fast vollständig durch und fangen den weiten Satz mit den Vorderbeinen abfedernd auf.

- Frage deine Sportlehrerin oder deinen Sportlehrer, welche Bewegungsabläufe dem Frosch abgeschaut wurden.

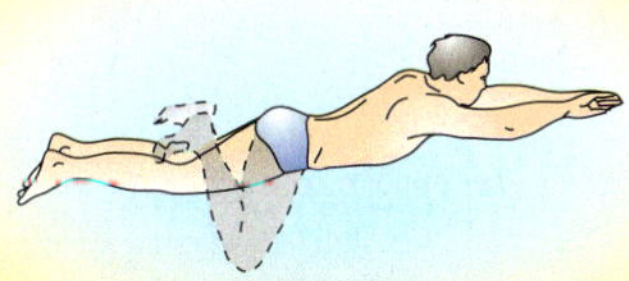

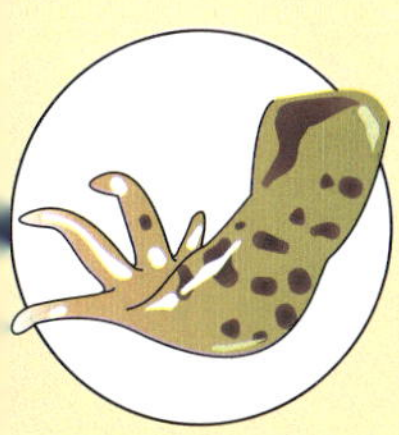

Vorderfuß

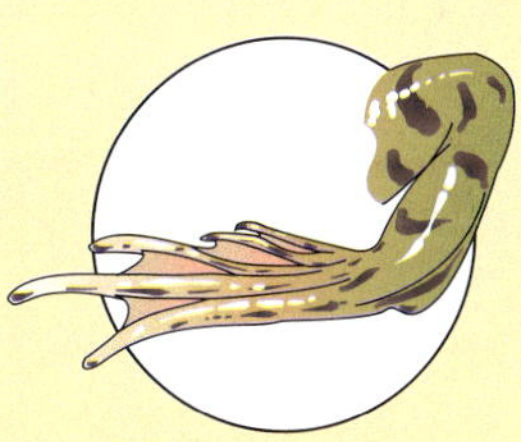

Hinterfuß

- Beschreibe den Aufbau der Vorder- und der Hinterfüße eines Frosches. Welches „Sportgerät" funktioniert in ähnlicher Weise?

1 Karpfen

Karpfen – ein Leben im Teich
Karpfen (▷ B 1) verbringen ihr ganzes Leben im Wasser: Hier werden sie geboren und hier wachsen sie heran. Im Wasser finden die Fische ihre Nahrung, hauptsächlich Pflanzenteile und kleine Tiere. Sie atmen unter Wasser und pflanzen sich auch hier fort. Sie sind also hervorragend an das Leben im Wasser angepasst.

Die Wirbelsäule stützt den Körper
Der Körper eines Karpfens ist in Kopf, Rumpf und Schwanz untergliedert und besitzt eine **stromlinienförmige Gestalt**. Dadurch gleitet er ohne großen Widerstand durchs Wasser. Im Innern dient die **Wirbelsäule** (▷ B 2) als Stütze für den Fischkörper.

Neben den Skelettknochen besitzen Fische noch die dünnen fadenartigen **Gräten**, die aus verknöchertem Bindegewebe bestehen. Im Unterschied zu den Rippen sind die Gräten nicht mit der Wirbelsäule verbunden.

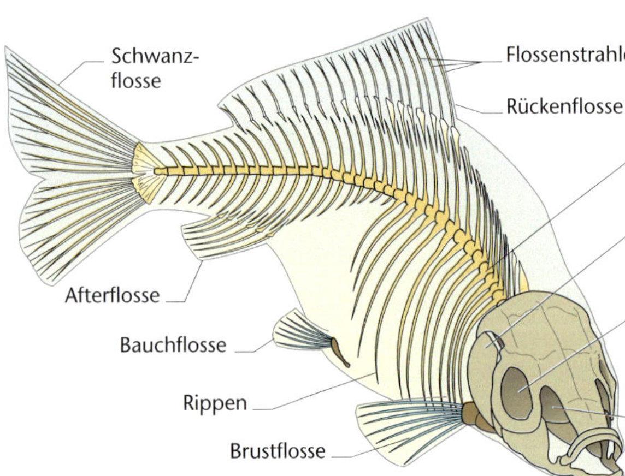

2 Skelett des Karpfens

Flossen zur Fortbewegung
Karpfen schwimmen mit schlängelnden Bewegungen. Diese kommen durch das abwechselnde Zusammenziehen der seitlichen Rumpfmuskeln zustande. Als zusätzlicher Antrieb dient die **Schwanzflosse**. Zur Steuerung setzen die Fische die **Brust-** und **Bauchflossen** ein, die paarweise vorhanden sind. Mit der **Rücken-** und der **Afterflosse** halten die Karpfen während des Schwimmens das Gleichgewicht.

Schuppen bedecken den Körper
Bei den meisten Fischen liegen in der Haut kleine Knochenplättchen, die Schuppen. Diese sind wie Dachziegel angeordnet und schützen so den Körper. Im seitlichen Schuppenkleid erkennt man winzige Poren, die vom Kopf bis zum Schwanz eine Linie bilden. Sie führen zu Sinneszellen, die durch Wasserbewegungen gereizt werden. Dieses **Seitenlinienorgan** ermöglicht den Fischen, kleinste Veränderungen der Wasserströmung wahrzunehmen.

Blick ins Innere
Fische besitzen spezielle Atmungsorgane, die **Kiemen**. Mit ihnen nehmen sie den nötigen Sauerstoff direkt aus dem Wasser auf. Sie können also unter Wasser atmen.

Mit einer gasgefüllten Blase können die Fische im Wasser schweben, aufsteigen oder sinken. Hierzu wird die Gasmenge in der **Schwimmblase** vergrößert oder verringert.

▶ Typische Merkmale der Fische sind der stromlinienförmige Körper, die Flossen, die Schuppen, das Seitenlinienorgan, die Kiemen und die Schwimmblase.

Aufgabe

1 Beschreibe die Aufgabe der Schwimmblase mit eigenen Worten. Beginne mit „Vergrößert der Fisch das Volumen der Schwimmblase so …“

Versuche zum Schweben, Sinken und Steigen

1 Wie funktioniert die Schwimmblase?

Material

Wasserbecken (mindestens 30 cm x 20 cm x 20 cm), Erlenmeyerkolben (500 ml), Gummischlauch, Luftballon, Klebeband

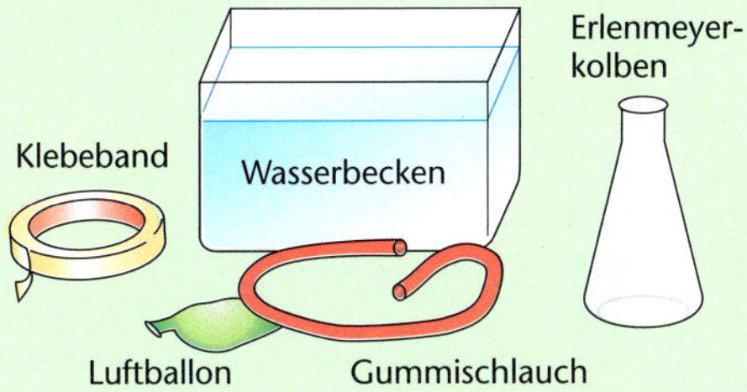

1 Material zu Versuch 1

Versuchsanleitung

a) Fülle das Becken fast bis zum Rand mit Wasser.

b) Ziehe den Luftballon über das Schlauchende und klebe ihn dort gut fest. Stecke den Luftballon anschließend in den Erlenmeyerkolben.

c) Tauche den Erlenmeyerkolben unter Wasser, sodass er sich ganz mit Wasser füllt. Achte darauf, dass keine Luftblase im Erlenmeyerkolben bleibt.

d) Blase nun Luft durch den Gummischlauch. Lasse die Luft langsam wieder ab.

e) Versuche den Erlenmeyerkolben in der Schwebe zu halten. Lasse ihn anschließend steigen und wieder absinken.

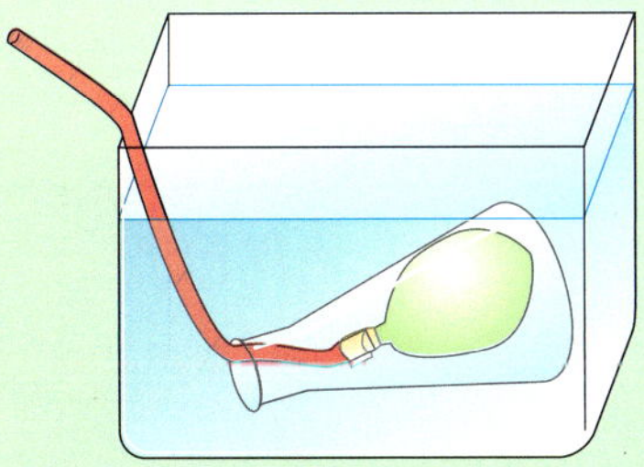

2 Bringe den Erlenmeyerkolben zum Schweben.

Aufgaben

1. Notiere deine Beobachtungen in einem Versuchsprotokoll.

2. Erkläre anhand der Versuche wie die Schwimmblase eines Fisches funktioniert.

2 Taucher in der Flasche

Material

Plastikflasche, Deckel eines Faserschreibers, Büroklammern, Wasser

Versuchsanleitung

a) Fülle die leere Flasche bis zum Rand. Befestige am Deckel des Faserschreibers einige Büroklammern als Ballast.
Bereits nach dem Anhängen einer Büroklammer kannst du testen, ob der „Flaschenteufel" noch an der Oberfläche schwimmt. Setze ihn dazu so auf das Wasser, dass die Öffnung des Deckels nach unten weist.

b) Befestige so viele Büroklammern am Deckel, dass sich der Flaschenteufel gerade noch an der Wasseroberfläche halten kann (▷ B 3). Schraube die bis zum Rand mit Wasser gefüllte Flasche zu.

3 Ein Stiftdeckel als Wasserteufel

c) Drücke nun auf den Deckel der Flasche (▷ B 4) oder presse die Plastikflasche zusammen. Beobachte den Flaschenteufel.

4 Druck auf den Deckel

Aufgaben

1. Beschreibe was passiert, wenn du kräftig auf den Deckel drückst oder die Plastikflasche zusammenpresst. Wie verhält sich der Flaschenteufel? Erkläre deine Beobachtung.

2. Vergleiche die Funktionsweise des Flaschenteufels mit der der Schwimmblase eines Fisches.

Sinken – Steigen –Schweben

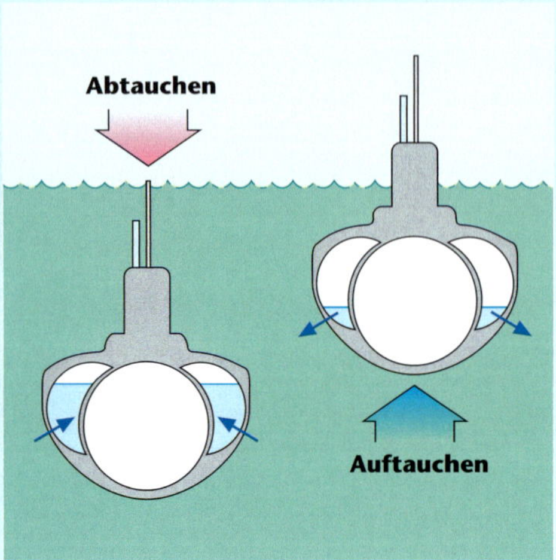

1 U-Boote haben Ballastkammern.

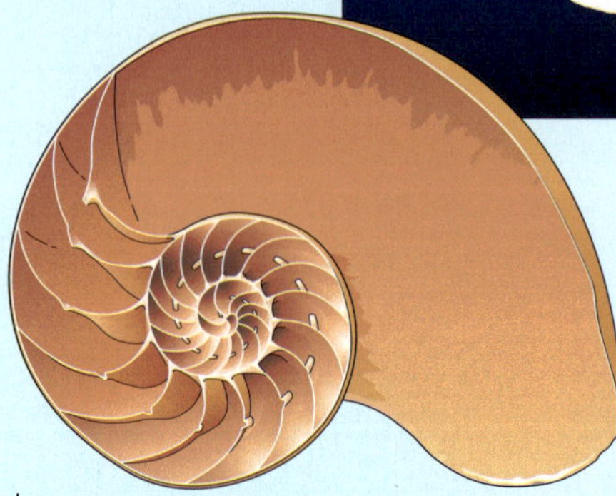

2 Blick in die Kalkschale

3 Der Nautilus lebt in tropischen Meeren.

U-Boote

Auch U-Boote können sinken, schweben und steigen. Im Gegensatz zu den Fischen ändert ein U-Boot zum Auf- und Abtauchen nicht sein Volumen, sondern seine Gewichtskraft.

An den ersten U-Booten waren Ballastkörper befestigt. Sie wurden abgeworfen, wenn das Boot aufsteigen sollte. Moderne U-Boote besitzen Ballastkammern (▷ B 1), die sich in der Außenwand des Bootes befinden. Soll das U-Boot abtauchen, wird Meerwasser in die Ballastkammern gelassen. Die Gewichtskraft des U-Bootes wird größer als die Auftriebskraft. Um Auftauchen zu können (also zu steigen), wird das Wasser mithilfe von Pressluft wieder aus den Ballastkammern herausgedrückt.

Der Nautilus und seine gasgefüllte Schale

Der Nautilus, auch Perlboot genannt, lebt an steilen Korallenriffen in tropischen Meeren (▷ B 3).
Im Gegensatz zu einer Schneckenschale ist die Nautilusschale in Kammern unterteilt. Das Tier lebt in der äußersten Kammer. Die anderen Kammern sind nicht mit Wasser, sondern mit Gas gefüllt. Von der Wohnkammer aus zieht sich durch alle Kammern ein dünner Schlauch (▷ B 2). Durch ihn kann der Nautilus Gas aufnehmen oder in die Kammern abgeben. Nimmt er Gas in den Schlauch auf, strömt Wasser in die Kammern ein. Dadurch wird die Schale schwerer und der Nautilus sinkt. Gibt er Gas in die Kammern ab, wird Wasser daraus verdrängt und das Tier steigt auf.
Da der Nautilus im Wasser wie ein U-Boot steigt und sinkt, wurden viele U-Boote der US Navy nach ihrem tintenfischartigen Vorbild benannt.

Schweben im Luftmeer

Auch in Luft und anderen Gasen erfahren Körper Auftrieb. Dies nutzt man bei Ballons und Luftschiffen (▷ B 4).
Sie werden mit heißer Luft oder geeigneten Gasen gefüllt. Während das Steigen und Sinken beim Heißluftballon über den Brenner gesteuert wird, erfolgt es bei manchen Luftschiffen über das Ablassen oder Nachfüllen des Füllgases.

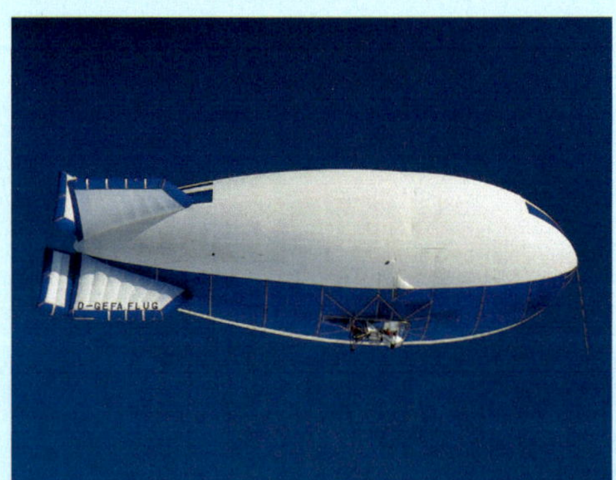

4 Ein Zeppelin schwebt in der Luft.

Strategie

Wie erstelle ich ein Plakat?

Plakate kennst du als öffentlich angebrachte Werbung an Wänden oder Litfaß-Säulen. Ein Plakat soll für etwas werben und die Werbefachleute setzen geschickt Bild und Text ein, damit dir im Vorübergehen die Werbebotschaft auffällt und in Erinnerung bleibt.

So soll es auch mit Plakaten sein, die du für den Nawi-Unterricht gestaltest. Hier ein paar Tipps:

Die Überschrift deines Plakates muss **groß und deutlich** geschrieben werden, damit man rasch erkennt, um welches Thema es geht. Benutze dazu z. B. die breite Seite deines Filzstiftes.

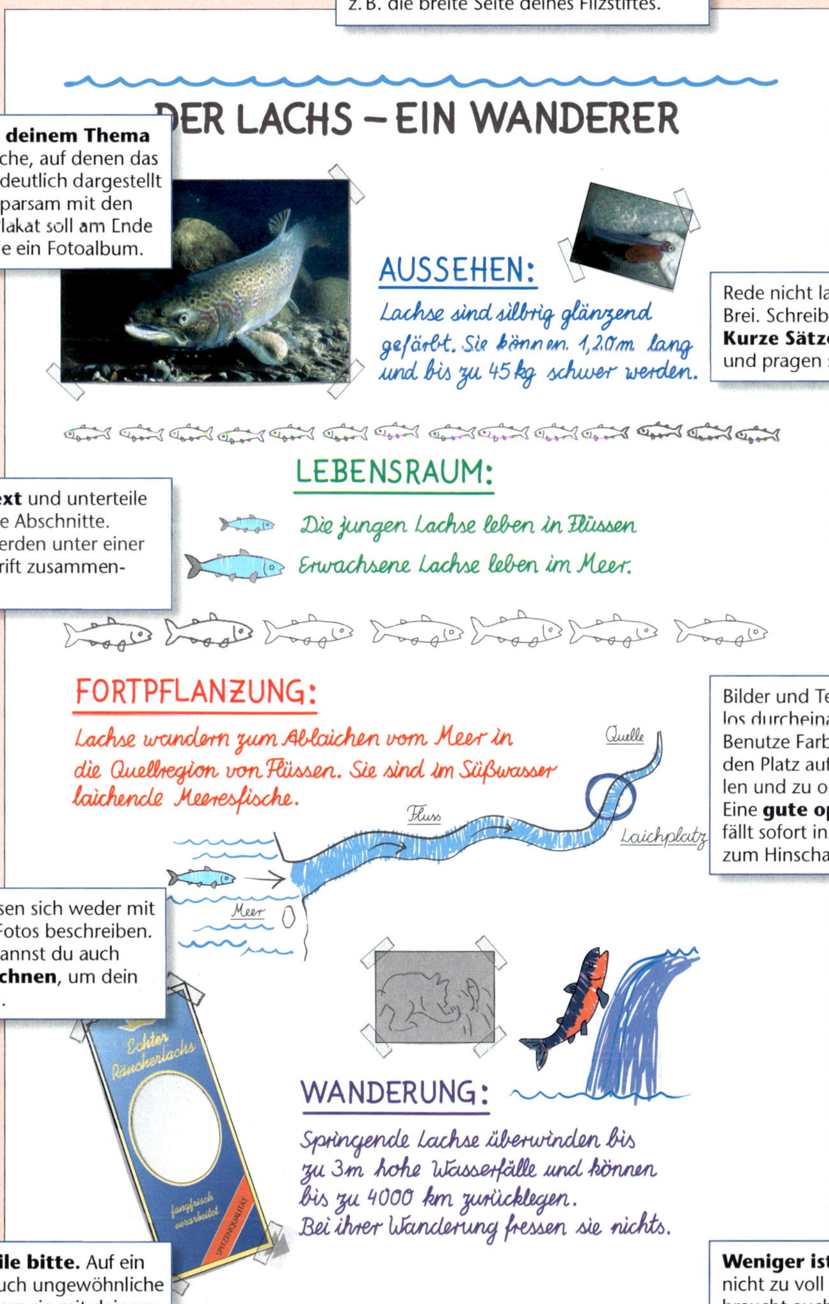

Suche Bilder zu deinem Thema heraus. Wähle solche, auf denen das Thema groß und deutlich dargestellt wird. Gehe aber sparsam mit den Bildern um. Das Plakat soll am Ende nicht aussehen wie ein Fotoalbum.

Rede nicht lange um den heißen Brei. Schreibe nur wenig Text. **Kurze Sätze** lassen sich leicht lesen und prägen sich besser ein.

Gliedere den Text und unterteile das Thema in klare Abschnitte. Gleiche Inhalte werden unter einer Zwischenüberschrift zusammengefasst.

Bilder und Texte sollten nicht wahllos durcheinander gewürfelt werden. Benutze Farben und Symbole, um den Platz auf deinem Plakat aufzuteilen und zu ordnen.
Eine **gute optische Aufteilung** fällt sofort ins Auge und verleitet zum Hinschauen.

Manche Dinge lassen sich weder mit Worten noch mit Fotos beschreiben. In solchen Fällen kannst du auch **selbst etwas zeichnen**, um dein Thema zu erklären.

Keine Langeweile bitte. Auf ein Plakat darfst du auch ungewöhnliche Dinge kleben, sofern sie mit deinem Thema zu tun haben.

Weniger ist mehr. Ein Plakat darf nicht zu voll und überladen sein. Es braucht auch leere Flächen. Versuche auch zum Rand hin immer etwas Platz zu lassen.

Schnelle Schwimmer

Die Form der Fische kann sehr unterschiedlich sein. Es gibt Fischarten mit schlanken, spindelförmigen Körpern, aber auch solche mit hochgewölbtem Rücken oder Bauch. Davon hängt es u. a. ab, ob eine Fischart zu den Schnellschwimmern gehört oder nicht.

Aufgaben

1. Gib begründet an, welcher der abgebildeten Fische eher schnell bzw. eher langsam schwimmt.

2. Zeichne selbst einen Phantasiefisch, der ein Schnellschwimmer bzw. ein Langsamschwimmer ist.

1 Körperform und Geschwindigkeit

Material

Modelliermasse (z. B. Fimo), Drahtöse, Waage, Faden, Wasserbecken (mind. 30 x 20 x 20 cm), Gewicht, Stift, Stoppuhr

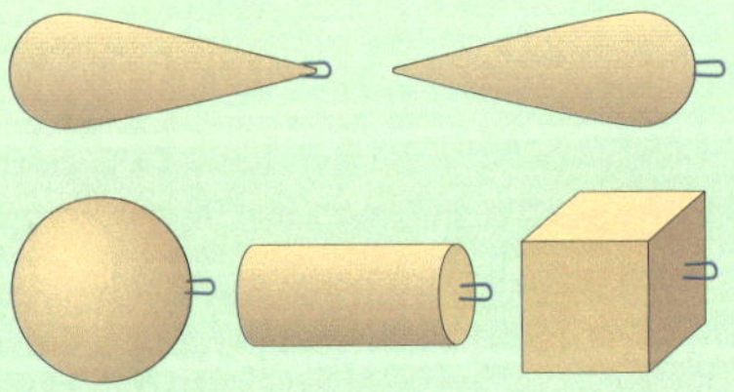

1 Knetmodelle

Versuchsanleitung

Um genau herauszufinden, welchen Einfluss die Körperform auf den Wasserwiderstand beim Schwimmen hat, kannst du ein Experiment machen.

a) Forme dazu entsprechend der Abbildung aus Knetmasse verschieden geformte Körper.
Bei der Herstellung der Schwimmkörper wird eine Drahtöse in diesen eingeschlossen. Damit sich die Drahtösen während des Experiments nicht herausziehen, muss der vom Schwimmkörper umschlossene Draht in einem Winkel gebogen sein. Die verschiedenen Körper müssen dieselbe Masse haben, zum Beispiel 5 Gramm (Waage!).

b) An den Ösen werden jeweils gleich lange Fäden befestigt, die ungefähr 20 cm länger als das Versuchsbecken sind. Am anderen Ende des Fadens bringst du eine Öse an. Eines der so vorbereiteten Modelle wird entsprechend der Abbildung in ein längeres, mit Wasser gefülltes Becken gebracht und an die Öse ein Gewicht angehängt.

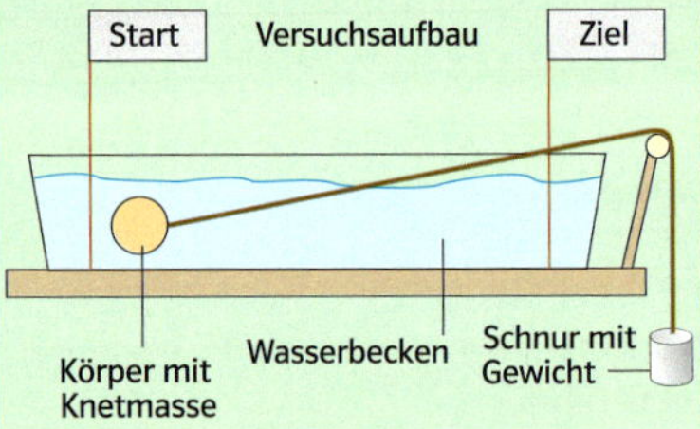

c) Markiere am oder im Becken eine Start- und Ziellinie.

d) Das am Faden hängende Modell wird nun auf die Ziellinie gebracht und das Gewicht über die Beckenkante gehängt. Das Gewicht wird so festgehalten, dass der Faden nicht durchhängt.

e) Miss nun mithilfe einer Stoppuhr die Zeit, die nach Loslassen des Gewichts bis zum Erreichen der Ziellinie vergeht. Bei der Auswahl des Gewichtes ist darauf zu achten, dass der Körper relativ langsam durch das Wasser gezogen wird. Führe den gleichen Versuch mit den übrigen Körpern durch.

Aufgabe

1. Notiere deine Messwerte in einer Tabelle und erläutere sie. Nenne Fische, die einem deiner Modelle ähneln.

2 Eier-Düsenboot

Material

Styropor® (25 cm x 10 cm, 15 mm dick), Ei, Teelicht, Nadel, Bleistift, Draht, 2 Styropor®-Klötze (4 cm hoch), Klebstoff, Reißnägel, Teppichmesser, große Wanne, Wasser, Streichhölzer

Versuchsanleitung

a) Nimm ein ausgeblasenes Ei und fülle etwas Wasser hinein. Klebe eines der Löcher mit Klebstoff zu. Verschließe das andere Loch dicht mit einem Reißnagel und Klebstoff.

b) Zeichne auf das Styropor®-Stück einen Bootsumriss. Schneide die Form vorsichtig mit dem Messer aus. Klebe die Klötzchen so auf die Bootsform, dass das Teelicht dazwischen passt.

c) Stecke zwei Drahtstücke vorsichtig oben durch die Styropor®-Klötze. Biege die Drähte in der Mitte leicht durch.

d) Ist der Klebstoff am Ei trocken, dann stich mit einer Nadel ein kleines Loch in die Klebestelle, die dem Reißnagel gegenüber liegt. Stelle das Teelicht zwischen die Klötzchen und lege das Ei mit dem Loch nach hinten in die Drahtmulde (▷ B 2).

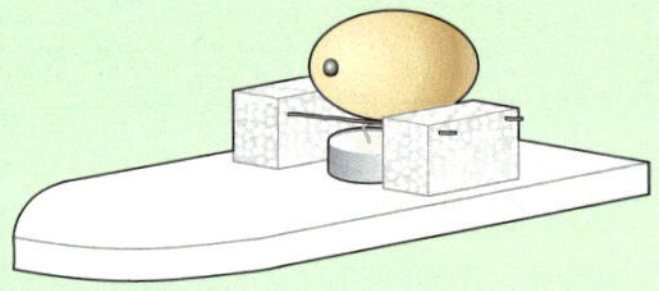

2 Das Düsenboot ist fertig.

e) Zünde das Teelicht an und setze das Boot auf die Wasserfläche.

Aufgaben

1. Überlege, was hier als Antrieb deines Bootes dient.

2. Baue weitere Düsenboote mit anderen Umrissen. Welche Form ist am günstigsten?

Strategie

Egg-Race

Egg-Race – was ist das überhaupt?

„Baut ein Gefährt, das ein rohes Hühnerei so weit wie möglich transportiert, ohne dass das Ei zerbricht. Dabei darf nur die Energie genutzt werden, die in einem Gummiband gespeichert ist."

So könnte eine Egg-Race-Aufgabe lauten. Diese stammt aus der englischen Fernsehserie „The Great Egg-Race", die zwischen 1978 und 1986 gesendet wurde. Die Idee ist einfach: Man bekommt eine naturwissenschaftlich-technische Aufgabe gestellt, die witzig und nicht ganz so einfach zu lösen ist. Manchmal ist das Material vorgegeben, manchmal kann man die Geräte frei wählen.

Wie geht man beim Egg-Race vor?

Setzt euch zuerst in der Gruppe zusammen: Viele Köpfe haben viele gute Ideen. Sammelt im Team alle Vorschläge – zuerst einmal ohne Kommentar. Danach wählt ihr die Anregungen aus, die euch am sinnvollsten erscheinen. Dabei müssen diejenigen, die einen Vorschlag gemacht haben, diesen auch begründen. Sprecht mit eurer Lehrerin oder eurem Lehrer, ob euer geplanter Versuch gefahrlos durchführbar ist.

Dann geht's los:

Die Egg-Race-Aufgabe muss mit einem Experiment gelöst werden. Sollten die ersten Versuche nicht gelingen, müsst ihr euch wieder zusammensetzen und über Änderungen und Verbesserungen nachdenken.
Wichtig ist, dass ihr immer Notizen macht, in denen ihr später nachlesen könnt, wie ihr vorgegangen seid.

Ein Spezialfall: die Robinsonade

Während beim Egg-Race die festgelegte Aufgabe im Vordergrund steht, handelt es sich bei der Robinsonade um eine Geschichte, die erzählt wird. In der Geschichte müsst ihr das Problem erst finden und dann mit der Lösungssuche beginnen.

Aufgabe

1 Ein rohes Ei soll einen Sturz aus einem Meter Höhe überstehen. Ihr dürft nur drei DIN-A4-Bogen Papier, einen DIN-A4-Bogen Karton, Schere und Kleber verwenden.

Bewegung in der Luft

Saharasand auf Reisen

Hast du dich schon mal über gelblich-weiße Staubflecken auf Autos gewundert? Das ist tatsächlich Sand aus der Sahara. Südwinde aus Afrika sind in der Höhe besonders kräftig. Sie reißen Sand aus den Wüsten Nordafrikas mit. Je nach Körnchengröße gelangt er mehr oder weniger schnell nach Norden und fällt bei uns zur Erde.

● Suche im Internet nach Wetterkarten, auf denen du die Windbewegungen aus dem Süden erkennen kannst.

Fliegende Fische

Vögel fliegen – Fische schwimmen – Menschen gehen. Das ist klar, meinst du. Aber es gibt in den Tropen wirklich Fische, die nicht nur das Schwimmen als Bewegungsform kennen. „Fliegende Fische" verlassen für kurze Zeit das Wasser. Sie schießen plötzlich aus dem Wasser in die Luft. Ihre verbreiterten Flossen sehen wie die Tragflächen von Flugzeugen aus, wenn sie bis zu 200 Meter weit durch die Luft „fliegen". Wirklich fliegen können die Tiere aber nicht – sie gleiten.

● Auch andere Tiere, die du eigentlich nicht dort vermutest, bewegen sich kurzzeitig in der Luft. Schlage in Tierlexika nach.

Raketenantrieb

Düsen- und Raketenantriebe ermöglichen hohe Geschwindigkeiten. Befestige eine Ballonrakete mithilfe eines Trinkhalms an einer Schnur und lass sie durch das Zimmer sausen.

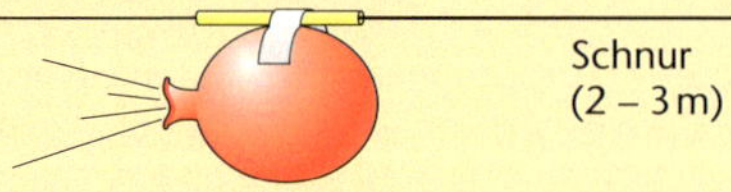

● Vergleiche die Raketenversuche mit Rückstoßversuchen auf Inlineskates: Eine Person auf Inlineskates stößt einen Ball kräftig von sich weg. Dadurch rollt sie zurück. Was entspricht beim Raketenantrieb dem Skater, was dem Ball?

Wodurch entsteht der Rückstoß beim Raketenantrieb?

● Informiere dich über Raketen- und Düsentriebwerke. Vergleiche beide Antriebsarten.

Windräder

Überall in Deutschland findet ihr Windräder. Sie nutzen die Energie des Windes, um sie in elektrische Energie umzuwandeln. Vielfach stehen die Windräder nicht einzeln, sondern sind in „Windparks" zusammengefasst. Die meisten Windparks findest du an den Küsten, weil hier fast immer Wind weht. Mittlerweile entstehen die Windparks auch im offenen Meer.

- Welche Vor- und Nachteile haben Windkraftanlagen?
- Können Windräder alleine Braunkohlekraftwerke oder Atomkraftwerke in Deutschland ersetzen?

Fallschirme und Kitesurfen

1597 sprang der kroatische Erfinder FAUST VRANCIC mit einem Fallschirm von einem 87 Meter hohen Turm in Bratislava. Später wiederholte er die Sprünge auch in Venedig. Noch heute funktionieren die Fallschirme nach demselben Prinzip.
Viele Lenkdrachen haben ebenfalls die Form eines Fallschirms. Beim Kitesurfen wird dieser Schirm zum Vortrieb und zum Gleiten genutzt.

- Findet heraus, welche Materialien sich für Fallschirme eignen. Veranstaltet einen Wettbewerb! Legt dazu einheitliche Regeln fest, z. B. für die Größe des Fallschirms, das Gewicht, die Fallhöhe …

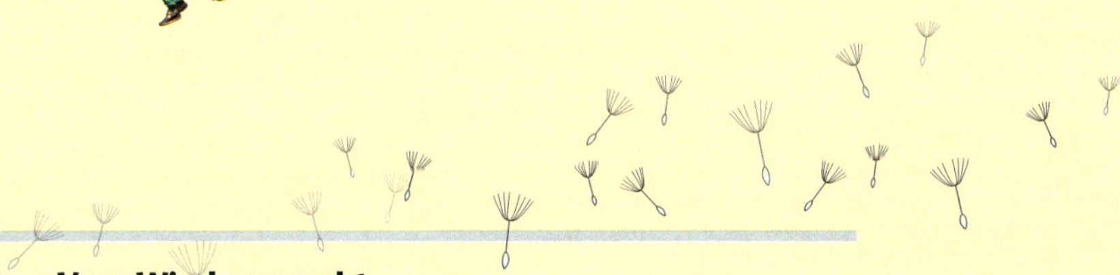

Vom Winde verweht

Viele Pflanzen nutzen den Wind als Transportmittel. Ihre Früchte und Samen haben spezielle Einrichtungen, damit sie vom Wind möglichst weit fortgetragen werden können. Du kennst sicher die „Fallschirme" des Löwenzahns, die aus vielen feinen Pflanzenhärchen bestehen.

- Kennst du noch andere Pflanzen, die den Wind zur Samenverbreitung nutzen? Stelle Früchte und Samen in einer Tabelle zusammen und ordne sie nach der Art, wie sie den Wind als Transportmittel nutzen.

- Das Kürbisgewächs Zanonia wächst auf Urwaldbäumen. Seine Samen gleiten über lange Strecken zu Boden. Die Form diente dem Flugpionier IGO ETRICH 1903 als Vorbild für seinen Gleiter. Informiere dich über diese bionische Erfindung und halte ein Referat darüber.

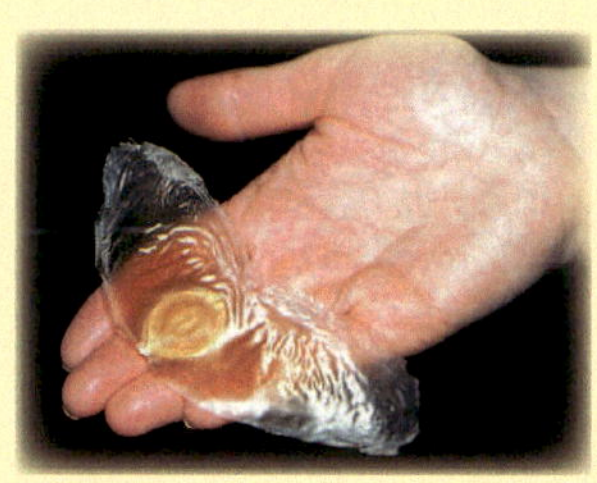

Schnittpunkt

Die Geschichte des Fliegens

1 Einer Sage nach stürzte 3000 v. Chr. Ikarus bei einem Flugversuch ins Meer

Bereits seit mehreren tausend Jahren träumen Menschen davon, fliegen zu können. Zunächst schien diese Fähigkeit allein Vögeln, Insekten und vielleicht noch Göttern und Dämonen vorbehalten. LEONARDO DA VINCI (1452–1519) war der erste, der mit naturwissenschaftlichen Methoden versuchte, das Geheimnis des Fliegens zu ergründen. In seinem Werk „Über den Vogelflug“ beschreibt er, wie Vögel fliegen. Allerdings funktionierte keine seiner Flugmaschinen, die er nach diesem Prinzip baute.
Erfolgreiche Flugversuche führte erst OTTO LILIENTHAL (1848–1896) durch. Den Gebrüdern WRIGHT gelang 1903 der erste Motorflug. Heute transportiert der neue Airbus A380, das größte Verkehrsflugzeug, bis zu 555 Passagiere. Wie sich die Technik des Fliegens bis dahin entwickelt hat, zeigt die Zeitleiste.

Aufgabe

1 Wählt eines der Ereignisse auf der Zeitleiste aus und informiert euch darüber. Eure Erkenntnisse könnt ihr auf einer vergrößerten Zeitleiste eintragen.

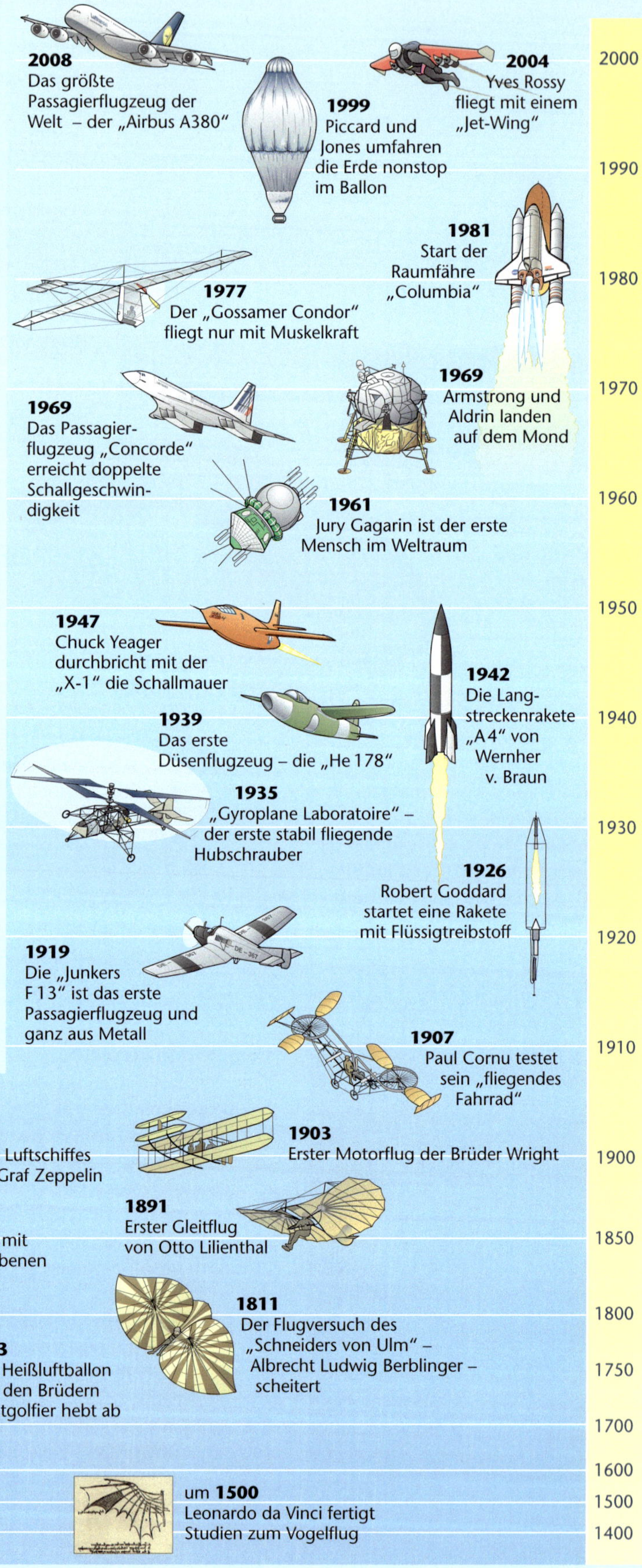

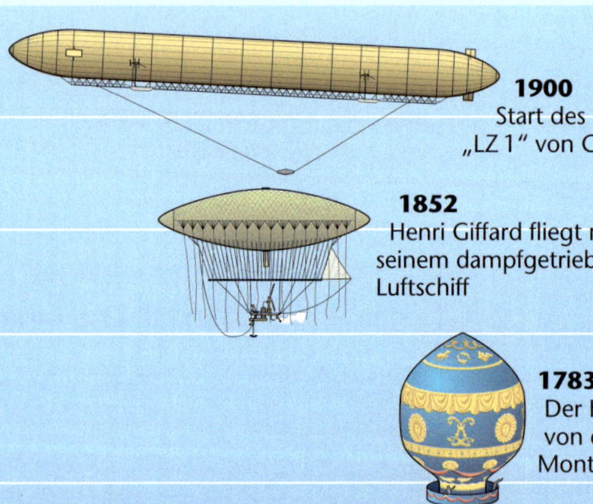

1 Segelflieger

2 Weihnachtspyramide

4 Vorbereitung einer Ballonfahrt

Warme und kalte Luft
Sicherlich hast du schon einmal beobachtet, dass sich eine Weihnachtspyramide dreht, wenn die Kerzen darunter angezündet werden (▷ B 2). Auch die Gardinen bewegen sich über einer warmen Heizung. Die Ursache für die Bewegung ist die Erwärmung der Luft. Luft dehnt sich, wie andere Gase auch, bei Erwärmung aus. Dadurch nimmt ihre Dichte ab. In einer kühleren Umgebung steigt die warme Luft nun auf. Dabei versetzt sie die Pyramide in Drehung oder bewegt die Gardine.

Versuch 1 demonstriert dir dies auf anschauliche Weise. Da sich warme und kalte Luft in mancher Hinsicht ähnlich wie warmes und kaltes Wasser verhalten, wird dieser Versuch mit Wasser durchgeführt.
Eine mit heißem, gefärbtem Wasser gefüllte Flasche wird vorsichtig in ein Becherglas mit kaltem Wasser getaucht. Man kann nun beobachten, wie das gefärbte Wasser nach oben aufsteigt (▷ B 3).

3 Warmes Wasser steigt auf.

Wie alle Gase dehnt sich Luft beim Erwärmen aus und steigt in einer kühleren Umgebung nach oben.

Ballonfahrer, Segelflieger und Vögel
Auch Ballonfahrer nutzen die geringere Dichte warmer Luft, um vom Boden abzuheben. Unterhalb der Ballonhülle wird ein Brenner angebracht, der die Luft in der Hülle erwärmt (▷ B 4).
Segelflieger suchen Gebiete mit aufsteigender Luft, um sich in weiten Bögen immer höher in die Luft schrauben zu können (▷ B 1). Das kannst du an Sommertagen auch bei manchen Vögeln beobachten, die mit weit ausgebreiteten Flügeln durch die Luft gleiten.

Aufgaben

1 Erkläre, warum ein Heißluftballon vom Boden abheben kann.

2 Über Heizkörpern sind Zimmerdecken oft schmutziger als anderswo. Begründe.

Versuche

1 Warme und kalte Luft verhalten sich ähnlich wie warmes und kaltes Wasser. Deshalb werden die folgenden Versuche mit Wasser durchgeführt.
Fülle ein großes Gefäß zu drei Vierteln mit kaltem Wasser. Befestige am Hals einer kleinen Flasche eine Schnur, sodass ein Henkel entsteht. Befülle die Flasche bis zum Rand mit heißem, gefärbtem Wasser. (Vorsicht, Verbrennungsgefahr!) Tauche nun die Flasche in das kalte Wasserbad ein.
Beschreibe deine Beobachtung und erkläre sie (▷ B 4).

2 Bringe einen großen Plastiksack aus sehr dünnem Material zum Fliegen. Fülle ihn dazu mithilfe eines Haartrockners mit warmer Luft und binde ihn anschließend zu.
Warum funktioniert dieser Versuch nur bei niedrigen Umgebungstemperaturen?

Wie ein Segelflugzeug segelt am Himmel ein Mäusebussard vorüber. Seine Flügel bewegt er dabei kaum. Die aufsteigende warme Luft trägt ihn immer wieder nach oben, sodass er nicht an Höhe verliert. Seine Flügel sind nach vorn gewölbt. Wenn die Luft daran vorbeiströmt, entsteht zusätzlich ein Sog nach oben. So ist es zu erklären, dass Vögel im **Segelflug** (▷ B 1) mit geringem Kraftaufwand oft stundenlang in der Luft bleiben können.

1 Auch Möwen kann man beim Segelflug beobachten.

Kurz vor der Landung gleitet der Bussard aus geringer Höhe auf einen Maulwurfshaufen zu. Mit einigen Flügelschlägen bremst er ab und setzt mit vorgestreckten Beinen auf. Beim **Gleitflug** (▷ B 2) verliert der Mäusebussard nur langsam an Höhe. Der schwerere Adler sinkt dagegen wesentlich schneller zu Boden.

Am häufigsten ist jedoch der **Ruderflug** (▷ B 3) zu beobachten. Dabei schlagen die Vögel ihre Flügel schnell auf und nieder und halten sich dadurch in der Luft. Mit dieser Technik sind sie von Luftströmungen völlig unabhängig.

2 Gleitflug

3 Ruderflug

Werkstatt

Versuche zum Fliegen

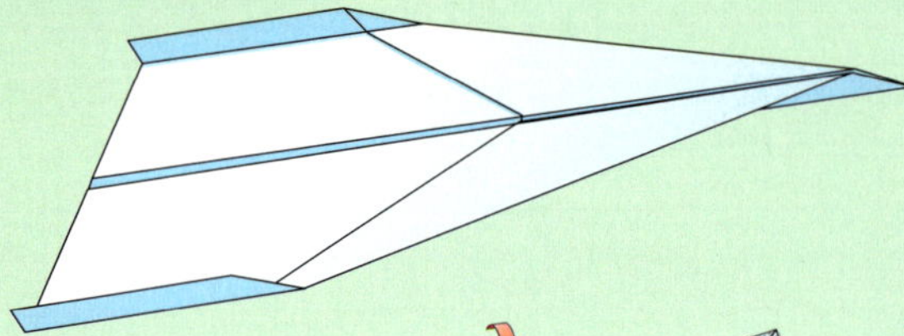

1 Wir falten Papierflieger

Falte mehrere Flieger mit unterschiedlicher Flügelgröße. Starte die Flieger der Reihe nach und miss Länge und Dauer des Gleitfluges. Fasse die Ergebnisse in einer Tabelle zusammen und versuche zu erklären.

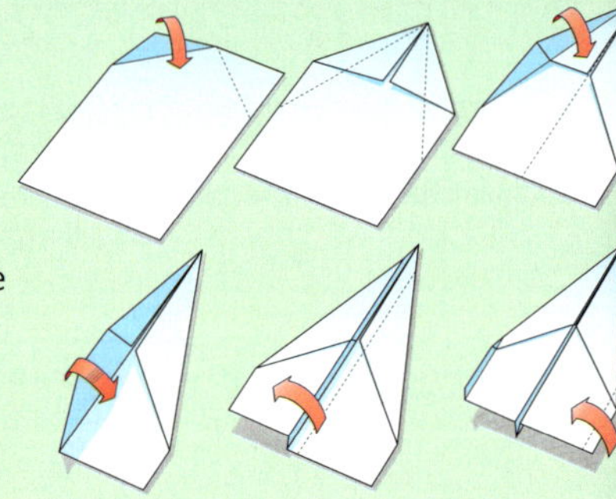

1 Bastelanleitung für einen Papierflieger

2 Was bewirkt warme Luft beim Fliegen?

Material

Glasrohr, Stativ, Kerze, Feder, Pinzette

Versuchsanleitung

Befestige ein Glasrohr senkrecht am Stativ und stelle die brennende Kerze darunter. Bringe mithilfe der Pinzette die Daunenfeder oberhalb der Flamme ins Glasrohr und beobachte. Was bedeutet das Ergebnis für den Vogelflug?

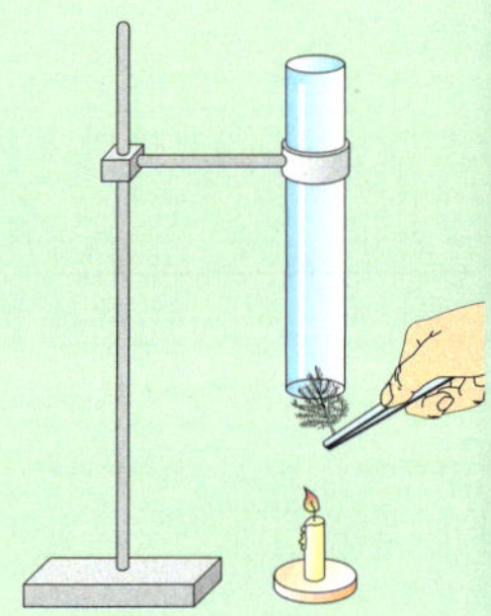

3 Versuche zur Flügelform

Material

2 feste DIN-A4-Papierbögen, Buch

Versuchsanleitung

a) Falte die beiden Papierbögen in der Mitte. Nimm den ersten Bogen und klemme die untere Hälfte in das Buch. Puste den Bogen von vorne an. Achte darauf, dass die freie Papierhälfte nicht gewölbt ist.

b) Lege nun den zweiten Bogen in das Buch und gib der freien Papierhälfte eine deutliche Wölbung nach unten. Puste nun wie zuvor gegen den Bogen. Beschreibe den Unterschied. Was bedeutet dies für den Vogelflügel?

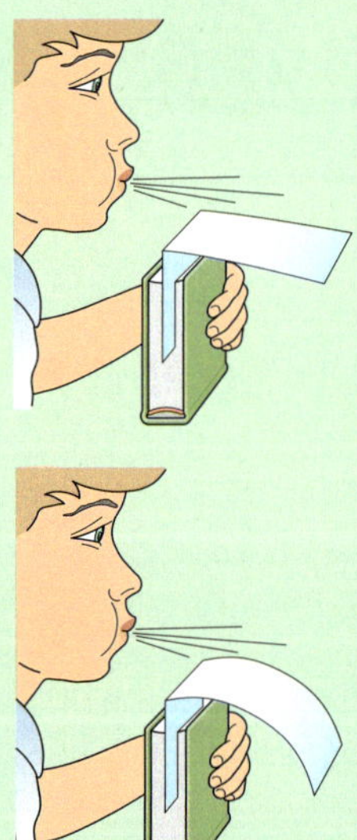

4 Ein Flügel steigt

Vögel haben speziell geformte Flügel, die es ihnen ermöglichen ohne einen Flügelschlag in der Luft zu steigen.

Material

Tonpapier, Strohhalm, Klebeband, Faden, Stift, Schere, Haartrockner

Versuchsanleitung

a) Falte das Tonpapier so, dass eine Seite etwas kürzer ist.

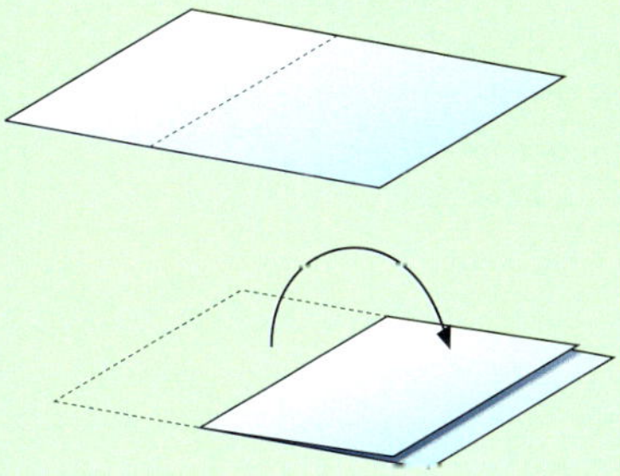

b) Drehe das Tonpapier um. Klebe die längere Seite genau auf die kürzere.

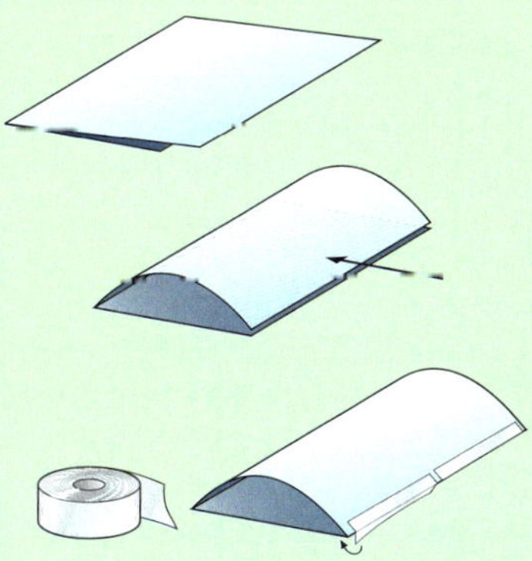

c) Bohre mit dem Bleistift zwei einander gegenüberliegende Löcher in den Karton.

d) Schneide ein Stück Strohhalm ab, das etwas länger ist als der Abstand der Löcher.
Schiebe den Strohhalm durch die Löcher und klebe ihn gut fest.

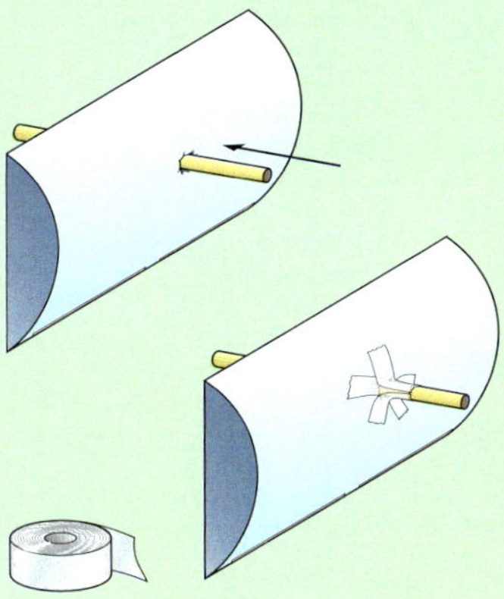

e) Ziehe den Bindfaden durch den Strohhalm und spanne ihn zwischen zwei Querstangen ein.

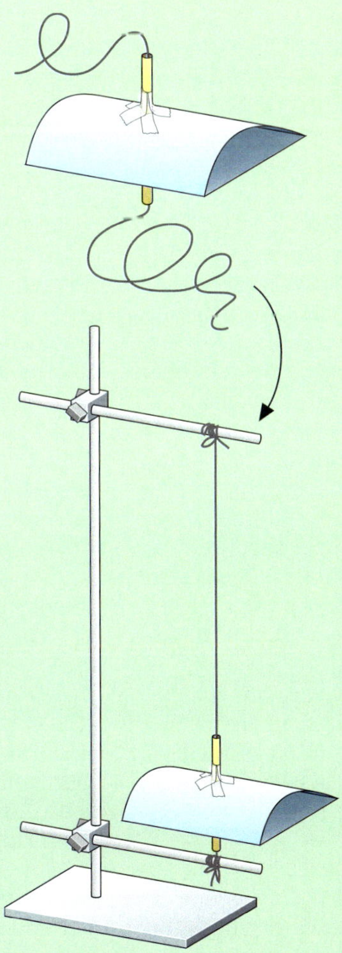

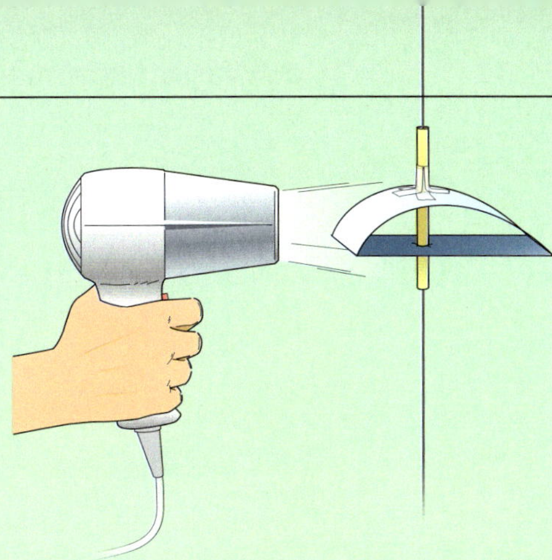

f) Blase mit dem Haartrockner gegen den Flügel. Was kannst du beobachten?

Aufgabe

Vergleiche den Querschnitt deines Modellflügels mit dem eines Vogelflügels (▷ B 2). Nenne Gemeinsamkeiten und Unterschiede.

2 Segelflug

3 Segelflieger

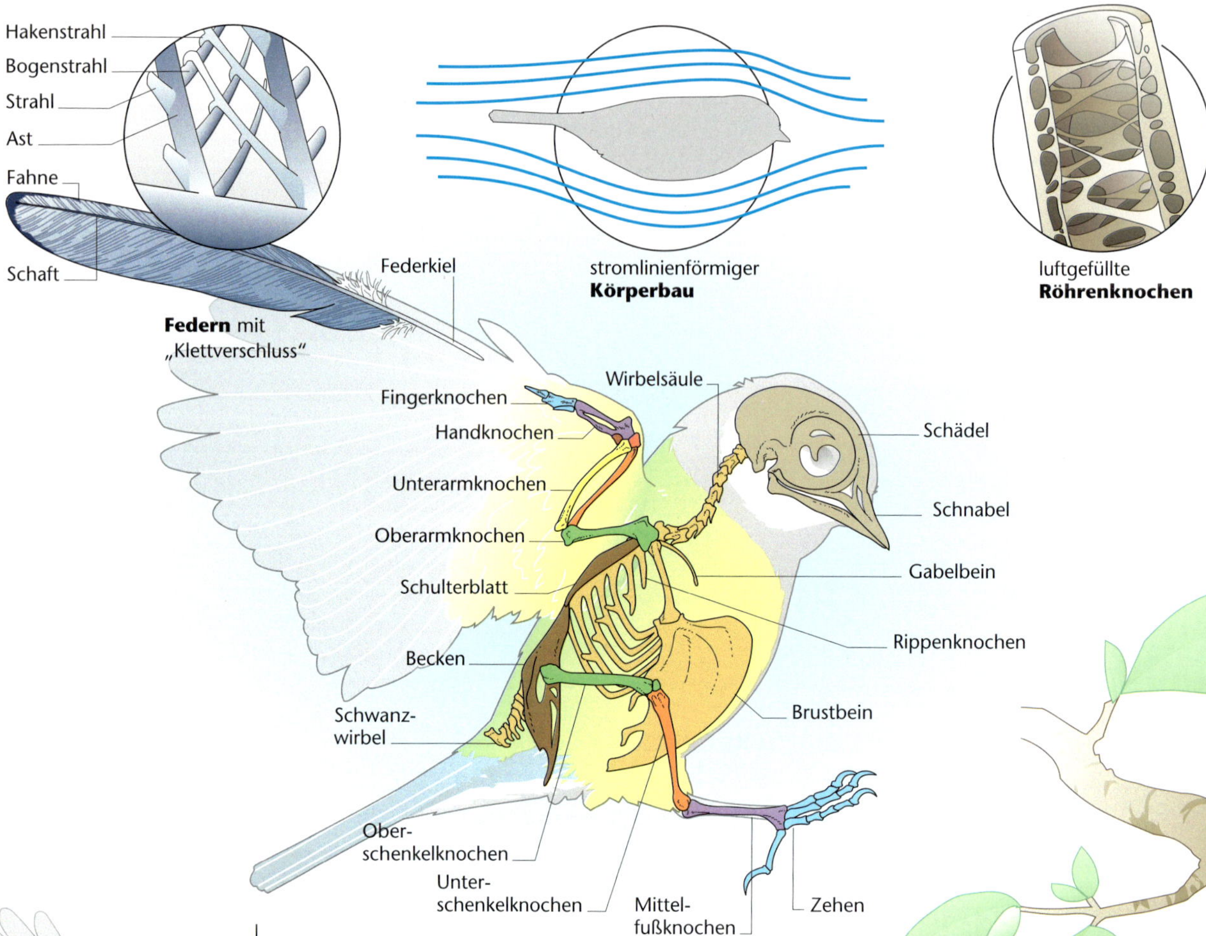

1 Körperbau der Vögel

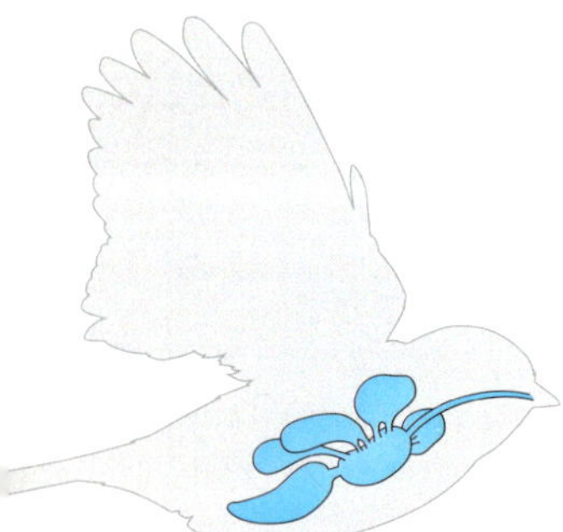

2 Luftsäcke unterstützen die Atmung.

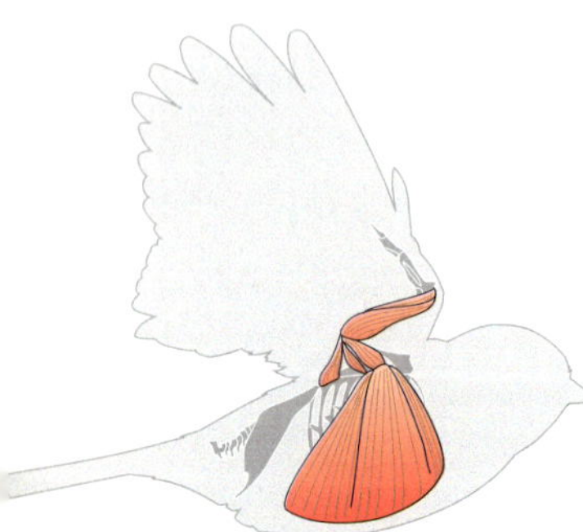

3 Die Flugmuskeln sind kräftig und ausdauernd.

Der Traum vom Fliegen

Eine Kohlmeise fliegt mit breit gefächertem Schwanz und weit ausgebreiteten Flügeln am Fenster vorbei. Mit lang gestreckten Beinen und gespreizten Zehen steuert sie auf einen Ast zu. Die vier Zehen umschließen den Zweig, der Vogelkörper sackt zusammen, die Flügel werden angelegt – und sie ist gelandet.

Der scheinbar so leichte Vogelflug hat die Menschen schon immer begeistert. Manche versuchten, sich mit künstlichen Flügeln in die Luft zu erheben. ALBRECHT BERBLINGER (1770–1829), der berühmt gewordene Schneider von Ulm, ist dabei ebenso gescheitert wie viele andere auch. Es genügt also nicht, Flügel anzuschnallen. Unser Körper ist einfach nicht zum Fliegen geschaffen. Wir sind zu schwer und die Kraft der Armmuskeln reicht nicht aus.

Federleicht

Das Körpergewicht der Vögel ist vergleichsweise gering: Eine Taube wiegt z. B. nur halb so viel wie ein gleich großer Igel. Ein Grund dafür sind die mit Luft gefüllten **Röhrenknochen** (▷ B 1) der Vögel. Bei Säugetieren sind diese mit Mark gefüllt.

Im Körper befinden sich **Luftsäcke** (▷ B 2), die mit der Lunge in Verbindung stehen. So können Vögel doppelt so viel Luft aufnehmen wie ein vergleichbares Säugetier. Die große Flügelfläche verhindert ein schnelles Absinken. Kräftige Flügelschläge drücken den Körper gegen die Luft nach oben und nach vorn.

Erst nachdem man die **„Leichtbauweise“** des Vogelkörpers genau studiert hatte, konnte man wirklich fliegende Flugzeuge bauen. Auch die Form des Vogelkörpers (▷ B 1) hat man nachgeahmt: Er ist stromlinienförmig gebaut, sodass die Tiere bei geringem Energieverbrauch hohe Fluggeschwindigkeiten erreichen. Deshalb haben auch Flugzeuge die **Stromlinienform**.

Während des Fliegens wirken durch die auf und ab schlagenden Flügel ganz erhebliche Kräfte auf den Körper des Vogels. Die

Flugmuskeln benötigen deshalb bei ihrer schweren Arbeit einen festen Halt. Die zusammengewachsenen Brust- und Lendenwirbel und die Knochen des Brustkorbes bilden trotz der „Leichtbauweise" der Knochen ein starres und stabiles Gerüst.

Das geringe Körpergewicht, die Stromlinienform und die kräftige Flugmuskulatur ermöglichen den Vogelflug.

Federn halten warm
Ein bitterkalter Wintertag. Das Amsel sitzt in einem kahlen Fliederstrauch und plustert ihr Gefieder auf. Sie vergrößert die isolierende Luftschicht zwischen ihren **Daunenfedern**, die den ganzen Körper bedecken. Die Amsel tut damit etwas Ähnliches wie wir, wenn wir einen Pullover unter einer Jacke anziehen oder unter ein Federbett schlüpfen. Der Vogel schützt sich mit seiner „Unterwäsche", den Daunenfedern, gegen Wärmeverlust.

Vögel sind wie wir **gleichwarme Lebewesen**. Ihr Körper hat stets die gleiche Temperatur.

Die „Oberbekleidung" der Vögel besteht aus den **Deckfedern**, die den Vogelkörper dachziegelartig einhüllen. So schützen sie die Daunenfedern vor Nässe und Wind und geben dem Vogelkörper seine stromlinienförmige Gestalt. Die schnellsten Flieger, z. B. Baumfalken, besitzen sehr harte Gefiederflächen. So werden die Vögel von der Luftströmung nur wenig gebremst.

Die beiden übrigen Federtypen haben ganz besondere Aufgaben. Die **Schwungfedern** bilden die Tragflächen. Mit den **Schwanzfedern** kann der Vogel während des Fluges steuern und bei der Landung abbremsen.

Federn schützen vor Kälte. Sie sind zusammen mit der Leichtbauweise des Körpers die Voraussetzung für den Vogelflug.

Wie sind Federn gebaut?
Die einzelne Feder ist ein Meisterwerk der Natur (▷ B 1). Sie besteht aus einem langen Röhrchen, das zur Spitze hin immer dünner wird. Das ist der **Federkiel**, von dem seitlich zahlreiche Seitenäste abzweigen. Im oberen Teil des Federkiels, dem **Schaft**, befinden sich lufthaltige Zellen, die zum geringen Gewicht der Feder beitragen. Der untere Teil, die **Spule**, ist hohl. Mit ihr ist die Feder in der Haut des Vogels befestigt. Vom Schaft laufen zu beiden Seiten kleine Äste, die aneinander zu kleben scheinen. Erst die Lupe enthüllt das Geheimnis zweier benachbarter Äste. Von dem oberen Ast laufen winzige bogenförmige Strahlen nach unten. In diese greifen zahllose kleine Häkchen, die an Strahlen des unteren Astes sitzen. Wie ein Klettverschluss greifen Haken- und Bogenstrahlen ineinander und bilden die geschlossene **Fahne** (▷ B 1). Dort kommt sehr wenig Luft hindurch.

4 Olympiade der Vögel

Aufgaben

1. Erkläre anhand der Abbildungen 1 und 3, weshalb Vögel ein ausgeprägtes Brustbein besitzen.
2. Erkläre, warum ein Fasan ein weicheres Deckgefieder besitzt als ein Habicht.

Versuche

1. Versuche, eine brennende Kerze durch eine Schwungfeder hindurch auszublasen.
2. Untersuche den Aufbau einer Vogelfeder mit der Lupe. Ziehe dabei vorsichtig die Äste der Feder auseinander und zeichne die Haken- und Bogenstrahlen.

Bewegung zu Lande, zu Wasser und in der Luft

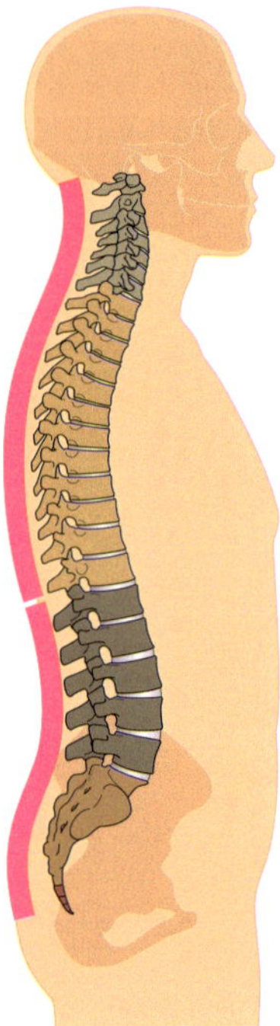

1 Doppel-S-Form der Wirbelsäule

Bewegungen
Wenn ein Körper immer schneller wird, spricht man von einer beschleunigten Bewegung.
Körper, deren Geschwindigkeit immer kleiner wird, führen eine verzögerte Bewegung aus. Bleibt die Geschwindigkeit gleich, bewegt sich der Körper gleichförmig.

Geschwindigkeit
Die Geschwindigkeit gibt an, welchen Weg ein Körper in einer bestimmten Zeit zurücklegt:

$$\text{Geschwindigkeit (in m/s)} = \frac{\text{Weg (in m)}}{\text{Zeit (in s)}}$$

Die Einheit für Geschwindigkeit ist m/s (Meter pro Sekunde) oder km/h (Kilometer pro Stunde).

Energie
Energie ist notwendig, um einen Körper zu bewegen, ihn zu erwärmen oder zum Leuchten zu bringen. Energie kann von einem Körper auf einen anderen übertragen oder in eine andere Energieform umgewandelt werden (▷ B 2). Dabei geht keine Energie verloren.
Die Einheit der Energie ist Joule (J).

2 Energie wird übertragen.

Muskulatur
An jeder Bewegung sind Muskeln beteiligt. Ein Muskel kann sich nur verkürzen, sein Gegenspieler dehnt ihn dann wieder.
Nährstoffe liefern dem Körper Energie und dienen als Baustoffe.

Skelett
Das Skelett ist aus zahlreichen Knochen zusammengesetzt, die den Körper stützen und vielen inneren Organen Schutz bieten. Bewegliche Verbindungen der Knochen heißen Gelenke.
Die doppelt S-förmige Wirbelsäule federt Stöße und Erschütterungen ab und schützt das Rückenmark (▷ B 1).

Bionik
Techniker versuchen „Erfindungen" der Natur zu erforschen und nachzubauen. Diese Wissenschaft nennt man Bionik.

Fische
Fische sind perfekt an das Leben im Wasser angepasst sind. Sie besitzen einen stromlinienförmigen Körper; zur Fortbewegung dienen Flossen. Bei den meisten Fischen ist die Haut mit Schuppen besetzt, die den Körper schützen.
Ein Organ, das nur Fische besitzen, ist die Schwimmblase. Mit ihrer Hilfe können Fische in unterschiedlichen Wassertiefen schweben.

Vögel
Nur Vögel besitzen Federn. Schwungfedern bilden die Tragflächen des Flügels. Schwanzfedern steuern den Flug und bremsen bei der Landung. Das Gefieder verleiht dem Körper eine Stromlinienform. Die Knochen der Vögel sind stark lufthaltig. Dadurch verringert sich das Körpergewicht.

Aufgaben

1 Erläutere die Begriffe Momentangeschwindigkeit und Durchschnittsgeschwindigkeit.

2 Nenne weitere Geräte neben der Glühlampe (▷ B 3), die elektrische Energie in eine andere Energieform umwandeln.

3 Ein rollendes Fahrzeug besitzt Bewegungsenergie. In welche Energieform wird die Bewegungsenergie beim Abbremsen umgewandelt?

4 Selbst beim Schlafen braucht dein Körper Energie. Wozu wird diese Energie benötigt?

5 In welcher Einheit wird Energie gemessen?

6 Wie viel Energie enthalten folgende Nahrungsmittel: 100 g Reis, 100 g Nudeln, 100 g Schokolade, 100 g Gummibärchen.

7 „Muskeln arbeiten immer im Team." Erkläre diese Aussage am Beispiel der Oberarmmuskulatur.

8 Wozu dient ein Skelett?

9 Es gibt verschiedene Gelenktypen.

a) Wo in deinem Körper befindet sich ein Scharniergelenk, und wo ein Kugelgelenk?

3 zu Aufgabe 2

b) Was würde passieren, wenn dein Gelenk im Knie ein Kugelgelenk wäre?

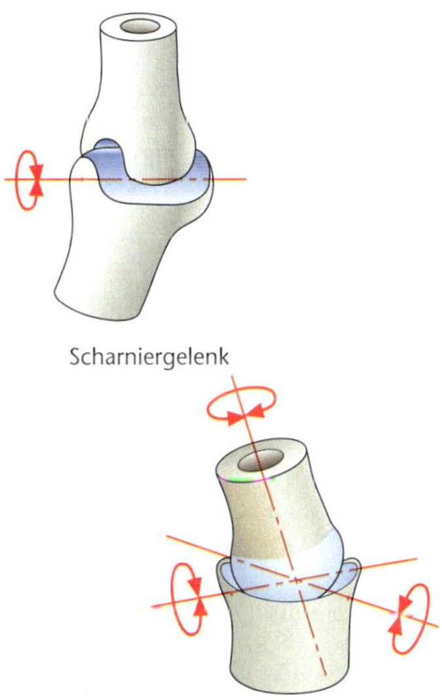

4 Gelenktypen

10 Nenne mindestens fünf Besonderheiten beim Körperbau der Vögel und Fische, die den Tieren das Fliegen bzw. das Schwimmen ermöglichen.

11 Robben stoßen beim schnellen Schwimmen unter Wasser Luft aus, sodass sie mit dem Kopf nicht durch Wasser, sondern durch Luft gleiten. Überlege, welche Vorteile dies haben könnte. Wie könnte man dies in der Technik nutzen?

5 zu Aufgabe 12

12 Beschreibe, wie du die Strömungsgeschwindigkeit eines Baches bestimmen kannst.

13 Informiere dich über den Begriff „Amphibien-Fahrzeug". Was ist das, welche Aufgaben hat es und wie ist der Name entstanden?

14 Warum baut man immer mehr Schiffe, Autos, Flugzeuge und Züge stromlinienförmig?

15 Dir liegt folgende Versuchsanleitung vor: Gib ein paar Rosinen in ein Glas. Fülle nun Mineralwasser mit Kohlensäure dazu.

a) Stelle eine Vermutung an, was bei diesem Versuch zu beobachten sein wird. Würde dieser Versuch deiner Ansicht nach auch mit Leitungswasser funktionieren? Begründe.

b) Führe den Versuch durch. Entspricht deine Vermutung aus Teilaufgabe a der Beobachtung, die du machst?

c) Überlege, welches Phänomen die Ursache für deine Beobachtung ist. Besprich dich mit deinen Mitschülerinnen und Mitschülern. Vielleicht findet ihr gemeinsam die Lösung.

Pflanzen, Tiere, Lebensräume

Deine Umwelt ist voller Leben! Mit Fernglas, Bestimmungsbuch, Lupe und vor allem offenen Augen und Ohren kannst du dort viele interessante Tiere und Pflanzen entdecken.

Mitten in deiner Stadt oder deinem Dorf gibt es viele Pflanzen und Tiere. Sicher hast du schon eine Amsel bei der Futtersuche oder sogar beim Brüten in eurer Hecke gesehen.

Im Wald oder im See sind die Lebensbedingungen natürlich anders als auf dem Schulgelände oder im Gartenteich. Alle Pflanzen und Tiere sind an ihre jeweiligen Lebensräume angepasst.

Aber auch im Haus leben Tiere, oft als gute Freunde. Häufig halten wir sie aber zu unserem Nutzen. In jedem Fall müssen wir sie richtig behandeln und uns um sie kümmern.

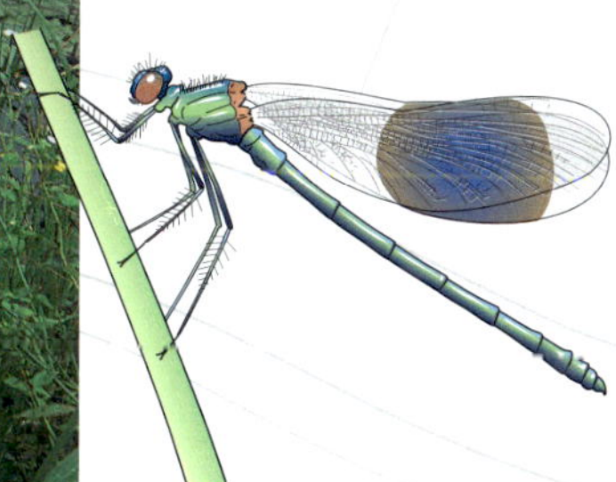
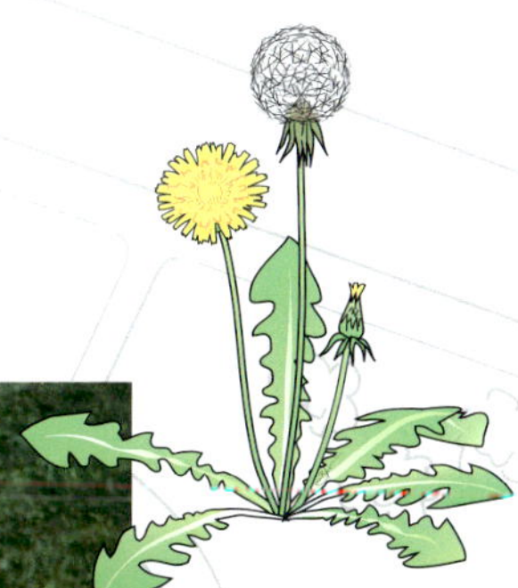

1 Haustiere kann man in Tierhandlungen oder beim Züchter kaufen.

2 Wird das Tier krank, muss es zum Arzt.

Lenas Wellensittich ist ein frecher Geselle.

Nico ist ein richtiger Pferdenarr.

Mit seinem Hund kann Timo viel unternehmen.

Sarahs Meerschweinchen hört auf seinen Namen.

Lenas Wellensittich

Lena bekommt von ihrem Großvater einen Wellensittich geschenkt. Sie gehen zusammen in die Tierhandlung und dort sucht sie sich einen jungen gelbgrünen Vogel aus.

Sie benötigt aber noch viele andere Dinge wie z. B. einen Käfig, Sand für den Boden, eine Wanne zum Baden, einen Stein zum Wetzen des Schnabels und natürlich Futter. Und damit sie bei der Pflege ihres Haustieres nichts falsch macht, kauft sie sich auch noch ein Buch über den Umgang mit Wellensittichen.

Eure Lieblingstiere

Wahrscheinlich haben einige von euch ein Haustier – einen Hund, eine Katze, einen Hamster oder ein Meerschweinchen oder sie pflegen am Nachmittag auf einem Reiterhof ein Pferd.
Macht doch mal eine Umfrage in der Klasse, wer welches Lieblingstier hat. Vielleicht habt ihr auch Lust, den anderen euer Lieblingtier vorzustellen!

Aufgaben

1 Schreibt die Namen eurer Lieblingstiere an die Tafel. Erzählt kurz, warum ihr gerade dieses Tier so gerne mögt.

2 Bildet Gruppen aus Schülerinnen und Schülern, die das gleiche Lieblingstier haben. Überlegt in den Gruppen, welche Informationen über euer Liebingstier interessant sind.
Sammelt diese Informationen und wertet sie aus, damit ihr die Ergebnisse euren Mitschülerinnen und Mitschülern präsentieren könnt.

Das richtige Haustier?
Mit Haustieren kannst du viel erleben: In einem Aquarium kannst du dir eine kleine Unterwasserwelt mit Fischen und Pflanzen aufbauen. Meerschweinchen, Hamster oder Zwergkaninchen sind etwas zum Schmusen und Kuscheln. Eine Katze kann lieb, aber auch sehr eigensinnig sein. Wellensittiche sind lustige Zeitgenossen und sorgen für viel Trubel, wenn man sie als Pärchen hält. Ein Hund wird schnell zu deinem besten Freund.

Haustiere sind auf uns angewiesen. Sie brauchen Futter, ausreichend Platz und vor allem Zeit – und das Tag für Tag, auch am Wochenende und in den Ferien. Daran solltest du denken, bevor du dir ein Haustier anschaffst. Mach doch zuerst einmal den **Haustiertest**, vielleicht wird dir dann einiges klarer.

Bist du *fit* für ein Haustier?

Bei dir zu Hause ...
- ◆ darf es nie unordentlich sein
- ● darf es schon mal unordentlich sein
- ✚ ist nur in deinem Zimmer Unordnung erlaubt

Wo darf sich dein Haustier aufhalten?
- ◆ nur außerhalb der Wohnung (Stall, Zwinger)
- ● in der ganzen Wohnung
- ✚ nur in deinem Zimmer

Wie viel Zeit hast du am Tag für dein Haustier?
- ● eine Stunde, manchmal mehr
- ✚ eine halbe Stunde höchstens
- ◆ mal viel, mal wenig, je nach Lust und Hausaufgaben

Dein Haustier macht in deinem Zimmer sein „Geschäft" auf den Boden,
- ◆ da ekelst du dich
- ● das würdest du schnell sauber machen
- ✚ du hast keine Ahnung, was du tun würdest

Hättest du Unterstützung bei der Pflege?
- ✚ nein, deine Eltern sagen, es sei dein Tier
- ◆ du brauchst keine Hilfe
- ● ja, alle wollen mithelfen

Leidet in deiner Familie jemand an einer Allergie?
- ● nein
- ◆ ja
- ✚ keine Ahnung

Weißt du schon über dein Haustier Bescheid?
- ● ja, du hast viel darüber gelesen
- ◆ noch nichts
- ✚ du fragst mal nach

Was machst du in den Ferien mit deinem Haustier?
- ◆ weißt du noch nicht
- ● du hast eine zuverlässige Pflegeperson
- ✚ du würdest auf den Urlaub verzichten

Auswertung:
- ● Wie oft hast du angekreuzt?

7- bis 8-mal:
Bei dir scheinen die Voraussetzungen für eine gute Tierhaltung gegeben zu sein. Aber ohne Hilfe verliert man schnell die Lust an seinem Haustier. Gemeinsam mit deiner Familie kannst du einem Tier ein Zuhause bieten.

5- bis 6-mal:
Nicht jedes Tier passt zu dir. Wenn du wenig Unterstützung hast, solltest du genau überlegen, ob und welches Haustier du dir anschaffst.

4-mal und weniger:
Bei dir hätte es ein Haustier nicht leicht. Die Bedingungen sind schlecht. Verzichte lieber auf ein Haustier.

1 Katze pirscht sich an.

„Die Katze lässt das Mausen nicht"
sagt eine Redewendung. Was bedeutet das?

Auch die vom Menschen gefütterte Katze geht auf die Jagd, wenn sie Gelegenheit dazu hat. Mäuse, aber auch Ratten, Ei -dechsen, Kaninchen und vor allem junge Vögel stehen dann auf ihrem Speiseplan.

Als **Schleichjäger** zeigt sie ein besonderes Jagdverhalten. Egal, ob auf dem Dachboden, in der Scheune oder auf der Wiese, sie darf beim Jagen keinerlei Geräusche machen, damit ihre Beute nicht vorgewarnt wird.
Die Katze jagt als **Einzelgänger** immer allein.

Sie pirscht sich mit ihren kurzen Beinen in geduckter Haltung langsam heran. Dabei tritt die Katze nur mit den Zehen auf. Sie läuft auf weichen Fußballen und mit eingezogenen Krallen wie auf Samtpfoten.
Ist sie nahe genug herangekommen, schnellt sie mit einem Satz vor. Die scharfen Krallen der Vorderpfoten hat sie jetzt aus den Hautfalten geschoben und packt damit die Beute. Ein Nackenbiss mit den dolchartigen Eckzähnen tötet blitzschnell. Die scharfhöckrigen Backenzähne zerschneiden die Beute. Die Katze hat ein **Fleischfressergebiss** (▷ B 2).
Manchmal lässt die Katze ihr Beutetier frei und spielt mit ihm.

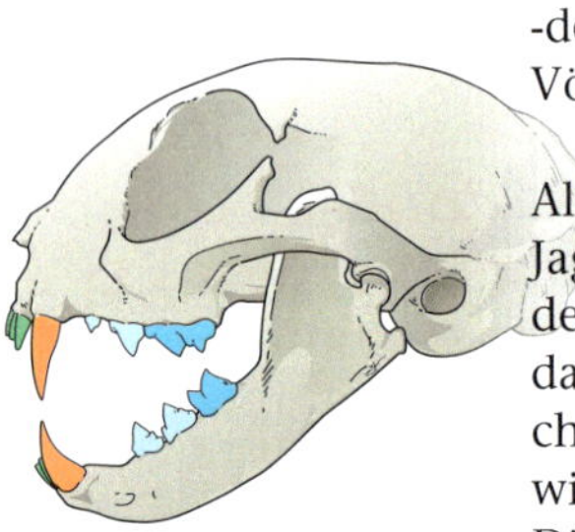

- Schneidezähne
- Eckzähne
- vordere Backenzähne
- hintere Backenzähne

2 Schädel einer Katze

Katzenkrallen müssen kratzen
Um ihre Krallen (▷ B 3) abzuschleifen und nachzuschärfen, kratzt die Katze an Baumrinden oder anderen rauen Gegenständen. In der Wohnung können dies auch Möbel oder Tapeten sein, wenn sie keinen Kratzbaum hat.

Immer im Gleichgewicht
Vielleicht hast du das schon einmal beobachtet: Eine Katze balanciert über schmale Gartenzäune, dünne Äste oder Balkongeländer – wie ein Artist.
Ihr Schwanz hilft ihr, das Gleichgewicht zu halten. Fällt sie aus nicht zu großer Höhe, dreht sie sich so geschickt, dass sie wieder sicher auf allen Vieren landet. Auch dabei wirkt ihr Schwanz wie ein Ruder.

Nicht alle Katzen sind Schmusekatzen
Katzen können sehr zutraulich und anschmiegsam sein. Sie bestimmen aber immer selbst, wann und wie oft sie schmusen wollen. Als Einzelgänger werden sie nie so anhänglich wie ein Hund und lassen sich nur schwer erziehen. Im Gegensatz zum Hund sind Katzen immer an das Haus und nicht an den Menschen gebunden.

▶ Katzen jagen als Einzelgänger. Sie sind Schleichjäger und haben ein Fleischfressergebiss.

3 Katzenpfote

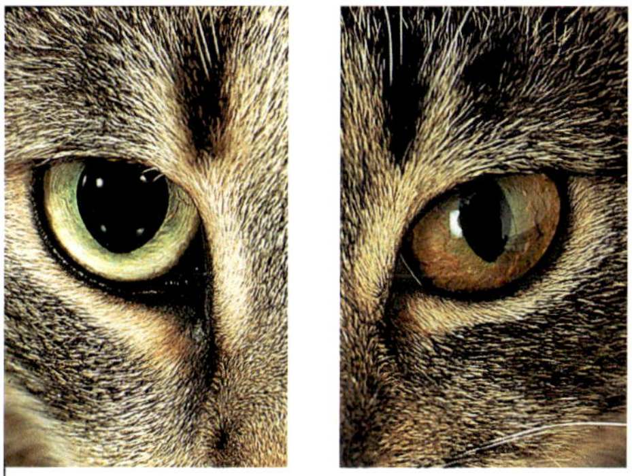

4 Pupillen bei unterschiedlicher Helligkeit

5 Katzenaugen leuchten, wenn sie angestrahlt werden.

Jäger in der Dämmerung

Katzen siehst du vor allem in der Dämmerung jagen. Sie sehen im Dunkeln sehr viel besser als wir, weil sie besonders lichtempfindliche Augen haben. Die Pupillen öffnen sich bei Dunkelheit kreisrund, damit möglichst viel Licht ins Auge fallen kann (▷B 4). Eine besondere Farbschicht spiegelt das einfallende Licht und verstärkt es so noch einmal. Katzenaugen leuchten deshalb auf, wenn sie von einem Licht angestrahlt werden (▷B 5). Katzen sind **Dämmerungsjäger**.

Bei völliger Dunkelheit kann auch die Katze nichts mehr sehen. Sie verlässt sich dann auf ihr feines **Gehör** und ihre empfindlichen **Schnurrhaare**. Diese ragen rechts und links über die Kopfbreite hinaus. So kann das Tier die Breite eines Schlupfloches, ohne zu sehen, genau bemessen. Mit ihren spitzen Tütenohren, die sich unabhängig voneinander drehen können, peilt sie jedes Geräusch an. Selbst auf größere Entfernung nimmt sie leises Rascheln wahr.

▶ Katzen sind Dämmerungsjäger. Sie haben besonders lichtempfindliche Augen und ein gutes Gehör.

Aufgaben

1 Beschreibe, wie die Katze als Schleichjäger Beute macht.

2 Beobachte eine Katze, wenn sie sich bedroht fühlt.
Schreibe deine Ergebnisse auf.

3 Erstelle eine Liste mit Fragen, mit denen du klären kannst, ob eine Katze das richtige Haustier für dich wäre.

4 Überprüft in Partnerarbeit die Veränderung der menschlichen Pupillen im Hellen und im Dunkeln.
Dazu müsst ihr euch gegenseitig in die Augen sehen. Schließt die Augen für einige Zeit und öffnet sie dann schnell wieder. Beschreibt die Veränderungen.

5 Vergleicht das Aussehen eurer Pupillen mit denen der Katze auf den Abbildungen 4 und 5. Zeichnet die jeweiligen Pupillenformen.

6 Erkläre, warum man Rückstrahler am Fahrrad oder an Leitpfosten „Katzenaugen" nennt.

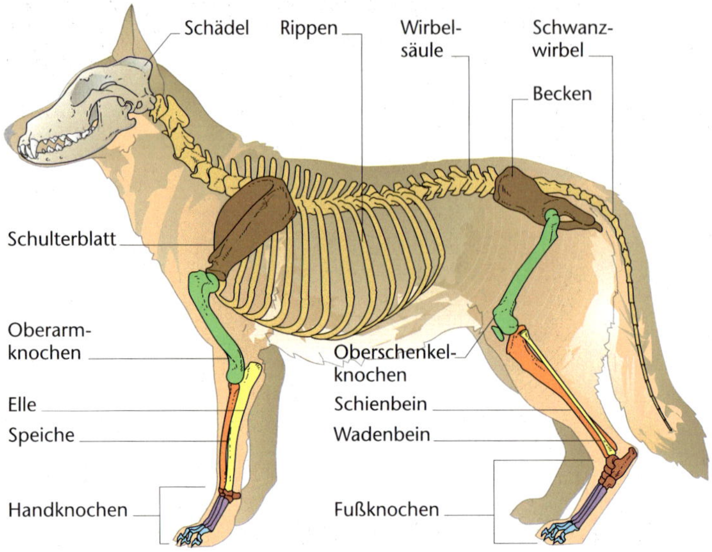

1 Skelett eines Hundes

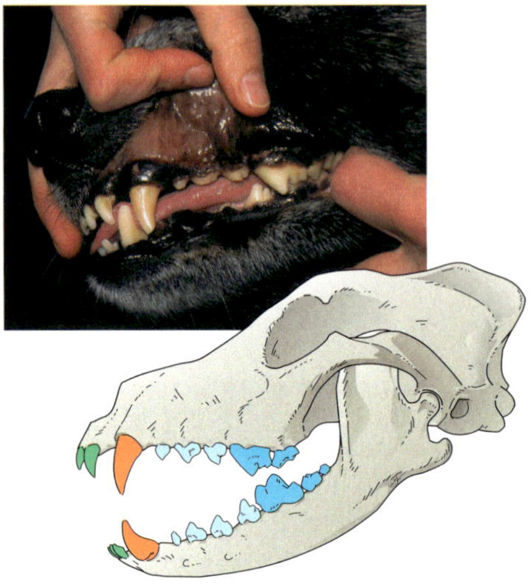

2 Gebiss und Schädel eines Hundes

Auf Zehen schneller voran – das Skelett macht's möglich
Hunde haben wie Menschen eine bewegliche **Wirbelsäule** aus einzelnen Wirbeln (▷ B 1). Durch Muskeln wird sie gekrümmt und wieder in die Ausgangslage zurückgebracht. Versuchst du neben einem großen Hund herzulaufen, musst du bald feststellen, dass er viel schneller ist als du.

Mit seinen langen Beinen kann er in großen, ausholenden Sätzen rennen. Außerdem läuft der Hund nur auf den Zehen, Mittelfuß und Ferse treten nicht mit auf. Er ist ein **Zehengänger**. Seine dicken, verhornten Ballen unter den Zehen federn den Körper ab und schützen ihn beim Dauerlauf (▷ B 4). Die immer ausgefahrenen Krallen geben Halt auf rutschigem Untergrund.

Durch seinen besonderen Körperbau kann der Hund als Langstreckenläufer manchmal mit Höchstgeschwindigkeit Beutetiere jagen. Du erkennst daran noch gut das Erbe des Hetzjägers Wolf.

Hunde sind Zehengänger, die ihre Beute hetzen.

Fangen – zerreißen – schlucken
Hunde sind Fleischfresser. Sofort fallen dir am **Fleischfressergebiss** (▷ B 2) des Hundes die riesigen Eckzähne, die Fangzähne, auf. Mit ihren dolchartigen Spitzen wird die Beute festgehalten und mit einem schnellen, kräftigen Biss getötet.

Die größten Zähne unter den gezackten Backenzähnen sind die Reißzähne, die mit ihren messerscharfen Kanten wie eine Schere arbeiten. Damit zerteilen Hunde Fleisch und zerbrechen sogar Knochen. Ohne viel zu kauen, werden abgerissene Fleisch- und Knochenstücke verschluckt und von Verdauungssäften im Magen und Dünndarm zersetzt. Mit den Schneidezähnen können sie feine Fleischreste von den Knochen abschaben. Die hinteren Backenzähne dienen dazu, Knochen zu zermalmen und auch Pflanzen zu zerquetschen.

Hunde haben ein typisches Fleischfressergebiss.

Aufgabe

1 Erkläre die Aufgaben der verschiedenen Zahnarten beim Fleischfressergebiss.

4 Hundepfote

3 Berner Sennenhund

Wie durch Züchtung verschiedene Hunderassen entstanden
Schon vor 12 000 Jahren haben Altsteinzeitmenschen begonnen Wölfe zu halten. Die scheuen Tiere blieben wahrscheinlich in Menschennähe, da sie nach der Jagd Reste von der Beute fressen konnten. Zogen die Menschen weiter, folgten ihnen die Tiere. Vielleicht gelang es Jägern, junge Wölfe mitzunehmen und sie zu **zähmen**. Von den Nachkommen dieser Wölfe wählten die Menschen immer nur solche Tiere zur Fortpflanzung aus, die durch besondere Eigenschaften auffielen.

Durch diese **Züchtungen** sind über lange Zeiträume mehr als 400 **Hunderassen** entstanden, die der Ursprungsform Wolf nur noch wenig ähnlich sehen.
Da sich Rassen untereinander fortpflanzen können, sind auch Mischformen, so genannte Mischlinge, möglich.

Der Wolf gilt als Stammform des Hundes. Durch Zähmung und Züchtung entstanden in Jahrtausenden alle heutigen Hunderassen.

Wölfe sind Rudeltiere
Wölfe leben in einer Gemeinschaft von 5 bis 12 Tieren zusammen. In so einem **Rudel** (▷ B 1) herrscht eine feste Rangordnung, jedes Mitglied nimmt einen bestimmten Platz ein. Es gibt jeweils ein männliches und ein weibliches **Leittier**, die zusammen das Rudel anführen. Alle anderen Rudelmitglieder sind den beiden Leittieren untergeordnet. Die Leittiere haben ihre Stellung im Rudel durch Kämpfe mit anderen Mitgliedern erworben.

Verständigung im Rudel
Die Tiere verständigen sich im Rudel durch Laute und **Körpersprache** (▷ B 2). Der Leitwolf frisst als Erster. Er hebt den Kopf, richtet den Schwanz auf und spitzt die Ohren. So **imponiert** er den anderen, das heißt, er stellt seine Größe zur Schau.

Fühlt er sich bedroht, sträubt er die Nacken- und Rückenhaare. Oft fletscht er die Zähne: **Er droht.**

Rangniedere Tiere halten den Schwanz gesenkt oder sogar zwischen die Beine geklemmt.
Im Kampf um einen höheren Rang wirft der Unterlegene sich auf den Rücken und bietet dem Gegner seine ungeschützte Hals- und Bauchseite dar. Dieses **Demutsverhalten** hemmt die Angriffslust.

1 Wolfsrudel

Die Grenzen ihres großen Jagdreviers **markieren** Wölfe eines Rudels mit Harn und Kot, um fremde Rudel fernzuhalten.

Wölfe sind Hetzjäger
Nur in der Gemeinschaft jagen sie erfolgreich. Wölfe verfolgen ihre Beute so lange, bis sich größere Tiere wie Elch oder Hirsch zum Kampf stellen oder vor Erschöpfung nicht mehr fliehen können. Oft erlegen Wölfe kranke und schwache Tiere.

Wölfe leben im Rudel mit einer festen Rangordnung.

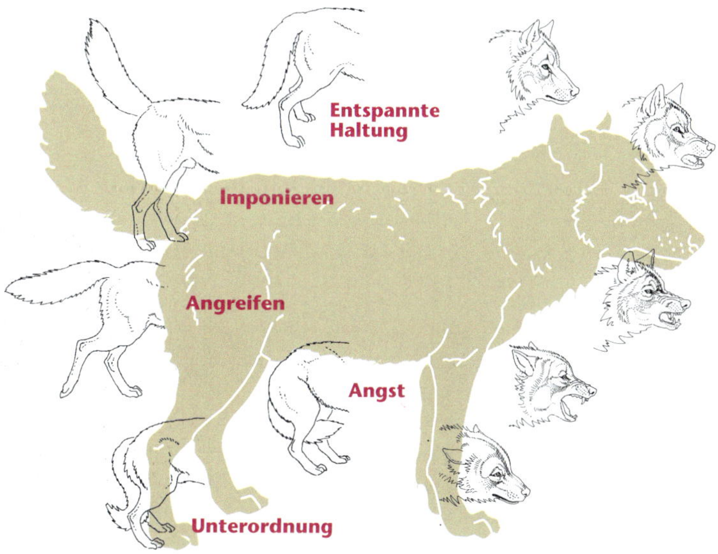

2 Körpersprache der Wölfe

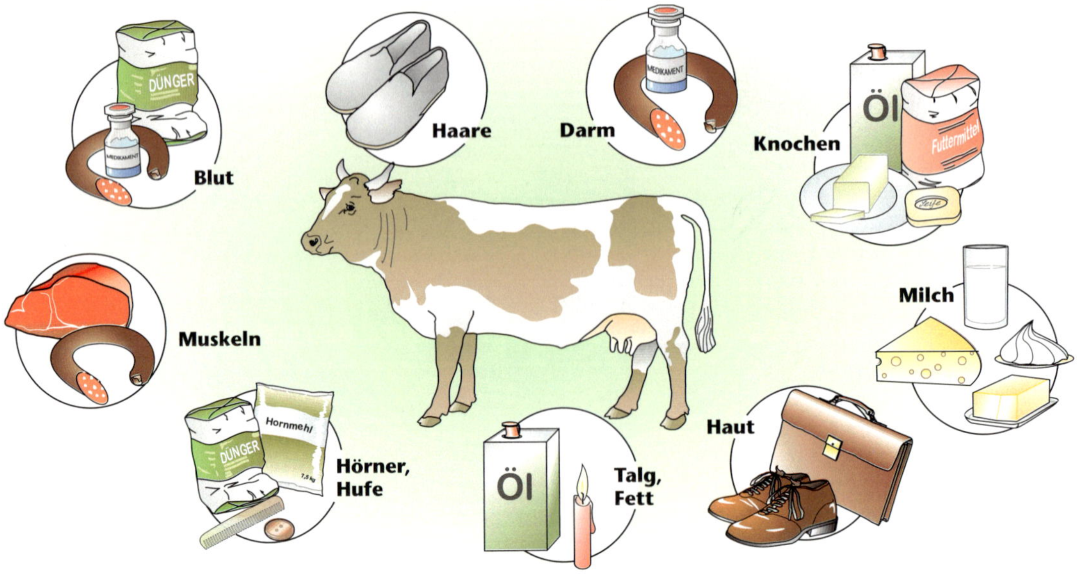

1 Nutzung des Rindes

Rinder sind Herdentiere

Bedächtig grasen Rinder gemeinsam auf der Weide (▷ B 3). Sie sind typische **Herdentiere**, die sich in einer Gruppe von Artgenossen am wohlsten fühlen. Diese Verhaltensweisen haben die Hausrinder von ihrem Stammvater, dem **Auerochsen** oder Ur geerbt.

Nicht nur Fleisch

Es gibt eigentlich nichts, was vom Hausrind nicht genutzt werden kann (▷ B1). Unsere Rinderrassen sind Zweinutzungsrinder, die sowohl Milch als auch Fleisch liefern. Milch ist für uns eines der wichtigsten Nahrungsmittel.

Das Fleisch ist aufgrund seines geringen Fettgehaltes und wegen des vorzüglichen Geschmacks ein besonders wertvolles Nahrungsmittel. Die Haut wird zu Leder verarbeitet, das Blut wird in Wurst und als Dünger verwendet. Aus Talg und Fett stellt man u. a. Kerzen und Öl her, aus den Knochen Seife, auch Fette und Öle sowie Futtermittel. Hufe und Hörner werden zu Hornmehl, Dünger und Knöpfen verarbeitet, während aus den Haaren Filz entsteht. Selbst die kurzen Haare der Ohren nutzt man zur Herstellung von Malpinseln.

▶ Das Hausrind ist eines unserer wichtigsten Nutztiere. Neben Fleisch und Milch nutzen wir fast alle Teile des Rindes.

Auf Zehenspitzen laufen

Je nach Rasse wiegt eine Kuh bis zu 700 kg. Getragen wird der Körper von vier stämmigen Beinen. Das Rind ist ein **Zehenspitzengänger**, denn es tritt nur mit den Spitzen der beiden mittleren Zehen auf, die besonders stark ausgebildet sind. Jede Zehe ist von einem Huf umgeben, deshalb heißen die Rinder **Paarhufer** (▷ B 5). Die Hufe werden beim Auftreten leicht gespreizt, sodass die Rinder trotz ihres großen Gewichts nur wenig in weiche Böden einsinken.

▶ Das Rind ist ein Zehenspitzengänger. Es tritt nur mit zwei Zehen auf und gehört deshalb zu den Paarhufern.

Erst mal fressen und dann kauen

Rinder grasen den ganzen Tag. Zwischendurch legen sie sich nieder und kauen immerzu, obwohl sie gar keine Nahrung zu sich nehmen. Dieses rätselhafte Verhalten hängt mit ihrer komplizierten Verdauung zusammen.
Ihre Hauptnahrung, das Gras, ist schwer verdaulich und enthält nur wenig Nährstoffe. Deshalb müssen sie täglich etwa 70 kg Futter fressen, um satt zu werden. Die aufgenommene Nahrung wird mit viel Speichel vermischt und dann fast unzerkaut geschluckt. Nur so kann das Rind in kurzer Zeit so große Futtermengen aufnehmen. Das Futter gelangt als erstes in den **Pansen** (▷ B 4), den größten der drei Vormägen. Er fasst bis zu 200 l, das ist etwa eine große Badewanne voll. Hier

leben viele Milliarden einzelliger Lebewesen. Sie helfen mit, die Nahrung für die Verdauung vorzubereiten. Das vorverdaute Futter wird im **Netzmagen** in mundgerechte Happen geformt, hochgeschluckt und gründlich gekaut. Dazu legen sich die Rinder nieder. Dieser Vorgang heißt **Wiederkäuen**.
Das so vorbereitete Futter gelangt nach dem Schlucken über die Schlundrinne in den **Blättermagen** (▷B4). Hier wird der Nahrung Wasser entzogen. Die Vorverdauung ist damit abgeschlossen. Jetzt gleitet das Futter in den **Labmagen** (▷B4), den letzten Abschnitt. Hier werden Verdauungssäfte zugegeben und die eigentliche Verdauung beginnt. Im 50 bis 60 m langen Darm gelangen die in ihre Bausteine zerlegten Nährstoffe ins Blut.

Rinder haben ein Pflanzenfressergebiss
Das Gras können Rinder nicht einfach abbeißen, denn sie haben im Oberkiefer keine Schneidezähne. Deshalb umfassen sie mit ihrer rauen, beweglichen Zunge die Grasbüschel und ziehen sie über die scharfe Kante der Schneidezähne im Unterkiefer. Dabei drücken sie das Gras gegen die Knorpelleiste des Oberkiefers, rupfen kurz und schlucken es ohne weiteres Kauen hinunter. Erst beim Wiederkäuen kommen die kräftigen **Backenzähne** (▷B2) mit einer breiten Kaufläche zum Einsatz. Die Backenzähne des Rindes haben harte Schmelzfalten. Dadurch bekommen sie eine raue Oberfläche, die wie eine Reibe wirkt. Das harte Gras kann so gründlich zerrieben werden.

3 Rinder auf der Weide

Aufgaben

1 a) Welche Tiere gehören zu den Wiederkäuern? Informiere dich über deren Lebensweise und erstelle eine kleine Übersicht.
b) Welche Vorteile haben die Wiederkäuer dadurch, dass sie ihr Futter so schnell schlucken und erst später verdauen? Schreibe deine Vermutungen auf.

2 Vergleiche die Backenzähne des Rindes mit denen eines Fleischfressers (Katze/Hund). Zeichne beide Zahnarten in dein Heft.

3 a) Zeichne den Rindermagen in dein Heft. Beschrifte die einzelnen Abschnitte. Zeichne den ersten Durchgang der Nahrung mit einer roten Linie, den zweiten Durchgang mit einer blauen Linie ein.
b) Schreibe auf, welche Aufgaben die einzelnen Abschnitte des Magens haben.

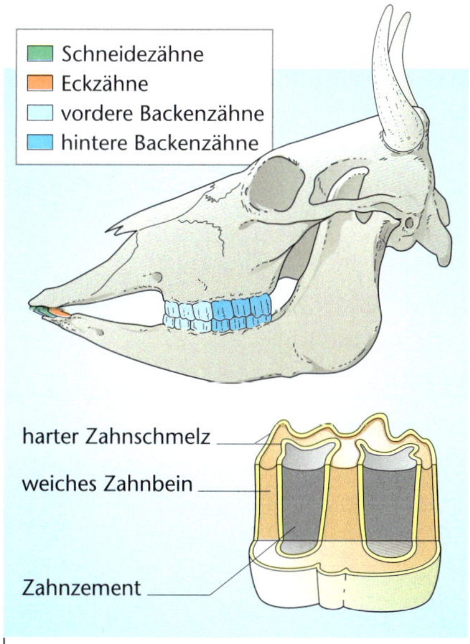

2 Schädel und Zähne eines Rindes

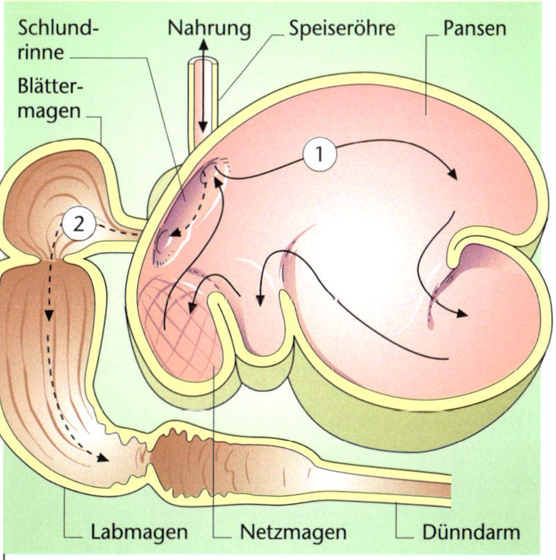

4 Magen eines Rindes

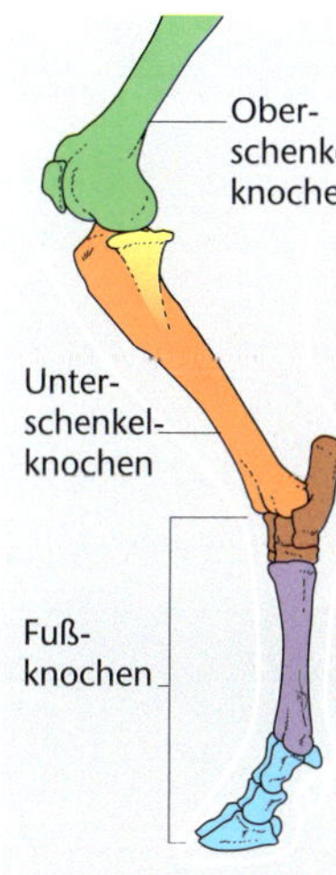

5 Hinterbein, Rind

Weidewirtschaft und Massentierhaltung

Auf der Weide können Rinder weit gehend so leben, wie es ihren natürlichen Bedürfnissen entspricht. Diese Form der Rinderhaltung nennt man **Weidewirtschaft**. Doch kommt sie zunehmend seltener vor. Die meisten Rinder werden heutzutage in Ställen gehalten, die so groß sind, dass sie an Fabrikhallen erinnern. Ziel dieser **Massentierhaltung** ist es, dass viele Tiere von wenigen Menschen versorgt werden können. Nur so können die Produkte, welche wir aus Rindern gewinnen, billig produziert werden.

1 Mastkälber im Laufstall

2 Mastkälber im Boxenstall

Artgerechte Stallhaltung

Bei einer artgerechten Stallhaltung (▷ B 1) wird auf die Lebensgewohnheiten der Tiere Rücksicht genommen. Die Tiere sind nicht angebunden. Sie können Kontakt zueinander aufnehmen und sich frei zwischen Liegeplätzen und voneinander getrennten Futtertrögen bewegen. Das entspricht ihrer natürlichen Lebensweise. Dabei ist so viel Platz vorhanden, dass die Kühe Abstand zueinander halten können, denn Rinder vermeiden Körperkontakte, obwohl es Herdentiere sind. Die Liegeboxen sind mit Stroh oder Sägespänen gefüllt und so geräumig, dass die Kühe ungehindert aufstehen und sich niederlegen können.
Heu und Gras holen sie sich nach Belieben vom Futtertisch. Moderne Melkanlagen melken die Tiere schonend und erlauben ein bequemes und aufrechtes Arbeiten.

Ein Kälbchen wird geboren

Nur die besten Rinder sollen sich fortpflanzen. Deshalb überlässt man beim Nachwuchs der Kühe nichts dem Zufall. Zeichnet sich ein Bulle durch gute Erbeigenschaften aus, möchte man von ihm möglichst viele Nachkommen. Daher wird heutzutage die Kuh meistens durch künstliche Besamung befruchtet. So ist es möglich, gleichzeitig mehrere Kühe zu befruchten.

Ist die Kuh trächtig, kommt nach einer Tragzeit von neun Monaten ein Kalb auf die Welt (▷ B 3). Wenige Minuten nach der Geburt versucht es, sich auf die noch wackeligen Beine zu stellen. Das Kälbchen wird mit Fell geboren und kann von Anfang an sehen. Das Muttertier leckt mit der rauen Zunge sorgfältig das Fell trocken. Erstes Ziel des Kalbes ist das Euter, aus dem es die Milch saugt (▷ B 4). Sie enthält alle notwendigen Nährstoffe für sein Wachstum. Weil die Kälber ziemlich schnell nach der Geburt der Mutter folgen können, heißen diese Tiere **Nestflüchter**.

Milchkühe

Die Kühe geben erst Milch, nachdem sie ihr erstes Kalb geboren haben. Dann wird in den **Milchdrüsen** des Euters aus den Nährstoffen im Blut Milch gebildet.
Der Mensch melkt die Kühe weiter, auch wenn die Kälber schon aufgehört haben zu trinken. So produzieren die Kühe weiterhin Milch. Doch die Kuh muss jedes Jahr ein Kalb bekommen, sonst gibt sie keine Milch mehr. Unsere Milchkühe erhalten hochwertiges Kraftfutter, sodass sie viel Milch geben und zweimal am Tag gemolken werden können. Sie geben zwischen 5 000 und 8 000 l Milch pro Jahr.

3 Ein Kalb wird geboren

4 Ein Kalb wird gesäugt.

Aufgaben

1 Auf welche natürlichen Verhaltensweisen der Rinder sollten Landwirte bei der Stallhaltung Rücksicht nehmen?

2 Rinder gehören zu den Säugetieren. Schreibe aus dem Text die Belege für diese Behauptung in dein Heft.

Zähmen und Züchten

Der Mensch wurde sesshaft
Die Menschen der Steinzeit wanderten umher und richteten ihre Lager an Plätzen ein, wo sie genug Nahrung fanden.
Die allerlängste Zeit lebten die Menschen auf diese Weise. Erst vor 10 000 Jahren begannen die Menschen in festen Siedlungen zu leben.

Veränderungen im Vorderen Orient
Im Vorderen Orient gab es ausgedehnte Grasflächen mit wildem Getreide.
Hier lebten auch wilde Schafe, Ziegen und Rinder. Menschen, die bisher Jäger und Sammler waren, gründeten dort dorfähnliche Siedlungen. Sie hielten Tiere und betrieben Ackerbau.

Die Menschen zähmen Tiere ...
Einige Tiere pflanzten sich sogar in Gefangenschaft fort. So wurden aus Wildtieren allmählich Haustiere. Aus Jägern wurden Tierzüchter. Tiere, die im Vorderen Orient zu Haustieren gezüchtet wurden, waren das Schaf, die Ziege und das Rind.

Hausschweine entstanden durch Züchtungen aus Wildschweinen. Wildschweine lassen sich nicht gut im Stall halten. Hausschweine sind sehr viel zahmer, haben kürzere, feinere Borsten. Hausschweine sind kleiner als die ursprünglichen Wildschweine, sie liefern auch fetteres Fleisch. Der Mensch züchtet seit etwa 10 500 Jahren Schweine.

Seit etwa 7 000 Jahren werden aus verschiedenen Wildpferderassen (▷ B 1) Pferde mit unterschiedlichen Eigenschaften für den Einsatz als Transportpferde, Reitpferde, Zugpferde oder Rennpferde gezüchtet.

... und bauen Getreide an
Aus dem Sammeln der Früchte entwickelte sich der Ackerbau. Die Menschen beobachteten, dass auf den Boden gefallene Körner keimten und neues Getreide wuchs. Sie legten Äcker an und säten die Körner aus. Das war der Beginn des Ackerbaus. Bald lernten die Menschen, wie sie die Ernte verbessern konnten. Sie bearbeiteten den Boden vor der Aussaat und schützten die Äcker vor Wildtieren. Für die Aussaat wählten sie besonders große Körner aus. So wurden aus Wildgräsern

1 Przewalski-Pferd

allmählich unsere heutigen Getreidesorten. Weitere Nutzpflanzen waren Erbsen und Linsen, Beeren und einige Obstsorten wie Äpfel und Birnen.

Blumen wurden zu Luxusgütern
Rosen faszinieren die Menschen schon seit sehr langer Zeit. Sie werden wahrscheinlich seit etwa 1 200 vor Christus kultiviert, das heißt gezielt angebaut. Man schätzt, dass es im Moment zwischen 30 000 und 50 000 verschiedene Rosenarten gibt. Diese gehen auf wenige natürliche Rosenarten zurück. Jedes Jahr kommen durch Züchtungen viele Arten hinzu.

Die ersten Tulpenzwiebeln kamen im 16. Jahrhundert aus Persien nach Europa. Es wurden für einzelne Tulpenzwiebeln Preise im Gegenwert von Häusern verlangt und bezahlt. Diese Tulpen waren noch sehr viel kleiner als unsere heutigen Arten, die durch Züchtung viel höher wurden und größere Blüten bekamen. Sehr selten kann man heute noch an einigen Stellen die ursprünglichen Wildtulpen wachsen sehen. Sie sind nur etwa 18–20 cm hoch und haben relativ kleine Blüten (▷ B 2).

Aufgabe

1 Liste alle Kohlarten auf, die durch Züchtung des Wildkohls entstanden sind. Welche Eigenschaften haben sich gegenüber der Wildform verändert?

2 Wildtulpe

Die Henne hat gelegt

Bei der Balz umtanzt der auffallend bunt gefärbte Hahn die Henne. Geht die Henne auf die Werbungen ein, so duckt sie sich und der Hahn steigt auf sie auf. Der Hahn „tritt" die Henne, wie Hühnerzüchter sagen. Die Tiere pressen ihre Geschlechtsöffnungen aneinander. Hierbei kommt es zur Besamung (▷B 4). Im hinteren Teil des Eileiters erfolgt die **Befruchtung** der Eizelle, womit die Verschmelzung einer Eizelle mit einer Samenzelle gemeint ist.

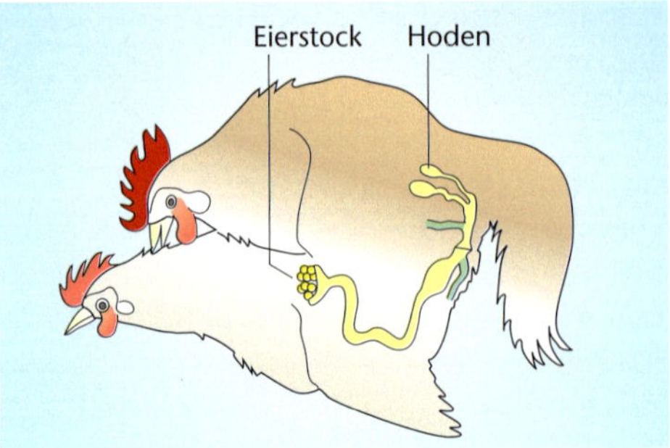

4 Paarung

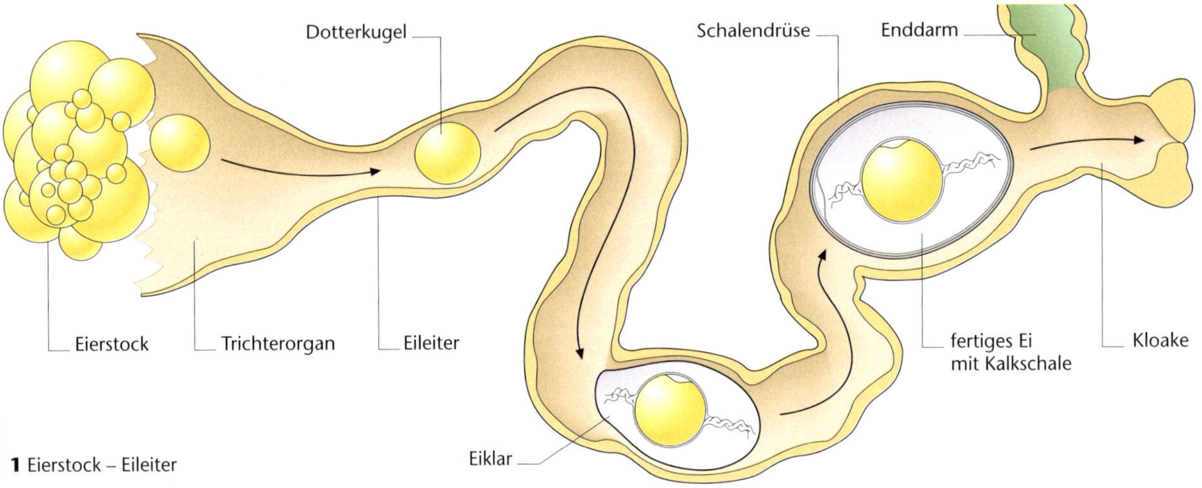

1 Eierstock – Eileiter

Innerhalb von 24 Stunden erfolgt jetzt im Eileiter die Entwicklung zum fertigen Hühnerei, das dann von der Henne abgelegt wird. Im Ei teilt sich die winzige Eizelle mehrfach und bildet die kleine Keimscheibe. Sie ist auf der Dotterkugel bei genauem Hinsehen gut zu erkennen. Aus ihr entsteht später der Embryo. Nach und nach kommen Eiklar, die Hagelschnüre und die feinen Schalenhäute hinzu. In der Schalendrüse wird schließlich die Kalkschale hinzugefügt. Damit der heranwachsende Embryo atmen kann, enthält die Schale viele kleine luftdurchlässige Öffnungen. Das sind die Poren.

Von der Befruchtung bis zur Eiablage dauert es nur 24 Stunden. Entfernt man die Eier, legt die Henne erneut. Dieses Verhalten ist dem Tier angeboren. Eine Henne kann bis zu 250 Eier im Jahr legen. Findet keine Besamung statt, bleiben die Eier unbefruchtet.

▶ Das Hühnerei enthält Nährstoffe für das heranwachsende Küken, das durch Poren in der Eierschale atmen kann.

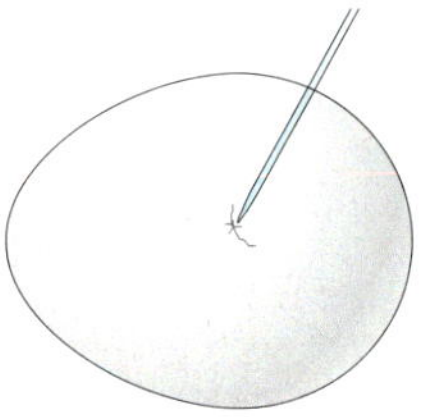

2 Einstechen eines Loches

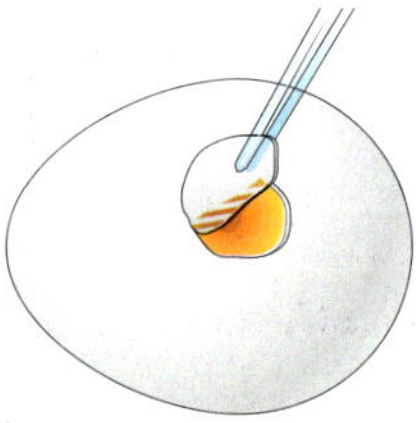

3 Aufbrechen der Kalkschale

Ein Küken schlüpft

Wenn die Glucke brütet, hält ihr Körper die Eier gleichmäßig warm. Bis dann schließlich ein Küken schlüpft, passiert unter der Eischale Erstaunliches: Langsam entwickelt sich aus der Keimscheibe der Embryo. Auch wenn die Glucke die Eier wendet – die Keimscheibe bleibt immer oben. Sie schwimmt auf der Dotterkugel. Schon nach drei Tagen sind erste Äderchen auf der Dotterkugel erkennbar. Sie versorgen den Embryo mit Nährstoffen aus dem Dotter und dem Eiklar. Nach 14 Tagen sind Kopf, Schnabel, Augen, Flügel und Federn gut ausgebildet. Um die Eischale durchbrechen zu können, hat das Küken einen kleinen Eizahn auf dem Schnabel. Nach 21 Tagen schlüpft das Hühnerküken.
Als **Nestflüchter** geht das Küken sofort mit der Glucke und den Geschwistern auf Futtersuche.

▶ Damit sich im befruchteten Hühnerei aus der Keimscheibe das Küken entwickeln kann, muss die Henne das Ei beim Brüten gleichmäßig warm halten.

Untersuchung eines Hühnereis

Material

Hühnerei, Eierkarton, Nadel, Einwegspritze oder Pipette, Schere, Pinzette, Lupe, Petrischale

Versuchsanleitung

a) Lege ein Hühnerei waagerecht in die Vertiefung eines Eierkartons. Stich mit einer Nadel vorsichtig ein kleines Loch in die Eierschale.

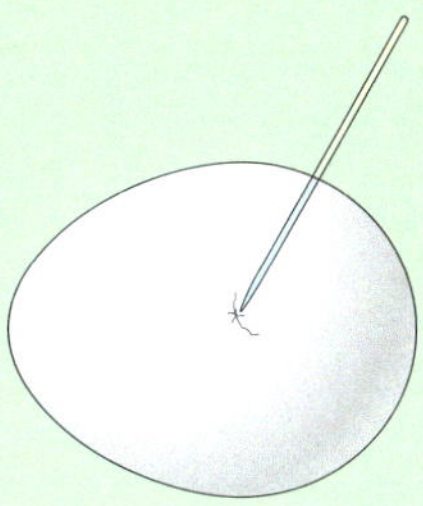

1 Einstechen eines Loches

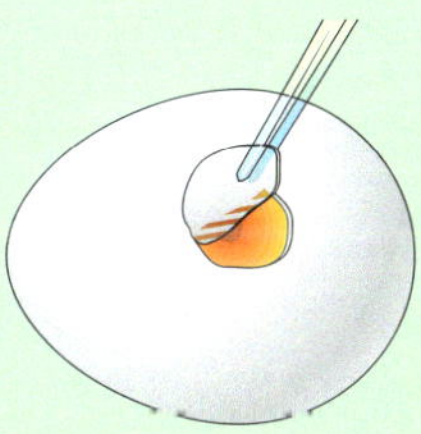

2 Aufbrechen der Kalkschale

b) Mit Schere und Pinzette kannst du nun das Loch zu einem kleinen „Fenster" erweitern. Bewahre die Schalenstücke für Versuch d auf.
Beschreibe, was du erkennst.
c) Sauge mit einer Einwegspritze oder einer Pipette ca. 10 ml Eiklar ab, damit es nicht ausläuft.

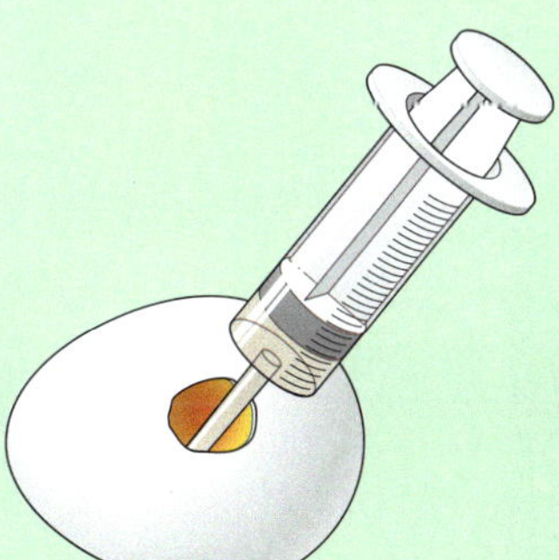

3 Absaugen des Eiklars

Vergleiche die Teile mit denen in der Abbildung und ordne sie zu.

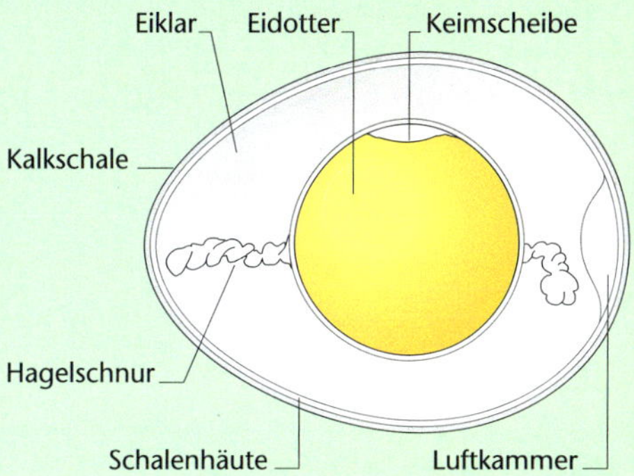

4 Hühnerei, Schema

d) Halte nun ein Stückchen Kalkschale mit der Pinzette gegen das Licht. Betrachte es mit der Lupe. Was kannst du erkennen?
e) Drehe das geöffnete Ei vorsichtig. Wie verhält sich die Keimscheibe?
f) Öffne das Ei vollständig und gib den Inhalt in eine Petrischale. Ziehe vorsichtig mit der stumpfen Pinzette an den Hagelschnüren.

5 Aufgeschlagenes Ei

Welche Aufgabe könnten die Hagelschnüre haben?

Aufgaben

1. Vergleiche die einzelnen Fotos in Bild 6 und beschreibe die Entwicklung eines Kükens. Schreibe zu jedem Stadium einen kurzen Text.

2. Erkläre den Begriff Nesthocker und nenne einige Vogelarten, deren Küken Nesthocker sind.

3. Suche im Buch nach weiteren Tierarten, deren Junge Nestflüchter sind.

6 Entwicklungsstadien im Hühnerei

Brot, Müsli und Nudeln sind Lebensmittel, die alle aus den Körnern bestimmter Gräser hergestellt werden. Diese werden als **Getreide** bezeichnet. Die Körner sind die Früchte der Getreidepflanzen. Sie wachsen als **Ähre** oder **Rispe** und bilden den **Fruchtstand**. Roggen, Gerste, Weizen, Hafer , Mais und Reis sind unsere häufigsten Getreidesorten.

Der **Roggen** hat lange, walzenförmige Körner. Er lässt sich leicht an seinen **Grannen** erkennen. Die Grannen des Roggens sind kürzer als die Grannen der Gerste. Aus seinen Körnern stellen wir dunkle Brotsorten her, die lange frisch bleiben.

Die **Gerste** besitzt, wie fast alle Gräser, als Fruchtstand eine **Ähre** mit langen Grannen. Im reifen Zustand neigen sich die Ähren in Richtung Boden. Verwendung findet die Gerste z. B. in der Bier- und Malzkaffeeherstellung.

Der **Weizen** hat rundliche Körner mit Härchen an der Spitze. Er besitzt keine Grannen. Im Gegensatz zu hoch wachsenden Roggen ist der Weizen extrem kurz. Je nachdem, wie fein gemahlen und gesiebt wird, entstehen Schrot, Graupen, Gries oder Mehl. **Gries** wird z. B. für die Nudelherstellung verwendet und **Mehl** für Kuchen oder weißes Brot.

Der **Hafer** ist aufgrund seines Aussehens gut von anderen Getreidearten zu unterscheiden. Als Fruchtstand besitzt der Hafer eine **Rispe**, d. h. der Fruchtstand ist mehrfach verzweigt. Die länglichen Körner werden gequetscht und getrocknet als Haferflocken gegessen.

Der **Reis** besitzt als Fruchtstand kleine Ährchen an einzelnen Rispen. Er wird hauptsächlich in Asien angebaut. Reis wird ausgesät oder als junge Pflanze eingepflanzt. Reispflanzen verdunsten viel Wasser. Die Pflanzen werden daher oft auf überfluteten, terrassenartig angelegten Feldern angebaut. Deshalb werden die Reisfelder auch als **Reisterrassen** bezeichnet. Die Körner werden vorwiegend gekocht verwendet.

Mais wurde in Süd- und Mittelamerika wegen seiner Körner angebaut. Heute dient er auch in Europa als Futterpflanze für Rinder. Wir essen Mais als Gemüse oder Popcorn.

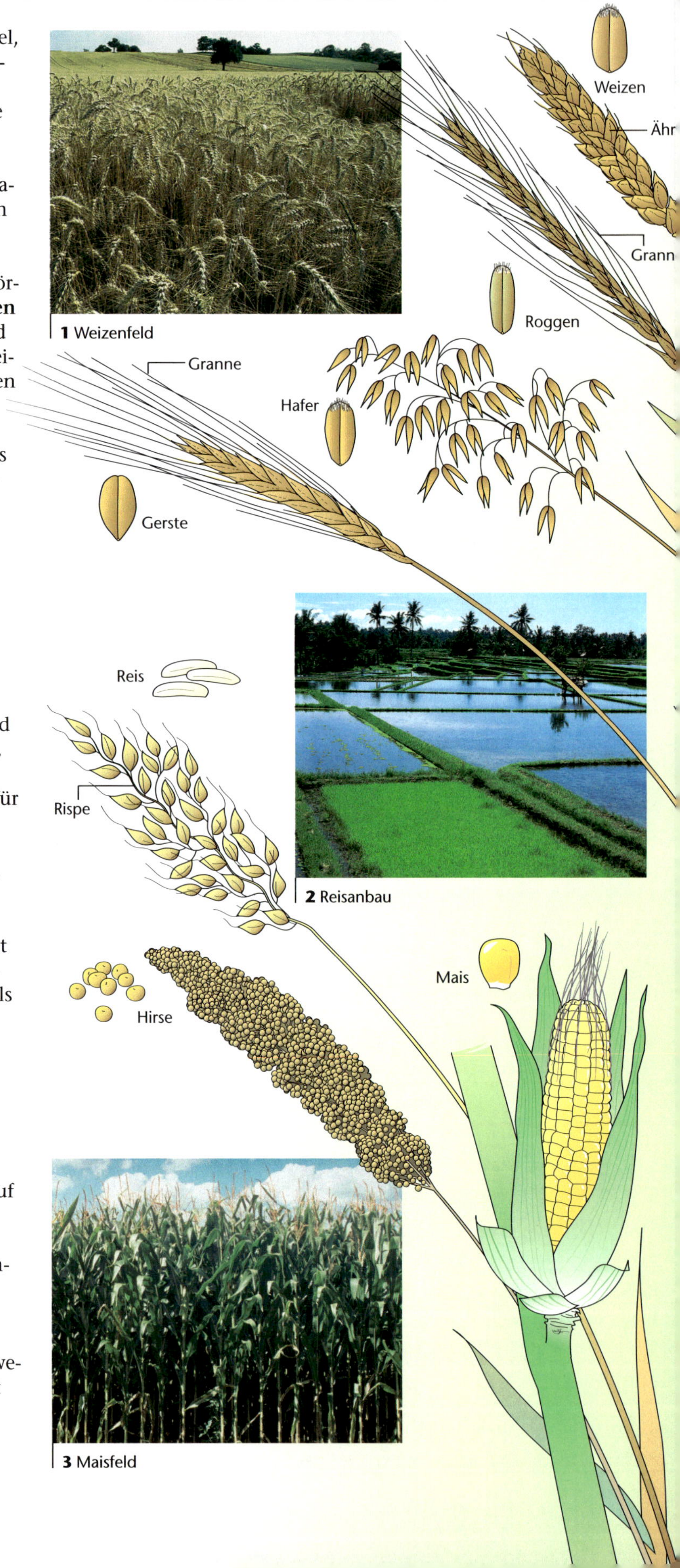

1 Weizenfeld

2 Reisanbau

3 Maisfeld

Zucker macht das Leben süß!?

1 Zuckerrohr

2 Sklaven beim Zuckerrohranbau

Zuckerrohr – ein süßes Gras
Das Zuckerrohr (▷ B 1) wurde vor 1200 Jahren von den Arabern ins Mittelmeergebiet gebracht. Als KOLUMBUS (1451 – 1506) Amerika 1492 entdeckte, erkannte man schnell, dass sich dieser Kontinent sehr gut für den Anbau von Zuckerrohr eignete und dass damit viel Geld verdient werden könnte. So entstanden auf den Inseln der Karibik und in Südamerika riesige Zuckerrohrplantagen. Unter schlimmsten Bedingungen mussten schwarze Sklaven aus Afrika dort arbeiten, damit die Verbraucher in Europa genügend Zucker erhielten (▷ B 2).

Zucker aus Rüben
Der Chemiker ANDREAS SIGISMUND MARGGRAF (1709 – 1782) entdeckte im Jahr 1747, dass in Runkelrüben der gleiche Zucker enthalten ist wie im Zuckerrohr. Nach 15 Jahren Züchtung und Forschungstätigkeit gelang es ihm, besonders zuckerhaltige Rüben zu züchten. Im Jahr 1801 wurde die erste Zuckerfabrik der Welt in Betrieb genommen.

Die Bedeutung des Zuckerrohranbaues in der Karibik und Südamerika ging in den nächsten Jahrzehnten schnell zurück und damit auch die unmenschliche Quälerei vieler Sklaven in den Zuckerrohrplantagen und Zuckerfabriken.
Zuckerrüben (▷ B 3) wachsen nur auf allerbesten Böden. Nach der Aussaat bildet die Pflanze zunächst eine schmale Pfahlwurzel. Wenn genügend Blätter ausgebildet sind, verdickt sich ein Teil des Stängels und der obere Teil der Hauptwurzel wird zur Rübe. Diese wird höchstens 35 cm lang, die Pfahlwurzel kann bis zu 2 m tief in den Erdboden vordringen. Zuckerrüben benötigen viel Sonne, Regen und intensive Pflege.

In der Zuckerfabrik
Nach der Ernte im Herbst liefern die Landwirte die Zuckerrüben in die Zuckerfabriken (▷ B 4). Dort wäscht man die Rüben und zerteilt sie in kleine Stücke. Der Saft wird ausgepresst, gefiltert, gereinigt und verdampft. Das Ergebnis ist ein brauner, klebriger Zucker. Durch einen weiteren Reinigungsvorgang, den man Raffinieren nennt, entsteht schließlich unser weißer Streuzucker. Eine große Rübe kann bis zu 240 g Zucker liefern.

Der Zuckerverbrauch ist in den letzten Jahrzehnten stark gestiegen. Das hat auch ungünstige Folgen für die Gesundheit: Zu viel Zuckergenuss kann zu Übergewicht und Karies führen.

3 Runkelrübe

4 Zuckerfabrik

Strategie

Tipps für erfolgreiches Lernen

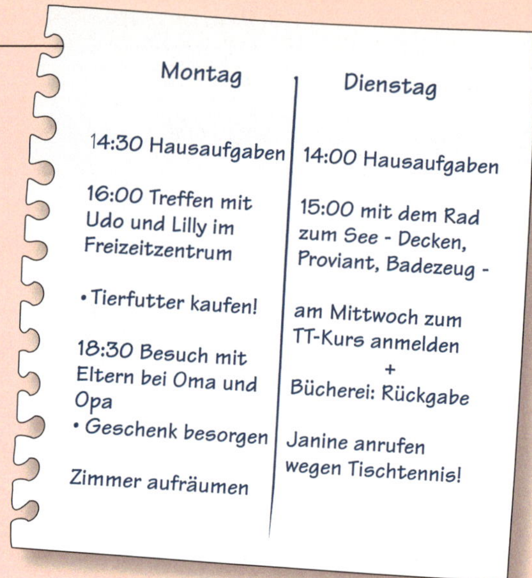

A. Vor dem Lernen

Punkt 14 Uhr sitzt du am Schreibtisch und bist entschlossen, nun mit deinen Hausaufgaben zu beginnen. Wenn du früh am Nachmittag anfängst, hast du später mehr Zeit für Sport oder dein Hobby. Der Anfang fällt dir leichter, wenn du zuerst dein Gehirn in Schwung bringst: Wie wäre es zum Start mit etwas frischer Luft? Öffne das Fenster und atme tief durch. Jetzt kann es losgehen. Stimme dich aufs Lernen ein, indem du dich motivierst. Du hast es nämlich in der Hand, ob Lernen auch Spaß machen kann.

Schau zuerst auf deinen Stundenplan und überlege dir, in welcher Reihenfolge du lernen willst. Welche Aufgaben musst du schon bis zum nächsten Tag fertig haben?
Erledige zuerst Aufgaben, die dir Spaß machen oder leicht zu bewältigen sind, bis dein „Lernmotor" warm gelaufen ist, gehe erst dann an schwierigere Aufgaben.

B. Beim Lernen

Lasse dich beim Lernen nicht ablenken, weder von Musik noch von Anrufen oder Besuchern. Je konzentrierter du bei der Arbeit bleibst, umso schneller bist du fertig.
Versuche, Ordnung in deinem Gehirn zu schaffen. Gliedere einen langen Text in Abschnitte. Überlege dir Überschriften und Oberbegriffe. Schreibe dir Wörter, die nicht in deinen Kopf gehen wollen, auf. Stelle dir selber Fragen: „Wer? Was? Wann? Wo? Warum? Wieso?".
Setze dein „Kopfkino" in Gang.

Stelle dir den Lernstoff möglichst bildlich und anschaulich wie in einem Film vor. Manchmal hilft es beim Lernen, wenn du dabei laut sprichst, z. B. dir selbst etwas erklärst.
Jeder lernt anders. Du hast sicher schon gehört, dass es verschiedene „Lerntypen" gibt. Zu welchem Lerntyp du gehörst, musst du erst ausprobieren.
Wenn du mal länger lernen musst, plane Pausen ein. Die erste solltest du nach 20 Minuten machen. Verschaffe dir Bewegung, reck und streck dich oder tanze nach deiner Lieblingsmusik. Iss eine Banane und weiter geht's.

C. Nach dem Lernen

Schau dir den Lernstoff regelmäßig wieder an, am besten nach einem Tag, nach einer Woche und nach einem Monat. Drei bis vier Wiederholungen reichen, um einmal Gelerntes zu speichern und nicht mehr zu vergessen. Vielleicht hört dir jemand zu, während du den Lernstoff wiederholst und du kannst seine Fragen beantworten. Das hilft, damit sich das Gelernte im Gehirn „setzt".

Strategie

Sammeln und aufbewahren

Auf dem Weg zum Sportplatz hast du zwei schöne Vogelfedern gefunden. Du nimmst sie mit und möchtest sie gerne aufbewahren. Vielleicht findest du noch weitere Exemplare, dann könntest du dir eine Sammlung anlegen.

Für Biologen ist das Sammeln sehr wichtig, denn beim Sammeln und Vergleichen lernen sie Pflanzen und Tiere gut kennen. Zoologen sammeln z. B. Federn oder Schneckenhäuser, Botaniker sammeln Früchte, Samen oder Blätter.

Fundstück	Schwungfeder
Art	Amsel, Weibchen
Familie	Drosseln
Fundort	Stadtpark
Datum	3. Juli 2007

A. Ein Platz für deine Sammlung
Willst du dir deine eigene Sammlung anlegen, brauchst du Schachteln oder Kartons. Unterteile sie in verschiedene Fächer und lege das Gesammelte übersichtlich auf Sägespäne, Watte oder Papier. Beschrifte alles deutlich, damit du immer wieder weißt, was es ist.

B. Ordnung muss sein
Ordne und sortiere deine Sammlung; stelle Unterschiede und Ähnlichkeiten zwischen den Sammlerstücken fest. Finde die Namen und die wissenschaftlichen Bezeichnungen heraus, frage jemanden oder schlage in Bestimmungsbüchern nach.

C. Das Herbarium
Eine besondere Sammlung ist das Herbarium, kurz Herbar genannt. Das ist eine Sammlung von flach gepressten und getrockneten Pflanzen.

Um ein Herbar anzulegen, brauchst du eine Pflanzenpresse und Zeitungen, zwischen die du die Pflanzen legst. Stelle deine Pflanzenpresse an einen sonnigen, luftigen Ort.

Sind die Pflanzen trocken, so wird jede einzeln auf einen weißen Papierbogen geklebt und mit einem Etikett versehen.

Auf dem Etikett sollte vermerkt sein, zu welcher Art und Familie die Pflanze gehört, wo und wann du sie gefunden hast.

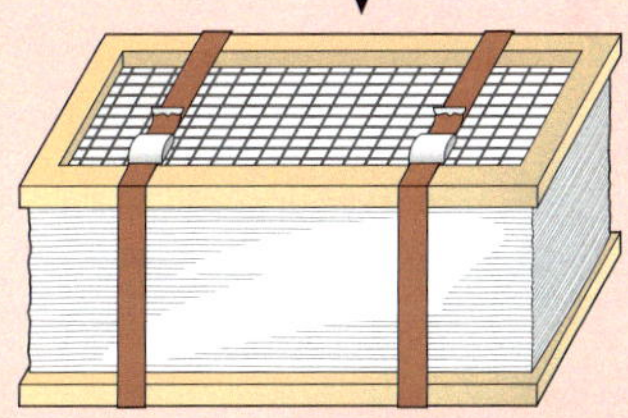

Achtung!
Sammle keine unter Naturschutz stehenden Pflanzen. Informiere dich vorher darüber in einem Bestimmungsbuch.

Art	Ackersenf
Gattung	Senf
Familie	Kreuzblütengewächse
Fundort	Feldweg, Bauer Olt
Datum	10. Mai 2007

Zeige die Sammlung deinen Eltern und Klassenkameraden oder gestalte eine Vitrine in der Schule mit deinen Sammlerstücken.

Tiere und Pflanzen in der Schule

Tiere und Pflanzen in unserer Nachbarschaft
Rund um die Schule und dein Wohnhaus leben zahlreiche Tier- und Pflanzenarten. Oft beachten wir sie gar nicht und manche Tiere lassen sich nur selten blicken.

- Nenne jene Tiere, die du auf deinem Schulweg sehen kannst.

- Viele Vogelarten lockt der Pausenhof an. Oft suchen sie hier Futter. Welche sind es auf deinem Schulhof? Fernglas und Bestimmungsbuch helfen dir bei deiner Beobachtung.

- Einige Vogelarten fressen die Beeren von den Heckensträuchern. Welche sind es? Informiere dich über ihre Lebensgewohnheiten und berichte!

- Vielleicht entdeckst du ein Vogelnest in der Hecke auf eurem Schulhof. Erörtert in der Klasse, wie man sich verhalten sollte. Schreibe die Regeln auf eine Wandzeitung.

Ein Blättermemory

- Sammelt von Bäumen und Sträuchern, deren Namen ihr kennt, jeweils zwei nicht zu große Blätter und fertigt damit ein Blättermemory an.

- Sprecht vor dem Spiel mit den Mitspielern die Memory-Regeln ab.

- Das Spiel wird schwerer, wenn man keine Namen aufschreibt und das gefundene Paar nur nehmen darf, wenn man die richtige Bezeichnung kennt.

Überall wachsen Blumen!
Unter Hecken, auf Beeten, am Straßenrand oder am Fuße der Straßenbäume – überall findest du blühende Wildkräuter.

- Sammle einige dieser Pflanzen und stelle sie in mit Wasser gefüllte Reagenzgläser. Bestimme die Pflanzen mithilfe eines Bestimmungsbuchs. Schreibe die Namen und sonstige Informationen auf Zettel und stelle sie vor die Gläser mit den Pflanzen.

- Manche Menschen bezeichnen einige dieser Pflanzen als „Unkräuter". Frage Gartenbesitzer, den Hausmeister, Landwirte und Vertreter von Naturschutzverbänden nach Unkräutern. Lasse dir berichten, warum und wie sie bekämpft werden.

Fotos für das Gästebuch

Die Sträucher der Hecke, das Blumenbeet im Garten, die Disteln am Straßenrand – sie alle werden an sonnigen Tagen von vielen Tieren besucht. Wie wäre es mit einem Gästebuch mit den Fotos der Besucher?

- Suche dir bei sonnigem Wetter geeignete Beobachtungsgebiete aus und mache Fotos von den Besuchern aus dem Tierreich.
- Versuche die Namen der tierischen Gäste und weitere Informationen zu erfahren.
- Bereite eine Ausstellung mit den ausgedruckten Fotos und Texten vor.

Lege die Blätter zwischen Zeitungspapier und presse sie solange, bis sie völlig trocken sind.
Schneide nun eine Anzahl von gleich großen Pappkärtchen zurecht.
Die getrockneten Blätter legst du auf die Pappkärtchen und schreibst den Namen der Pflanze darunter.
Anschließend wird eine selbstklebende Folie darüber geklebt – fertig sind deine Memory-Karten.

Heimliche Nachbarn

Manche Tiere werden erst richtig wach, wenn es Nacht wird und du zu Bett gehst. Im Schutze der Dunkelheit gehen sie auf Jagd. Man sieht sie nur selten. Am Tag sind aber oft noch ihre Spuren zu entdecken.

- Veranstaltet mit euren Eltern oder Freunden eine Entdeckungsreise in eurem Garten. Nimm eine gute Taschenlampe mit. Verhaltet euch sehr still und achtet auf Geräusche und Rufe in der Nacht.
- Stellt bei Dunkelheit eine Tischlampe auf den Sitz eines Gartenstuhls und legt über die Rücken- und Seitenlehnen ein weißes Tuch, z. B. ein Bettlaken. Schaut die Tiere an, die auf dem Tuch landen. (Vorsicht! Feuergefahr!)
- Sucht auf dem Dachboden, im Keller, in Geräteschuppen und auf der Terrasse nach Dingen, die unsere Nachttiere hinterlassen haben, oder nach sonstigen Spuren. Es gibt auch dafür Bestimmungshilfen.
- Manche nachtaktive Tiere verursachen auch Schäden. Fragt bei euren Eltern und bei Autobesitzern nach. Wo sind die Täter? Berichtet über die Ergebnisse eurer Untersuchungen.

1 Schulgarten

2 Gartenarbeit

3 Komposthaufen

Ein eigener Garten an der Schule
Aus dem eigenen Garten Gemüse, Blumen und Obst ernten, das Jahr über Freude an Blumen haben, immer Schmetterlinge, Bienen und andere Gartentiere in Schulnähe beobachten können! Das alles ist möglich, wenn ihr einen Schulgarten anlegt.

Was ist zu bedenken, bevor ihr einen Schulgarten anlegt?
Wenn ihr einen Schulgarten plant, müsst ihr einiges beachten:
- Wo soll der Garten angelegt werden?
- Ist der Boden geeignet und nah genug am Schulgebäude?
- Habt ihr genügend Helfer für die Gartenarbeit?
- Wen müsst ihr vorher um Genehmigung bitten?
- Gibt es jemanden, der das Projekt ständig begleitet?
- Wer trägt die Kosten, die sicherlich entstehen werden?
- Wer kümmert sich in den Ferien um den Garten?
- Wo bleiben die Früchte oder das Gemüse, das ihr erntet?

Gärtnern ohne Gift
Kaum ist der Garten angelegt, werdet ihr feststellen, dass eine Menge Tiere – besonders Insekten – ebenfalls an den Pflanzen Gefallen finden. Die mühevoll gezogenen Jungpflanzen schmecken Schnecken und Blattläusen natürlich auch. Ihr solltet diese ungebetenen Gäste durchaus bekämpfen – aber nicht mit Gift, denn darunter würden auch andere Tiere leiden. Eine **Brennnesselbrühe** ist gegen einige dieser Schädlinge ein gutes Mittel. Noch besser ist es, wenn ihr im Garten für die natürlichen Feinde dieser Tiere Unterschlupf und Niststätten baut. Besorgt euch dazu Tipps und Bauanleitungen von den Naturschutzverbänden.

Ein Komposthaufen gehört in jeden Garten
Auf einem Komposthaufen könnt ihr alle Gartenabfälle und die gejäteten Wildkräuter entsorgen. Auch Küchenabfälle, Laub und Grasschnitt gehören in den Kompost. Speisereste sollte man aber nicht hinzufügen; sie würden Ratten und Mäuse anlocken.
Nach etwa einem Jahr haben Kleintiere wie Regenwürmer, Asseln und Tausendfüßer ganze Arbeit geleistet: Das Pflanzenmaterial ist verrottet und kann als fruchtbarer Humus auf die Beete ausgebracht werden. Der Komposthaufen darf nicht zu groß sein, da er von allen Seiten ausreichend mit Luft versorgt werden muss. Er wird aus Brettern an einer halbschattigen Stelle gebaut und darf nicht zu nass werden.

Rezept für Brennnesselbrühe

Jeweils ein Kilogramm frische Brennnesseln wird mit 10 Liter Regenwasser in einem Holz- oder Plastikbottich angesetzt.

Nach zwei Tagen kann man die Brühe auf die Pflanzen spritzen oder mit der Gießkanne verteilen.

Die Behandlung sollte nach 14 Tagen wiederholt werden.

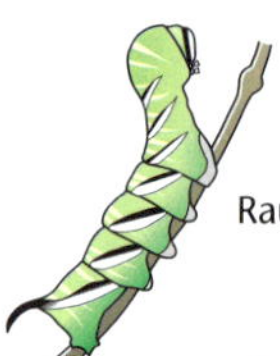

Raupe

Borkenkäfer

Blattlaus

Schildlaus

4 Schädlinge

Wir helfen Insekten

Schmetterlinge, Käfer, Hummeln, Wespen und Grillen kannst du im Garten gut beobachten.
Viele dieser Insekten sind außerdem noch hilfreich: Sie bestäuben Blüten und fressen „schädliche" Insekten.
Hier sind Tipps, wie wir die für uns nützlichen Insektenarten in Gärten und im Schulgelände ansiedeln und schützen können.

1 Ohrwurm

1 Hilfe für den Ohrwurm

Ohrwürmer sehen zwar gefährlich aus, sind aber für uns Menschen völlig harmlos. Schon gar nicht kneifen oder klettern sie in die Ohren. Innerhalb von wenigen Tagen fressen sie alle Blattläuse, die auf einer Pflanze leben.

Material
Blumentopf (Ton), Holzwolle, Draht, Zange

Versuchsanleitung
Forme aus der Holzwolle ein Knäuel und umwickle dieses locker mit Draht. Fädle das Ende des Drahtes durch das Abflussloch im Blumentopf. Jetzt kannst du die „Ohrwurmwohnung" an einen Obstbaum hängen.

2 Nisthilfen für Insekten

2 Löcher und Röhren für Bienen und Wespen

Es gibt zahlreiche Bienen- und Wespenarten die einzeln, also nicht in großen Gemeinschaftsnestern, leben. Sie helfen uns im Garten, weil sie zum Beispiel Raupen jagen.
Die Insekten bauen Brutröhren in morschem Holz. Dort legen sie die Eier ab und bringen als Nahrungsvorrat für die Larven Blütenstaub oder Insekten in die Kammer, die sie dann verschließen.

Material
Holzklötze, Bohrer verschiedener Stärken, Bambus- oder Schilfrohre, Draht

Versuchsanleitung
Es gibt zwei Möglichkeiten:
a) Bohre in einen Holzklotz mehrere waagerechte Löcher mit einem Durchmesser von 1 bis 10 mm und einer Tiefe von 5 bis 10 cm.
b) Bündle etwa 20 cm lange Röhrchen aus Bambus oder Schilf mit Draht. Jedes Rohr muss auf einer Seite verschlossen sein. Hänge diese Bündel waagerecht an trockenen und sonnigen Stellen im Garten auf. Füge ein Glasröhrchen in das Bündel ein, damit du die Insekten gut beobachten kannst.

3 Wildbiene

4 Nisthilfe für Erdhummeln

3 Eine Höhle für Hummeln

Hummeln sind neben Bienen die wichtigsten Bestäuber. Viele Arten werden immer seltener, sodass sie unsere Hilfe benötigen.

Material
Größeren Blumentopf aus Ton, Moos, Spaten, Holzbrett, Steine

Versuchsanleitung
Fülle den Blumentopf zur Hälfte mit weichem, trockenen Material (z. B. Moos). Grabe den Topf an einem sonnigen, trockenen Platz umgekehrt in die Erde ein. Der Boden muss einige Zentimeter herausragen. Das Loch im Topfboden – es sollte etwa 15 mm breit sein – dient als Einflugloch. Decke deine Hummelhöhle zum Schutz mit dem Holzbrett ab (▷ B 4).

1 Beispiel für eine Nahrungskette im Teich

Einer frisst den anderen

Das Wasser im Schulteich ist grün von winzigen Algen, die im Wasser schweben. Die Wasserflöhe haben genug zu fressen, aber auch sie haben ihre Feinde: Die jungen Fische, die man im Schulteich ausgesetzt hat, ernähren sich von ihnen und werden schnell größer. Eines Morgens steht ein hungriger Reiher am Schulteich. Ein paar Fische verschwinden im Magen des großen Vogels, und satt fliegt er zu seinem Nestbaum. Ein Lebewesen dient dem anderen als Nahrung. Wie eine Kette baut sich so eine Folge von Fressen und Gefressenwerden auf. Die Biologen sprechen von einer **Nahrungskette**.

Von der Nahrungskette zum Nahrungsnetz

Der Fisch frisst nicht nur Wasserflöhe, sondern auch verschiedene kleine Insekten. Der Reiher ernährt sich auch von Mäusen, Fröschen und Libellenlarven.
Aus vielen Nahrungsketten entsteht ein **Nahrungsnetz**, wie du es in Abbildung 3 sehen kannst.

Im Teich ist Platz für viele Tiere

Auch mit der größten Mühe wirst du niemals alle Tiere in und an einem Schulteich kennen lernen – es sind einfach zu viele.

3 Beobachtungen am Teich

Einige leben im Schlamm, andere schweben im Wasser, laufen über die Wasseroberfläche oder fliegen über dem Teich. Verschieden ist auch ihre Nahrung und wie sie diese erbeuten. So machen sie einander keine Konkurrenz und es können viele Arten nebeneinander leben.

Tiere und Pflanzen bilden Nahrungsnetze und -ketten.
Die vielen unterschiedlichen Formen des Lebens im Schulteich machen es möglich, dass dort viele Arten nebeneinander leben können.

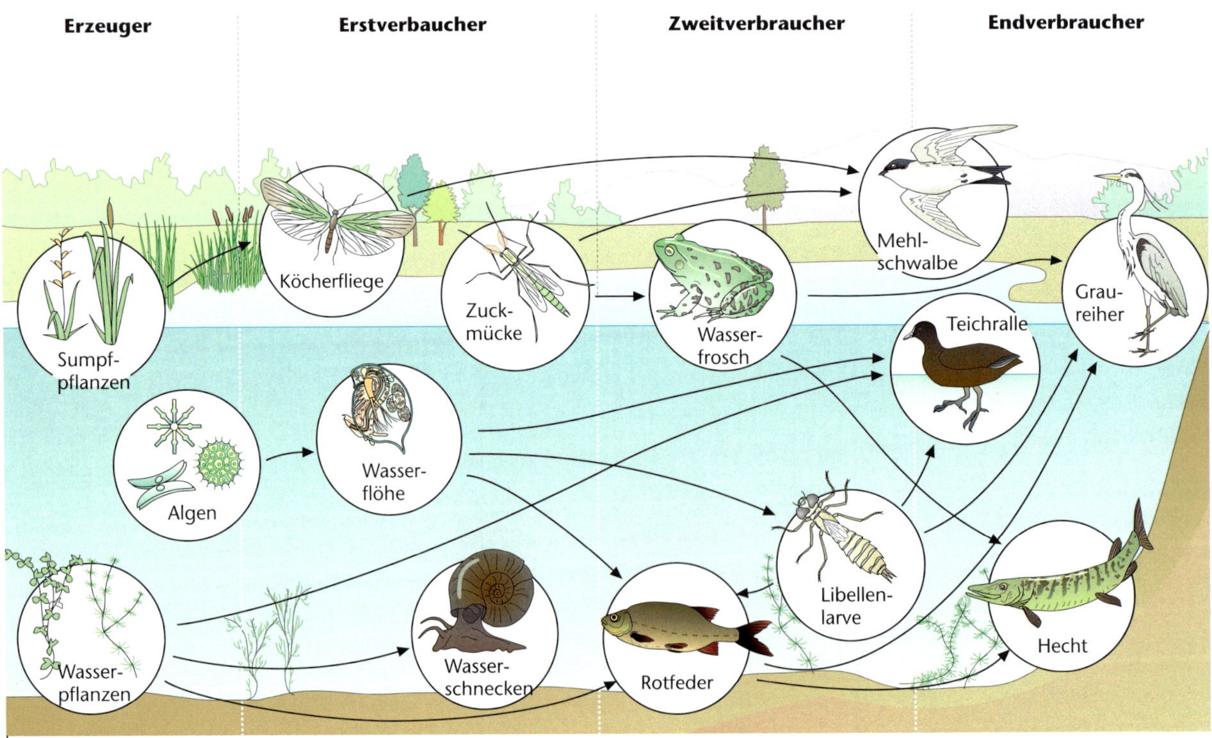

2 Nahrungsnetz im See

Werkstatt

Wir beurteilen ein Gewässer

1 Wir bestimmen die Sichttiefe

Material
Weiße Plastikscheibe (z. B. Frisbeescheibe Durchmesser ca. 30 cm), dünner Bindfaden, schwere Schrauben oder Ähnliches als Gewichte, durchbohrte kleine Plastikkugeln

Versuchsanleitung
Schneide in die Mitte einer weißen Plastikscheibe ein Loch von etwa 5 cm Durchmesser.
Bohre am Rand – wie auf der Abbildung zu sehen – drei Löcher. Ziehe Bindfäden hindurch und verknote dort an der Scheibe jeweils ein Gewicht, etwa eine schwere Schraube. Befestige an der nach oben zeigenden Leine im Abstand von 25 cm ab der Scheibe eine Plastikkugel und nach jeweils weiteren 25 cm wieder eine Kugel und sofort. Lasse nun von einer Brücke oder einem Steg deine Sichtscheibe langsam ins Wasser hinab. Der Bindfaden muss immer gespannt sein. Zähle die Anzahl der Kugeln, die ins Wasser gleiten. Daran kannst du feststellen, wie tief deine Scheibe etwa gesunken ist. Sobald du die Scheibe nicht mehr erkennen kannst, hast du die Sichttiefe des Wassers bestimmt.

Aufgabe
Bewerte das von dir untersuchte Gewässer mithilfe der nachfolgenden Tabelle.

Sichttiefe	Verschmutzungsgrad
5 m und mehr	Sauber und nährstoffarm
Höchstens 2 m	Mäßig belastet
Deutlich weniger als 2 m	Belastet

2 Wir messen die Wassertemperatur

Material
Laborthermometer oder elektrisches Thermometer, Glasflasche (1 l) mit Korken, Bindfaden, durchbohrte Plastikkugeln, Gewicht

Versuchsanleitung
Verknote den Bindfaden am Flaschenhals. Befestige nun den Korken mit einer kurzen Leine so an dem Bindfaden, dass du ihn mit einem Ruck am Bindfaden aus der Flasche ziehen kannst. Die Flasche muss mit einem Gewicht beschwert werden, das du mit einem Bindfaden am Flaschenhals verknotest. Am Bindfaden musst du jeweils im Abstand von 25 cm ab Flaschenöffnung Markierungen, z. B. Plastikkugeln anbringen.
Du kannst jetzt die Temperatur in verschiedenen Wassertiefen messen. Lass dazu die Flasche in die vorgesehene Tiefe hinab.
Ziehe ruckartig an der Leine und ziehe damit den locker aufgesetzten Korken aus der Flasche. Die Flasche läuft voll Wasser, dessen Temperatur du nun messen kannst.
Die Wassertemperatur gibt Hinweise darauf, ob viel oder wenig Sauerstoff im Wasser gelöst ist.

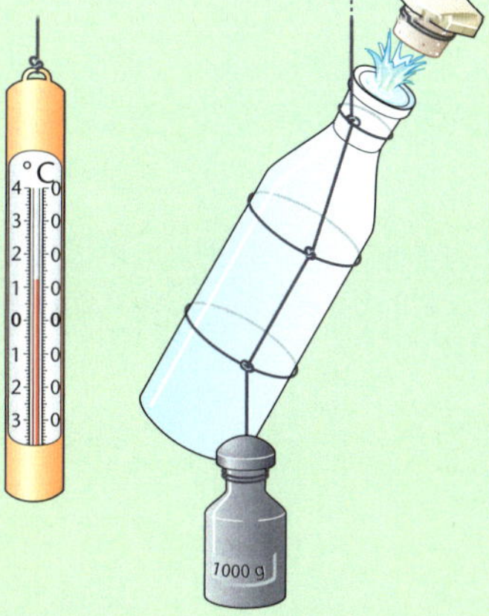

3 Wir fangen und bestimmen Wassertiere

Material
Weiße Schüssel, engmaschiger Kescher oder Haushaltssieb mit Griff, Protokollbogen, Bestimmungsbuch

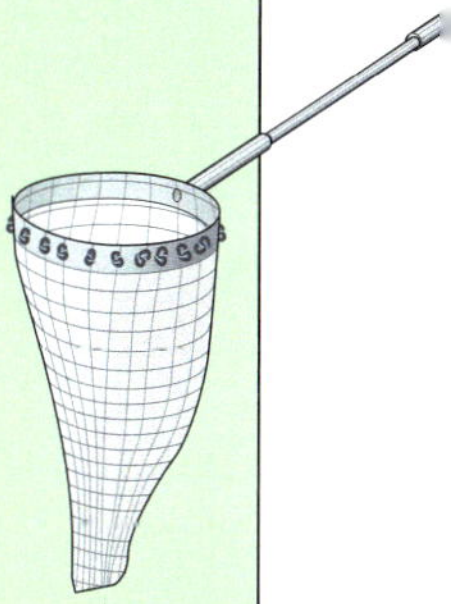

Versuchsanleitung
Mit dem Kescher streifst du den Bodengrund oder Wasserpflanzen ab. Den Inhalt gibst du in die weiße Schüssel, in der sich etwas Wasser befinden muss. Mit einem Bestimmungsbuch kannst du nun die gefangenen Tiere bestimmen. Schreibe auf einem Protokollbogen die Anzahl der Tiere auf.
Gib die Tiere nach der Untersuchung in das Gewässer zurück.

Aufgabe
Versuche jetzt mithilfe deiner Ergebnisse, das Gewässer zu beurteilen. Da manche Tierarten gegen Wasserverschmutzungen weniger empfindlich sind als andere, verraten sie viel über den Zustand der Gewässer.
Dein Bestimmungsbuch gibt dir weitere Hinweise.

Libellen – schnelle Jäger über dem Teich
An sonnigen Tagen sieht man Libellen in den unterschiedlichsten Farben und Größen über dem Schulteich. Sie sind geschickte Flieger und jagen im Flug nach Insekten. Oft kann man Paare beobachten, die ihre Eier ins Wasser oder in Pflanzenstängeln ablegen. Aus diesen Eiern schlüpfen Larven (▷ B 1), die bis zu fünf Jahren im Wasser leben. Dann verlassen die Tiere das Wasser, klettern an einem Pflanzenstängel hoch und aus der Larve schlüpft die fertige Libelle. Das Leben der Libelle dauert nur wenige Wochen.

1 Großlibelle (links) mit Larve (rechts)

Libellen sind Insekten
Libellen gehören wie Käfer, Wasserläufer, Mücken und Schmetterlinge zu den Insekten. Das ist eine riesengroße Tiergruppe, zu der mehr als drei Viertel aller Tierarten zählen. Nahezu alle Insekten haben drei Beinpaare und zwei oder vier Flügel. Der Körper ist deutlich in Kopf, Brust und Hinterleib gegliedert (▷ B 1).

2 Wasserskorpion

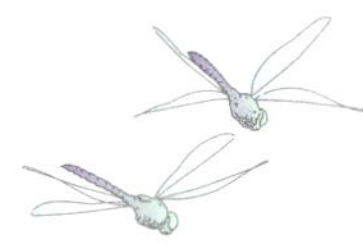

Ein gefräßiger Käfer mit Puppe
Der Gelbrandkäfer (▷ B 3) ist ebenfalls ein Insekt. Er lebt im Wasser, hält sich aber auch an der Luft auf. Das Tier kann gut fliegen. Unter den harten Deckflügeln befinden sich die weichen Flügel. Die Käfer leben räuberisch, greifen sich jedes Kleinlebewesen im Teich und fressen sogar kleine Fische und Frösche. Die Larve, die vollkommen anders als der Käfer aussieht, ist genauso gefräßig. Im Unterschied zur Libellenlarve sucht sie sich vor der Verwandlung zum Käfer eine kleine Erdhöhle, verändert ihr Aussehen und bleibt dort einige Tage vollkommen ruhig liegen. Die Biologen nennen diesen Zustand **Puppe**. Aus der Puppe schlüpft dann das Vollinsekt, der Gelbrandkäfer.

▶ Insekten sind in Kopf, Brust und Hinterleib gegliedert und haben drei Beinpaare. Sie entwickeln sich direkt aus den Larven oder aus einer Puppe.

Aufgaben

1 Informiere dich im Internet über ein einheimisches Insekt deiner Wahl und berichte darüber in der Klasse.

2 Insekten haben sechs Beine. Stimmt das auch für den Wasserskorpion? Erkläre!

3 Gelbbrandkäfer

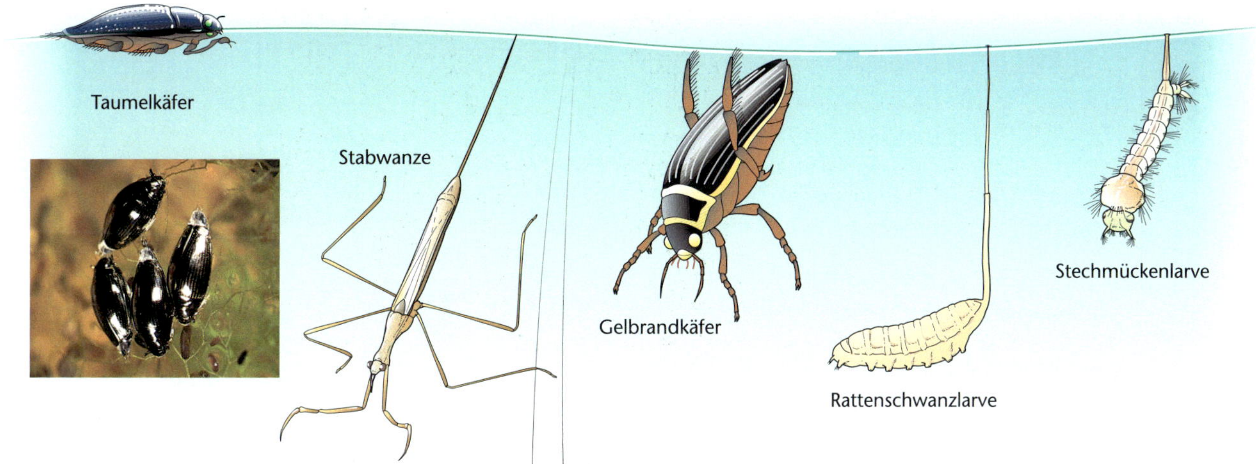

Kleine Flitzer auf dem Wasser
Mit hoher Geschwindigkeit kreisen die kleinen glänzenden schwarzen Punkte auf dem Wasser umher. Es sind Taumelkäfer, die an der Wasseroberfläche nach Beute suchen. Mit ihren zweigeteilten Augen können sie dabei sowohl über als auch unter Wasser sehen.

Wieso sinken die Käfer nicht ein? Betrachte ihre Beine genau. Du erkennst eine Vielzahl feiner, eingefetteter Härchen, die ein Eintauchen verhindern. Dabei wird die **Oberflächenspannung** des Wassers genutzt. Sie wird von Kräften erzeugt, die an dieser Grenzfläche zwischen den Wasserteilchen wirken. Dadurch verhält sich die Wasseroberfläche wie eine elastische Haut.

Wer tauchen will, braucht Sauerstoff
Taumelkäfer bewegen sich auf dem Wasser und schwimmen sehr geschickt unter Wasser. Dabei nehmen sie die benötigte Atemluft unter den Flügeldecken mit. Ist der Luftvorrat verbraucht, müssen die Käfer wieder auftauchen. Auch andere Insekten, wie der Gelbrandkäfer, nehmen von der Wasseroberfläche einen Luftvorrat mit.

Eine andere Möglichkeit, unter Wasser zu atmen, nutzen die Skorpionwanze und viele Insektenlarven. Sie besitzen einen verlängerten Hinterleib, den sie wie einen Schnorchel aus der Wasseroberfläche stecken. Sie nehmen den Sauerstoff so direkt aus der Luft auf.

Ein Lufttank unter Wasser!
Die Wasserspinne ist die einzige einheimische Spinne, die ihr ganzes Leben unter Wasser verbringt. Um hier atmen zu können, baut sie unter Wasser zwischen Wasserpflanzen glockenförmige Netze, die sie mit Luft füllt. Diese Luft holt die Spinne mit ihrem Hinterleib von der Wasseroberfläche.

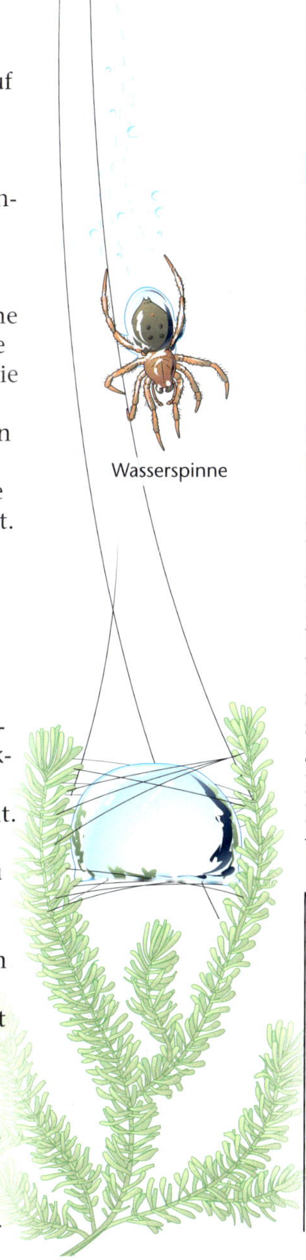

Einige Wasserinsekten können tauchen. Den nötigen Sauerstoff nehmen sie von der Wasseroberfläche mit.

Stechmücken – nur eine Plage?
Für viele Menschen sind die Stechmücken ein lästiges Übel. Vielen Tiere dagegen dienen diese Insekten und ihre Larven als Nahrung. Außerdem stechen nur die Stechmücken-Weibchen, weil sie das Blut für die Entwicklung ihrer Eier brauchen. Ansonsten ernähren sie sich, wie die Männchen, von Pflanzensäften. Das Weibchen legt die Eier auf der Wasseroberfläche ab. Daraus schlüpfen die Larven, hängen mit ihrem Atemrohr schräg an der Wasseroberfläche und filtrieren mit ihren Mundwerkzeugen Plankton aus dem Wasser. Nach etwa einer Woche verpuppen sie sich. Nach wenigen Tagen schlüpfen aus den Puppen die Stechmücken. Diese Entwicklung vom Ei über Larven- und Puppenstadium zum Insekt nennt man **vollständige Verwandlung**.

Aufgaben

1 Nenne weitere Tiere, die sich auf der Wasseroberfläche bewegen können, ohne einzusinken.

2 Zeichne den Entwicklungszyklus der Stechmücken auf und beschrifte die einzelnen Stadien.

3 Beschreibe die Hinterbeine des Gelbrandkäfers. Wozu dienen sie?

Strategie

Raus aus dem Klassenzimmer

Nicht immer nur stillsitzen. Exkursionen sind auch Unterricht, aber anders: Sie sind Unterricht „vor Ort“. Auf einer Exkursion könnt ihr viele Einblicke in die Natur und eure Umwelt bekommen, die ihr im Klassenzimmer nicht so lebendig erfahren könnt.

A. So könnt ihr mithelfen

Eine Exkursion sollte nicht der Lehrer allein planen, ihr solltet auch eigene Ideen einbringen und bei der Vorbereitung mithelfen. Sprecht zuerst das grobe Thema mit eurer Lehrerin oder eurem Lehrer ab.

B. Sammelt Informationen über das Ziel eurer Exkursion

- Studiert Karten,
- fordert Broschüren an,
- recherchiert im Internet oder nehmt Kontakt mit Fachleuten, z. B. dem Förster, auf.

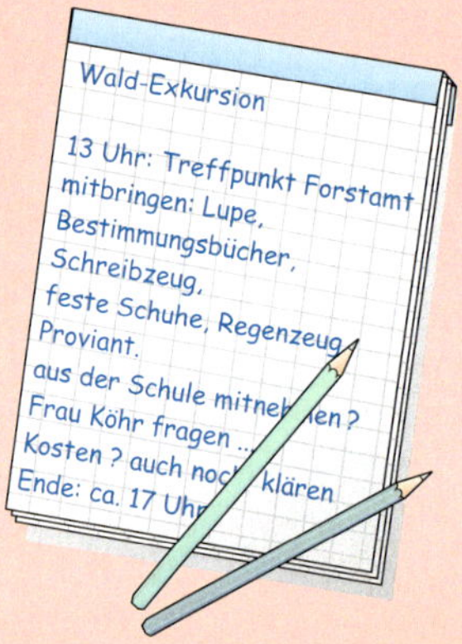

C. Legt den Ablauf fest und erstellt einen Zeitplan

- Wann geht es los?
- Wie kommt ihr an euer Ziel?
- Wo plant ihr Treffpunkte?
- Wann wollt ihr fertig sein?

D. Fragen stellen

Sammelt gemeinsam Fragen, die ihr beantwortet haben möchtet. Vielleicht kennt sich ein Mitschüler aus und kann an der Führung mitarbeiten.

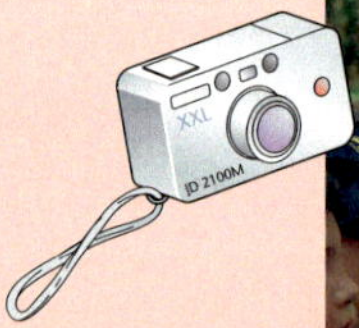

E. Was ihr braucht

- Eine Schreibunterlage, Schreibzeug und Papier zum Protokollieren
- Technische Hilfsmittel wie Fernglas, Fotoapparat, Videokamera oder Kassettenrekorder
- Natürlich dürft ihr auch Lupe, Gläschen und Bestimmungsbücher nicht vergessen.
- In der freien Natur solltet ihr zweckmäßig gekleidet sein: Festes Schuhwerk und Regenschutz braucht ihr auf jeden Fall.

F. Was soll's denn kosten?

Denkt rechtzeitig an die Kosten. Wie viel müsst ihr für An- und Abreise einrechnen? Müssen eventuell auch Eintrittsgelder bezahlt werden?

Noch ist die Arbeit nicht zu Ende ...

... denn nach der Exkursion solltet ihr eure Ergebnisse dokumentieren. Ihr könnt z. B. einen Exkursionsbericht schreiben oder die gesammelten Exkursionsfunde in einer Ausstellung präsentieren. Vielleicht habt ihr auch Fotos gemacht oder gefilmt.

Viel Spaß bei eurer nächsten Exkursion!

Die Stockwerke des Waldes

Bei einer Exkursion durch das Forstrevier hält der Förster mit der Schulklasse am Rande eines Waldstücks an. Hohe Eichen und Birken lassen mit ihren lockeren Baumkronen genügend Licht für die Pflanzen darunter hindurch. „Stellt euch vor, wir würden hier am höchsten Baum einen Fahrstuhl einrichten, um Tiere in den Sträuchern und oben in den Bäumen beobachten zu können. Wir müssten vier Haltestationen bauen. Im Erdgeschoss würden wir zwischen der **Moosschicht** und der **Krautschicht** einsteigen. Dann halten wir im 1. Stock in etwa 3 m Höhe in der **Strauchschicht**."

„Den nächsten Aussichtspunkt würde ich auf Höhe der kleineren Bäume, da vorne bei der Vogelbeere in 10 m Höhe bauen – dann sind wir schon in der **Baumschicht**," schlägt Sebastian vor. „Gut, Endstation wäre dann die Baumkrone unserer Eiche, der höchste Punkt der Baumschicht in ungefähr ..., ich schätze mal 20 m Höhe", meint Luna. „Mich würde auch das Untergeschoss des Waldes interessieren, die **Wurzelschicht**. Da gibt es zwar keine Vögel, aber sicher viele andere Tiere," schlägt Ünal vor.

Nicht in allen Wäldern sind sämtliche Stockwerke vorhanden. In Buchenwäldern dringt nur wenig Licht durch das dichte Kronendach. Hier findet man neben der Baumschicht meistens nur eine Krautschicht. Aber auch die besteht oft nur aus Frühblühern, die im Frühjahr erscheinen, wenn die Buchen noch kein Laub haben.

Der Wald ist in Wurzelschicht, Moosschicht, Krautschicht, Strauchschicht und Baumschicht gegliedert.

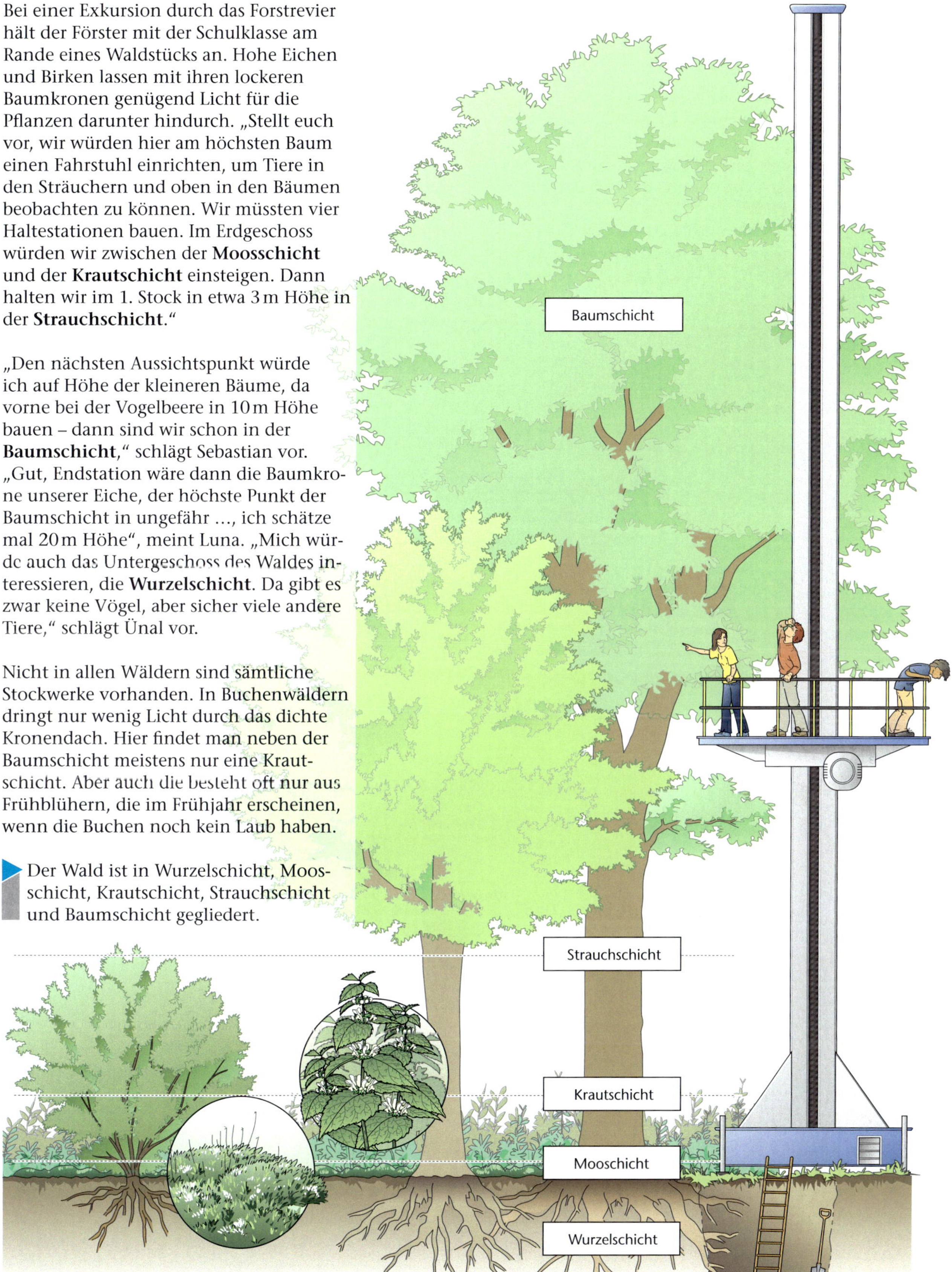

Strategie

Wir bestimmen Laubbäume

Kennst du die Bäume im Wald
Um aus einer sehr großen Anzahl von Lebewesen das richtige herauszufinden, benutzen Biologen einen **Bestimmungsschlüssel**. Wenn du zum Beispiel feststellen möchtest, von welchem Baum ein Blatt stammt, vergleich es einfach mit den Abbildungen unten.
Auf dieser Seite siehst du einen einfachen Schlüssel für die häufigsten Laubbäume.

So kannst du das Blatt bestimmen:
Du beginnst beim Start. Hier werden dir zwei Möglichkeiten angeboten. Du schaust dir dein Blatt genau an und entscheidest dich dann für die richtige Antwort. Wenn am Ende der betreffenden Zeile der Name eines Baumes steht, bist du am Ziel, sonst musst du weiterbestimmen. Entscheide an jeder Wegkreuzung, welche Merkmale auf dein Blatt zutreffen. So geht es weiter, bis du den richtigen Baum gefunden hast. Zur Kontrolle vergleichst du das Blatt mit der Zeichnung.

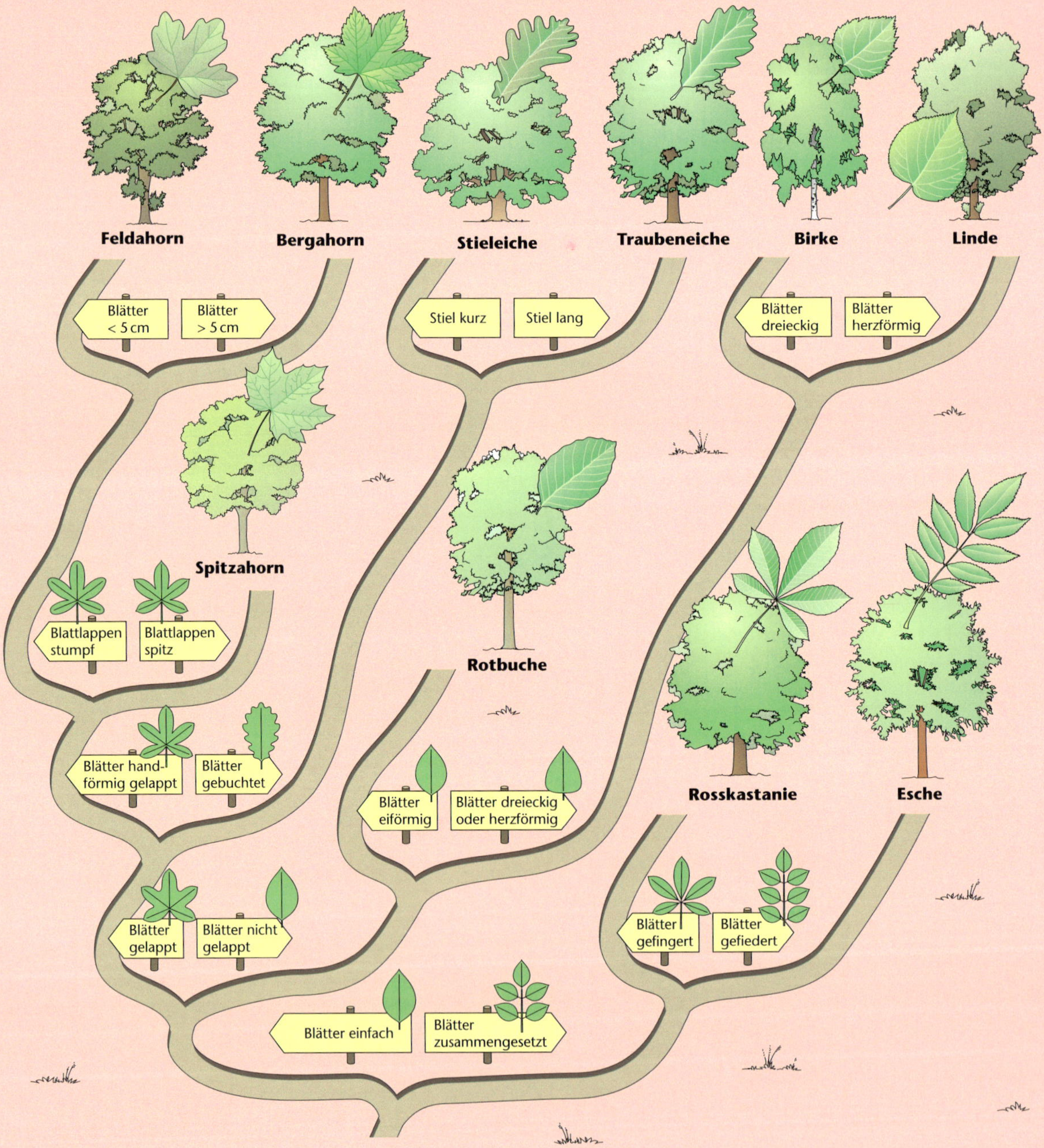

Wie viel Wasser braucht ein Baum?

Es ist ein richtig heißer Tag! Am liebsten würden die Kinder ständig etwas trinken. „Den Bäumen geht es ebenso wie euch, sie haben einen mächtigen Durst", erklärt der Förster. „Diese hohe Buche hier ist etwa 100 Jahre alt. Sie verdunstet an jedem Sommertag ungefähr 9 000 Liter Wasser – eine solche Wassermenge passt in 45 Regentonnen."
Um an so viel Wasser zu gelangen, müssen die Bäume tief mit ihren Wurzeln in die Erde eindringen. Die dichtesten Wälder wachsen deshalb dort, wo das ganze Jahr über viel Regen fällt.

Manche Böden können Wasser nur sehr schlecht speichern. Auf den großen Sandflächen der Lüneburger Heide versickert das Wasser sehr schnell bis in große Tiefen. Hier können Buchen nur schwer leben. Ihre Wurzeln reichen nicht tief genug in den Boden, und die oberen Schichten sind nach dem Regen schnell wieder trocken. Ist der Boden dagegen lehmhaltig, so speichert er das Wasser viel besser.

Auf Sandböden können Kiefern dagegen ausgezeichnet gedeihen. Sie haben tiefe Pfahlwurzeln und verdunsten über ihre schmalen Nadeln nur wenig Wasser.

Je nach Bodenart wird das Wasser unterschiedlich lange gespeichert. Die einzelnen Pflanzenarten sind an die verschiedenen Böden angepasst.

Der Kampf ums Licht

Zwischen den Bäumen des Waldes findet ein **Konkurrenzkampf** statt. Junge Bäume benötigen zunächst nur wenig Platz. So können auf einem Hektar Waldboden rund 1 000 000 etwa 10-jährige Buchen wachsen. Sind die Bäume 120 Jahre alt und kräftig herangewachsen, ist nur noch Platz für etwa 500 Bäume. Die kleinen Jungpflanzen kommen sich anfangs nicht ins Gehege. Doch später überleben nur die Bäumchen, die am schnellsten wachsen und den Nachbarn unter ihren Blättern zum Absterben bringen. Jede Pflanze benötigt Licht zum Wachsen, gleichzeitig aber auch genügend Platz, um die Blätter dem Licht entgegen zu strecken. Wird eine Pflanze von einer anderen überdeckt, erhält sie zu wenig Licht und verkümmert mit der Zeit.

Stieleichen benötigen mehr Licht als Buchen. Sie sind den schnellwüchsigen Buchen im Kampf um das Licht unterlegen und können deshalb im Buchenwald nur selten bestehen. Dafür wachsen Stieleichen auf trockenen, aber auch auf sehr feuchten Standorten, wo die Buchen keine Überlebensmöglichkeit haben.

Pflanzen treten im Wald in Konkurrenz zueinander; zum Beispiel um das lebenswichtige Licht.

2 Junge Rotbuchen

Aufgaben

1 Stelle zusammen, von welchen Faktoren das Wachstum von Pflanzen abhängt.

2 Wie beeinflussen verschiedene Bodenarten das Wachstum von Pflanzen?

1 Kiefern haben Pfahlwurzeln.

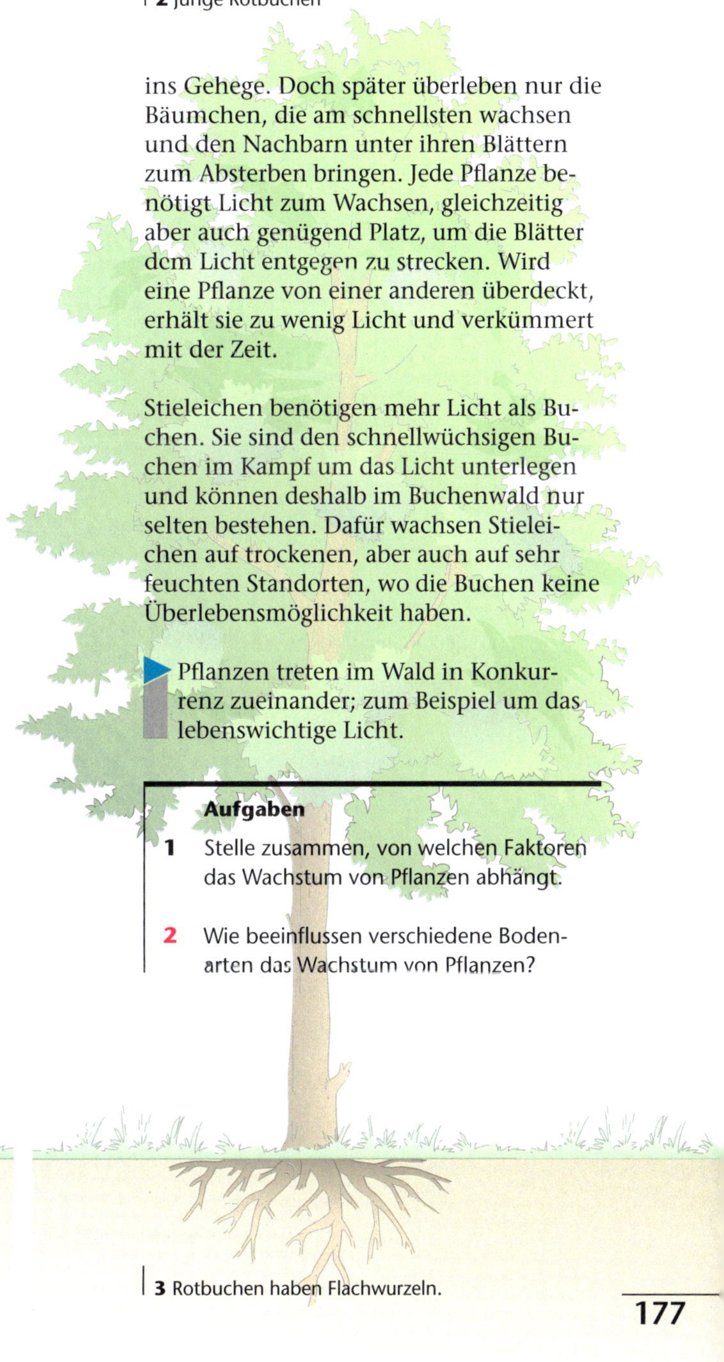

3 Rotbuchen haben Flachwurzeln.

1 Farne mögen es schattig.

3 Bärlauch gehört zu den Frühblühern.

2 Walderdbeeren und Tollkirschen brauchen Licht.

Unterwegs im Rotbuchenwald

Wie in einer riesigen Halle mit einem Dach aus Blättern fühlen sich Spaziergänger auf ihrem Weg durch den Buchenwald. Alle Bäume sind etwa gleich alt und gleich groß, da sie zur gleichen Zeit gepflanzt wurden. Kaum ein Sonnenstrahl erreicht den Boden. Die Baumkronen sind dicht geschlossen. Der Waldboden ist fast nur mit Laub vom Vorjahr bedeckt. An manchen Stellen wachsen **Farne** (▷ B 1), die mit dem wenigen Licht am Boden auskommen. Nur dort, wo aufgrund umgestürzter Bäume Licht hinfällt, wächst ein fast undurchdringliches Dickicht.

Kleine Lichtungen

Auf Waldlichtungen kann man interessante Beobachtungen machen. Hier wachsen an mehreren Stellen **Walderdbeeren** (▷ B 2). Diese Pflanzen brauchen viel Licht, um Zucker für die Früchte bilden zu können. Die Früchte sollten aber vor dem Essen immer gewaschen werden!

Eine andere „lichthungrige" Pflanze ist die **Tollkirsche** (▷ B 2). Ihre Früchte sehen wie Kirschen aus, sind aber sehr giftig. Für Amseln und andere Vögel sind die Beeren der Tollkirsche dagegen unschädlich. Die Tiere scheiden die unverdaulichen Samen aus, die an geeigneten Standorten auskeimen.

Die Walderdbeere und die Tollkirsche sind Pflanzen, die auf Kahlschlägen und Waldlichtungen nicht nur wegen des Lichtes besonders gute Lebensbedingungen finden. Der humusreiche Waldboden liefert ihnen Mineralsalze, die sie hier ohne die Konkurrenz durch Bäume aufnehmen können.

Frühling im Wald

Im Frühjahr bietet der Buchenwald ein ganz anderes Bild: Der Waldboden ist fast vollständig mit blühenden Kräutern übersät. Die Rotbuchen tragen jetzt noch keine Blätter, sodass genügend Sonnenlicht auf den Boden fällt. Der **Bärlauch** (▷ B 3) keimt als Frühblüher aus einer länglichen Zwiebel, die über den Winter Nährstoffe gespeichert hat. Diese stehen jetzt der jungen Pflanze zur Verfügung, die dann innerhalb weniger Wochen blühen und Früchte ausbilden kann. Auch am Waldrand zeigt sich der Frühling. Hier wachsen Sträucher, von denen einige ebenfalls früh mit der Blüte beginnen. Die Haselnuss zeigt bereits im Februar ihre Kätzchenblüten und die Schlehe sieht im April wegen ihrer vielen weißen Blüten wie mit Schnee bedeckt aus.

▶ Licht- und Bodenverhältnisse bestimmen, welche Pflanzen an einem Standort vorkommen.

Häufige Pflanzen des Waldes

Der **Rote Fingerhut** benötigt viel Licht und wächst deshalb vor allem auf Kahlschlägen und an Waldwegen. Seine Blüten werden fast ausschließlich von Hummeln bestäubt. Die Pflanze enthält ein starkes Gift, das jedoch bei manchen Herzerkrankungen in der richtigen Dosierung als Medikament wirkt.

Der **Schwarze Holunder** wächst an Wald- und Wegrändern und kommt häufig in der Nähe menschlicher Siedlungen vor. Holunderblüten ergeben den schweißtreibenden „Fliedertee" – ein altes Heilmittel gegen Fieber. Aus den „Holunderbeeren" lässt sich eine leckere Marmelade kochen.

Die **Vogelbeere** ist in Laub- und Nadelwäldern ein häufiger Baum. Ihre Früchte werden im Herbst gern von verschiedenen Drosselarten gefressen. Deshalb benutzte man die Früchte früher zum Anlocken beim Vogelfang. Da die Blätter ähnlich aussehen wie bei der Esche,wird die Vogelbeere auch „Eberesche" genannt.

Das **Wald-Geißblatt** wächst vorwiegend in Eichen-Mischwäldern. Es ist ein Kletterstrauch, der an Waldrändern in Sträuchern und kleineren Bäumen hochklettert, ohne diese zu schädigen. Auffallend sind die großen blassgelben manchmal rötlich überlaufenen Blüten. Sie werden besonders von Nachtfaltern besucht. Die Früchte sind ungenießbare rote Beeren.

In unseren Wäldern kommt die **Brombeere** besonders am Waldrand und auf Lichtungen häufig vor. Mit ihren stacheligen Trieben können Brombeeren sogar an Sträuchern und Bäumen emporklimmen. Um die leckeren Früchte besser ernten zu können, hat man inzwischen auch Sträucher ohne Stacheln gezüchtet.

Der **Bärlauch** gehört zu den Liliengewächsen. Er treibt aus einer kleinen Zwiebel im Frühjahr aus, blüht aber erst im Mai und kommt unter dem dichten Laubdach der Buchenwälder mit wenig Licht aus. Seine Blätter schmecken nach Knoblauch. Milch wird ungenießbar, wenn Kühe die Blätter fressen.

Der **Waldmeister** ist eine häufige Pflanze in Laubmischwäldern, in denen er oft große Flächen bedeckt. Er blüht erst im Mai, benötigt wenig Licht und gilt deshalb wie die meisten anderen Waldkräuter als Schattenpflanze. Die Pflanze verströmt das typische Waldmeister-Aroma. Die Früchte werden durch Klettwirkung verbreitet.

Der **Wald-Sauerklee** ist eine Tiefschattenpflanze mit sehr wenig Lichtbedarf. Gelangt Sonnenlicht an die Pflanze, werden die Blätter zum Schutz gegen Verdunstung eingefaltet. Auch wenn man die Pflanze mit einer Mütze abdeckt, gehen die Blätter nach kurzer Zeit in „Schlafstellung". Die Pflanze enthält Oxalsäure und schmeckt deshalb sauer.

1 Buchfink

3 Rehe

2 Eichhörnchen

4 Schwarzspecht

Waldtiere sind scheu
Rehe, Hirsche, Wildschweine und Spechte sind bestimmt jedem bekannt (▷B3; B4; B6). Aber wohl nur wenige haben diese Tiere schon in freier Natur beobachtet. Die Erklärung dafür ist einfach: Die meisten Tiere des Waldes sind sehr scheu und fliehen bei einer Begegnung mit dem Menschen sofort. Dieses Verhalten schützt die Tiere auch vor ihren natürlichen Feinden.

Wildschweine fressen (fast) alles
Der Wald bietet den Tieren Flucht- und Versteckmöglichkeiten und erfüllt außerdem die unterschiedlichsten Ansprüche. Wo die Buchen nicht alle die gleiche Größe haben, ist der Wald ein fast undurchdringlichens Dickicht. Von hier aus beginnen die Wildschweine in der Dämmerung ihre Streifzüge. Sie wühlen bei der Suche nach Nahrung den Boden auf und finden mit ihrer empfindlichen Nase Engerlinge (▷B5), Würmer, Pilze und Bucheckern, die Früchte der Buchen.

Die meisten Tiere leben im Boden
Engerlinge sind die Larven der Maikäfer. Sie ernähren sich von Wurzeln und verbringen rund drei Jahre bis zur Verpuppung im Boden. Der Maikäfer selbst frisst während seines kurzen Lebens von etwa zwei Monaten die Blätter der verschiedensten Baumarten. Seine Eier legt er wieder in den weichen Waldboden.

Eichhörnchen nisten in den Kronen
Das Eichhörnchen (▷B2) kannst du mit etwas Glück bei seinen Kletterkünsten beobachten. Sein Lebensraum sind die Baumkronen. Hier baut es auch den **Kobel**, wie die Jäger das Nest der Eichhörnchen nennen. Es besteht aus Zweigen, Laub, Gras und Wolle. Baumsamen, Beeren, Pilze, Nüsse, Insekten und manchmal auch Vogeleier bilden die Hauptnahrung des Eichhörnchens.

Der Buchfink – ein eifriger Sänger
Buchfinken (▷B1) sind im Buchenwald die häufigste Vogelart. Hier finden sie reichlich Insektennahrung, aber auch Samen verschiedener Pflanzen fressen sie gerne. Auffällig ist der schmetternde Gesang des Männchens. Damit lockt er Weibchen an und warnt Rivalen vor dem Eindringen in sein Revier.

▶ Der Wald bietet den Tieren viele passende Nahrungsquellen und Plätze als Lebensraum.

5 Maikäferlarve (Engerling)

6 Wildsau mit Frischlingen

Werkstatt

Wir untersuchen Tiere im Wald

1 Bewohner des Waldbodens

1 Tiere zersetzen altes Laub

Material

Probe aus der oberen feuchten Bodenschicht, Pinzette, Lupe (Stereomikroskop), Bestimmungsbuch

Versuchsanleitung

Suche in der oberen Bodenschicht nach den abgebildeten Tieren, die sich von abgestorbenen Pflanzenteilen ernähren. Betrachte dazu ein zersetztes Laubstück und andere Pflanzenreste mit der Lupe.

Aufgabe

Schreibe auf, welche und wie viele Tiere du gefunden hast.

2 Moospolster sind Kleinstlebensräume für Tiere

Material

Frisches Waldmoos, Stereomikroskop, Bestimmungsbuch

Versuchsanleitung

Untersuche einzelne Moospflänzchen mit dem Stereomikroskop bei etwa 40-facher Vergrößerung.

Aufgabe

Suche nach kleinen Tieren und begründe, warum Moospolster (▷ B 2) für diese Tierarten geeignete Lebensräume sind.

2 Waldmoos

3 Wir suchen nach Rindenbewohnern

Material

Rinde alter Nadelbäume, Zeichenpapier, Bleistift

Versuchsanleitung

Im Wald findest du abgestorbene Nadelbäume, von denen du leicht die Rinde abheben kannst. Dahinter sind Fraßspuren des Borkenkäfers (▷ B 3) und seiner Larven zu finden.
Von einem senkrechten Gang, den das Weibchen angelegt hat, fressen die Larven seitliche Larvengänge. In den Puppenkammern am Ende der Gänge verwandeln sich die Larven zu Käfern.

3 Borkenkäfer

Aufgabe

Zeichne die Fraßspuren des Borkenkäfers und seiner Larve in deinen Schreibblock. Vergleiche deine Zeichnungen mit Bildern aus dem Lexikon.

4 Zapfen der Nadelbäume sind begehrte Nahrung

An die nahrhaften Samen der Nadelbäume gelangen manche Tiere dank ihrer besonderen „Werkzeuge". An der Art und Weise, wie die Zapfen bearbeitet wurden, kann man die Tierart erkennen.

Material

Von Tieren bearbeitete Zapfen, Fotoapparat

Versuchsanleitung

Sammle im Nadelwald Zapfen, die Fraßspuren erkennen lassen und ordne sie den Tierarten zu:
Von Eichhörnchen angefressene Zapfen sehen zerfranst aus, besonders am Zapfenende (▷ B 4).

4 Fraßspur des Eichhörnchens

Von Mäusen angefressene Zapfen sind unten abgerundet und an der Achse gleichmäßig bearbeitet (▷ B 5). Die Zapfen findet man meist an etwas versteckten Orten.

5 Fraßspur der Maus

Vom Specht bearbeitete Zapfen wirken zerhauen (▷ B 6). Sie sitzen oft in „Spechtschmieden" oder sind in der Baumrinde verkeilt.

6 Fraßspur des Spechts

Aufgabe

Fotografiere deine Funde und fertige eine kleine Ausstellung an.

Mit Harpune und Steigeisen in den Wald

Alle Lebewesen sind an ihren Lebensraum angepasst. Sie haben bestimmte Körpermerkmale, die ihnen unter anderem die Fortbewegung oder Nahrungsaufnahme ermöglichen.
Der Vogel hat zum Beispiel Flügel zum Fliegen, der Fisch besitzt Flossen, mit denen er gut schwimmen kann. Jede Struktur hat also eine bestimmte Funktion.

Ein gutes Beispiel für die Anpassung an das Leben im Wald bietet der Buntspecht.

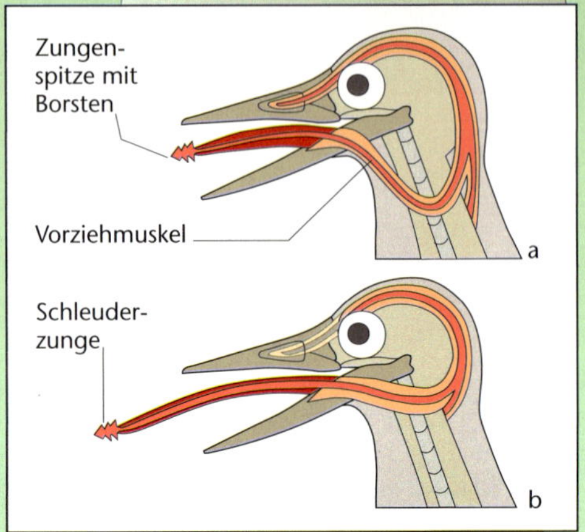

1 So funktioniert die Spechtzunge

Harte Schläge

Die Nahrung des Buntspechts besteht aus den Samen von Nadelbäumen, aus Früchten sowie Insekten und deren Larven. Mit seinem **kräftigen Schnabel** meißelt der Buntspecht Äste, Nüsse und Zapfen auf. Man nennt den Schnabel deshalb **Meißelschnabel**.
Ohne besondere Stoßdämpfer würde der Vogelschädel die dabei auftretenden Erschütterungen nicht aushalten. Knochenverstärkungen und kräftige Schädelmuskeln federn die harten Schläge ab.

Mit Steigeisen und Harpune unterwegs

Die **lange Zunge** ermöglicht eine besondere Nahrungsaufnahme. Spechte können ihre Zunge weit vorstrecken. Sie ist vorne verhornt und besitzt kleine Borsten, an denen Insekten wie an den Widerhaken einer Harpune hängen bleiben (▷ B 1). So können die Spechte Insekten aus den engsten Gängen herausziehen.

Der **Kletterfuß** mit seinen spitzen Krallen ist eine weitere Besonderheit der Spechte. Wie mit Steigeisen können sie damit an Baumstämmen hinaufklettern. Zwei Zehenpaare stehen einander gegenüber (▷ B 2). Das untere Zehenpaar dient als Stütze, das obere wirkt wie ein Haken. Wenn sie meißeln oder hüpfend abwärts klettern, stützen sich die Spechte mit den festen Federn des **Stützschwanzes** ab (▷ B 2).

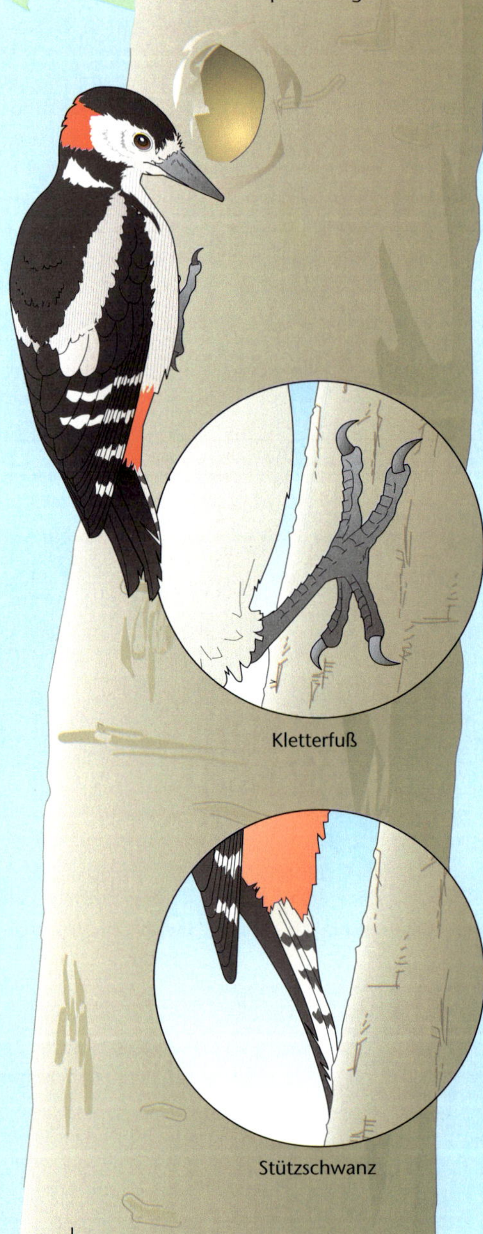

2 Anpassung an das Leben auf Bäumen

Aufgabe

1 Finde Körpermerkmale beim Grasfrosch, die ihm das Leben an Land und im Wasser ermöglichen.

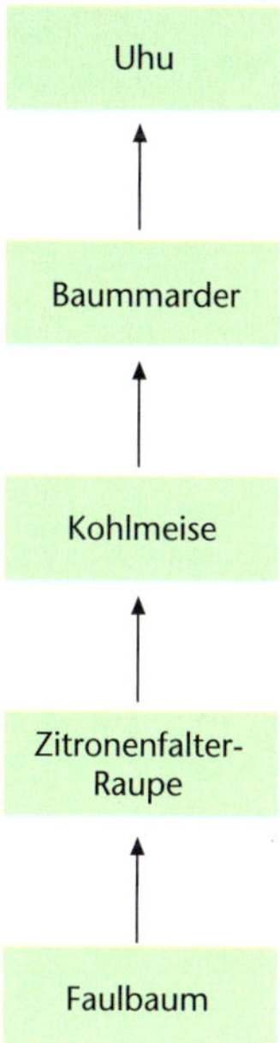

1 Nahrungskette

Fressen und gefressen werden

Den Zitronenfalter kannst du im Frühjahr als einen der ersten Schmetterlinge beobachten. Seine Raupen fressen im Sommer die Blätter des Faulbaums. Andere pflanzliche Nahrung nehmen sie nicht auf.
Für die Kohlmeise ist der Schmetterling ein Leckerbissen. Die Kohlmeise selbst steht auf dem Speisezettel mehrerer Fressfeinde. In Acht nehmen muss sie sich besonders vor dem Baummarder, der ihr vor allem während des Brütens und bei der Fütterung der Jungen gefährlich werden kann. Der Baummarder wiederum kennt nur einen Feind. Der seltene Uhu schafft es bei seiner nächtlichen Jagd ab und zu, einen Baummarder zu überwältigen. Am Tag hat der flinke Jäger dagegen kaum Feinde zu fürchten.

Faulbaum, Zitronenfalter, Kohlmeise, Baummarder und Uhu bilden eine **Nahrungskette** (▷ B 1). Am Anfang steht immer eine Pflanze als **Erzeuger**. Sie bildet Nährstoffe, von denen Tiere und Menschen leben. Tiere und Menschen bezeichnet man als **Verbraucher**, denn sie verzehren die gespeicherten Nährstoffe. Einige dieser Pflanzen fressenden Tiere dienen anderen Verbrauchern als Nahrung. Stehen diese am Ende der Nahrungskette, bezeichnet man sie als **Endverbraucher**.

Nahrungsnetze im Wald

Würde der Baummarder nur von Kohlmeisen leben, müsste er bald verhungern. Er macht Jagd auf alle Tiere, die er überwältigen kann. Dazu gehört auch das Eichhörnchen, das ein Glied in einer ganz anderen Nahrungskette ist. Auch die Kohlmeise ist nicht nur auf ein Beutetier angewiesen. Viele Arten von Insekten und deren Larven bilden ihre Nahrung. So stehen Tiere und Pflanzen des Waldes wie in einem Netz miteinander in enger Verbindung. Man sagt, sie bilden ein **Nahrungsnetz**.

Tiere und Pflanzen sind Glieder zahlreicher Nahrungsketten, die miteinander ein verzweigtes Nahrungsnetz bilden.

1 Müll schadet dem Wald.

4 Lärm stört die Waldbewohner.

Wir müssen Rücksicht nehmen
Auf den ersten Blick scheint alles in Ordnung zu sein. Am Waldrand treiben die Sträucher neue Blätter aus, und auch die Nadelbäume zeigen die ersten grünen Spitzen. „Schaut mal nach oben“, bittet der Förster die Schulklasse. „Fällt euch an den Fichten da vorn etwas auf?“ Die Wipfel der Bäume wirken stark ausgelichtet und sind deshalb sehr durchsichtig.

Nadelbäume sind besonders empfindlich gegenüber Autoabgasen und Rauch aus den Schornsteinen der Häuser und Fabriken. Diese Schadstoffe haben den Bäumen schwere Schäden zugefügt. Am deutlichsten ist das an den Nadeln zu erkennen, die gelb werden und nach einiger Zeit abfallen (▷ B 3). Durch Filteranlagen, moderne Heizkessel und Katalysatoren in den Autos konnten die Schadstoffe inzwischen deutlich verringert werden. Aber die Zunahme des Straßenverkehrs ist immer noch das Hauptproblem. Früher glaubte man, nur Nadelbäume würden durch die Schadstoffe in der Luft geschädigt. Inzwischen weiß man aber, dass auch Laubbäume dadurch krank werden (▷ B 2). Vor allem Buchen sind gegenüber Abgasen aus dem Straßenverkehr sehr empfindlich.

2 Kranke Buche

3 Kranke Fichte

Lärm und Müll schaden dem Wald
Viele Menschen verbringen, wie du vielleicht auch, im Wald einen Teil ihrer Freizeit. Du kannst dort spielen, Rad fahren oder mit deinem Hund laufen. Doch du wirst beobachtet! Viele Tiere verfolgen aus sicherer Entfernung, ob von dir eine Gefahr ausgeht. Musik, lautes Geschrei und die Fahrradklingel vertreiben sie sofort (▷ B 4). Hunde können zu einer richtigen Gefahr für die Tiere werden. Jedes Jahr werden im Frühjahr und Sommer viele Tiere, besonders Rehkitze, von frei laufenden Hunden schwer verletzt oder getötet.
Immer wieder sieht man besonders an Waldrändern ganze Müllberge, die achtlos hier abgeladen werden (▷ B 1). Bauschutt, selbst Kühlschränke hat man da schon gefunden. Solche „Umweltsünden“ zerstören Lebensgemeinschaften und verschandeln die Landschaft. Und schließlich hat schon manche Glasscherbe einen Waldbrand ausgelöst.

Schadstoffe der Luft, Lärm und Müll bedrohen die empfindlichen Lebensgemeinschaften des Waldes.

Aufgaben

1 Entwerft Plakate, auf denen die Ursachen der Waldschäden dargestellt werden. Fasst die Plakate zu einer Ausstellung zusammen. Material erhaltet ihr bei Forstämtern, Naturschutzvereinen und im Internet mithilfe einer Suchmaschine.

2 Stellt Regeln für das Verhalten von Spaziergängern und Sportlern im Wald auf. Fasst diese Regeln zu einem kleinen Flyer zusammen und denkt euch eine passende Überschrift aus.

Forstämter betreuen den Wald
Deutschland ist zu fast einem Drittel mit Wald bedeckt. Nicht ganz die Hälfte davon ist in Privatbesitz, die andere Hälfte gehört dem Staat, Städten und Gemeinden, Kirchen und Stiftungen. Über das gesamte Land verteilte Forstämter haben die Aufgabe, den Wald zu betreuen. Dabei sind sie gesetzlich zur **Nachhaltigkeit** verpflichtet, d. h. sie müssen dafür sorgen, dass ständig und gleichmäßig Holz bereitsteht. Wird Holz geschlagen, müssen gleichzeitig neue Bäume gepflanzt werden.

Viele Betriebe sind vom Holz abhängig
Mit der Forstwirtschaft hängen viele Wirtschaftszweige zusammen. Zulieferfirmen stellen Maschinen und Geräte her oder haben sich auf Forstbekleidung spezialisiert. Dienstleistungsbetriebe übernehmen Waldarbeiten, EDV-Firmen entwickeln Software für die Vermarktung des Holzes und für die Betriebsverwaltung. Forstbaumschulen stellen ein reichhaltiges Angebot an Gehölzen für die Forstwirtschaft und die Landschaftsgestaltung bereit. Sägewerke und Holzhandel beliefern Möbel- und Papierindustrie. Auf diese Weise sind von der Forstwirtschaft viele Arbeitsplätze abhängig.

Der Bedarf an Holz kann von der heimischen Forstwirtschaft nicht annähernd gedeckt werden. Besonders Skandinavien, aber auch mehrere Länder aus Übersee liefern Holz nach Deutschland.

Die Forstwirtschaft besteht aus einer Verflechtung zahlreicher Wirtschaftsbetriebe.

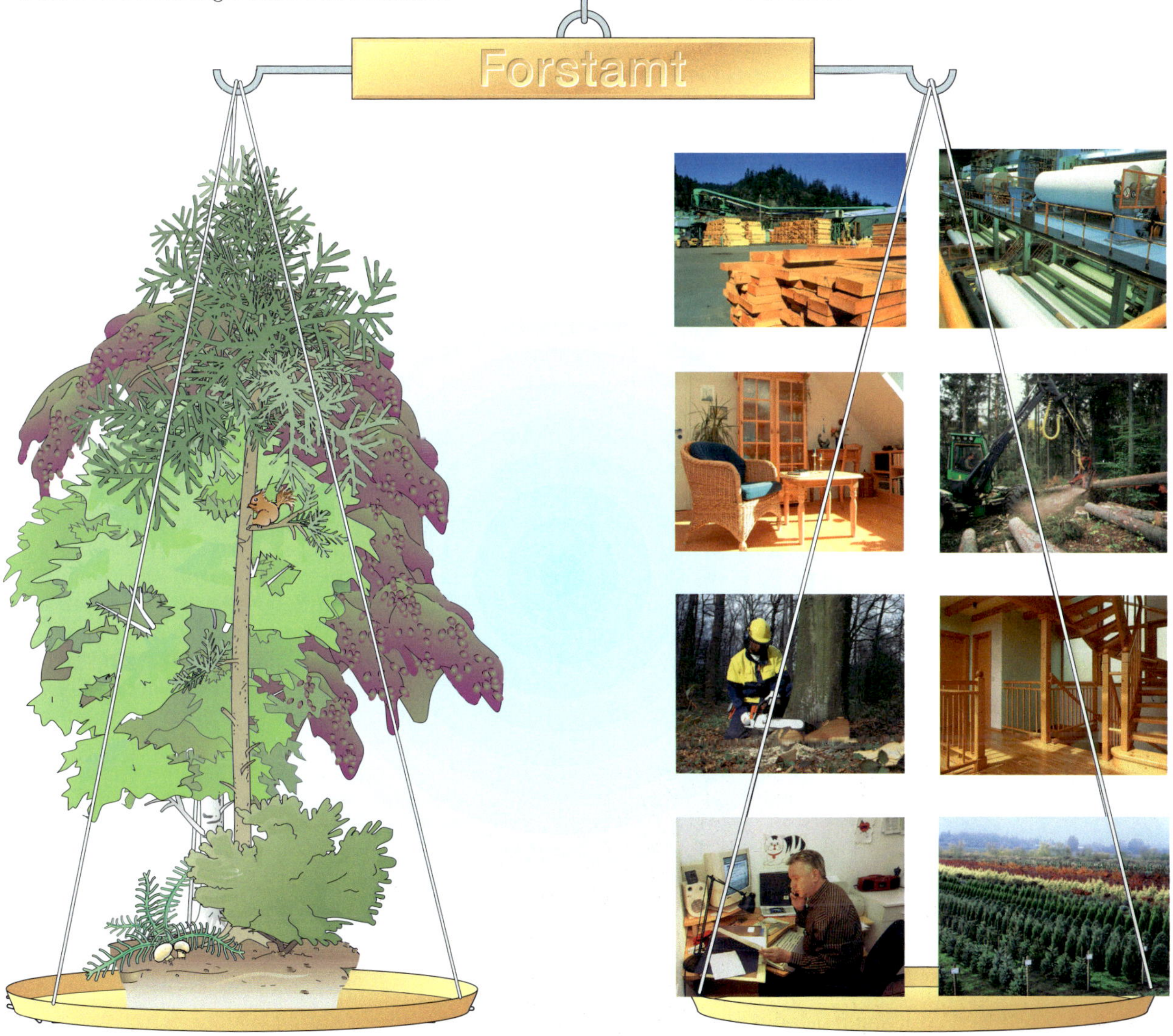

1 Bei der Nutzung des Waldes müssen wirtschaftliche Interessen und Naturschutzbelange gegeneinander abgewogen werden.

Wälder sind riesige Wasserspeicher
Auf landwirtschaftlichen Flächen, in Gärten und in Bebauungsgebieten gelangt das Regenwasser nicht selten mit Düngemitteln oder Schadstoffen belastet ins Grundwasser. Der Waldboden ist in der Regel frei von solchen Schadstoffen. Im Gegenteil: Er sorgt sogar für eine zusätzliche Reinigung des Wassers. Zunächst wird das Wasser in den oberen Bodenschichten gespeichert oder gelangt erst nach und nach ins Grundwasser. Dabei läuft es zwischen den feinen Bodenbestandteilen wie durch einen Filter. Aus diesem Grund sind Waldgebiete riesige Trinkwasserspeicher, die auch in Trockenzeiten ausreichend Wasser abgeben. Bäume halten mit ihren Wurzeln den Boden fest und schützen ihn bei starken Regenfällen besonders im Bergland vor Abschwemmungen, der so genannten **Bodenerosion**. Hier sind im Winter die Wälder gleichzeitig der beste Schutz vor den oft zerstörerischen Lawinen.

Wälder beeinflussen das Klima
Im Sommer liegt bei heißem Wetter die Lufttemperatur im Wald um mehrere Grad niedriger als in der freien Umgebung. Kühle Luft fließt dann aus dem Wald in die Umgebung ein. Besonders in der Großstadt macht sich deshalb der nahe Stadtwald oder der Park an heißen Tagen wohltuend bemerkbar. Außerdem wirkt der Wald noch wie ein Staubfilter. Die Luft in der Stadt ist etwa 100-mal stärker mit Staub belastet als in der freien Landschaft. Bis zu 70 t Staub können jährlich von einem Hektar Wald aufgenommen werden. Aber nicht nur Staub, auch Schadstoffe wie das Schwefeldioxid werden von den Blättern unschädlich gemacht. Wird der Schadstoffgehalt jedoch zu groß, werden die Bäume krank.
Auch im Winter wirkt der Wald auf das Klima ein. Schon ein kleines Waldstück gleicht tiefe Temperaturen so stark aus, dass die Bildung von Kaltluftinseln in Feldkulturen verhindert wird.

Menschen brauchen Erholungsgebiete
Erholungsorte im Binnenland liegen stets in der Nähe größerer Waldgebiete. Der Wald bietet besonders Ruhe suchenden Menschen einen Ausgleich für die Hektik des Berufslebens und den täglichen Lärm am Arbeitsplatz und im Straßenverkehr. Durch einen dichten Waldstreifen von nur 100 m Breite wird Lärm bereits auf die Hälfte seiner Ausgangslautstärke gesenkt. Aber auch Sportler kommen auf ihre Kosten: Ein gut ausgebautes Netz von Wegen durchzieht die Wälder und bietet viele Möglichkeiten für Radtouren, Joggen und Picknick.

Der Wald als Lebensraum auch für bedrohte Tier- und Pflanzenarten
Manche Waldgebiete sind gegenüber reinen Wirtschaftswäldern heute noch in einem weit gehend ursprünglichen Zustand. Ihre Baumarten entsprechen den Bodenvoraussetzungen und haben sich über Jahrhunderte in ihrer Artenvielfalt entwickelt. Solche Wälder stehen heute unter Naturschutz und bieten seltenen Tier- und Pflanzenarten Zuflucht.

Strategie

Pro- und Contra-Diskussion

A. Debattieren – Was ist das überhaupt?

Im Alltag, im Beruf und in der Politik wird viel debattiert: Im Bundestag, in Firmen und in der Schule z. B. in der SMV. Aber auch in deiner Familie debattierst du sicher häufig über verschiedene Themen. Beim Debattieren geht es grundsätzlich darum, ein Thema kontrovers, also von zwei verschiedenen Positionen aus, zu erörtern. Man spricht deshalb von einem Pro- und einem Contra-Standpunkt.
Um zielgerichtet debattieren zu können, müsst ihr bestimmte Gesprächsregeln einhalten.

B. Darüber lohnt es sich zu debattieren

Im Naturpark Eifel gibt es strenge Regeln, wie der Wald genutzt werden darf. Durch die Einführung dieser Regeln können sich viele Tier- und Pflanzenarten ungestört entwickeln, die an anderen Orten schon verschwunden sind. Diese Regeln schränken aber die Nutzung des Waldes durch den Menschen stark ein.
Wie stehst du zur Einrichtung von Naturparks? Welche dieser Beschränkungen bringen auch große Vorteile für die Natur mit sich?

Grundregeln im Naturpark

- Holz, Beeren und Pilze dürfen nicht aus dem Wald genommen werden.
- Das Jagen ist nicht erlaubt.
- Die Wege dürfen auf keinen Fall verlassen werden.
- Mountain Bikes dürfen nicht in den Wald.
- Auf die Einhaltung der Regeln achten Förster und Ranger.

C. Fünf Schritte auf dem Weg zur guten Debatte

1. Für die Pro-Contra-Debatte braucht ihr natürlich ein zündendes Thema, das überhaupt kontroverse Meinungen zulässt.

2. Debattieren kann nur, wer über das entsprechende Wissen verfügt. Deshalb müsst ihr euch zuerst mit dem Thema beschäftigen, Informationen zusammentragen, Stellungnahmen einholen und Pro- und Contra-Argumente sammeln.

3. Teilt zwei Gruppen ein. Eine vertritt die Pro-, die andere die Contra-Argumente. Wählt einen Moderator, der darauf achtet, dass die Grundregeln eingehalten werden.

4. Jeder Redner hat eine bestimmte Redezeit, die könnt ihr selbst festlegen. Nach dem Pro-Argument kommt das Contra-Argument.

5. Einigt euch vorher darauf, ob ihr Zwischenfragen zulassen wollt.

Tipp
Einfrieren: Nach 10 Minuten wird die Debatte unterbrochen und ihr überlegt, was bisher gut oder weniger gut gelaufen ist.

Grundregeln der Debatte

- Höre den anderen zu, weil du auch möchtest, dass man dir zuhört.
- Fasse dich kurz, weil du selbst auch an die Reihe kommen möchtest, wenn andere reden.
  Sprich in der „Ich-Form", statt in der „Man-Form".
- Vermeide „Seitengespräche" und Störungen, damit sich alle auf das Wesentliche konzentrieren können.
- Bleibe sachlich und vermeide persönliche Beleidigungen.
  Mache andere nicht lächerlich, weil du auch nicht vor anderen bloßgestellt werden möchtest.

D. Nach der Debatte

Erstellt nach der Debatte je ein Pro- und ein Contra-Plakat und hängt es im Klassenzimmer auf. Dann werden allen die Argumente noch einmal sichtbar.

Zum Schluss könnt ihr die Argumente noch gewichten. Das geht mit der „Punkte-Methode". Jeder erhält drei Klebepunkte und klebt sie zu den Argumenten, die er für am wichtigsten hält.

Schutz der Tiere bedeutet Schutz ihrer Lebensräume

Der Fischotter (▷ B 7) ist wie kaum ein anderes Säugetier in Deutschland vom Aussterben bedroht. Er ist ein ausgezeichneter Schwimmer und Taucher, der nicht nur Fische frisst, sondern auch Frösche, Würmer, Vögel, Ratten und Mäuse erbeutet. Früher machte man Jagd auf die Tiere, weil sie angeblich zu viele Fische wegfraßen. Auch wegen ihres dichten Fells wurden Fischotter verfolgt. Hauptschuld am Rückgang der Tiere war aber das Abholzen der Bäume und Sträucher am Gewässer-ufer. Hier suchen die Tiere Schutz und Deckung. Soll der Fischotter bei uns wieder leben können, so reicht es nicht aus, die Jagd auf ihn zu verbieten. Die Gewässerufer dürfen nicht mehr gemäht und Bäume und Sträucher nicht mehr beseitigt werden. Außerdem dürfen keine Giftstoffe ins Wasser geleitet werden. Frisst der Otter vergiftete Fische, stirbt auch er.

Der Naturgarten als Lebensraum

Wie dem Fischotter, so geht es vielen Tieren in unserer Landschaft. Wer sich über Igel im Garten freut, muss ihnen einen geeigneten Lebensraum bieten. Dazu gehören natürliche Verstecke wie Laub- und Holzhaufen, aber auch der Verzicht auf Gift bei der Bekämpfung von Insekten und Schnecken.
In einem solchen Garten kannst du auch das Mauswiesel oder mit etwas Glück sogar das Hermelin (▷ B 6) beobachten. Beide benötigen dichten Pflanzenbewuchs und leben deshalb häufig auch in Feldhecken, von wo aus sie ihre Beutezüge starten. Auch der Feldhase benötigt Verstecke. Die Ackerränder dürfen nicht zu schmal sein, sondern sollten breit und dicht mit Kräutern bewachsen sein. Dann findet der Hase hier nicht nur Deckung, sondern auch Nahrung.

Wenn man Tiere schützen will, muss man in erster Linie ihre Lebensräume erhalten.

1 Feldhase in seinem Versteck

2 Begradigter Fluss

3 Flussaue

4 Naturgarten

5 Rasen

6 Hermelin im Winterfell

Aufgaben

1 Amseln gehören zu den Vögeln, die häufiger werden. Nenne einige Gründe dafür, nachdem du dich über die Lebensweise dieses Vogels informiert hast.

2 Fischotter sind an unseren Gewässern sehr selten. In welchem der oben abgebildeten Gewässer könnten die Tiere leben? Begründe deine Meinung.

3 Der Weißstorch war früher ein häufiger Vogel in allen Flussauen. Ermittle im Internet, welche Gründe es für sein Verschwinden gab. Welche Schutzmaßnahmen gibt es? Welche Erfolge sind zu verzeichnen?

7 Fischotter

Tiere auf der Roten Liste

Rote Listen sind Verzeichnisse, in denen mit einer Art Note angegeben wird, wie sehr eine Art gefährdet ist. Die Bewertung reicht von „ausgestorben" (RL 0), über „vom Aussterben bedroht" (RL 1) und „stark gefährdet" (RL 2) bis zu „gefährdet" (RL 3). Auf dieser Seite werden einige Tiere mit dem Grad ihrer Gefährdung vorgestellt, die in Deutschland auf der Roten Liste (RL) stehen.

Der **Apollofalter** ist ein besonders schöner heimischer Schmetterling. Er war früher bei Sammlern so beliebt, dass die Art auszusterben drohte. Auch heute gehört er bei uns zu den größten Seltenheiten, da seine Raupen sich nur von den Blättern der seltenen Weißen Fetthenne ernähren. Insektengifte gefährden außerdem den Bestand. (RL 1)

Der **Feldhamster** war früher ein typisches Feldtier auf Lehm- und Lößäckern. Da das über 25 cm lange Tier manchmal über 10 kg Getreide für den Winter in seinen unterirdischen Kammern speichert, wurde es von den Bauern überall bekämpft. Durch den intensiven Ackerbau sind seine Lebensgrundlagen immer mehr gefährdet. (RL 2)

Die **Fluss-Perlmuschel** war noch vor 200 Jahren weit verbreitet. Die von ihr produzierten Perlen verzierten kostbare Kleidungsstücke. Sie lebt in sauberen Fließgewässern. Die großen Bestände wurden durch die Verschmutzung unserer Gewässer vernichtet. Heute zählt diese Muschel zu den großen Seltenheiten. (RL 2)

Der **Hirschkäfer** lebt auf alten Eichen und ernährt sich dort vom Saft der Bäume. Die Larven entwickeln sich in 5 bis 8 Jahren in abgestorbenen Stümpfen und Wurzeln. Weil alte Eichenwälder immer seltener werden und Insektengifte die Käfer töten, kann man Hirschkäfer fast nur noch in Schutzgebieten beobachten. (RL 2)

Kampfläufer waren früher typische Vögel der nassen Wiesen Nordwestdeutschlands. Die oft sehr verschieden gefärbten Männchen tragen im Frühjahr Turnierkämpfe um den Besitz der Weibchen aus. Durch Entwässerung und die intensive Bewirtschaftung von Grünland sind die Lebensräume dieses Vogels fastvvollständig verloren gegangen. (RL 1)

Die **Kreuzotter** lebt in Heide- und Moorgebieten. Sie jagt dort vor allem Mäuse und Frösche, die sie durch einen Biss mit ihren Giftzähnen lähmt. Diese Schlange wurde früher überall verfolgt und getötet. Da ihre Lebensräume verschwinden, wird auch die Kreuzotter immer seltener. (RL 3)

Erst in der Dämmerung verlassen die **Wildkatzen** ihre sicheren Verstecke und gehen auf Jagd nach Vögeln und kleinen Säugetieren. Diese nahen Verwandten unserer Hauskatze wurden früher intensiv verfolgt, und so kann man sie nur noch in wenigen Wäldern unserer Mittelgebirge finden. (RL 2)

1 Nachhaltigkeit heißt, Verantwortung zu übernehmen.

Sicher hast du den Begriff „Nachhaltigkeit“ schon öfter gehört. Viele Menschen benutzen ihn, wenn es um Themen des Umweltschutzes geht.
Nachhaltiges Verhalten von Menschen ist aber mehr als Umweltschutz. Für ein solches Verhalten wurden drei Bereiche festgelegt, die sich gegenseitig bedingen. Fehlt einer der drei Bereiche in einer Gesellschaft, so kann sie nicht nachhaltig sein. Wenn jemand behauptet, dass sein Verhalten nachhaltig ist, stellt das einen großen Anspruch dar.

Nachhaltigkeit in Ökosystemen
Eine Gesellschaft darf nur so viel von der Natur verbrauchen, wie diese nachliefern kann.
Am Beispiel Waldnutzung heißt das, man darf nur so viel Holz aus dem Wald holen, wie neue Bäume gepflanzt werden. Die Fischerei darf nur so viele Fische fangen, wie auch nachwachsen.

Wirtschaftlicher Bereich
Eine Gesellschaft muss ihre Wirtschaft so betreiben, dass diese auf Dauer funktionieren kann. Übermäßiges Wachstum, starke Schwankungen und die Abhängigkeit von begrenzten Rohstoffen sind Risiken für ein dauerhaftes Funktionieren.

Nachhaltigkeit im Miteinander
Soziale Ungerechtigkeiten und Spannungen sollten möglichst wenig vorkommen. Spannungen können entstehen, wenn es große Unterschiede zwischen Armen und Reichen in einer Gesellschaft gibt. Wenn es sie gibt, muss die Gesellschaft sie schnell und auf gerechtem Weg auffangen können.

Auch Bildung erfordert Nachhaltigkeit
Viele Fachleute nehmen noch einen vierten Bereich, die Bildung, hinzu. Wenn die Bildung nicht nachhaltig ist, fällt es schwerer, eine nachhaltig funktionierende Gesellschaft zu erreichen. Nachhaltigkeit bedeutet auch immer, dass möglichst viele beteiligt sind.

Nachhaltigkeit bedeutet, dass wesentliche Eigenschaften in einem Ökosystem erhalten bleiben und sein Bestand auf natürliche Weise nachwachsen kann. Diese Bedingungen kann man auch auf Wirtschaft und Soziales übertragen.

2 Ziele können gemeinsam leichter erreicht werden.

Aufgaben

1 Wie passt das Fahren von Autos mit Benzin oder Diesel zum ökologischen Bereich? Begründe deine Vermutungen.

2 Welche Spannungen können zwischen Armen und Reichen entstehen?

3 Weshalb ist für einige die Bildung für Nachhaltigkeit wichtig?

Nachhaltigkeit an deiner Schule

Energiesparer an der Schule

An deiner Schule fallen dir bestimmt jeden Tag Dinge wie unnötig brennende Lichter, randvolle Mülltonnen oder weit offene Fenster bei laufender Heizung auf.
Überlegt in eurer Klasse, welche Verbesserungsmöglichkeiten es gibt.

- Die Lichter auf dem Gang müssen nicht immer brennen. Messt nach, ob immer alle Lichter eingeschaltet werden müssen, oder ob weniger Lichtbänder reichen.

- Beruft eine Energiesparkonferenz ein oder überlegt euch Klassenwettbewerbe. Verhandelt mit dem Schulträger, ob ihr einen Teil der eingesparten Kosten für Projekte verwenden dürft.

Werdet Unternehmer

Schokoriegel, Trinkpäckchen und Bonbons am Kiosk sind nicht das Richtige, um einen ganzen Schultag in Hochform durchzuhalten. Sie verursachen meist viel Müll und müssen per LKW herantransportiert werden. Bestimmt fallen euch andere Möglichkeiten für den kleinen Einkauf in den Pausen ein.

- Untersucht euren Schulkiosk. Welche Waren werden angeboten?
Könnt ihr Hefte aus Recyclingpapier oder aus nachhaltiger Forstwirtschaft anbieten?

- Organisiert einen Kiosk für die Mittagspause. Überlegt, ob ihr Obst oder Säfte aus der Umgebung verkaufen könntet. Macht zuerst Umfragen, wie euer Angebot ankommt. Kalkuliert die Preise so, dass ihr auch etwas für die Klassenkasse verdient.

Konflikte kann man oft vermeiden

An vielen Schulen gibt es Spannungen wegen der teuren Kleidung oder Handys einiger, die sich nicht alle leisten können. Oft gibt es auch Streit zwischen Gruppen verschiedener Nationalitäten oder Ärger zwischen einzelnen Schülern.

- Findet heraus, welche Spannungen es an eurer Schule gibt. Ruft einen Designwettbewerb aus, um Vorschläge für eine Schuluniform zu bekommen.

- Überlegt wie ihr einen Runden Tisch der Nationen an eurer Schule aufbauen könnt, an dem man Streitigkeiten in Zukunft schnell klären kann.

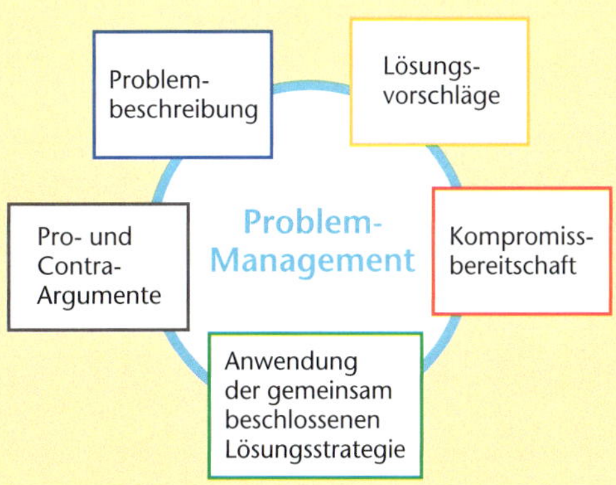

Pflanzen, Tiere, Lebensräume

Vom Wildtier zum Haustier
In vielen tausend Jahren sind durch Zähmung und Züchtung aus wild lebenden Vorfahren unsere Haus- und Nutztiere entstanden. Wenn Menschen Tiere halten, übernehmen sie eine große Verantwortung. Durch artgerechte Haltung nehmen wir auf die Lebensbedürfnisse unserer Haus- und Nutztiere Rücksicht und sorgen dafür, dass es ihnen gut geht.

Nutzpflanzen
Der Mensch nutzt die in den Pflanzen gebildeten Stoffe, vor allem Stärke und Zucker, für seine Ernährung. Aus zahlreichen Wildpflanzen hat der Mensch ertragreiche Nutzpflanzen z. B. Getreide gezüchtet.

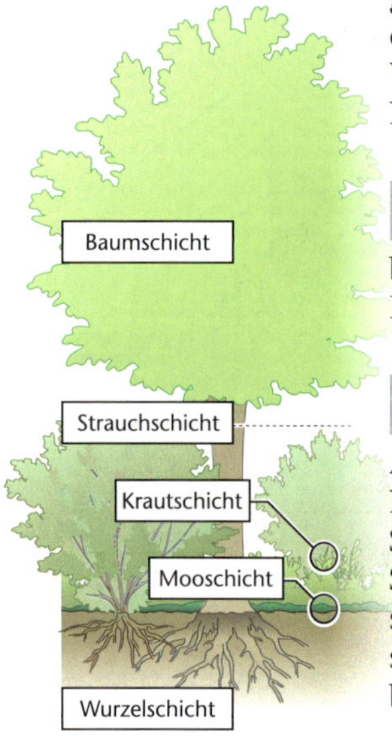

1 Die Stockwerke des Waldes

Lebensraum Teich
Teiche sind Lebensräume mit einer besonders großen Artenfülle. Zahlreiche Insektenarten kommen hier vor.

Der Wald ist in verschiedene Stockwerke gegliedert
Alle Pflanzen des Waldes, besonders in Mischwäldern, lassen sich einzelnen Stockwerken zuordnen. Auf die unterste Schicht, die Moosschicht, folgt die Krautschicht. Daran schließen sich Strauchschicht und Baumschicht an. Unterirdisch befindet sich die Wurzelschicht.

Nahrungsketten und Nahrungsnetze
Am Anfang jeder Nahrungskette stehen Pflanzen als Erzeuger von Nährstoffen. Pflanzenfresser sind Verbraucher. Sie gewinnen Energie aus den Nährstoffen der Pflanze.
Pflanzenfresser dienen ihrerseits anderen Verbrauchern als Nahrung. Am Ende jeder Nahrungskette stehen Endverbraucher, deren Zahl jedoch in der Natur sehr klein ist. Nahrungsketten sind über einzelne Glieder oft zu Nahrungsnetzen verknüpft.

Wälder haben viele Funktionen
Neben ihrer Aufgabe als Sauerstofflieferant dienen Wälder als riesige Wasserspeicher. Sie gleichen extreme Sommer- und Wintertemperaturen aus und wirken als starke Staubfilter. Für den Menschen bieten Wälder wichtige Erholungsmöglichkeiten, für Pflanzen und Tiere sind sie schützenswerte Lebensräume. Als Holzlieferanten stellen Wälder eine Rohstoffquelle dar, von der viele Arbeitsplätze in verschiedenen Wirtschaftszweigen abhängen.

Schadstoffe belasten die Wälder
Luftschadstoffe aus Industrie, Haushalten und Straßenverkehr führen zu einer Schwächung und Schädigung der Bäume. Auch Lärm und Müll stören und gefährden Pflanzen und Tiere des Waldes. Hier kann jeder durch richtiges Verhalten einen wirksamen Beitrag zum Schutz dieses wertvollen Lebensraumes leisten.

Naturschutz
Pflanzen und Tiere sind durch den Verlust ihrer Lebensräume in ihrem Bestand gefährdet. Rote Listen geben Auskunft über den Grad ihrer Gefährdung.

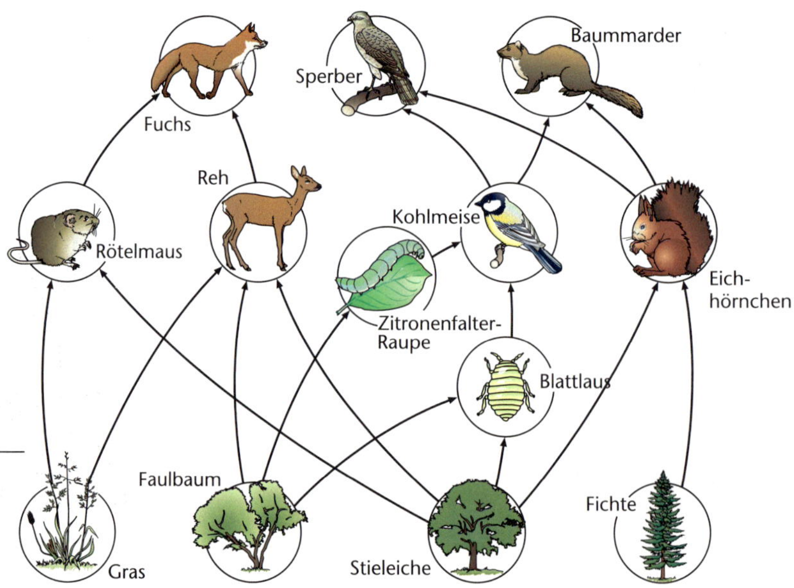

2 Nahrungsnetz

Aufgaben

1 „Je nach Gebissart ernähren sich die Tiere unterschiedlich." Beschreibe das jeweilige Gebiss und erkläre die Aussage am Beispiel von Rind, Hund und Katze.

2 Welche Grundausrüstung brauchen Katze und Hund, wenn du sie zu dir nimmst?

3 Haustiere stammen von Wildformen ab.
a) Nenne die jeweilige Urform von fünf Haustieren.
b) Erkläre, wie sie im Laufe der langen Zeit zu Begleitern der Menschen werden konnten.
c) Ordne den in Abbildung 4 dargestellten Produkten jeweils das Nutztier zu.

4 Zu Aufgabe 3

4 Lege eine Sammlung von Blättern mehrerer Baumarten an. Wie man ein solches Herbarium anlegt, kannst du auf der Strategieseite „Sammeln und aufbewahren" nachlesen.

5 Stelle mindestens zwei Nahrungsnetze auf, in denen der Buntspecht vorkommt.

6 Da in unseren Wäldern Endverbraucher wie Wolf und Luchs ausgestorben sind oder nur selten vorkommen, haben sich deren Beutetiere wie Rehe und Hirsche stark vermehrt. Welche Probleme für den Wald könnten sich daraus ergeben?

3 Zu Aufgabe 4

7 In deiner Schule gibt es eine Schulordnung. Wie müsste deiner Meinung nach eine „Waldordnung" für Besucher des Waldes aussehen? Gestalte einen Entwurf in Form eines kleinen Plakats.

8 a) Was versteht man unter der „Roten Liste"?
b) Nenne Gründe, warum die „Rote Liste" immer wieder auf den neuesten Stand gebracht wird.

9 Nicht nur Waldbäume, sondern auch Straßenbäume werden durch Schadstoffe belastet und geschädigt.
a) Erkundige dich bei der Gemeinde- oder Stadtverwaltung, ob es in deinem Heimatort solche Probleme gibt und welches die Ursachen sind.
b) Frage nach, welche Baumarten besonders empfindlich auf Schadstoffe reagieren.
c) Bewerte den Einsatz von Streusalz auf eurem Schulhof.

5 Zu Aufgabe 9

Struktur, Eigenschaft, Funktion

Der Bau von menschlichen, tierischen und pflanzlichen Organen hängt davon ab, welche Aufgaben sie für das Lebewesen erfüllen. An vielen Beispielen zeigt sich, dass Organe ganz bestimmte Merkmale (Strukturen) aufweisen, um für das Lebewesen eine Aufgabe oder Funktion wahrnehmen zu können.
Ähnliches beobachtet man im Bereich der Technik. Damit Geräte die gewünschten Funktionen ausführen können, müssen auch sie Bauteile mit bestimmten Eigenschaften und eine jeweils spezielle Struktur besitzen.

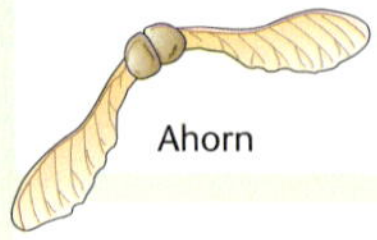

Flug-einrichtungen

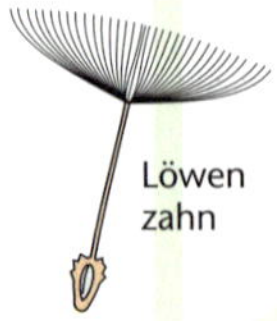

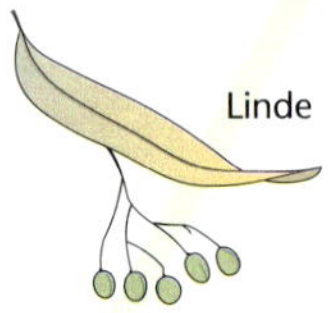

Flugeinrichtungen
Die Früchte und Samen vieler Pflanzen werden durch raffinierte Vorrichtungen über große Entfernungen verbreitet. Manche heften sich wie Kletten an das Fell von Tieren, andere haben eigene Flugvorrichtungen, wie zum Beispiel die Flugfrüchte des Löwenzahn. Feine Haare sind ähnlich wie bei einem Fallschirm angeordnet und halten die Frucht lange in der Luft. Beobachtungen am Löwenzahn sollen den italienischen Wissenschaftler LEONARDO DA VINCI (1452–1519) zur Entwicklung eines Fallschirms angeregt haben.

Fangorgane

Fangorgane
Greifvögel müssen ihre Beute beim ersten Versuch festhalten können. Ein zweiter Angriff ist meistens nicht möglich. Die Krallen der Greifvögel sind scharf und stark. Die Anordnung der Fußzehen unterstützt das kraftvolle Festhalten.

Haie haben scharfe, nach hinten gebogene Zähne. Durch starke Muskeln im Kiefer können sie kräftig zubeißen. Hat der Hai die Beute fest im Maul, windet er Kopf und Körper einige Male hin und her und kann seine Nahrung so in Stücke reißen. Eine ähnliche Aufgabe haben die Fangzähne im Raubtiergebiss.

Messgeräte
Messgeräte haben die Funktion, eine Größe wie Temperatur, Masse oder Lautstärke zu messen. Dazu müssen sie geeignete Bauteile und einen bestimmten Aufbau besitzen. Manche Thermometer enthalten z. B. eine Flüssigkeit, da sich diese beim Erwärmen ausdehnt. Unter gleichen Bedingungen ist die damit verbundene Volumenänderung bei einer bestimmten Flüssigkeit immer gleich und kann daher als Maß für die Temperatur dienen. Allerdings besitzen Messgeräte begrenzte Messbereiche – so kann eine zu große Last eine Waage zerstören.

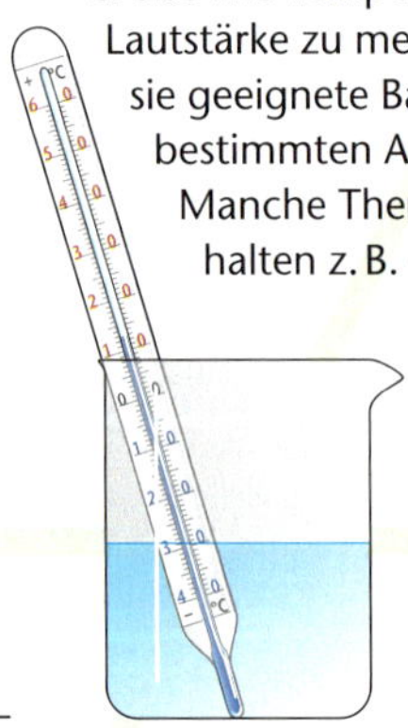

Messgeräte

Ruderorgane

Ruderorgane
Die Schwimmfüße der Stockenten besitzen, ebenso wie die von Pelikanen, Kormoranen oder den Wasserschildkröten, Schwimmhäute zwischen den Zehen. Beim Rückwärtsschlag drücken die ausgebreiteten Schwimmhäute zwischen den Zehen die Tiere wie ein Ruderboot vorwärts. Krokodile und Kammmolche benutzen zur Fortbewegung im Wasser einen Ruderschwanz. Wale bewegen ihre waagerecht am Hinterende angebrachte Fluke als Antrieb.

Gelenke
Die Gelenke der Wirbeltiere weisen einen ähnlichen Aufbau auf: Die Enden der Knochen sind mit Knorpel überzogen, der Gelenkspalt ist mit Gelenkschmiere gefüllt, um die Reibung zwischen den Knochen zu vermindern. Gelenke unterscheiden sich in den möglichen Bewegungsrichtungen. In der Technik gibt es vergleichbare Konstruktionen.

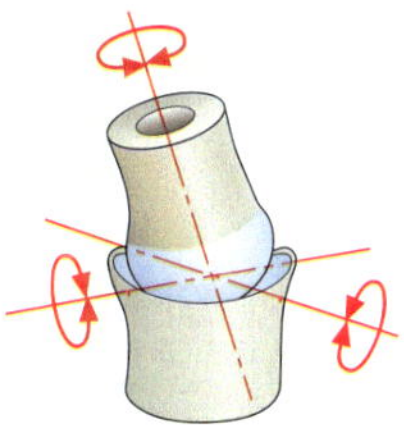

Kugelgelenk

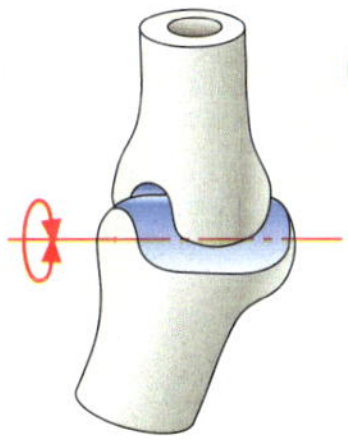

Scharniergelenk

Gelenke

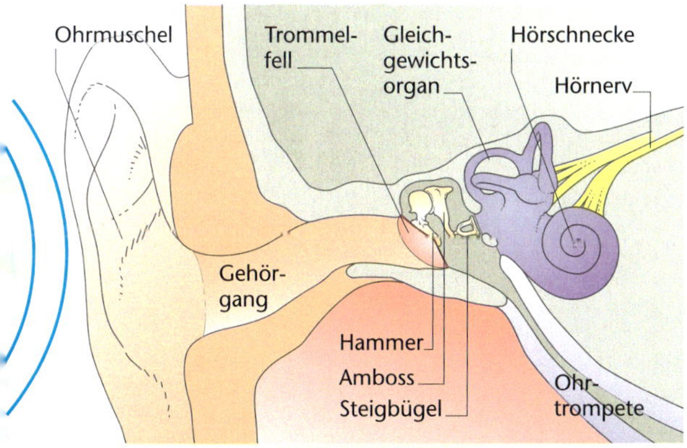

Sinnesorgane

Sinnesorgane
Unser Körper wird ständig darüber informiert, was in seiner Umgebung geschieht. Als Antennen zur Außenwelt dienen die Sinnesorgane Auge, Ohr, Nase, Haut und Zunge. Sie werden durch die Signale Licht, Schall, Geruchsstoffe, Druck und Wärme sowie Geschmacksstoffe gereizt. Je nach Spezialisierung der Sinnesorgane werden die Informationen aufgenommen und ins Gehirn weitergeleitet.

Aufgaben

1 Beschreibe am Beispiel von Messgeräten kurz den Zusammenhang zwischen Struktur und Funktion.

2 Welche anderen Flugeinrichtungen außer dem Fallschirm kennst du bei Pflanzen?

3 Wo befinden sich in unserem Körper die abgebildeten Gelenke? Welche weiteren Gelenktypen gibt es? Suche auch im Bereich der Technik nach solchen Strukturen. Nenne jeweils ein Einsatzbeispiel.

4 Die Haut von Wirbeltieren ist durch besondere Strukturen an den Lebensraum und den Wärmehaushalt angepasst. Liste Hautoberfläche und Tierbeispiel in einer Tabelle auf.

5 Tiere und Pflanzen zeigen Strukturen, die hervorragend an ihre Funktion angepasst sind. Der Mensch versucht, in der Technik ähnliche zweckmäßige Konstruktionen zu schaffen. Erkläre dies am Beispiel des Klettverschlusses.

6 Suche nach weiteren Fangorganen im Tierreich. Gibt es solche auch bei Pflanzen?

7 Manche Tiere verfügen über besondere Sinnesleistungen. Nenne Beispiele und Gründe dafür.

System

In allen Bereichen der Naturwissenschaften hast du es mit Systemen zu tun. Von einem System spricht man, wenn mehrere Elemente (Einzelteile) zusammen eine Einheit bilden. Dabei erfüllt jedes Element eine bestimmte Aufgabe und trägt damit zum Funktionieren des Systems bei. In den Naturwissenschaften untersucht und beschreibt man die Funktion der einzelnen Elemente. Darüber hinaus wird geprüft, wie sich die Elemente des Systems gegenseitig beeinflussen und wie sich die Änderung eines Elements auf das System auswirkt.

Zelle

Die Zelle ist der Grundbaustein aller Lebewesen. Sie nimmt einen besonderen Platz ein, da sie die unterste Ebene darstellt, auf der alle Lebensvorgänge ablaufen. Die Bestandteile der Zelle, also ihre Organelle, arbeiten sinnvoll zusammen. Nur so kann die Zelle alle ihre Aufgaben erfüllen. Nervenzellen übertragen elektrische Signale zum Beispiel vom Gehirn an die Muskelzellen. In den chloroplastenreichen Zellen eines Blattes kann Traubenzucker hergestellt werden. In ihm ist die lebensnotwendige Energie gespeichert. Trotz der unterschiedlichen Aufgaben ist der Bauplan aller Zellen vergleichbar.

Zelle

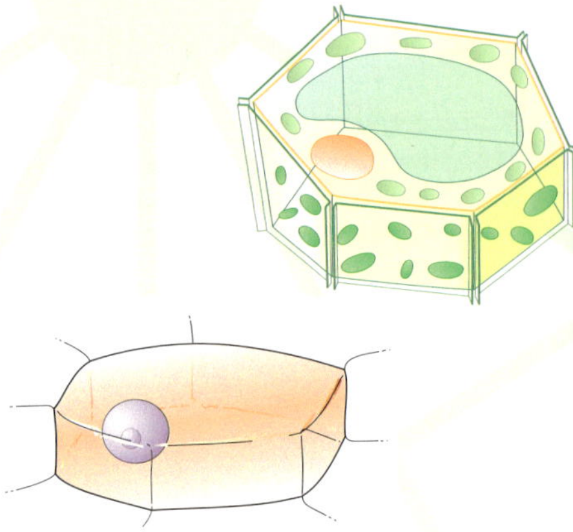

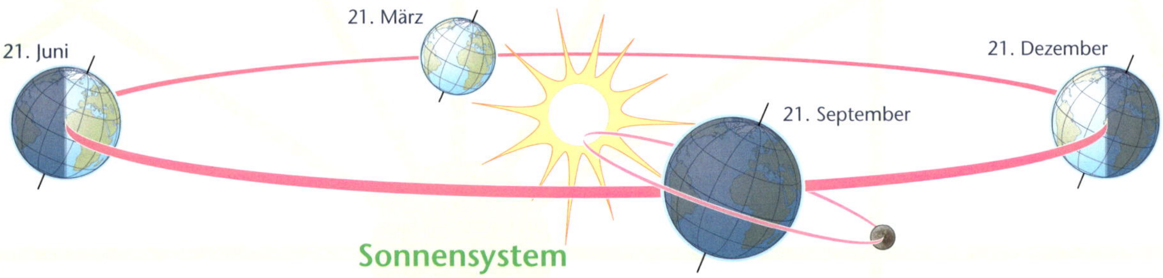

Sonnensystem

Sonnensystem

Sonne und Erde sind Teile eines Systems, in dem die Sonne das Zentrum bildet. Die Erde bewegt sich um dieses Zentrum herum. Gleichzeitig führt sie eine Drehung um die eigene Achse aus. Folgen dieser Bewegung im System sind der Wechsel von Tag und Nacht sowie die Entstehung der Jahreszeiten.

Fahrrad

Dein Fahrrad besteht aus vielen Teilen: dem Rahmen, den Rädern, dem Lenker, der Kette etc. Jedes Teil erfüllt dabei eine bestimmte Aufgabe.
Über die Pedale setzt du mit Muskelkraft ein Zahnrad in Bewegung. Die Bewegung des Zahnrads wird über eine Kette und weitere Zahnräder auf das Hinterrad übertragen. Dadurch bewegt sich das Fahrrad vorwärts. Wenn du über die Schaltung z. B. in einen kleineren Gang wechselst, verbindet die Kette zwei andere Zahnräder.
Diese Änderung bewirkt, dass du nun leichter bergauf fahren kannst.

Fahrrad

Ökosysteme

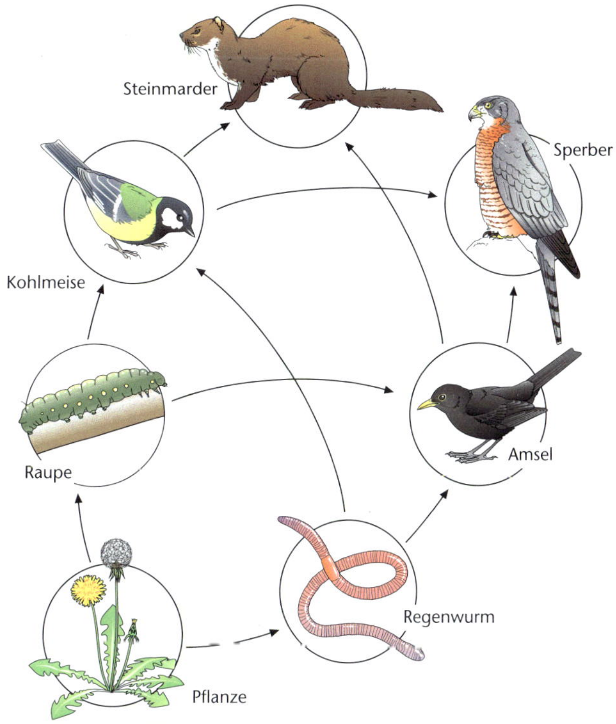

Ökosysteme
In einem Ökosystem wie dem Wald oder dem See gibt es zahlreiche Beziehungen zwischen Tieren und Pflanzen. So sind Pflanzen am Seeufer oder im Wald nicht nur Wohnraum, sondern auch Nahrung für Tiere. Lebewesen in einem Ökosystem stehen in vielfältigen Wechselbeziehungen zueinander und zu ihrer Umwelt. Der Mensch kann die Ökosysteme stören, indem er z. B. den Boden vergiftet und so Tiere oder Pflanzen tötet.

Aufgaben

1 Erkläre mit eigenen Worten, was ein System ist.

2 Aus welchen Elementen besteht eine Fahrradbeleuchtung?
Wie funktioniert dieses System?

3 a) Nenne die Elemente des Systems „das menschliche Auge" und beschreibe, wie es funktioniert.
b) Wie kann es zu Sehstörungen kommen? Beschreibe mindestens drei Fälle.

4 a) Wie ist ein Schnurtelefon aufgebaut? Beschreibe es mit einer Zeichnung.
b) Beschrifte deine Zeichnung mit folgenden Begriffen: Sender, Übermittler, Empfänger

5 Überlege, an welchen Stellen der Mensch in das Ökosystem Wald eingreift. Wie kannst du dieses Ökosystem schützen?

Mikroskop

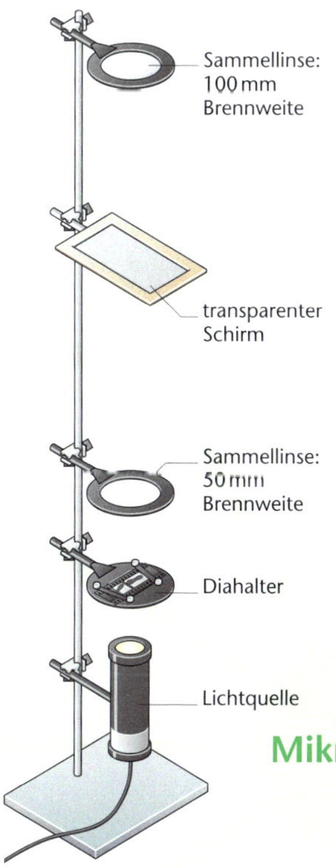

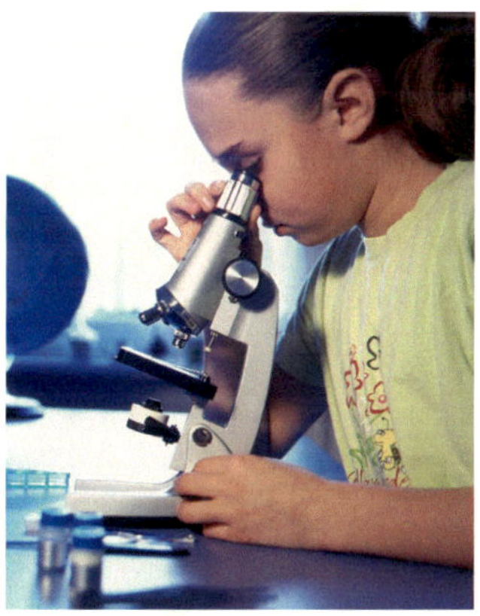

Mikroskop
Das Mikroskop enthält ein Linsensystem. Es besteht aus verschiedenen Sammel- und Zerstreuungslinsen, die in genau festgelegtem Abstand zueinander angebracht sind. Um eine andere Vergrößerung zu erreichen, wählt man für dieses System ein anderes Objektiv aus. Damit wieder ein scharfes Bild entsteht, müssen die Abstände zu den übrigen Linsen ebenfalls verändert werden.

Energie

Energie ist eine entscheidende Größe in unserem Leben. Wo immer sich etwas bewegt, Licht oder Wärme entsteht ist auch Energie beteiligt. Energie kann in ganz unterschiedlichen Formen vorliegen, z. B. als chemische Energie gespeichert in Brennstoffen und Nahrungsmitteln, als Energie des elektrischen Stroms oder als Energie einer Bewegung. Die verschiedenen Energieformen können z. B. mithilfe von Geräten ineinander umgewandelt werden. Meist wird aber nur ein Teil der verfügbaren Energie in die gewünschte Form umgewandelt, der Rest wird in Form von Wärme an die Umgebung abgegeben.

Wasser

Wasser
Die Energie des Wassers nutzen die Menschen schon seit vielen Jahren. Mithilfe von Wasserrädern kann man Maschinen antreiben.
Es gibt verschiedene Möglichkeiten das Rad anzutreiben:

Entweder fällt das Wasser von oben auf die Schaufeln oder die Schaufeln tauchen ins Wasser ein und werden durch die Strömung bewegt. Solche großen Wasserräder, die man auch als Turbinen bezeichnet, nutzt man in jedem Wasserkraftwerk.

Auto

Auto
In Treibstoffen wie Benzin oder Diesel ist chemische Energie gespeichert. Um z. B. ein Fahrzeug in Bewegung zu setzen, werden diese Treibstoffe in einem Motor verbrannt.
Die chemische Energie wird in Energie der Bewegung umgewandelt. Ein Teil der beim Verbrennungsprozess freigesetzten Wärme lässt sich außerdem dazu nutzen, den Innenraum des Autos zu beheizen. Der Rest der Wärme, den man nicht mehr weiterverwenden kann, wird an die Umwelt abgegeben. Wird das Fahrzeug abgebremst, entsteht an den Bremsscheiben ebenfalls Wärme. Auch sie wird an die Umwelt abgegeben. Die Umwandlung der Energie kann in einer Umwandlungs- (Transport-)kette dargestellt werden.

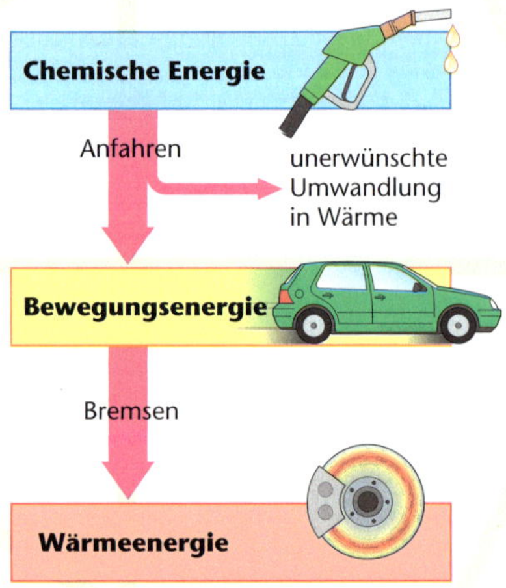

Energiebilanz
Ein Radfahrer nimmt mit der Nahrung chemische Energie auf. Ein Teil dieser Energie wird für seinen Grundumsatz verwendet und als Wärmeenergie an die Umgebung abgegeben.
Der andere Teil steht für seinen Leistungsumsatz zur Verfügung und wird beim Radfahren auch in Bewegungsenergie umgewandelt. Bei jeder Energieumwandlung wird Wärme, so genannte thermische Energie, gebildet. Energie wird nur umgewandelt, sie geht nicht verloren.

Energiebilanz

Täglicher Nährstoff- und Energiebedarf eines 10- bis 12-Jährigen:

Fette	65 g
Eiweiß	85 g
Kohlenhydrate	320 g
Energiebedarf	10 000 kJ

Lebewesen

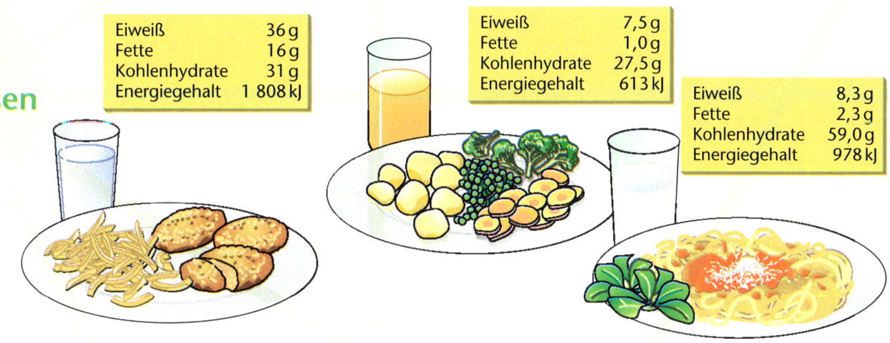

Lebewesen
Pflanzen, Tiere und Menschen brauchen Energie, um leben zu können. Während die Pflanzen die Energie des Sonnenlichts nutzen, nehmen Menschen und Tiere die Energie über die Nahrung auf.
In manchen Lebensmitteln ist viel Energie gespeichert (z. B. in Zucker und fettreichen Speisen) und manche besitzen nur wenig Energie (z. B. Gurken oder Äpfel). Wir benötigen diese Energie, um unsere Körpertemperatur aufrechtzuerhalten, um uns bewegen und um arbeiten zu können. Verbraucht der Körper nicht sämtliche aufgenommene Energie, so speichert er sie in Form von Fett.

Stoffwechsel

Stoffwechsel
Menschen, Tiere und Pflanzen müssen ständig Nahrung auf- und abbauen. Diesen Vorgang nennt man Stoffwechsel.
Der Stoffwechsel eines Lebewesens hängt stark von seiner Aktivität ab. Ein 100-m-Läufer erbringt bei einem Rennen unglaubliche körperliche Leistungen. Die in seiner Nahrung enthaltene chemische Energie wird in Bewegungsenergie und Wärme umgewandelt.

Aufgaben

1 Stelle eine Liste mit verschiedenen Beispielen zusammen, wie Energie im Haushalt gespart werden kann.

2 Autos können nicht nur mit Benzin und Dieselkraftstoff betrieben werden. Informiere dich, welche Möglichkeiten es noch gibt.

3 Informiere dich, wie bei Häusern die Sonnenenergie genutzt werden kann.

4 Wovon hängt es ab, wie viel Energie ein Mensch pro Tag benötigt?

5 „Wer abnehmen will, muss weniger essen und mehr Sport treiben!" Begründe diese Aussage mit der Energieumwandlung im menschlichen Körper.

Sonne

Sonne
Die Sonnenstrahlen transportieren die Sonnenenergie zu uns. Der Mensch nutzt diese Energie der Sonne auf vielfältige Art. Solarzellen zum Beispiel, die auf Hausdächern und Parkscheinautomaten montiert sind, wandeln die Sonnenenergie direkt in elektrische Energie um.

Entwicklung

Alle Lebewesen pflanzen sich fort und entwickeln sich. Sie gehen dabei sehr unterschiedlich vor. Die Amsel baut wie die meisten Vögel ein Nest und brütet Eier aus. Säugetiere wie das Reh bringen lebende Junge zur Welt. Grasfrösche legen Eiklumpen ins Wasser, aus denen zunächst Kaulquappen schlüpfen. Erst nach einiger Zeit entwickeln sich diese Larven zu kleinen Fröschen. Pflanzen bilden Samen aus, die manchmal vom Wind oder von Tieren weit weg transportiert werden und dort keimen und heranwachsen. Trotz aller Unterschiede sind diese Vorgänge vergleichbar und zeigen Gemeinsamkeiten.

Geschlechtliche Fortpflanzung

Geschlechtliche Fortpflanzung
Männliche und weibliche Lebewesen bilden in ihren Geschlechtsorganen Samen- und Eizellen. Biologen nennen solche Zellen auch Keimzellen. Diese verschmelzen bei der Befruchtung und wachsen zu einem neuen Lebewesen heran. Das läuft bei Pflanzen, Tieren und auch beim Menschen in vergleichbarer Weise ab. Wenn beide Geschlechter mit unterschiedlichen Keimzellen daran beteiligt sind, spricht man von geschlechtlicher Fortpflanzung.

Aufgaben

1 Beschreibe am Beispiel Katze das Konzept der Entwicklung.

2 Beschreibe die Entwicklung eines Insekts, z. B. der Stechmücke. Nenne die Unterschiede und Gemeinsamkeiten zur Entwicklung eines Säugetiers.

3 Welche Merkmale des Hundes haben sich durch den Einfluss des Menschen verändert? Suche im Buch nach weiteren Tieren, bei denen der Mensch die Eigenschaften verändert hat.

4 Der Saatweizen und das Fleckvieh sind durch Züchtung entstanden. Erläutere an diesen beiden Beispielen die Begriffe „Nutzpflanze" und „Nutztier".

5 Nenne weitere Nutzpflanzen und Nutztiere. Begründe, warum sie gezüchtet wurden.

Züchtung von Pflanzen

Züchtung von Pflanzen
Seit mehr als 10 000 Jahren bauen Menschen gezielt bestimmte Pflanzen an. Sie züchten so für sie günstige Eigenschaften weiter. Viele Gemüse-, Obst- und Getreidesorten haben sich aus Wildformen entwickelt und sind nun als einheimische Nutzpflanzen bekannt. Allen gemeinsam ist die Tatsache, dass der Mensch ihre Wildformen so lange gezüchtet, veredelt und verändert hat, bis sie den heutigen Ansprüchen genügten.

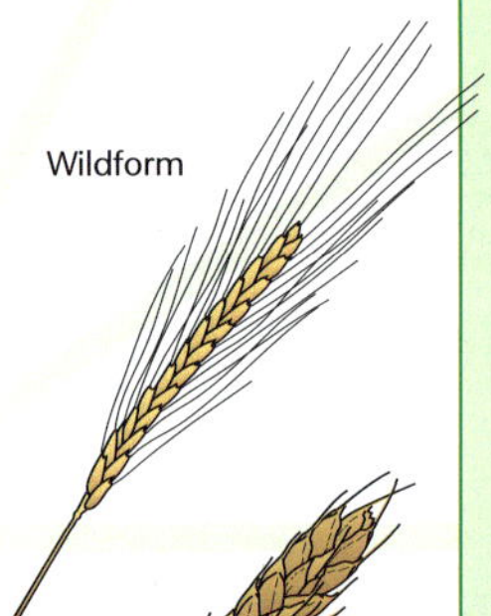
Wildform

Zuchtform: Saatweizen

Zuchtform: Dinkel

Züchtung von Tieren

Züchtung von Tieren
Heute wird das Hausrind in vielen Rassen gezüchtet, abhängig davon, ob es überwiegend Milch oder Fleisch liefern soll. Es ist eines der ältesten Haustiere des Menschen und stammt vom Auerochsen ab. Ursprünglich diente das Rind auch als Zugtier. Aussehen und Körpergröße der Nutztiere sind ebenso wie andere Körpermerkmale darauf ausgerichtet, wie der Mensch die Tiere nutzt und in welchem Klima er sie hält. In der freien Natur dagegen überleben nur die Tiere, die sich gegenüber Feinden am besten durchsetzten können und ihrem Lebensraum am besten angepasst sind.

Wildform: Auerochse

Zuchtform: Fleckvieh

Zuchtform: Hochland-Rind

Stoff und Teilchen

Die Chemie beschäftigt sich mit den Eigenschaften, dem Aufbau und den Umwandlungen von Stoffen. Der Begriff „Stoff" spielt in der Chemie also eine zentrale Rolle. In der Umgangssprache verwenden wir diesen Begriff anders als im Chemieunterricht. Wir müssen also zwischen Umgangssprache und Fachsprache unterscheiden. Viele Eigenschaften von Stoffen kann man nur erklären, wenn man weiß, wie die Stoffe aufgebaut sind. Da man den inneren Aufbau von Stoffen selbst mit den besten Mikroskopen nicht sichtbar machen kann, haben die Naturwissenschaftler Modelle dafür entworfen. Nach dem Teilchenmodell besteht jeder Stoff aus kleinsten Teilchen.

Stoffe

Stoffe
Zur genauen Beschreibung eines Gegenstandes gibt man das Material, aus dem er besteht, und seine Form an. Man spricht deshalb von einer Glaskugel oder einem Kupferrohr. Einen Gegenstand, der in einer bestimmten Form vorkommt, bezeichnet man als Körper. Dieser besteht aus einem bestimmten Material. Eine Glaskugel oder eine Holzkugel sind also Körper gleicher Form aus unterschiedlichem Material. Ein Kupferrohr und ein Kupfernagel sind Körper aus dem gleichen Material aber von unterschiedlicher Form. Das Material, aus dem Gegenstände bestehen, wird in der Chemie als Stoff bezeichnet. Alle Gegenstände (Körper) bestehen also aus Stoffen.

Stoff- und Teilchenebene

Stoff- und Teilchenebene
Die Eigenschaften eines Stoffes werden vor allem durch die Anordnung der kleinsten Teilchen bestimmt. Wasser ist bei Raumtemperatur flüssig. Diese Stoffeigenschaft kann man mit den Sinnen, z. B. durch Sehen oder Fühlen, wahrnehmen. Dies ist die Stoffebene. Mit der Modellvorstellung vom Aufbau der Stoffe aus kleinsten Teilchen kann diese Stoffeigenschaft auf der Teilchenebene erklärt werden. Im flüssigen Zustand sind die Abstände zwischen den Teilchen größer als im festen Zustand, sodass sich die Anziehungskräfte zwischen den Teilchen nicht mehr so stark auswirken. Die Teilchenebene liefert also eine Erklärung für die wahrgenommene Stoffeigenschaft: Wasser ist bei Zimmertemperatur flüssig.

Stoff (sichtbar)
- farblos
- flüssig
- durchsichtig
- geschmacklos

Teilchen
(nicht sichtbar)
- bewegen sich
- haben unregelmäßige Anordnung
- zwischen ihnen ist leerer Raum
- zwischen ihnen wirken Anziehungskräfte

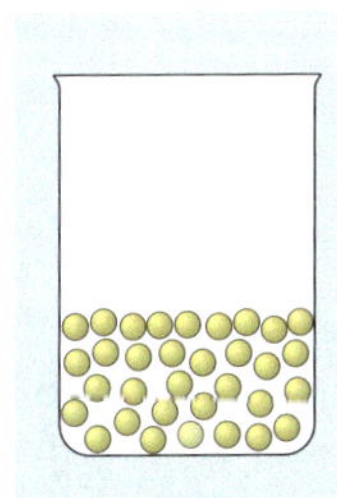

Aufgaben

1 Erläutere den Unterschied zwischen Gegenstand und Stoff.

2 Erläutere den Lösungs- und Kristallisationsvorgang mit dem Teilchenmodell.

Teilchenmodell

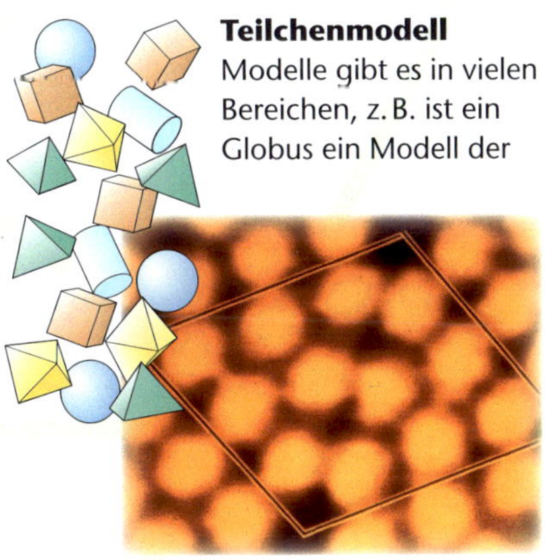

Teilchenmodell
Modelle gibt es in vielen Bereichen, z. B. ist ein Globus ein Modell der Erde. Modelle entsprechen der Wirklichkeit nicht hundertprozentig. Sie stellen die Wirklichkeit vergrößert, verkleinert oder vereinfacht dar. Modelle, die in der Chemie verwendet werden, sind Erklärungshilfen, mit denen man Beobachtungen verstehen kann.
Ein Beispiel eines chemischen Modells ist das Teilchenmodell. Dieses Modell sagt aus, dass alle Stoffe aus kleinsten, sich bewegenden Teilchen bestehen. Die Heftigkeit der Bewegung steigt mit der Temperatur. Die Teilchen eines Stoffes sind gleich groß.

Von den Sinnen zum Messen

1 Der Mensch besitzt mehr als fünf Sinne. Neben den bekannten Sinnen (sehen, hören, riechen, fühlen, schmecken) hat der Mensch z. B. den Gleichgewichtssinn, der ihm Informationen über die Lage des Kopfes liefert.

3 Der Schmetterling schlägt mit seinen Flügeln zu langsam. Wespe, Hummel, Biene und Mücke schlagen mit einer so hohen Frequenz, dass wir es wahrnehmen können.

5 Besonders wichtig ist gutes Hören im Straßenverkehr, um z. B. zu erkennen, aus welcher Richtung eine Gefahr droht. Fußgänger und Radfahrer sollten sich deshalb niemals mit Kopfhörern im Straßenverkehr bewegen. Gerade im Straßenverkehr ist es wichtig, mit beiden Ohren gleich gut zu hören, weil das Richtungshören mit einem Ohr alleine nicht möglich ist.
Andere Situationen, in denen gutes Hören wichtig ist: Bei der Arbeit an bestimmten Maschinen, z. B. großen Pressen, ertönt häufig ein akustisches Warnsignal, bevor die Maschine zu arbeiten beginnt.

10 Bei der Festlegung der Celsius-Skala dienen die Gefriertemperatur und die Siedetemperatur von reinem Wasser (bei dem mittleren Luftdruck am Erdboden von 1013,15 hPa) als Fixpunkte. Die Differenz zwischen diesen beiden Punkten wird in 100 Teile geteilt. Celsius legte die Gefriertemperatur auf 100 °C und die Siedetemperatur auf 0 °C fest. Die Umkehrung in die heute übliche Form nahm Carl von Linné vor.

Wege in die Welt des Kleinen

11 Folgende Unterschiede sollten genannt werden:

	Tierzelle	**Pflanzenzelle**
Zellwand	Nicht vorhanden	Gibt der Zelle Festigkeit
Zellmembran	Schließt die Zelle nach außen hin ab, kontrolliert den Stoffaustausch zwischen den Zellen	Durch sie werden Stoffe zwischen den Zellen ausgetauscht
Zellkern	Regelt alle Lebensvorgänge in der Zelle	Regelt alle Lebensvorgänge in der Zelle
Zellplasma	Füllt die Zelle aus und umgibt den Zellkern	Füllt die Zelle aus; darin sind Zellbestandteile wie Zellkern und Blattgrünkörner eingelagert
Vakuolen	Nicht vorhanden	Darin werden verschiedene Stoffe gelagert: Öle, Farbstoffe, Duftstoffe und Abfallstoffe
Blattgrünkörner	Nicht vorhanden	Dienen zur Herstellung von Nährstoffen

Sonne, Mond und Sterne

2 a) Das Lichtjahr ist eine astronomische Längeneinheit. Es gibt die Länge der Strecke an, die das Licht in einem Jahr zurücklegt. Es ist:
1 Lichtjahr = 9,46 Billionen Kilometer

b) Das Licht legt folgende Strecken zurück:
in 1 Minute:
300 000 km · 60 =
18 000 000 km
in 1 Stunde:
18 000 000 km · 60 =
1 080 000 000 km
an 1 Tag:
1 080 000 000 km · 24 =
25 920 000 000 km

c) Der Neptun ist 4 Lichtstunden von der Sonne entfernt. Dies entspricht einer Strecke von
4 · 1 080 000 000 km =
4 320 000 000 km

4 Polarlichter sind zu beobachten, wenn Materieteilchen der Sonne in das Magnetfeld der Erde gelangen. Besonders häufig treten diese Lichterscheinungen auf, wenn auf der Sonne Explosionen stattfinden, bei denen viel Sonnenmaterie ins All geschleudert wird.

12 a) Man spricht von einem astronomischen Fernrohr, wenn zur Bilderzeugung Linsen aus Glas verwendet werden.
Bei Teleskopen werden dagegen gewölbte Spiegel eingesetzt.

b) Der nach innen gewölbte Spiegel sammelt die Lichtstrahlen ebenso wie eine Sammellinse. Auch er besitzt einen Brennpunkt. Spiegel können mit größeren Durchmessern hergestellt werden als Linsen aus Glas. Daher kann man mit großen Spiegelteleskopen auch lichtschwache Sterne beobachten.

Bewegung zu Lande, zu Wasser und in der Luft

9 a) Scharniergelenk: Knie, Ellenbogen, Finger- und Zehengelenke
Kugelgelenk: Hüft- und Schultergelenk

b) Es würde an Stabilität mangeln, wenn das Kniegelenk ein Kugelgelenk wäre. Es würde sich nach der Seite und nach vorne durchbiegen lassen, ein sicheres Laufen wäre nicht möglich.

12 Ich messe am Ufer eine Strecke ab, z. B. 10 m. Dann ermittle ich die Zeit, die ein Papierstückchen oder ein Korken braucht, um diese Strecke zurück zu legen. Dazu brauche ich eine Uhr mit Sekundenzeiger und eine Partnerin oder einen Partner, der den Schwimmkörper (z. B. Papier oder Korken) am Beginn der 10 m auf die Wasseroberfläche legt und den Start signalisiert. An der Ziellinie, also nach 10 m, lese ich die Zeitspanne ab, die der Schwimmkörper brauchte, um die Strecke zurück zu legen.
Brauchte ein Papierstückchen z. B. 5 s für die 10 m, dann beträgt die Fliesgeschwindigkeit des Baches 10 m : 5 s = 2 m/s, das entspricht 7,2 km/h.

Pflanzen, Tiere, Lebensräume

1 Die Haustiere ernähren sich je nach Gebissart unterschiedlich. Rinder haben Pflanzenfressergebisse, die pflanzliche Nahrung gut zermahlen können.
Hund und Katze haben Fleischfressergebisse. Mit ihren Fang- und Reißzähnen wird der Beutefang und das anschließende Fressen der Fleischnahrung auch mit Knochenanteilen ermöglicht.

3 a) Unsere Haustiere stammen alle von Wildtieren ab:
das Hausschwein vom Wildschwein,
der Hund vom Wolf,
die Katze von der Falbkatze,
das Pferd vom Przewalskipferd,
das Rind vom Ur
und das Haushuhn vom Bankivahuhn.

b) Die Menschen zähmten Wildtiere und hielten sie dadurch in ihrer Nähe. Durch Züchtungen konnten sie die besonderen Eigenschaften der Tiere verstärkt nutzen.

c)

Nutztier	Erzeugnisse	Produkte
Huhn	Federn Eier Muskelfleisch	Dünger Eiernudeln Hähnchenkeule, Würstchen
Rind	Milch Muskelfleisch Knochen Haut Haare Hörner	Käse, Butter Hamburger, Würstchen Dünger, Gummibärchen Schuhe Filzhut Kamm
Schwein	Muskelfleisch Fett Borsten	Kotlett, Hamburger, Würstchen Schmalz Pinsel
Pferd	Mähne, Schweif	Handfeger, Matratze

P

R

S

T

U

V

W

Z

U1.1 Getty Images RF (RF/Dex Image/Megumi Takamura), München; **U1.2** Corbis (Jutta Klee), Düsseldorf; **U4.1** Avenue Images GmbH (Fancy RF), Hamburg; **U4.2** Avenue Images GmbH (Stockbyte), Hamburg; **U4.3** Fotosearch Stock Photography (Digital Vision), Waukesha, WI; **U4.4** Avenue Images GmbH (Comstock), Hamburg; **2.1** Klett-Archiv (Hartmut Fahrenhorst), Stuttgart; **2.2** Getty Images RF (PhotoDisc), München; **4.3** Image 100, Berlin; **5.4** Getty Images RF (PhotoDisc), München; **5.5** Mauritius Images (age), Mittenwald; **6.6** AKG, Berlin; **6.7** Reinhard-Tierfoto, Heiligkreuzsteinach; **8.1; 8.4** Dr. Klaus Hell, Essen; **8.2** Landesbetrieb Wald und Holz NRW (Jutta Wagner), Schleiden; **8.3** Georg Trendel, Unna; **8.5** Klett-Archiv (Charlotte Willmer-Klumpp), Stuttgart; **12.1** Dr. Klaus Hell, Essen; **14.1** Reinhard-Tierfoto, Heiligkreuzsteinach; **14.2** Okapia (Martin Wendler), Frankfurt; **14.3** Naturfotografie Frank Hecker (Frieder Sauer), Panten-Hammer; **14.4** Okapia (Muriel Nicolotti), Frankfurt; **17.1; 17.3** Dr. Klaus Hell, Essen; **17.2** Klett-Archiv (Michael Maiworm), Stuttgart; **18.1; 18.4** Klett-Archiv (Hartmut Fahrenhorst), Stuttgart; **18.2** WILDLIFE Bildagentur GmbH (R. Nagel), Hamburg; **18.3; 18.5; 18.6** Getty Images RF (PhotoDisc), München; **18.7** Klett-Archiv (Katja Buß), Stuttgart; **20.1** Dr. Klaus Hell, Essen; **22.1** Ingo Wandmacher, Bad Schwartau; **23.1** Filser, Wolfgang, Arzbach; **23.2** Imago Stock & People (HRSchulz), Berlin; **23.3** Getty Images (Photographer's Choice/Alain Daussin), München; **23.4** Image Source, Köln; **23.5** Keystone (Volkmar Schulz), Hamburg; **24.1** MEV Verlag GmbH, Augsburg; **26.oben** Getty Images RF (PhotoDisc), München; **26.1** Okapia (Ulla Spiegel), Frankfurt; **27.3** Albert Bonniers Förlag AB (Lennart Nilsson), Stockholm; **29.1** Mauritius Images (Simon Sims), Mittenwald; **29.2** Mauritius Images (Stock Image), Mittenwald; **29.3** Helga Lade (E. Röhrich), Frankfurt; **30.2; 30.3** Maiworm, Michael, Sprockhövel; **31.1** Argum (Thomas Einberger), München; **31.2** Mauritius Images (Pöhlmann), Mittenwald; **32.1** www.bilderbox.com, Thening; **32.2** Corel Corporation Deutschland, Unterschleissheim; **32.3** JupiterImages photos.com (photos.com), Tucson, AZ; **32.4** MEV Verlag GmbH, Augsburg; **32.5** Helga Lade (K. Röhrig), Frankfurt; **33.6** Corbis (Neal Preston), Düsseldorf; **33.7** Helga Lade (Bildart), Frankfurt; **33.8** Rainer Wohlfahrt, Alzenau; **33.9** MEV Verlag GmbH, Augsburg; **33.10** Klett-Archiv (Fabian H. Silberzahn), Stuttgart; **35.1A** Action Press GmbH (O. Kirchhof), Hamburg; **35.1B** Action Press GmbH (Becker und Bredel), Hamburg; **35.1C** Okapia (Hans Reinhard), Frankfurt; **35.1D** Das Fotoarchiv (Jochen Tack), Essen; **35.1E** Action Press GmbH (Hans-Jürgen Jakubeit), Hamburg; **35.1F** Okapia (Paul Springett), Frankfurt; **38.1A** Mauritius Images (Ridder), Mittenwald; **38.1B** Das Fotoarchiv (Jochen Tack), Essen; **39.1** VISUM Foto GmbH, Hamburg; **39.2A** Mauritius Images (J. Müller), Mittenwald; **39.2B** Das Fotoarchiv (Rupert Oberhäuser), Essen; **39.2C** Das Fotoarchiv (Thomas Mayer), Essen; **41.1** Klett-Archiv (Charlotte Willmer-Klumpp), Stuttgart; **42.3** FOCUS (SPL/Prof. P. Motta), Hamburg; **43.2** Klett-Archiv (Patrick Dembski), Stuttgart; **45.1** Getty Images (Stone/UHB Trust), München; **47.1** plainpicture GmbH & Co. KG (V. Christmann), Hamburg; **48.3** VISUM Foto GmbH (Engel und Gielen), Hamburg; **52.5; 52.6** Klett-Archiv (Katja Buß), Stuttgart; **53.3** Getty Images (stone/Terry Vine), München; **54.1** Klett-Archiv (Zuckerfabrik digital), Stuttgart; **54.2** Physikalisch-Technische Bundesanstalt (E. Claus), Braunschweig; **54.3** Klett-Archiv (Dorn), Stuttgart; **54.4** Leifheit AG, Nassau; **56.1** Klett-Archiv, Stuttgart; **56.2** Photo Courtesy of Richard M. Constanzo and E. E. Morrison; **57.1** Mauritius Images (Auli), Mittenwald; **57.2** Okapia (G. I. Bernard/OSF), Frankfurt; **58.1** iStockphoto (Jill Lang), Calgary, Alberta; **58.2** f1 online digitale Bildagentur (agefotostock), Frankfurt; **58.3** PantherMedia GmbH (Torsten Gudescheit), München; **58.4** Okapia (Dietmar Nill/SAVE), Frankfurt; **59.1** vario images GmbH & Co.KG (McPHOTO), Bonn; **59.2** blickwinkel (A. Held), Witten; **59.3** Peter Widmann, Photodesign, Tutzing; **59.4** Picture Press (Albert Mans/Foto Natura/Minden Pictures), Hamburg; **60.1** Getty Images RF (PhotoDisc), München; **61.1** Getty Images RF (PhotoDisc), München; **61.2** Getty Images RF (Photodisc), München; **62.1** Georg Trendel, Unna; **62.2** Klett-Archiv (Gert Elsner), Stuttgart; **62.3** Okapia (Karl Gottfried Vock), Frankfurt; **62.5A; 62.5B** Corbis (RF), Düsseldorf; **62.6** Image 100, Berlin; **62.7** Prof. Dr. Manfred Keil, Neckargemünd; **62.8** Klett-Archiv (Nature + Science AG/Mangler), Stuttgart; **62.9** Kage Mikrofotografie, Lauterstein; **64.2** Bildagentur-online (Shout), Burgkunstadt; **65.2** Georg Trendel, Unna; **65.4** Klett-Archiv (Hartmut Fahrenhorst), Stuttgart; **67.2** Klett-Archiv (Zuckerfabrik digital), Stuttgart; **68.6** Ulrich Niehoff Fotoproduktionen und Bildarchiv, Bienenbüttel; **69.1; 69.2; 69.3** Dr. Bruno P. Kremer, Wachtberg; **69.4; 69.7; 69.8; 69.10** Tierbildarchiv Angermayer (Hans Pfletschinger), Holzkirchen; **69.5** Bellmann, Dr. Heiko, Lonsee; **69.6** Okapia (Manfred P. Kage), Frankfurt; **69.9** TOPICMedia (Maier), Ottobrunn; **70.1** Klett-Archiv (Jochen Ciprina), Stuttgart; **71.4** Getty Images RF (Image Source), München; **72.3** Image 100, Berlin; **74.3** Reinhard-Tierfoto, Heiligkreuzsteinach; **75.1** artvertise fotodesign & werbung, Gütersloh; **75.2** AKG, Berlin; **75.3A** Sächsische Landesbibliothek (Staatl. Kunstsammlungen Dresden/Kupferstich-Kabinett), Dresden; **75.3B** Carl Zeiss AG, Oberkochen; **75.4** Okapia (Manfred P.Kage), Frankfurt; **77.3** Kage Mikrofotografie, Lauterstein; **77.4** Okapia (NAS/Van Bucher), Frankfurt; **78.1** Okapia (CNRI), Frankfurt; **78.2A** Okapia (D. M. Phillips), Frankfurt; **78.2B** Okapia (Dr. Gary Gaugler), Frankfurt; **78.2C** FOCUS (Dr. Gary Gaugler/SPL), Hamburg; **78.4** Klett-Archiv (Ralph Grimmel), Stuttgart; **79.1** Corbis (Corbis KIPA), Düsseldorf; **83.1** AKG, Berlin; **84.1** Mauritius Images, Mittenwald; **84.2A** StockFood GmbH, München; **84.2B** Burkhard Weizel, Koblenz; **84.2C** Ulrike Medenbach Wissenschaftliche Fotografie, Witten; **84.3** Heinze, Bernhard, Geislingen; **85.1** Klett-Archiv (Steinle), Stuttgart; **85.5** Maiworm, Michael, Sprockhövel; **86.1** MEV Verlag GmbH, Augsburg; **87.6** Klett-Archiv (Rolf Strecker), Stuttgart; **87.5A; 87.5C; 87.5F; 87.5G; 87.5I** Tierbildarchiv Angermayer (Hans Pfletschinger), Holzkirchen; **87.5B; 87.5E** Okapia (Manfred P. Kage), Frankfurt; **87.5D** laif (A. Carrara/Jacana Janjac), Köln; **87.5H** TOPICMedia (Erhard Kotzke), Ottobrunn; **87.5J** Länge, Dr. Helmut (Dr. Helmut Länge), Stuttgart; **87.5K** TOPICMedia (Maier), Ottobrunn; **87.5L** Länge, Dr. Helmut, Stuttgart; **87.5M** Bellmann, Dr. Heiko, Lonsee; **87.5N** Okapia (Save/C.M.Bahr), Frankfurt; **88.1** Astrofoto (Bouillon), Sörth; **88.2** creativ collection Verlag GmbH, Freiburg; **88.3** Astrofoto (NASA), Sörth; **88.4** Getty Images RF (PhotoDisc), München; **88.5** Astrofoto, Sörth; **88.6** Mauritius Images (Spectrum), Mittenwald; **90.1** MEV Verlag GmbH, Augsburg; **90.3** FOCUS (Science Photo Library), Hamburg; **91.4** Astrofoto (Shigemi Numazawa), Sörth; **92.1** Picture-Alliance (dpa/Fotoreport ESA), Frankfurt; **92.2** NASA (PD), Washington, D.C.; **94.1** Klett-Archiv (Dr. Klaus Hell), Stuttgart; **95.1** Astrofoto (EIT/SOHO/NASA), Sörth; **95.2** Mauritius Images (age), Mittenwald; **95.3** Astrofoto (Bernd Koch), Sörth; **96.1** Maiworm, Michael, Sprockhövel; **96.2** iStockphoto (RF/Lise Gagne), Calgary, Alberta; **97.1A** MEV Verlag GmbH, Augsburg; **97.1B** Kessler-Medien, Saarbrücken; **97.2** Dr. Klaus Hell, Essen; **98.1** Astrofoto (Shigemi Numazawa), Sörth; **98.2** Getty Images RF (Photodisc), München; **100.1** Astrofoto (Bouillon), Sörth; **100.2** Mauritius Images (Bäumler), Mittenwald; **101.1** Okapia (J. Schad), Frankfurt; **101.3** Dieter Sporenberg, Bochum; **102.1** FOCUS (Parker/SPL), Hamburg; **102.2** Picture-Alliance (dpa/Rolf Haid), Frankfurt; **102.3** Alamy Images RM (Interfoto), Abingdon, Oxon; **103.1** Georg Trendel, Unna; **106.1** AKG, Berlin; **106.3** Turespana München, München; **106.4** WILDLIFE Bildagentur GmbH (C. Gomersall), Hamburg; **106.5** Pyritz, Schloss Holte-Stukenbrock; **108.1** Astrofoto (Shigemi Numazawa), Sörth; **108.2** Getty Images RF, München; **109.4** Mauritius Images (age), Mittenwald; **109.5** Astrofoto (Bouillon), Sörth; **109.6** Pyritz, Schloss Holte-

Stukenbrock; **109.7** Klett-Archiv, Stuttgart; **110.1** Corbis (Mark A. Johnson), Düsseldorf; **110.2** shutterstock (Ivan Cholakov), New York, NY; **110.3** Avenue Images GmbH (Corbis Special RF/Perry Mastrovito), Hamburg; **110.4** Helga Lade, Frankfurt; **110.5** Mauritius Images (age), Mittenwald; **110.6** Tierbildarchiv Angermayer (Hans Pfletschinger), Holzkirchen; **112.1** MEV Verlag GmbH, Augsburg; **112.2; 112.5** Daimler AG Medienarchiv, Stuttgart; **112.3** Corbis (Bettmann), Düsseldorf; **112.4** Porsche AG, Stuttgart; **112.6** Getty Images (Nathan Bilow, Allsports Concepts), München; **113.7** Picture-Alliance (epa Keystone Sigi Tischler), Frankfurt; **113.8** Klett-Archiv (Hartmut Fahrenhorst), Stuttgart; **113.9** Avenue Images GmbH (image source), Hamburg; **113.10** Klett-Archiv, Stuttgart; **114.1** Mauritius Images (Hubatka), Mittenwald; **114.2** Astrofoto (NASA), Sörth; **114.3** Corel Corporation Deutschland, Unterschleissheim; **115.2A** IVB-Report (IVB-Report), Kappelrodeck; **115.2B** Getty Images (Sebastian Schupfner), München; **117.1** Getty Images (Bongarts/Vivien Venzke), München; **117.3** Klett-Archiv (Zuckerfabrik Digital), Stuttgart; **117.4** Corbis (zefa/Winfried Wisniewski), Düsseldorf; **120.1** Corbis (Steve Chenn), Düsseldorf; **120.2** Corbis (© Royalty-Free/CORBIS), Düsseldorf; **120.3A** Avenue Images GmbH (image 100), Hamburg; **120.3B** Mauritius Images (Hubatka), Mittenwald; **120.3C** Getty Images (Stone/John E. Kelly), München; **120.3D** creativ collection Verlag GmbH, Freiburg; **121.1** shutterstock (Khafizov Ivan Harisovich), New York, NY; **121.2** Mauritius Images (J. Müller), Mittenwald; **121.3A** Imago Stock & People (CoverSpot), Berlin; **121.3B** Helga Lade (D. Kuhn), Frankfurt; **125.3** Corbis (Steve Prezant), Düsseldorf; **128.1** AKG, Berlin; **129.1** Corbis (Clouds Hill Imaging Ltd.), Düsseldorf; **129.2** Getty Images (Photographer's Choice/David Nardini), München; **129.3** Fotex GmbH (Andre Maslennikov), Hamburg; **129.4** Picture-Alliance (dpa/Greg Wood), Frankfurt; **130.1** WILDLIFE Bildagentur GmbH (B.Cole), Hamburg; **130.2** Okapia (Roland Birke), Frankfurt; **130.3** Corbis (Stuart Westmorland), Düsseldorf; **131.4** Getty Images RF (PhotoDisc), München; **131.5** Okapia (Save/F. Rauschenbach), Frankfurt; **131.6** Tierbildarchiv Angermayer (Hans Pfletschinger), Holzkirchen; **132.1** Reinhard-Tierfoto, Heiligkreuzsteinach; **134.3** WILDLIFE Bildagentur GmbH (J. Freund), Hamburg; **134.4** Mauritius Images (Weinhäupl), Mittenwald; **135.1** Okapia (Christen), Frankfurt; **135.2** Okapia (Jeff Foott), Frankfurt; **138.1** Deutscher Wetterdienst, Offenbach; **138.2** Bilderberg (Eberhard Grames), Hamburg; **138.3** Okapia (Peter Parks), Frankfurt; **138.4** Okapia (Konrad Wothe), Frankfurt; **138.5** Corbis (Reuters), Düsseldorf; **139.6** Mauritius Images (Weißer), Mittenwald; **139.7** Picture-Alliance (dpa/Stefan Hesse), Frankfurt; **139.8** Okapia (Norbert Fischer), Frankfurt; **139.9** Klett-Archiv (Johann Leupold), Stuttgart; **140.1** AKG (Galleria Naz. di Capodimonte.), Berlin; **141.1** Mauritius Images (Kalt), Mittenwald; **141.2** Mauritius Images (Speedy), Mittenwald; **141.3** Mauritius Images (Hubacher), Mittenwald; **141.4** Klett-Archiv (Ute Schuhmacher), Stuttgart; **142.1** Okapia (Stefan Meyers), Frankfurt; **142.2** WILDLIFE Bildagentur GmbH (Delpho), Hamburg; **142.3** Tierbildarchiv Angermayer (Hans Reinhard), Holzkirchen; **143.3** Corbis (Royalty-Free), Düsseldorf; **146.3** JupiterImages photos.com (RF/photos.com), Tucson, AZ; **147.4** iStockphoto (Aleksander Kielinski), Calgary, Alberta; **147.5** Corbis (zefa/Frank Krahmer/RF), Düsseldorf; **148.1** Mauritius Images (Enzinger), Mittenwald; **148.2; 148.3** Reinhard-Tierfoto, Heiligkreuzsteinach; **148.4** Mauritius Images (P. Freytag), Mittenwald; **150.2** Corbis (Craigmyle), Düsseldorf; **150.3** Mauritius Images (age fotostock), Mittenwald; **150.4** TOPICMedia (Sunset), Ottobrunn; **150.5** Corbis (RF), Düsseldorf; **150.6** Klett-Archiv (Steinle), Stuttgart; **151.1; 151.2** Reinhard-Tierfoto, Heiligkreuzsteinach; **151.3** Juniors Bildarchiv (M. Wegler), Ruhpolding; **152.1** Jupiterimages GmbH (R. Maier), Ottobrunn/München; **153.5** Jupiterimages GmbH (BCI), Ottobrunn/München; **153.4A** Okapia (Jean-Jacques Etienne/BIOS), Frankfurt; **153.4B** Okapia (Lond. Sc. Films, OSF), Frankfurt; **154.2** Tilman Wischuf Tier- und Naturfotografie, Brackenheim; **154.4** MEV Verlag GmbH, Augsburg; **155.1** Tilman Wischuf Tier- und Naturfotografie, Brackenheim; **157.2** Reinhard-Tierfoto, Heiligkreuzsteinach; **158.1** TOPICMedia (Martin Wendler), Ottobrunn; **158.2** Okapia (Prof. Bernhard Grzimek), Frankfurt; **158.3** Okapia (Oswald Eckstein), Frankfurt; **158.4** Tierbildarchiv Angermayer (Hans Reinhard), Holzkirchen; **159.1** Corbis (Steve Austin, Papilio), Düsseldorf; **159.2** Dr. Eckart Pott, Stuttgart; **159.3** MEV Verlag GmbH, Augsburg; **161.6** Okapia (Nature Agence), Frankfurt; **162.1** Tilman Wischuf Tier- und Naturfotografie, Brackenheim; **162.2** Okapia (Karl-Heinz Hänel), Frankfurt; **162.3** Avenue Images GmbH (image 100), Hamburg; **163.2** AKG, Berlin; **163.4** Okapia (Ulrich Schiller), Frankfurt; **166.1** Corel Corporation Deutschland, Unterschleissheim; **166.2** TOPICMedia (Roger Wilmshurst), Ottobrunn; **166.3** Tierbildarchiv Angermayer, Holzkirchen; **166.4** Okapia (Hans Reinhard), Frankfurt; **166.5** Klett-Archiv (Aribert Jung), Stuttgart; **166.6** Reinhard-Tierfoto, Heiligkreuzsteinach; **167.7** Reinhard-Tierfoto, Heiligkreuzsteinach; **167.8** Tierbildarchiv Angermayer, Holzkirchen; **167.9** Limbrunner, Alfred, Dachau; **167.10** Okapia (Manfred Danegger), Frankfurt; **167.11** Okapia (Hans Reinhard), Frankfurt; **167.12** Okapia (R. Jackmann), Frankfurt; **168.1** TOPICMedia (Volkmar Brockhaus), Ottobrunn; **168.2** Okapia (Nils Reinhard), Frankfurt; **168.3** Okapia (Berthold Singler), Frankfurt; **169.1** Tierbildarchiv Angermayer (Hans Pfletschinger), Holzkirchen; **169.2** de Cuveland, Justus, Norderstedt; **169.3** TOPICMedia (Daniel Bühler), Ottobrunn; **169.4** TOPICMedia (Andreas Sprank), Ottobrunn; **170.1A** Limbrunner, Alfred, Dachau; **170.1B** Okapia (Otto Willner), Frankfurt; **170.1C** Konrad Wothe, Penzberg; **170.1D** Dr. Eckart Pott, Stuttgart; **170.3** Naturfotografie Frank Hecker, Panten-Hammer; **171.1** Groenert, Hansjörg, Koblenz; **171.2** Okapia (Jörg Mischke), Frankfurt; **171.3** Klett-Archiv (Hartmut Fahrenhorst), Stuttgart; **172.1A** Okapia (Hans Lutz), Frankfurt; **172.1B** Harald Lange Naturbild (Pfletschinger), Bad Lausick; **172.2** Dr. Eckart Pott, Stuttgart; **172.3** Länge, Dr. Helmut, Stuttgart; **173.1** Prof. Dr. Ulrich Heitkamp, Gleichen-Diemarden; **174.1; 174.2** Ulrich Niehoff Fotoproduktionen und Bildarchiv, Bienenbüttel; **174.3** Landesbetrieb Wald und Holz NRW (Jutta Wagner), Schleiden; **177.1** Okapia (Hans Reinhard), Frankfurt; **178.1** Tilman Wischuf Tier- und Naturfotografie, Brackenheim; **178.2** MEV Verlag GmbH, Augsburg; **178.3** Okapia (Hans Reinhard), Frankfurt; **179.1; 179.4** Dr. Eckart Pott, Stuttgart; **179.2B** Prof. Dr. Horst Müller, Dortmund; **179.3** Okapia (Erich Geduldig), Frankfurt; **179.5** Tilman Wischuf Tier- und Naturfotografie, Brackenheim; **179.6** TOPICMedia (Helmut Partsch), Ottobrunn; **179.7** Klett-Archiv (Prof. Dr. Horst Müller), Stuttgart; **179.8; 179.2A** Reinhard-Tierfoto, Heiligkreuzsteinach; **180.1** Helga Lade (Lange), Frankfurt; **180.2** Reinhard-Tierfoto, Heiligkreuzsteinach; **180.3** Juniors Bildarchiv (M. Danegger), Ruhpolding; **180.4** Okapia (Günther Bachmeier), Frankfurt; **180.5** Helga Lade (NiB), Frankfurt; **180.6** blickwinkel (S. Meyers), Witten; **181.2** Reinhard-Tierfoto, Heiligkreuzsteinach; **181.4** Okapia (Regis Cavignaux, BIOS), Frankfurt; **181.5** Okapia (Owen Newman, OSF), Frankfurt; **181.6** Tierbildarchiv Angermayer (Rudolf Schmidt), Holzkirchen; **183.2** Manfred Pforr Naturbild-Archiv, Langenpreising; **184.1** TOPICMedia (Josef Zachl), Ottobrunn; **184.2** Corbis (Duomo), Düsseldorf; **184.3** Prof. Jürgen Wirth, Dreieich; **184.4** Prof. Dr. Horst Müller, Dortmund; **185.1A** Corbis (Mark E. Gibson), Düsseldorf; **185.1B** Mauritius Images (Rosenfeld), Mittenwald; **185.1C** Ulrich Niehoff Fotoproduktionen und Bildarchiv, Bienenbüttel; **185.1D** Okapia (Lars P. Ring/Naturbild AB), Frankfurt; **185.1E** Stihl Andreas AG & Co. KG, Waiblingen; **185.1F** Picture Press (Willig, Schöner Wohnen Heft 09/88 S.139), Hamburg; **185.1G** Action Press GmbH (Becker+Bredel), Hamburg; **185.1H** Corbis (Steve Terrill),

Düsseldorf; **186.1** Helga Lade (Still & Life), Frankfurt; **186.2** Okapia (Wolfgang Weinhäupl), Frankfurt; **186.3** Ulrich Niehoff Fotoproduktionen und Bildarchiv, Bienenbüttel; **187.1** Kessler-Medien, Saarbrücken; **187.2** Peter Wirtz, Fotografie, Dormagen; **188.1** Dr. Eckart Pott, Stuttgart; **188.2** Okapia (Ingo Arndt), Frankfurt; **188.3** Fotosearch Stock Photography (Photodisc), Waukesha, WI; **188.4** Okapia (Hans Reinhard), Frankfurt; **188.5** TOPICMedia (Wilhelm Irsch), Ottobrunn; **189.1** Okapia (Patrick Da-Costa), Frankfurt; **189.2** Okapia (Hans Reinhard), Frankfurt; **189.3** WILDLIFE Bildagentur GmbH (K. Bogon), Hamburg; **189.4** Okapia (Neil Bromhall, OSF), Frankfurt; **189.5** Tierbildarchiv Angermayer (Günter Ziesler), Holzkirchen; **189.6; 189.7** Tilman Wischuf Tier- und Naturfotografie, Brackenheim; **190.1A** Mauritius Images (K.W.Gruber), Mittenwald; **190.1B** ALNO AG, Pfullendorf; **190.1C** Stihl Andreas AG & Co. KG, Waiblingen; **190.1D** imago sportfotodienst (Steffen Schellhorn), Berlin; **190.1E** Avenue Images GmbH (Banana Stock), Hamburg; **190.1F** Avenue Images GmbH (image source), Hamburg; **190.2** shutterstock (Jaimie Duplass), New York, NY; **191.1** Osram GmbH ZVA-WI, München; **191.2** Getty Images (The Image Bank/Sparky), München; **191.3** Klett-Archiv (Michael Steinle), Stuttgart; **191.4** MEV Verlag GmbH, Augsburg; **191.5** plainpicture GmbH & Co. KG (Kuttig, S.), Hamburg; **192.1** Juniors Bildarchiv (M. Wegler), Ruhpolding; **193.3** Manfred Bergau, Bohmte; **193.4A; 193.4B** Reinhard-Tierfoto, Heiligkreuzsteinach; **193.4C** Okapia (Hans Reinhard), Frankfurt; **193.4D** Bilderberg (Milan Horacek), Hamburg; **193.5** Corbis (Will & Deni McIntyre), Düsseldorf; **194.1** Wikimedia Foundation Inc. (Public Domain), St. Petersburg FL; **194.2** Corbis (Tom Brakefield), Düsseldorf; **194.3** creativ collection Verlag GmbH, Freiburg; **194.4** Interfoto (Kulturgesch. Bildarchiv Hansmann), München; **194.5** Das Fotoarchiv (Jochen Tack), Essen; **195.6** Jupiterimages GmbH (Int. Stock), Ottobrunn/München; **195.7** Tierbildarchiv Angermayer (Hans Pfletschinger), Holzkirchen; **195.8** Prof. Jürgen Wirth, Dreieich; **196.1** Mauritius Images (Andy Ridder), Mittenwald; **197.2** Naturfotografie Frank Hecker (Dr. F. Sauer), Panten-Hammer; **197.3** Mauritius Images (Doc Max), Mittenwald; **198.1** Corbis (Richard Gross), Düsseldorf; **198.2** Siemens AG, Energy Sector, Erlangen; **198.3** Mauritius Images (Thonig), Mittenwald; **198.4** MEV Verlag GmbH, Augsburg; **198.5** MPI-Fotoservice, Stuttgart; **199.6** Inmagine (Brand X Pictures), Houston TX; **199.7** Mauritius Images (Cupak), Mittenwald; **199.8** www.bilderbox.com (Wodicka), Thening; **199.9** Fotosearch Stock Photography (PhotoDisc), Waukesha, WI; **199.10** Klett-Archiv, Stuttgart; **200.1** Reinhard-Tierfoto, Heiligkreuzsteinach; **200.2** Getty Images RF (PhotoDisc), München; **201.1; 201.2** Klett-Archiv, Stuttgart; **201.3** Klett-Archiv (Zuckerfabrik digital), Stuttgart; **201.4** FOCUS, Hamburg

Nicht in allen Fällen war es uns möglich, den Rechteinhaber der Abbildungen ausfindig zu machen. Berechtigte Ansprüche werden selbstverständlich im Rahmen der üblichen Vereinbarungen abgegolten.